JAN ROSCHECK

Enthaltung und Nichtbeteiligung bei staatlichen Wahlen und Abstimmungen

Schriften zum Öffentlichen Recht

Band 912

Enthaltung und Nichtbeteiligung bei staatlichen Wahlen und Abstimmungen

Von

Jan Roscheck

Duncker & Humblot · Berlin

Die Juristische Fakultät
der Martin-Luther-Universität Halle-Wittenberg
hat diese Arbeit im Jahre 2002
als Dissertation angenommen.

Bibliografische Information Der Deutschen Bibliothek

Die Deutsche Bibliothek verzeichnet diese Publikation in
der Deutschen Nationalbibliografie; detaillierte bibliografische
Daten sind im Internet über <http://dnb.ddb.de> abrufbar.

Fremddatenübernahme und Druck:
Berliner Buchdruckerei Union GmbH, Berlin
Printed in Germany

ISSN 0582-0200
ISBN 3-428-10948-1

Gedruckt auf alterungsbeständigem (säurefreiem) Papier
entsprechend ISO 9706 ♾

Vorwort

Die vorliegende Arbeit wurde im Wintersemester 2001/2002 von der Juristischen Fakultät der Martin-Luther-Universität Halle-Wittenberg als Dissertation angenommen. Für die Veröffentlichung wurden die Rechtsprechungs- und Schrifttumsnachweise aktualisiert.

Angeregt und betreut hat die Arbeit Prof. Dr. Walter Pauly, dem ich ganz herzlich danken möchte. Ebenso bin ich Prof. Dr. Heinrich de Wall besonders verbunden. Er hat das Zweitgutachten erstattet und mir in der Zeit als Mitarbeiter an seinem Lehrstuhl den Freiraum gelassen, der nötig war, um die Dissertation fertig zu stellen. Mein Dank gilt schließlich auch Burkhard Becker, Claudia Danker und Tim Paehler für die Hilfe, die ich von ihnen erhalten habe, sowie Prof. Dr. Rainer Wahl für die Förderung in meiner Freiburger Studienzeit. Gewidmet ist die Arbeit meinen Eltern.

Kiel, im Juli 2002 *Jan Roscheck*

Inhaltsverzeichnis

Kapitel 3

Abschnitt 2

Bundesrat 147

Kapitel 4

Vollziehende Gewalt 151

Abschnitt 1

Verwaltungsausschüsse 151

Kapitel 1

Einleitung

Abschnitt 1

Der Gegenstand der Untersuchung

A. Enthaltung und Nichtbeteiligung als Phänomene staatlicher Wahlen und Abstimmungen

In der Bundesrepublik Deutschland gibt es auf staatlicher Ebene eine Vielzahl von Organen, die nicht aus einer einzelnen, allein für Entschlüsse verantwortlichen Person bestehen, sondern sich aus mehreren gleichberechtigten, zu gemeinsamen Entscheidungen aufgerufenen Mitgliedern zusammensetzen. Solche Organe sind etwa das Bundesvolk und die einzelnen Landesvölker, soweit sie bei Parlamentswahlen oder Plebisziten zu bestimmen haben, die Parlamente vom Bundestag über den Bundesrat bis hin zu den Volksvertretungen der Länder, die zahlreichen Ausschüsse im Bereich der Verwaltung sowie die Kammern und Senate der verschiedenen Gerichte. Aufgrund ihrer Besetzung und Entscheidungsstruktur werden sie üblicherweise als Kollegialorgane bezeichnet und Einzelorganen wie dem Bundespräsidenten, dem Bundeskanzler, dem Regierungspräsidenten oder dem Bürgermeister entgegengestellt[1]. Ihre Willensbildung vollzieht sich in Wahlen oder Abstimmungen, je nachdem ob eine Personal- oder eine Sachfrage zur Entscheidung ansteht. Im Rahmen von Wahlen können die Mitglieder des Kollegiums regelmäßig der Wahl des einen oder anderen Kandidaten zustimmen. Bei Abstimmungen haben die Mitglieder typischerweise Gelegenheit, Vorlagen zuzustimmen oder sie abzulehnen. Unter Umständen können die Stimmberechtigten aber auch nicht an der Abstimmung teilnehmen oder sich der Stimme enthalten.

---

[1] Zum Kollegialbegriff und seiner Abgrenzung zum Begriff des Einzelorgans vgl. *P. Dagtoglou,* Kollegialorgane und Kollegialakte der Verwaltung, S. 31 ff.; *R. Herzog,* Allgemeine Staatslehre, S. 193 f.; *H. Kelsen,* Allgemeine Staatslehre, S. 282 f.; *H. Krüger,* Allgemeine Staatslehre, S. 119 f.; *G. Püttner,* Verwaltungslehre, S. 149 ff.; *H. J. Wolff / O. Bachof,* Verwaltungsrecht II, § 75 II f.; aus neuester Zeit auch *T. Groß,* Das Kollegialprinzip in der Verwaltungsorganisation, S. 45 ff., der freilich Massenorgane wie das Bundesvolk und die Landesvölker bei Wahlen und Abstimmungen vom Kollegialbegriff ausnehmen will (vgl. S. 48).

Eine Nichtbeteiligung an der Abstimmung liegt in der Regel vor, wenn der Stimmberechtigte nicht am Abstimmungsort erscheint. Stimmenthaltung ist im allgemeinen gegeben, wenn der Stimmberechtigte sich zwar zur Abstimmung einfindet, jedoch weder eine zustimmende noch eine ablehnende Stimme abgibt. Sprachlich erscheint es zwar keineswegs ausgeschlossen, auch das Fernbleiben vom Sitzungssaal bzw. Stimmlokal als Enthaltung zu bezeichnen, ebenso wie es umgekehrt möglich ist, das Verhalten des anwesenden, aber weder mit Zustimmung noch mit Ablehnung stimmenden Mitglieds als Nichtbeteiligung aufzufassen, weshalb im nichtjuristischen Sprachgebrauch die Begriffe Enthaltung und Nichtbeteiligung häufig synonym verwandt werden. In der Rechtssprache bürgert es sich jedoch zusehends ein, zwischen Nichtbeteiligung und Enthaltung zu differenzieren[2]. Entscheidend für die Abgrenzung ist danach das Vorliegen einer Willensbekundung[3]. Derjenige, der sich am Abstimmungsort einfindet, um weder mit Zustimmung noch mit Ablehnung zu stimmen, bekundet seinen Willen entweder ausdrücklich, indem er mit Enthaltung stimmt bzw. einen leeren Stimmzettel abgibt, oder er macht konkludent seinen entsprechenden Willen deutlich, indem er bei der Abstimmung schweigt[4]. Daher enthält sich der Stimme, beteiligt sich aber an der Abstimmung, wer trotz Anwesenheit weder ein positives noch ein negatives Votum abgibt[5]. Das gilt auch für Stimmberechtigte, deren leerer Stimmzettel als ungültig gewertet wird. Auf die Gültigkeit der Stimme kommt es nicht an. Ebenso liegt eine Stimmenthaltung vor, wenn das Mitglied eines Kollegiums auf ausdrückliche Nachfrage hin nicht antwortet oder bei schriftlicher Abstimmung keinen Stimmzettel abgibt[6]. Denn durch seine Anwesenheit erklärt das Mitglied seinen Willen, an der Abstimmung teilzunehmen. Erscheint der Stimmberechtigte hingegen nicht am Abstimmungsort, fehlt es an einer solchen Willenserklärung. Deshalb ist das Fernbleiben von der Abstimmung keine Enthaltung, sondern eine Nichtbeteiligung. Wird ausnahmsweise nicht in einem Sitzungssaal bzw. Stimmlokal abgestimmt und die Abstimmung per Brief oder in einem anderen schriftlichen Verfahren abgewickelt, so beteiligt sich derjenige nicht an der Abstimmung, der auf die Aufforderung zur Stimmabgabe nicht durch eine schriftliche Erklärung reagiert. Enthaltung ist im Rahmen eines solchen Verfahrens gegeben, wenn der Stimmberechtigte sich zwar schriftlich äußert, aber weder mit Zustimmung noch mit Ablehnung votiert[7].

---

2 Vgl. BVerfGE 91, 148 (169 ff.); *C. Lambrecht,* Die Stimmenthaltung bei Abstimmungen, S. 117; *H. Troßmann,* Parlamentsrecht des Deutschen Bundestages, GOBT, § 54 Rn. 9.

3 Grundlegend BVerfGE 91, 148 (169).

4 Vgl. BVerfGE 91, 148 (170).

5 Vgl. BVerwG, BayVBl. 1984, S. 760; BGHZ 106, 179 (181); *C. Lambrecht,* a. a. O., S. 117. Siehe auch die ausdrückliche Definition der Enthaltung in § 61 II 3 GOLT Schl.-H.: Wer anwesend ist, ohne mit Ja oder Nein zu stimmen, enthält sich der Stimme.

6 Anders *H. Troßmann,* a. a. O., § 54 Rn. 9; nach *C. Lambrecht,* a. a. O., S. 115, soll es sich um einen Fall der Abstimmungsverweigerung handeln.

7 Vgl. auch BVerfGE 91, 148 (169 ff.).

Ungeachtet der Notwendigkeit ihrer Unterscheidung haben Nichtbeteiligung und Enthaltung miteinander gemein, dass der Stimmberechtigte weder mit Zustimmung noch mit Ablehnung votiert und damit gleichsam an der Abstimmungsfrage vorbei geht. Die bei Wahlen bzw. Abstimmungen an die Mitglieder des Kollegiums gerichtete Frage lautet, ob dieser oder dieser gewählt werden bzw. ob ein bestimmter Sachantrag beschlossen oder abgelehnt werden soll. Der Stimmberechtigte beantwortet diese Frage nicht, sondern verhält sich unentschieden zu ihr. Sowohl im Fall der Enthaltung als auch dem der Nichtbeteiligung mag er zwar eine bestimmte Meinung über den Abstimmungsgegenstand haben, doch äußert er seine Auffassung nicht. Enthaltung und Nichtbeteiligung zeichnen sich somit durch eine neutrale Haltung aus, die sie neben Zustimmung und Ablehnung als dritte Variante des Verhaltens von Mitgliedern von Kollegialorganen bei Wahlen und Abstimmungen erscheinen lässt.

Die vorliegende Untersuchung ist dieser Form des Verhaltens von Stimmberechtigten in staatlichen Kollegialorganen in der Bundesrepublik gewidmet. Enthaltungen und Nichtbeteiligungen sind selbstverständlich keine auf staatliche Wahlen und Abstimmungen in Deutschland beschränkte Phänomene, sondern kommen in allen Bereichen des kollektiven Zusammenwirkens von Menschen vor. Ihre Problematik beschäftigt daher auch andere Rechtsordnungen und andere Rechtsgebiete als das öffentliche Recht wie etwa das Völker- und Europarecht[8], das Privatrecht[9] oder das Kirchenrecht[10]. Desgleichen handelt es sich bei Enthaltungen und Nichtbeteiligungen nicht um Erscheinungen, die erst in neuerer Zeit die Aufmerksamkeit des Rechts auf sich gezogen hätten[11]. Die hier vorgelegte Arbeit ver-

---

8 Allgemein zur Bedeutung von Enthaltungen und Nichtbeteiligungen in internationalen Organen vgl. *W. Wengler,* Völkerrecht, Band II, S. 1204 f.; zu ihrer umstrittenen Behandlung im Sicherheitsrat der Vereinten Nationen siehe *B. Simma / S. Brunner,* in: B. Simma, Charta der Vereinten Nationen, Art. 27 Rn. 46 ff., und *P. Tavernier,* in: J.-P. Cot / A. Pellet, La Charte des Nations Unies, S. 501 ff.; zum Rat der EU vgl. *J. C. Wichard,* in: C. Calliess / M. Ruffert, EUV / EGV, Art. 205 Rn. 2 f., 7 und 10.

9 Über Enthaltungen und Nichtbeteiligungen in Kollegialorganen des Privatrechts siehe *J. Baltzer,* Der Beschluß als rechtstechnisches Mittel organschaftlicher Funktion im Privatrecht, S. 79 ff., 137 ff. und 164 ff.; speziell zu Enthaltungen im Verein bürgerlichen Rechts und in der Wohnungseigentümerversammlung vgl. BGHZ 83, 35 ff., und 106, 179 ff.

10 Umfassende Darstellung der Rechtslage im katholischen Kirchenrecht bei *H. Pree,* in: Münsterischer Kommentar, CIC, Can. 119 Anm. 3 ff.; hinsichtlich des früheren Rechtszustandes vgl. *W. Aymans,* Kollegium und kollegialer Akt im kanonischen Recht, S. 129 ff.; zu einer besonderen Stimmenthaltungsregel im Recht der evangelisch-lutherischen Kirche in Bayern siehe *H. Heilmann,* BayVBl. 1984, S. 196 (198).

11 Zu Enthaltungen im römischen Strafprozess siehe *T. Mommsen,* Römisches Strafrecht, S. 423 und 445 f.; bezüglich des griechischen Prozessrechtes vgl. *E. S. Staveley,* Greek and Roman Voting and Elections, S. 99; zum germanischen Gerichtsverfahren vgl. *H. Mitteis,* Die deutsche Königswahl, S. 59. Über Aufkommen und Rechtsfolgen von Stimmenthaltungen in den Gremien der oberitalienischen Stadtrepubliken vgl. *E. Besta,* Il Senato Veneziano, S. 239 ff., und *A. Pertile,* Storia del Diritto Italiano, Volume II, Parte I, S. 133. Zur Bewertung von Enthaltungen im deutschen Reichstag des 16. Jahrhunderts vgl. *K. Rauch* (Hg.), Traktat über den Reichstag im 16. Jahrhundert, S. 63, und zu ihrer Institutionalisierung als sog. Voti-

schließt sich nicht der Einbeziehung rechtsvergleichender, in anderen Gebieten als dem öffentlichen Recht gewonnener oder rechtshistorischer Erkenntnisse. Sie macht es sich jedoch nicht zur Aufgabe, eine fach- oder länderübergreifende Theorie von Enthaltung und Nichtbeteiligung bei Wahlen und Abstimmungen aufzustellen oder deren Rechtsgeschichte zu schreiben. Gegenstand der Erörterung ist die Dogmatik von Enthaltung und Nichtbeteiligung bei staatlichen Wahlen und Abstimmungen in der Bundesrepublik Deutschland.

B. Grundfragen der Behandlung von Enthaltung und Nichtbeteiligung

Wahlen und Abstimmungen nehmen im Gefüge staatlicher Entscheidungen einen wichtigen Platz ein. Nicht nur ist die Zahl kollegialer Beschlussfassungen in Bund und Ländern groß. Staatliche Wahlen und Abstimmungen betreffen regelmäßig auch Fragen von gesteigerter Tragweite für das Gemeinwesen. Ihre Legitimation beziehen die kollektiven Entscheide nicht aus sich heraus. Vielmehr müssen sie sich durch die Einhaltung eines entsprechenden Verfahrens rechtfertigen. Dem Verfahren staatlicher Wahlen und Abstimmungen kommt daher eine nicht zu unterschätzende Bedeutung zu. Ein zentrales Element des Verfahrensrechtes von Kollegialorganen ist die Festlegung des Maßes an Zustimmung, das erforderlich ist, damit ein positiver Beschluss gefasst werden kann. Reicht die relative Mehrheit aus oder ist eine absolute Mehrheit notwendig? Entscheidet die einfache Mehrheit oder bedarf es zu einem Beschluss einer Zweidrittel- oder sonst wie erhöhten Mehrheit? Oder ist gar Einstimmigkeit erforderlich? Das betrifft die Einordnung der Zustimmenden und Ablehnenden, also derer, die ihre Stimme erheben. Ein anderes zentrales Element des Verfahrensrechtes von Kollegialorganen ist die Einordnung derer, die nicht ihre Stimme erheben, also derjenigen, die sich der Stimme enthalten oder nicht an der Abstimmung beteiligen.

Enthaltungen und Nichtbeteiligungen fordern unter verschiedenen Gesichtspunkten eine Einordnung. Da Mitglieder von Kollegialorganen, die sich der Stimme enthalten oder der Abstimmung fernbleiben, nicht an der kollegialen Entscheidung mitwirken, obwohl sie dazu berechtigt wären, bedarf der Klärung, inwieweit Enthaltungen und Nichtbeteiligungen zulässig sind. Sind die Stimmberechtigten mehr oder weniger verpflichtet, sich an Wahlen und Abstimmungen zu beteiligen, so dass Nichtteilnahmen nicht ohne weiteres erlaubt sind, oder steht es den Mit-

---

ren ad Majora vgl. *J. J. Moser,* Von denen Teutschen Reichs-Taegen, Erster Theil, S. 57. Ausführlich zum Ausbleiben von Kurfürsten bei der deutschen Königswahl *H. Mitteis,* a. a. O., S. 164 ff.; siehe auch die späteren Festlegungen in Kap. I Ziff. 16 und 18 sowie Kap. II Ziff. 4 der Goldenen Bulle von 1356, abgedruckt in *A. Buschmann* (Hg.), Kaiser und Reich, Teil I, S. 108 ff. Umfassender Nachweis der Kontroverse um das bei Beschlüssen erforderliche Beteiligungsquorum in der mittelalterlichen Staats- und Korporationslehre bei *O. v. Gierke,* Das deutsche Genossenschaftsrecht, Dritter Band, S. 221, 319 ff., 393 f. und 466 ff.

gliedern frei, der Abstimmung fernzubleiben? Trifft die Mitglieder darüber hinaus bei der Abstimmung eine Pflicht zur Abgabe einer Stimme, sind also Enthaltungen verboten, oder können sich die Stimmberechtigten der Stimme enthalten? Das ist die Frage der Stimmpflicht.

Zum anderen sind die Wirkungen von Enthaltungen und Nichtbeteiligungen auf das Zustandekommen von Wahlen und Abstimmungen zu bestimmen. Hängt der Erfolg einer Entscheidung von der Mitwirkung einer bestimmten Mindestquote von Stimmberechtigten ab oder ist die Zahl der Mitwirkenden einerlei? Ist der Bezugspunkt der Entscheidungsregel so gewählt, dass Enthaltungen und Nichtbeteiligungen außer Betracht bleiben, also allein das Verhältnis der Ja- zu den Nein-Stimmen maßgeblich ist, oder ist die Beschlussfassung dadurch erschwert, dass Enthaltungen und Nichtbeteiligungen bei der Berechnung der erforderlichen Zustimmungsquote mit einzubeziehen sind und wie Ablehnungen wirken? Das ist die Frage der Quoren und Mehrheiten.

Als dem Themenkreis Enthaltung und Nichtbeteiligung zugehörig lässt sich daneben auch die Frage betrachten, inwieweit Mitglieder von staatlichen Kollegialorganen verpflichtet sein können, nicht an Wahlen und Abstimmungen mitzuwirken, weil sie persönlich betroffen sind. Dabei handelt es sich jedoch um einen Aspekt von Enthaltung und Nichtbeteiligung, welcher schwerpunktmäßig der allgemeinen Problematik der Befangenheit im öffentlichen Recht zuzuordnen ist und auch in diesem Rahmen abgehandelt wird[12].

Die somit entscheidenden Fragen der Stimmpflicht sowie der Quoren und Mehrheiten haben unterschiedliche Bezugspunkte. Einmal geht es um eine individuelle, das andere Mal um eine kollektive Größe. Gemeinsam ist beiden Fragen, dass sie sich auf die Anforderungen richten, die an die Mitwirkung der Stimmberechtigten im Rahmen der kollegialen Beschlussfassung zu stellen sind. Kann das Recht Enthaltungen und Nichtbeteiligungen ignorieren oder muss es gewisse individuelle oder zahlenmäßige Ansprüche gegenüber der Mitwirkung der Stimmberechtigten erheben? Das ist der Punkt, der im Kern der juristischen Auseinandersetzung um Enthaltung und Nichtbeteiligung bei staatlichen Wahlen und Abstimmungen steht.

C. Die Unterschiedlichkeit und Unübersichtlichkeit der Praxis

In der Praxis gibt es zwischen den einzelnen Kollegien große Unterschiede in der Behandlung von Enthaltungen und Nichtbeteiligungen. So werden Enthaltungen in manchen Kollegien wie dem Bundestag und den Volksvertretungen der Län-

---

12 Zu den entsprechenden Problemen im Parlamentsrecht *N. Achterberg,* AöR Bd. 109 (1984), S. 505 ff.; zu den verwaltungsrechtlichen Aspekten vgl. die umfassende Darstellung von *N. Kazele,* Interessenkollisionen und Befangenheit im Verwaltungsrecht, passim.

der als erlaubt angesehen, während sie in anderen Gremien wie den Kollegialgerichten als strikt verboten betrachtet werden. Beschlüsse kommen teilweise unabhängig davon zustande, wie viele der Stimmberechtigten an der Entscheidung mitwirken. Teilweise hängt der Erfolg einer Abstimmung hingegen davon ab, dass sich ein mehr oder minder großer Teil der Stimmberechtigten an der Entscheidung beteiligt. So ist es etwa nach fast einhelliger Meinung bei Wahlen des Volkes ohne rechtliche Bedeutung, wie hoch die Beteiligung ausgefallen ist, während bei Wahlen und Abstimmungen in vielen Verwaltungsausschüssen die Beteiligung von mehr als der Hälfte der Mitglieder als erforderlich gilt. Mehrheiten werden häufig so berechnet, dass Enthaltungen und Nichtbeteiligungen außer Betracht bleiben, also das Zustandekommen eines Beschlusses nicht hindern können. Ein Beispiel dafür bietet das Verfahren des Bundestags und der Volksvertretungen der Länder. In einigen Kollegien wie dem Bundesrat werden Enthaltungen und Nichtbeteiligungen demgegenüber einer Ablehnung gleichgesetzt. Je nach Gremium variiert das bei Wahlen und Abstimmungen geforderte Maß an Beteiligung also erheblich.

Nicht selten bestehen auch gravierende Unsicherheiten hinsichtlich des Status von Enthaltungen und Nichtbeteiligungen. Die Rechtsprechung hat sich daher wiederholt mit einzelnen Aspekten der Mitwirkung der Stimmberechtigten in den verschiedenen Kollegien beschäftigt. Im staatsrechtlichen Bereich hat das Bundesverfassungsgericht erst jüngst darüber entschieden, ob die Aktivbürger verpflichtet sind, an Wahlen teilzunehmen[13], nachdem das Bundesverwaltungsgericht den Zeugen Jehovas unter Hinweis auf deren ablehnende Haltung gegenüber staatlichen Wahlen die Anerkennung als Körperschaft öffentlichen Rechts verweigert hatte[14]. Mit der verfassungsrechtlichen Zulässigkeit eines Verbots von Stimmenthaltungen hat sich der Bayerische Verfassungsgerichtshof in einem Urteil zu Wahlen und Abstimmungen im Gemeinderat befasst[15]. Eine regelrechte Flut landesverfassungsgerichtlicher Urteile hat in letzter Zeit die Problematik von Quoren bei Volks- und Bürgerentscheiden ausgelöst[16]. Welches Maß an Beteiligung erforderlich ist, damit eine Entscheidung einem Kollegium als Ganzem zuzurechnen ist, ist gleichfalls Gegenstand zweier Urteile des Bundesverfassungsgerichts zur Beschlussfähigkeit des Bundestags und der Bundesregierung gewesen[17]. Im verwaltungsrechtlichen Bereich existiert eine Fülle von Rechtsprechung zur Zulässigkeit von Nichtbeteiligungen und Enthaltungen in Verwaltungsausschüssen[18]. Nicht weniger als die indi-

---

13 Vgl. BVerfG, NJW 2001, S. 429 (433).

14 Vgl. BVerwGE 105, 117 (126 f.).

15 Siehe BayVerfGH, BayVBl. 1984, S. 621 ff.

16 Vgl. BayVerfGH, DÖV 1997, S. 1044 (1045 f.); BayVBl. 1999, S. 719 (722 ff.); BayVBl. 2000, S. 397 (398 ff.); BayVBl. 2000, S. 460 (463); StGH Bremen, DÖV 2000, S. 915 ff.; ThürVerfGH, LKV 2002, S. 83 (89 ff.).

17 Zum Bundestag siehe BVerfGE 44, 308 (314 ff.); zur Bundesregierung vgl. BVerfGE 91, 148 (165 ff.), in Auseinandersetzung mit BVerwGE 89, 121 (124 ff.).

18 Über die Teilnahmepflicht von Ausschussmitgliedern vgl. VGH München, DVBl. 1980, S. 63 ff.; VGH Mannheim, NVwZ-RR 1997, S. 181 ff.; zur Zulässigkeit von Stimmenthaltun-

viduellen Verhaltenspflichten haben die Regeln über die zahlenmäßigen Anforderungen an die Mitwirkung von Stimmberechtigten die Verwaltungsgerichte herausgefordert. So spielen Fragen der Beschlussfähigkeit in der Rechtsprechung zum Verfahrensrecht von Verwaltungsausschüssen eine wichtige Rolle[19]. Vor allem aber zeugen die zahlreichen Urteile der Verwaltungsgerichte zur Wertung von Enthaltungen und Nichtbeteiligungen im Rahmen der Mehrheitsberechnung[20] von den bedeutenden rechtlichen Schwierigkeiten, die sich mit Enthaltungen und Nichtbeteiligungen bei staatlichen Wahlen und Abstimmungen verbinden.

D. Die Aufgabe einer systematischen Darstellung

Die Unterschiedlichkeit und Unübersichtlichkeit der Behandlung von Enthaltungen und Nichtbeteiligungen lässt eine Untersuchung als notwendig erscheinen, die eine Bestandsaufnahme der in den verschiedenen Gremien geltenden Regeln samt ihrer Hintergründe vornimmt, die leitenden Gesichtspunkte herausarbeitet und dadurch zu einer Ordnung der einschlägigen Vorschriften gelangt. Eine solche systematische Untersuchung fehlt bislang, obwohl die Regeln über Enthaltung und Nichtbeteiligung für das Verfahrensrecht staatlicher Wahlen und Abstimmungen von erheblicher Bedeutung sind. Zum Mehrheitsprinzip als solchem und damit zur Verhältnisbestimmung zwischen Zustimmenden und Ablehnenden existiert eine Fülle grundsätzlicher Arbeiten[21]. Hingegen gibt es zur Problematik von Enthaltungen und Nichtbeteiligungen an eingehenderen Beiträgen lediglich eine Reihe von Abhandlungen, die sich mit einzelnen Aspekten der Mitwirkung der Stimmberechtigten in bestimmten Kollegien befassen[22]. In Bezug auf Stimmenthaltungen ist

---

gen siehe BVerwG, DVBl. 1961, S. 205 (206); BVerwGE 28, 63 (66 f.); VG Berlin, DÖV 1973, S. 317 (319); OVG Berlin, OVGE 15, 87 (89); OVG Münster, WissR 1981, S. 268 (269); VGH München, NVwZ 1985, S. 845 f.; OVG Saarlouis, KmK-HSchR 1988, S. 316; VGH Kassel, ESVGH 44, 42 f.; OVG Schleswig, NVwZ-RR 1996, S. 443. Hinsichtlich der Wahlpflicht bei der Wahl der Gerichtspräsidien vgl. BVerwG, DVBl. 1975, S. 727.

19 Vgl. BVerwGE 16, 154 ff.; 54, 29 (37 ff.); BVerwG, NJW 1989, S. 412; NVwZ 1992, S. 1199 f.; BVerwGE 100, 19 (22 f.); OVG Münster, DÖV 1962, S. 710 (712 f.); DVBl. 1973, S. 646 (648 f.); VGH Kassel, NVwZ 1988, S. 1155 f.; VGH Mannheim, ZUM 1996, S. 819 (822 ff.); VG Düsseldorf, NWVBl. 1998, S. 202 (203 ff.).

20 Vgl. BVerwG, DVBl. 1984, S. 47 (48); BayVBl. 1984, S. 760 f.; BVerwGE 102, 163 (165 ff.); VGH München, BayVBl. 1969, S. 143; SächsOVG, SächsVBl. 1995, S. 66 (67 ff.); OVG Münster, WissR 1996, S. 185 (195 f.).

21 Vgl. als Auswahl neuerer Studien *N. Bobbio,* in: B. Guggenberger / C. Offe (Hg.), An den Grenzen der Mehrheitsdemokratie, S. 108 ff.; *C. Gusy,* AöR Bd. 106 (1981), S. 329 ff.; *W. Heun,* Das Mehrheitsprinzip in der Demokratie; *W. Pauly,* in: G. Jellinek, Das Recht der Minoritäten, Nachdruck hrsg. von W. Pauly, S. VII* ff.; *U. Scheuner,* Das Mehrheitsprinzip in der Demokratie; *R. Zippelius,* Zur Rechtfertigung des Mehrheitsprinzips in der Demokratie.

22 Vgl. zur Stimmpflicht bei Wahlen und Abstimmungen des Volkes u. a. *W. Frenz,* ZRP 1994, S. 91 ff.; *D. Merten,* FS J. Broermann, S. 301 ff.; *H. Lang,* Das Problem der Wahl- und

der Mangel einer die verschiedenen Regeln vergleichenden Studie bereits vor einiger Zeit konstatiert worden[23]. Seitdem hat sich nichts daran geändert, dass eine sinnhafte Zusammenschau der unterschiedlichen Vorschriften über Enthaltungen und Nichtbeteiligungen bei staatlichen Wahlen und Abstimmungen aussteht. Die vorliegende Arbeit unternimmt den Versuch, diese Lücke zu füllen.

Abschnitt 2

Der Gang der Untersuchung

Die Abhandlung stellt sich ihrer Aufgabe, indem sie zunächst eine eingehende Analyse der in den verschiedenen Bereichen anwendbaren Regeln über die Behandlung von Enthaltungen und Nichtbeteiligungen vornimmt. Die Untersuchung folgt dabei dem in Art. 20 II GG vorgegebenen Schema, geht also von Wahlen und Abstimmungen des Volkes aus, um sich dann kollegialen Entscheidungen in den besonderen Organen von Gesetzgebung, vollziehender Gewalt und Rechtsprechung zu widmen. Untersucht werden jeweils die Fragen der Stimmpflicht und der Quoren und Mehrheiten. So ist Kapitel 2 den Stimmpflicht- sowie den Quorums- und Mehrheitsvorschriften bei Wahlen und Abstimmungen des Volkes gewidmet, wobei die für das Bundes- und das Landesvolk geltenden Regeln im Vordergrund stehen, aber auch Aspekte von Enthaltungen und Nichtbeteiligungen bei Wahlen und Bürgerentscheiden auf kommunaler Ebene berücksichtigt werden. Kapitel 3 hat die Problematik von Enthaltungen und Nichtbeteiligungen in den Organen der Legislative zum Thema und befasst sich vornehmlich mit den im Bundestag und den Landesparlamenten geltenden Regeln, ohne jedoch die im Bundesrat anwendbaren Vorschriften auszuklammern. Kapitel 4 untersucht Stimmpflichten sowie Quoren und Mehrheiten im Bereich der Exekutive, gegliedert nach den Regeln, die

Stimmpflicht; zur Quorenproblematik bei Volks- und Bürgerentscheiden etwa *H. Dreier,* BayVBl. 1999, S. 513 ff.; *K. Engelken,* DÖV 2000, S. 881 (884 ff.); *H.-D. Horn,* Der Staat Bd. 38 (1999), S. 399 ff.; *P. M. Huber,* AöR Bd. 126 (2001), S. 165 (179 ff.); *J. Isensee,* Verfassungsreferendum mit einfacher Mehrheit; *ders.,* DVBl. 2001, S. 1161 (1165 ff.); *A. Rinken,* FS A. Hollerbach, S. 403 (412 ff.); *M. Sachs,* in: P. Neumann / S. v. Raumer (Hg.), Die verfassungsrechtliche Ausgestaltung der Volksgesetzgebung, S. 135 ff.; *U. Schliesky,* ZG Bd. 14 (1999), S. 91 (95 ff., 119 ff.); *C. Thum,* BayVBl. 2000, S. 33 ff., 74 ff.; über die parlamentarische Beschlussfähigkeit vgl. *J.-D. Kühne,* ZParl. Bd. 9 (1978), S. 34 ff.; zu Enthaltungen in Parlamenten siehe *C. Lambrecht,* Die Stimmenthaltung bei Abstimmungen; zum Verfahren der Bundesregierung vgl. *V. Epping,* DÖV 1995, S. 719 ff.; zu Fragen der Bedeutung von Nichtbeteiligungen und Enthaltungen in Verwaltungsgremien vgl. *P. Dagtoglou,* Kollegialorgane und Kollegialakte der Verwaltung, S. 93 ff., 133 ff.; *T. Groß,* Das Kollegialprinzip in der Verwaltungsorganisation, S. 289 ff.; *W. Löwer,* WissR 1996, S. 117 ff.; zur Zulässigkeit von Stimmenthaltungen bei Abstimmungen der Gerichtspräsidien siehe *P. Fischer,* DRiZ 1978, S. 174 ff.

23 Vgl. *P. Häberle,* JZ 1977, S. 241 (242).

in Verwaltungsausschüssen und den gleichfalls der vollziehenden Gewalt zuzurechnenden Regierungskollegien Anwendung finden[24]. Das Hauptaugenmerk liegt insoweit auf den Vorschriften über Enthaltungen und Nichtbeteiligungen in Gremien der Verwaltung, zu denen in Übereinstimmung mit der herrschenden Auffassung auch Gemeinderäte und andere Vertretungen auf kommunaler Ebene gezählt werden[25]. Kapitel 5 beschäftigt sich schließlich mit den Stimmpflichten sowie den Quoren und Mehrheiten, die im Bereich der Rechtsprechung, also in den Kollegialgerichten Geltung beanspruchen. Die in den Kapiteln 2 bis 5 vorgenommene vergleichende Einzelanalyse bildet einen wesentlichen Teil der Untersuchung und die Basis für das folgende Kapitel 6, mit dem die Arbeit abschließt. Kapitel 6 resümiert die verschiedenen Regeln samt ihrer Grundlagen, fasst Gemeinsamkeiten und Unterschiede zusammen und versucht davon ausgehend ein geordnetes Bild des Regimes von Enthaltungen und Nichtbeteiligungen bei staatlichen Wahlen und Abstimmungen zu entwerfen.

---

[24] Zur Zugehörigkeit der Regierung zur Exekutive vgl. *M. Oldiges*, in: M. Sachs, GG, Art. 62 Rn. 18; *M. Schröder*, in: J. Isensee / P. Kirchhof, HdbStR, Bd. II, § 50 Rn. 2; *K. Stern*, Das Staatsrecht der Bundesrepublik Deutschland, Bd. II, § 31 II 2.

[25] Vgl. BVerfG, NVwZ 1989, S. 46; BayVerfGH, BayVBl. 1984, S. 621 (623); *A. Gern*, Deutsches Kommunalrecht, Rn. 314; anders *Y. Ott*, Der Parlamentscharakter der Gemeindevertretung, S. 214.

Kapitel 2

Volk

Abschnitt 1

Das Volk in Bund und Ländern

A. Stimmpflicht

I. Einführung

1. Geschichte

Eine Verpflichtung der Aktivbürger, ihr Wahl- und Stimmrecht auszuüben, ist der deutschen Verfassungsgeschichte nichts Unbekanntes. Seit den Zwanziger Jahren des 19. Jahrhunderts kamen in einigen deutschen Staaten spezielle Wahlpflichtbestimmungen auf, die zwar überwiegend die Wahl durch Wahlmänner betrafen, sich aber mitunter auch auf die Wahl durch die Stimmbürger selbst bezogen[1]. So sprach etwa das Wahlgesetz Waldeck-Pyrmonts von 1852 für alle Wahlberechtigten dadurch eine Verpflichtung zur Teilnahme aus, dass es die ohne hinreichende Entschuldigung Ausgebliebenen die Zehrungs- und Reisekosten der Erschienenen tragen ließ, wenn die Wahl mangels ausreichender Beteiligung ungültig war[2]. Ebenso verpflichtete später das Wahlgesetz Braunschweigs von 1899 die Wahlberechtigten zum Urnengang, sah aber eine andere Sanktion vor, indem es den ohne genügende Entschuldigung Ferngebliebenen eine Ordnungsstrafe von 10 Mark androhte[3]. Deutlicher noch hielten dann eine Reihe von Ländern der Weimarer Republik, angefangen von Baden über Braunschweig bis hin zu Lippe und Mecklenburg-Strelitz, in ihren Verfassungen oder Wahlgesetzen die Verpflichtung der Stimmbürger zur Teilnahme an Wahlen und teilweise auch an Sachentscheiden fest, wobei sie freilich mit Ausnahme Lippes von der Festsetzung von persönlichen Sanktionen absahen[4].

---

1 Vgl. *H. Triepel*, Wahlrecht und Wahlpflicht, Anm. 22 m. weit. Nachw.

2 § 17 WG Waldeck-Pyrmont.

3 § 12 WG Braunschw.

4 § 3 II 2 LV Baden; Art. 2 S. 3 LV Braunschw.; § 14 II und III LWG Lippe; § 7 IV LWG M.- Strelitz.

Solche Bestimmungen waren jedoch nicht die Regel. Im Reich und in den meisten Einzelstaaten einschließlich Preußen fanden sich weder vor noch nach dem ersten Weltkrieg Vorschriften, welche den Gang zur Urne ausdrücklich für obligat erklärt hätten, sei es nun unter Androhung von persönlichen Bußen (sanktionierte Beteiligungspflicht) oder unter Verzicht auf solche Zwangsmittel (sog. „sittliche Pflicht" bzw. lex imperfecta). An Versuchen, diesen Zustand zu ändern, hat es nicht gefehlt[5]. Nach den ersten Erfahrungen mit der Massendemokratie gab es besonders zum Ende des Jahrhunderts eine intensive Debatte über die Wahlpflicht, die in entsprechenden Verfassungsinitiativen mündete. Aber auch später wurde die Frage der Wahlpflicht immer wieder virulent. So kam es sowohl bei den Verfassungsberatungen von 1918 / 19 und in der weiteren Entwicklung der Weimarer Republik zu Initiativen, die sich dafür einsetzen, eine sanktionierte Wahlpflicht in die Reichsverfassung aufzunehmen. Ihnen blieb aber, genauso wie entsprechenden Bestrebungen auf Länderebene, der Erfolg versagt. Als explizite Norm konnte die Stimmpflicht daher im Deutschen Reich nie über den Status einer Randerscheinung hinausreichen – ganz im Gegensatz zu anderen europäischen Staaten, wo die Verpflichtung zur Teilnahme an Wahlen zunehmend ausdrücklich verankert wurde, wobei die Sanktionen vom Verweis über die öffentliche Bekanntmachung der Sünder und Geldbußen bis hin zum Ausschluss vom Stimmrecht reichten und als Entschuldigungsgründe vor allem Krankheit und unaufschiebbare Berufs- und Amtspflichten, teilweise aber auch hohes Alter und Gewissensbedenken anerkannt wurden. Richtungsweisend war insofern Belgien, das sich 1893 im Gefolge der Einführung des allgemeinen Wahlrechts für die Wahlpflicht entschied. Österreich (1907)[6], Spanien (ebenfalls 1907), die Niederlande (1917) und zahlreiche weitere Länder folgten. Zuvor hatte sich schon die Mehrzahl der schweizerischen Kantone mit Repräsentativverfassung zur Einführung der Stimmpflicht entschlossen. In vielen schweizerischen Landsgemeindekantonen bestand sie ohnehin seit jeher[7].

Auch wenn der Wortlaut mancher der in Deutschland und anderen europäischen Ländern bestehenden Stimmpflichten eine weitergehende Deutung zuließ, wurden sie dennoch in aller Regel als bloße Verpflichtungen zur Beteiligung an der Abstimmung verstanden. Kein Inhalt der Stimmpflicht – so die nahezu einhellige Meinung – sollte es sein, dass der Stimmberechtigte sich inhaltlich entscheiden muss, also Stimmenthaltungen verboten sind. Als Grund dafür galt nicht allein der

---

5 Zum Folgenden vgl. *G. Lang*, Das Problem der Wahl- und Stimmpflicht, S. 207 f., m. weit. Nachw.

6 Freilich nur eingeschränkt, weil die Reichsratswahlordnung die Länder lediglich dazu ermächtigte, die Wahlpflicht bei der Reichsratswahl einzuführen.

7 Einen guten Überblick über die einzelnen Regelungen einschließlich der Sanktionen, die vor dem 2. Weltkrieg in Europa in Kraft waren, bietet *K. Braunias*, Das parlamentarische Wahlrecht, Bd. II, S. 39 ff. Zu Belgien vgl. aus zeitgenössischer deutscher Sicht *P. Laband*, DJZ 1900, S. 218 (219). Informativ zur Entwicklung in den Niederlanden *S. Gargas*, AöR Bd. 17 n.F. (1929), S. 206 ff. Zu Österreich vgl. *M. Nowak*, Politische Grundrechte, S. 389 f. Über die schweizerische Rechtsentwicklung berichtet *A. Vutkovich*, Wahlpflicht, S. 18 ff.

Umstand, dass bei geheimen Abstimmungen nur die Nichtabgabe eines Stimmzettels sanktionierbar ist, die Abgabe eines unausgefüllten Stimmzettels also folgenlos bleiben muss. Zur Begründung wurde auch darauf verwiesen, dass es sehr wohl sein könne, dass dem Stimmberechtigten keine der zur Abstimmung gestellten Alternativen behage. In diesem Falle könne es ihm aber nicht zugemutet werden, sich inhaltlich zu entscheiden. Er müsse das Recht haben, sich der Stimme zu enthalten[8]. Bemerkenswerterweise erschöpfte sich denn auch in den schweizerischen Kantonen mit offener Abstimmung die Stimmpflicht in der Verpflichtung, am Versammlungsort zu erscheinen[9].

2. Heutige Rechtslage

Auch heute noch besteht in Europa vielerorts eine eindeutige Stimmpflicht i.S. einer Beteiligungspflicht, deren Verletzung u.U. persönliche Sanktionen nach sich ziehen kann. Zu den Ländern bzw. Regionen mit solcherart obligatorischer Stimmabgabe zählen beispielsweise Belgien, Griechenland, Italien, Portugal, das österreichische Bundesland Vorarlberg und eine Reihe schweizerischer Kantone[10]. In Deutschland findet man dagegen kaum Regelungen, welche das Abstimmen in welcher Form auch immer explizit zur Pflicht machen würden. Bei der Beratung des Grundgesetzes im Parlamentarischen Rat gab es zwar Bestrebungen zur Einführung einer sanktionierten Wahlpflicht. So regte der Abgeordnete Heile im Grundsatzausschuss wiederholt an, in das Grundgesetz eine Norm aufzunehmen, die das Wählen zu einer mit schweren persönlichen Sanktionen verbundenen Pflicht gemacht hätte. Diese Anregung fand jedoch bei den anderen Mitgliedern des Grundsatzausschusses keine positive Resonanz[11]. Ein Unterausschuss des Gremiums sprach sich vielmehr dafür aus, die Materie der späteren Rahmengesetzgebung oder den einzelnen Wahlgesetzen zu überlassen[12]. Der mit der Ausarbeitung des Gesetzes für die Wahl des ersten Bundestages beschäftigte Wahlrechtsaus-

---

8 Vgl. *G. Meyer,* Das parlamentarische Wahlrecht, S. 656 f.

9 *C. Tobler,* Der Stimmzwang in den schweizerischen Kantonen, S. 76 ff.

10 Zur Rechtslage in Belgien, Griechenland, Italien und Portugal siehe Art. 62 III 1 der Belgischen Verfassung, Art. 51 V der Verfassung Griechenlands, Art. 48 II 2 der Italienischen Verfassung sowie Art. 49 II der Portugiesischen Verfassung. Über den neueren Rechtszustand in Österreich unterrichten *T. Öhlinger,* Verfassungsrecht, S. 160, und *R. Walter / H. Mayer,* Grundriß des österreichischen Bundesverfassungsrechts, Rn. 315 und 793, über die schweizerische Situation *U. Häfelin / W. Haller,* Schweizerisches Bundesstaatsrecht, Rn. 593.

11 Vgl. das Protokoll der 3. Sitzung vom 21. September, der 25. Sitzung vom 24. November 1948 und der 26. Sitzung vom 30. November 1948, in: Deutscher Bundestag / Bundesarchiv (Hg.), Der Parlamentarische Rat 1948 – 1949, Bd. 5 / I, S. 57 f., und Bd. 5 / II, S. 706 ff. sowie 723.

12 Vgl. das Protokoll der 6. Sitzung des Grundsatzausschusses vom 5. Oktober 1948, in: Deutscher Bundestag / Bundesarchiv (Hg.), Der Parlamentarische Rat 1948 – 1949, Bd. 5 / I, S. 133.

schuss des Parlamentarischen Rats entschied sich dann gegen die Einführung einer sanktionierten Wahlpflicht[13]. Nachdem sich zuvor eine vom Bundesminister des Inneren eingesetzte Kommission ebenfalls ablehnend geäußert hatte[14], konnte sich 1956 auch der mit der Frage befasste Wahlrechtsausschuss des Deutschen Bundestages nicht darauf einigen, eine solche Wahlpflicht zu befürworten[15]. Ebenso überwogen in den Ländern die Gegner einer sanktionierten Wahlpflicht. Dementsprechend kennt heute weder das Bundesrecht noch die Mehrzahl der Rechtsordnungen der Länder eine spezielle Stimmpflicht. Allein die Verfassung Baden-Württembergs enthält eine besondere Bestimmung, der zufolge eine sanktionslose, also „sittliche"[16] Verpflichtung zur Stimmabgabe besteht. In Anknüpfung an die Vorbilder der badischen Verfassung von 1919 und der Verfassung Württemberg-Badens von 1947 heißt es dort: „Die Ausübung des Wahl- und Stimmrechts ist Bürgerpflicht"[17].

Da die Regelungslage insofern keinen anderen Schluss zulässt, ist unumstritten, dass die deutsche Rechtsordnung die Aktivbürger nicht mit der Androhung persönlicher Sanktionen zur Beteiligung an Wahlen und Abstimmungen anhält[18]. Gleichzeitig hat aber die Ansicht weite Verbreitung gefunden, dass das Recht auch außerhalb Baden-Württembergs den Stimmberechtigten eine als „sittliche Pflicht" bzw. lex imperfecta bezeichnete Verpflichtung auferlegt, ihr Wahl- und Stimmrecht auszuüben[19]. Der seit jeher vertretene und seinerseits nicht unumstrittene staatstheoretische Standpunkt, dass Stimmrecht Stimmpflicht ist[20], soll also in der Weise allgemein positiviert sein, dass von Rechts wegen eine sanktionslose Verpflichtung zum Votum besteht. Diese Rechtsinterpretation ist weder in historischer noch in rechtsvergleichender Perspektive einzigartig: In Deutschland gibt es eine bis in die

---

13 Vgl. das Protokoll der 21. Sitzung des Wahlrechtsauschusses vom 1. Februar 1949, in: Deutscher Bundestag / Bundesarchiv (Hg). Der Parlamentarische Rat 1948–1949, Bd. 6, S. 660.

14 Vgl. Grundlagen eines deutschen Wahlrechts, S. 75 ff.

15 Vgl. *G. Lang,* Das Problem der Wahl- und Stimmpflicht, S. 210 ff., m. Nachw.

16 Vgl. StGH BW, ESVGH 11, II, 25 (28); *H. Maurer,* in: ders. / R. Hendler (Hg.), Baden-Württembergisches Staats- und Verwaltungsrecht, S. 27 (61).

17 Art. 26 III LV BW.

18 Vgl. BVerwGE 37, 344 (359); BVerwG, DVBl. 1975, S. 727 (728); BVerwGE 105, 117 (126 f.); *O. Depenheuer,* VVDStRL Bd. 55 (1996), S. 90 (117); *D. Merten,* VVDStRL Bd. 55 (1996), S. 7 (24); *T. I. Schmidt,* Grundpflichten, S. 217; *K. Stern,* Das Staatsrecht der Bundesrepublik Deutschland, Bd. I, § 10 II 7.

19 Siehe *G. Lang,* a. a. O., S. 45 f. und 218; *O. Luchterhand,* Grundpflichten als Verfassungsproblem in Deutschland, S. 492 und 575 f.; *R. Stober,* Grundpflichten und Grundgesetz, S. 67.

20 Vgl. *R. Carré de Malberg,* Contribution à la théorie générale de l'État, Bd. 2, S. 441; *P. Coutant,* Le vote obligatoire, S. 64; *H. Geffcken,* ZfP Bd. 2 (1909), S. 159 (181 f.); *P. Saladin,* Verantwortung als Rechtsprinzip, S. 215; *C. Schmitt,* Verfassungslehre, S. 254; abweichender Ansicht jedoch *F. Arnold,* Wahlpflicht und Stimmzwang, S. 43 ff.; *H. Kelsen,* Kommentar zur österr. Reichsratswahlordnung, S. 41.

Zeit des Kaiserreichs zurückgehende Tradition, der Verfassung trotz Fehlens einer expliziten Bestimmung eine „sittliche" Wahlpflicht zu entnehmen[21]. In der Schweiz kann die Auffassung als herrschend bezeichnet werden, dass das Stimmrecht auch in den Fällen von Gesetzes wegen eine Obligation im Sinne einer lex imperfecta impliziert, in denen eine Stimmpflicht nicht ausdrücklich angeordnet ist[22].

Neuerdings virulent geworden ist die Frage, ob von Verfassungs wegen eine persönlich nicht sanktionierte Stimmpflicht der Bürger besteht, in der Auseinandersetzung um die Anerkennung der Zeugen Jehovas als Körperschaft des öffentlichen Rechts[23]. VG wie OVG Berlin waren der Ansicht, mangels grundgesetzlicher Wahlpflicht sei die generelle Nichtbeteiligung der Zeugen Jehovas an staatlichen Wahlen kein Grund, ihnen den begehrten Körperschaftsstatus zu verweigern[24]. Dem hat das Bundesverwaltungsgericht entgegengehalten, dass das Grundgesetz ungeachtet des Fehlens einer Rechtspflicht zur Beteiligung an Parlamentswahlen allen wahlberechtigten Bürgern die „Verantwortung" auferlege, ihr Recht auch tatsächlich auszuüben. Da die Zeugen Jehovas entgegen dieser Verantwortung die Wahlteilnahme prinzipiell ablehnten, hätten sie keinen Anspruch darauf, als Körperschaft des öffentlichen Rechts anerkannt zu werden[25]. Wenn auch das Bundesverwaltungsgericht in dieser Entscheidung davor zurückscheut, von einer Verpflichtung der Bürger zur Teilnahme an Wahlen zu sprechen, so ist es doch mit der Annahme einer verfassungsgesetzlich bestehenden „Verantwortung" der Wahlberechtigten, von ihrem Recht Gebrauch zu machen, nicht weit davon entfernt, dem Grundgesetz eine solche Pflicht zu entnehmen, die zwar Entschuldigungsgründe kennen mag und persönlich nicht sanktioniert ist, aber gleichwohl Beachtung fordert, so dass eine Religionsgemeinschaft, welche die Wahlteilnahme grundsätzlich ablehnt, nicht beanspruchen kann, den Status einer Körperschaft des öffentlichen Rechts zu erlangen.

---

21 Vgl. – freilich nicht immer eindeutig – *F. W. R. Zimmermann*, AnnDR 1901, S. 81 (83); *G. Kaisenberg*, in: H. C. Nipperdey (Hg.), Die Grundrechte und Grundpflichten der Reichsverfassung, Bd. 2, S. 161 (170); *H. Pohl*, in: G. Anschütz / R. Thoma (Hg.), HdbDStR, Bd. I, S. 386 (387); *G. Radbruch*, in: G. Anschütz / R. Thoma (Hg.), HdbDStR, Bd. I, S. 285 (289) [zu letzterem *W. Pauly* in der Einleitung zum Nachdruck des Handbuchs, S. 3* (12 * Fn. 73)]. Gegen eine solche Annahme *H. Triepel*, Wahlrecht und Wahlpflicht, S. 9 ff.

22 Vgl. *U. Affolter*, Die rechtliche Stellung des Volkes in der Demokratie und der Begriff der politischen Rechte, S. 90 ff.; *F. Fleiner*, Schweizerisches Bundesstaatsrecht, S. 304 f.; *Z. Giacometti*, Das Staatsrecht der schweizerischen Kantone, S. 208 f.; *U. Häfelin / W. Haller*, a. a. O., Rn. 593; *C. Tobler*, Der Stimmzwang in den schweizerischen Kantonen, S. 37 f.; siehe auch die Entscheidung des Schweizerischen Bundesgerichts, BGE 72, I, S. 165 (169), das davon ausgeht, dass dem „Stimmrecht" seiner Natur nach eine Verpflichtung innewohne. Differenzierend allerdings *J.-F. Aubert*, Traité de droit constitutionnel suisse, S. 412 f.

23 Aus der Fülle der literarischen Stellungnahmen zu dieser Problematik vgl. besonders die Beiträge von *C. Link*, ZevKR Bd. 43 (1998), S. 1 ff., sowie *M. Morlok / M. Heinig*, NVwZ 1999, S. 697 ff.

24 VG Berlin, NVwZ 1994, S. 609 (612); OVG Berlin, NVwZ 1996, S. 478 (481).

25 BVerwGE 105, 117 (126 f.).

II. Das Stimmrecht als Zuständigkeit

1. Das Stimmrecht

Ihren Ort in der deutschen Rechtsordnung könnte eine solche „sittliche" Stimmpflicht in den Vorschriften des Grundgesetzes und der Landesverfassungen haben, welche dem Volk in Konkretisierung von Art. 20 II GG die Befugnis verleihen, an bestimmten Wahlen und Sachentscheiden teilzunehmen. Auf Bundesebene sind dies die Bestimmungen über die Bundestagswahl, denen zufolge die Abgeordneten des Bundestags in allgemeiner Wahl gewählt werden, bei der wahlberechtigt ist, wer das achtzehnte Lebensjahr vollendet hat (Art. 38 I 1 und II 1. Hs. GG), wie auch die Regeln über eine Länderneuordnung, nach denen eine Neugliederung des Bundesgebietes durch Bundesgesetz oder Staatsvertrag der Bestätigung durch Volksentscheid in den betroffenen Ländern bedarf (Art. 29 II und VIII GG) bzw. unter Beteiligung der Wahlberechtigten erfolgt (Art. 118a GG). Auf Landesebene sind es die Vorschriften über die Wahl der Landesparlamente und über Volksentscheide, die in allen Ländern zu bestimmten Fragen stattfinden können. Diesen Regelungen ist eines unmissverständlich zu entnehmen: Das Volk hat das Recht, an den vorgesehenen Wahlen und Abstimmungen teilzunehmen. Hat es danach aber auch die Pflicht, sich an diesen Entscheiden zu beteiligen?

2. Recht und Pflicht

Der Umstand, dass das Grundgesetz – von Art. 38 II Hs. 1 über Art. 29 VI 1 bis zu Art. 118a – nur von „wahlberechtigt" oder „Wahlberechtigten", nicht aber von „wahlverpflichtet" oder „Wahlverpflichteten" spricht, wie auch in den Landesverfassungen immer nur von „berechtigt" oder einem „Recht" die Rede ist, scheint auf den ersten Blick gegen eine Stimmpflicht der Aktivbürger zu sprechen[26]. Die Bezeichnung als „Recht" kann aber nicht darüber hinweg täuschen, dass es sich bei dem staatsbürgerlichen Stimmrecht keinesfalls um ein Grundrecht handelt, von dem der Einzelne als Privatmann anerkanntermaßen nach Belieben Gebrauch machen kann, sondern um eine staatsorganschaftliche Befugnis. Denn in der grundgesetzlichen Ordnung übt das Volk in Wahlen und Abstimmungen Staatsgewalt aus (Art. 20 II 2 GG), nimmt also im Namen des Staates staatliche Kompetenzen wahr[27]. Es gilt als ein Grundzug öffentlich-rechtlicher Kompetenzregeln, dass sie

---

26 Vgl. *W. Frenz,* ZRP 1994, S. 91, und *T. I. Schmidt,* Grundpflichten, S. 217, sowie aus der Rechtsprechung BVerwGE 37, 344 [359], das seine Feststellung, dass in der Bundesrepublik keine Wahlpflicht existiere, neben Art. 20 II 2 GG auf Art. 38 II GG und § 12 BWahlG stützt; früher schon *H. Triepel,* Wahlrecht und Wahlpflicht, S. 11, für den „der Wortlaut unserer Verfassungsurkunden und Wahlgesetze, die überall nur von Recht und Fähigkeit, nie von einer Pflicht zu wählen reden" bewies, dass eine Wahlpflicht nicht bestehe.

27 Vgl. BVerfGE 8, 104 (113 ff.); 83, 60 (71); 99, 1 (8); a.A. unter Missachtung der unzweideutigen Vorschrift des Art. 20 II 2 GG *W. Frenz,* Rechtstheorie Bd. 24 (1993), S. 513

neben einer Berechtigung i.d.R. auch eine Verpflichtung beinhalten, von dem Recht Gebrauch zu machen[28]. Was für Normen über die Befugnisse von Staatsorganen im allgemeinen gilt, dass in ihnen Recht und Pflicht zusammenfallen, kann insbesondere auch auf die Vorschriften zutreffen, welche Wahlen und Abstimmungen des Volkes regeln.

3. Aktiv und Passiv

Für viele der Stimmrechtsvorschriften ist es freilich charakteristisch, dass sie in ihren Formulierungen das Volk nicht in der Aktivform handeln lassen. So bedient sich das Grundgesetz z. B. in Art. 38 I 1 mit der Wendung „die Abgeordneten des Deutschen Bundestages werden (...) gewählt" des Passivs, um die verfassungsmäßige Befugnis der Aktivbürger, den Bundestag zu wählen, auszudrücken. Dies würde auf das Fehlen einer Stimmpflicht hindeuten, folgte man einer Entscheidung des Bundesverwaltungsgerichts[29] zur Pflicht der Richter, sich an der Wahl zum Gerichtspräsidium zu beteiligen. In diesem Urteil vergleicht das Bundesverwaltungsgericht den Wortlaut der Bestimmung über die Bundestagswahl (Art. 38 I 1 GG) mit der für die Wahl zum Gerichtspräsidium maßgeblichen Regel des § 21 b II GVG, die davon spricht, dass „jeder Wahlberechtigte wählt". Dabei stellt das Gericht einen Zusammenhang her zwischen der Verwendung der Passivform in Art. 38 I 1 GG und dem Fehlen einer Wahlpflicht einerseits sowie dem Gebrauch des Aktivs in § 21 b II GVG und dem Bestehen einer Wahlpflicht andererseits. Überzeugen kann dies freilich nicht. Ob man eine Aussage in das Gewand der Aktiv- oder Passivform kleidet, ist in aller Regel eine Entscheidung sprachlicher Zweckmäßigkeit, mit der keine inhaltliche Maßstäbe gesetzt werden sollen. Damit soll nicht gesagt sein, dass der Wortlaut einer Vorschrift wie § 21 b II GVG nichts für eine Wahlpflicht hergibt. Aber entgegen der vom Bundesverwaltungsgericht geäußerten Auffassung liefert die Verwendung der Tätigkeitsform als solche kein Argument für eine Wahlpflicht. Hätte § 21 b II GVG formuliert, dass „die Wahlberechtigten wählen", wäre sprachlich keineswegs eindeutig zum Ausdruck gekommen, dass die Wahlberechtigten zur Wahl verpflichtet sein sollen. Vielmehr ist es der im „jeder" liegende Akzent, der dazu berechtigt, aus einer Norm der Fassung wie § 21 b II GVG eine Pflicht zur Wahlbeteiligung abzuleiten. Dass das Volk nach der Sprache vieler Verfassungsvorschriften keinen aktiven Part einnimmt, schließt somit nicht aus, dass die Aktivbürger eine Pflicht zur Stimmabgabe trifft. Ohne umgekehrt einen zwingenden Hinweis auf das Bestehen einer solchen Obligation zu liefern, lässt der Wortlaut der Verfassungsbestimmungen über Wahlen

---

(516 ff.), und *O. Luchterhand,* Grundpflichten als Verfassungsproblem in Deutschland, S. 496 f., welche das Handeln des Volkes bei Wahlen und Abstimmungen dem gesellschaftlichen Bereich zuordnen wollen.

28 Vgl. *H. J. Wolff / O. Bachof,* Verwaltungsrecht I, § 41 III a).

29 BVerwG, DVBl. 1975, S. 727 (728).

und Abstimmungen es daher als möglich erscheinen, dass dem Volk ein Votum abverlangt wird.

4. Die Funktion der Verfassungsvorschriften

Es ist allerdings fraglich, ob es mit der Funktion der Vorschriften vereinbar wäre, sie im Sinne einer Stimmpflicht auszulegen. Nach Art. 38 III und 29 VI 2 GG und vielerlei ähnlichen Bestimmungen der Landesverfassungen ist es nämlich dem einfachen Gesetzgeber überlassen, „das Nähere" der Wahl oder des Volksentscheides zu bestimmen. Diese Gesetzgebungsaufträge[30] könnten bedeuten, dass die Stimmrechtsvorschriften durchweg nur einen Rahmen bilden, der – weil auf Ausfüllung durch den einfachen Gesetzgeber angewiesen – Verfassungspflichten des Volkes ausschließt. Dass in allen Sachfragen „das Nähere" in den Verfassungen offengeblieben ist, also de constitutione lata Pflichten der Aktivbürger nicht existieren, kann jedoch aus Regelungen wie Art. 38 III und 29 VI 2 GG nicht geschlussfolgert werden. Tatsächlich gilt nicht nur der Gesetzgeber als direkter Adressat der Wahlrechtsgrundsätze des Art. 38 I 1 GG. So hat das Bundesverfassungsgericht neben anderen Bestimmungen den in Art. 38 I 1 GG normierten Grundsatz der Wahlrechtsgleichheit herangezogen, um der Regierung Grenzen der Öffentlichkeitsarbeit in Wahlkampfzeiten aufzuzeigen[31], und ist hinsichtlich des Abgeordneten anerkannt, dass sich für ihn aus Art. 38 I 2 GG unmittelbar Pflichten ergeben[32]. Auf der anderen Seite ist die Auffassung verbreitet, das Verfahren der Bundestagswahl, zu dem auch eine Wahlpflicht gezählt werden könnte, sei im Grundgesetz nicht geregelt und daher vom einfachen Gesetzgeber zu bestimmen[33]. Besteht danach zwischen dem Verfassungsrecht und den Ausführungsgesetzen ein Komplementärverhältnis, so spricht einiges dafür, dass die Verfassungen, sollten sie denn auf eine Stimmpflicht abzielen, unmittelbar eine Verpflichtung begründen, wobei die nähere Bestimmung des Subjekts der Verpflichtung in den durch den Grundsatz der Allgemeinheit der Abstimmung gezogenen Grenzen den Ausführungsgesetzen überlassen bliebe. Denn eine solche Pflicht zur Stimmabgabe wäre wegen ihrer herausragenden Bedeutung für die Demokratie eine Grundpflicht, die als solche einen legitimen Platz in der Verfassung hätte.

---

30 Vgl. die Einordnung von Art. 38 III GG bei *M. Morlok*, in: H. Dreier, GG, Art. 38 Rn. 120.

31 Vgl. BVerfGE 44, 125 (144 ff.).

32 Vgl. *N. Achterberg / M. Schulte*, in: H. v. Mangoldt / F. Klein / C. Starck, GG, Art. 38 Rn. 94; *H. H. Klein*, in: J. Isensee / P. Kirchhof (Hg.), HdbStR, Bd. II, § 41 Rn. 22.

33 Vgl. *S. Magiera*, in: M. Sachs, GG, Art. 38 Rn. 106; *H.-P. Schneider*, in: Alternativkommentar, GG^2, Art. 38 Rn. 40.

5. Entstehungsgeschichte

Ebenso lässt die Entstehungsgeschichte der Verfassungen die Möglichkeit des Bestehens einer Stimmpflicht offen. Bei der Beratung des Grundgesetzes im Parlamentarischen Rat wurde ausschließlich die Einführung eines sanktionierten Wahlzwangs erörtert. Eine Diskussion darüber, ob das Stimmrecht von Grundgesetz wegen eine sanktionslose Verpflichtung zur Beteiligung an Abstimmungen einschließt, fand hingegen nicht statt[34]. Auch bei der Redaktion der Landesverfassungen war – mit Ausnahme Baden-Württembergs – lediglich die Frage der Einführung einer sanktionierten Stimmpflicht Thema. Zur Frage der Existenz einer unsanktionierten Stimmpflicht kann daher der Genese der Verfassungen im allgemeinen nichts entnommen werden.

6. Konsequenzen

Soweit sie dem Volk die Befugnis verleihen, an Wahlen und Abstimmungen teilzunehmen, lassen es die Verfassungen somit nach Wortlaut, Funktion und Entstehungsgeschichte als möglich, aber keineswegs zwingend erscheinen, dass sie das Volk zur Stimmabgabe verpflichten. Ob sie tatsächlich eine solche Verpflichtung zum Inhalt haben, hat sich deshalb anhand ihres Sinns zu erschließen, wie er im Zusammenspiel anderer ihrer Normen deutlich wird. Erforderlich ist also eine teleologisch-systematische Interpretation der Verfassungen. Den Weg dazu weist der staatsphilosophische Streit um Sinn und Zweck des Stimmrechts in der Demokratie. Er ist geprägt von zwei gegensätzlichen Anschauungen, von denen die eine als „rationalistisch", die andere als „wertrelativistisch" bezeichnet werden kann.

III. Das Stimmrecht in der Staatstheorie

1. Die rationalistische Deutung

Die rationalistische Deutung des Stimmrechts hat in Rousseaus „Du contrat social" ihren klassischen Ausdruck gefunden. Zweck des Staates ist nach Rousseau die Verwirklichung des Gemeinwohls. Der Staat darf allein gemäß dem allgemeinen Besten regiert werden[35]. Haben die Menschen an der Regierung teil, fungieren sie als auf das Gemeinwohl verpflichtete Bürger (citoyens), nicht als Untertanen (sujets)[36]. Das gilt insbesondere, sofern sie in der Demokratie in ihrer Gesamtheit, also als Volk, durch Abstimmungen regieren. Die bei einer Abstimmung an das Volk gerichtete Frage, betont Rousseau, lautet nicht eigentlich, ob es dem Geset-

34 S.o. I. 2.

35 *J.-J. Rousseau,* Du contrat social, II, 1, 1.

36 Vgl. *J.-J. Rousseau,* a. a. O., I, 6, 10, und I, 7, 6.

zesvorschlag zustimmt, sondern vielmehr, ob der Vorschlag der sog. volonté générale entspricht[37]. Mit der volonté générale ist in diesem Zusammenhang kein tatsächlicher existierender allgemeiner Wille gemeint. Die volonté générale bezeichnet hier einen auf das Gemeinwohl gerichteten idealen allgemeinen Willen. Sie ist von der an den privaten Sonderinteressen orientierten volonté de tous zu unterscheiden[38]. Die Volksabstimmung dient somit der Feststellung des Gesaminteresses. Tatsächlich, so gibt Rousseau zu bedenken, stimmt das Volk aber häufig nicht gemäß dem Gemeinwohl ab, sondern richtet sein Votum an Sonderinteressen aus. Das ist seiner Auffassung nach solange nicht bedenklich, als aus den aufeinanderprallenden Einzelinteressen das Gemeinwohl als Sieger hervorgeht[39]. War die Mehrheit guten Willens, lässt sich die Bindung des in der Abstimmung Unterlegenen an ihre Auffassung damit rechtfertigen, dass dieser sich über das allgemeine Beste geirrt hat[40].

So zu argumentieren, ergäbe für Rousseau keinen Sinn, würde er nicht von der Existenz eines objektiv vorgegebenen Allgemeinwohls ausgehen, das der Mensch mit der ihm gegebenen Vernunft erkennen kann. Nach Rousseaus Vorstellung ist das Richtige ungeachtet von Erkenntnisschwierigkeiten im Einzelfall etwas prinzipiell Einsehbares. Da seine Verwirklichung jedoch in der Realität prekär ist, obliegt es dem Staat und somit in der Demokratie dem in Abstimmungen regierenden Volk, für das Gemeinwohl zu sorgen. Über die Frage, ob die Bürger zur Teilnahme an der Abstimmung verpflichtet sind, hat sich Rousseau nicht geäußert. Wenn es aber auf die Entscheidung der Einzelnen in der Abstimmung zutrifft, dass sie nicht in ihr Belieben gestellt ist, ist es grundsätzlich nicht ausgeschlossen, dass gleiches auch für die Entscheidung über die Teilnahme an der Abstimmung gilt, Stimmrecht also Stimmpflicht ist[41].

---

37 *J.-J. Rousseau,* a. a. O., IV, 2, 8.

38 Vgl. dazu insbesondere *J.-J. Rousseau,* a. a. O., II, 3, 1 f. Zur näheren Einordnung des Begriffs der volonté générale siehe *F. Haymann,* FG R. Stammler, S. 395 (439); *P. Graf Kielmansegg,* Volkssouveränität, S. 152 ff.

39 *J.-J. Rousseau,* a. a. O., II, 3, 2 f.

40 *J.-J. Rousseau,* a. a. O., IV, 2, 8 f.

41 Von Teilen der älteren französischen Staatsrechtslehre ist Rousseau freilich in dem Sinne missgedeutet worden, dass er das demokratische Stimmrecht als ein Recht konzipiert habe, das der Einzelne nach seinem Belieben ausüben könne, also nach seiner Auffassung eine Stimmpflicht nicht begründbar sei (so etwa *A. Esmein,* Éléments de droit constitutionnel français et comparé, 2. Aufl. 1899, S. 187 ff., insbsd. 192; ähnlich *R. Carré de Malberg,* Contribution à la théorie générale de l'État, Bd. 2, S. 152 ff., insbsd. S. 155, der das Stimmrecht bei Rousseau als ein Recht begriff, dass die Mitglieder der Nation ut singuli wahrnehmen). Die Auslegung, die nicht nur Rousseau, sondern zumal seine Jünger in der Französischen Revolution dadurch erfahren haben, hat auch in der zeitgenössischen deutschen Wahlrechtstheorie Anklang gefunden (siehe *G. Jellinek,* Das Pluralwahlrecht und seine Wirkungen, S. 10 f.), ebenso wie in der niederländischen Wahlpflichtdiskussion der Zeit, wo sie aber keineswegs unbestritten blieb (vgl. *S. Gargas,* AöR Bd. 17 n.F. [1929], S. 206 [238 f.]). Zur Fehlinterpretation Rousseaus und ihrem historischen Hintergrund in Frankreich vgl. *C. Schönberger,* Der Staat Bd. 34 (1995), S. 359 (366 ff.).

2. Das wertrelativistische Verständnis

Die wertrelativistische Konstruktion des Stimmrechts in der Demokratie hat mit besonderer Klarheit Kelsen entfaltet. Er wendet sich gegen die Idee, dass es ein rationaler Erkenntnis zugängliches, intersubjektiv verbindliches Allgemeinwohl gibt. Seiner Ansicht nach sind dem menschlichen Verstand nur relative Wahrheiten, relative Werte erreichbar[42]. Demgemäß dienen Abstimmungen in der Demokratie nicht der Feststellung des Allgemeinwohls; das Mehrheitsprinzip kann nicht damit gerechtfertigt werden, dass die Mehrheit mit größerer Wahrscheinlichkeit richtig entscheidet als die Minderheit. Abstimmungen des Volkes haben vielmehr darin ihren Sinn, dass sie die Verwirklichung von Freiheit ermöglichen. Zwar vermögen unter den Bedingungen des gesellschaftlichen Zusammenlebens nicht alle Menschen zugleich frei zu sein. Das Prinzip der absoluten Majorität erlaubt aber „die relativ größte Annäherung an die Idee der Freiheit". Wenn schon nicht alle frei sein können, sollen „doch möglichst viel Menschen frei sein, d. h. möglichst wenig Menschen mit ihrem Willen in Widerspruch zu dem allgemeinen Willen der sozialen Ordnung geraten"[43].

Ansatz und Konsequenzen dieser von Kelsen im Laufe der Zeit entwickelten Auffassung finden sich schon in seinem Kommentar zur österreichischen Reichsratswahlordnung von 1907. Erklärte er es dort für den Sinn des Wahlrechts, dass „man sich vom Gewählten die Wahrung und Vertretung seiner (und nicht des Staates) Interessen erwartet", erschien ihm die von der Reichsratswahlordnung vorgesehene Möglichkeit, dass die Länder per Gesetz die Wahl der Mitglieder des Abgeordnetenhauses zur Pflicht machen, als ein Widerspruch zum Zweck des Wahlrechts[44]. Damit war bereits ausgesprochen, was unweigerliche Folge des relativistischen Verständnisses der Demokratie ist: Stimmrecht kann nicht zugleich Stimmpflicht sein, wenn es um der Freiheit der Einzelnen willen besteht.

3. Schlussfolgerungen für das positive Recht

Die nach wie vor aktuelle staatsphilosophische Auseinandersetzung um den Sinn des demokratischen Stimmrechts[45] zeigt, dass für die teleologisch-systemati-

---

42 Vgl. *H. Kelsen*, Allgemeine Staatslehre, S. 38 f.; *ders.*, Was ist Gerechtigkeit?, S. 6. Dazu näher *H. Dreier*, Rechtslehre, Staatssoziologie und Demokratietheorie bei Hans Kelsen, S. 228 ff.

43 Vgl. *H. Kelsen*, Vom Wesen und Wert der Demokratie, S. 8 ff., 55, 99 ff. (die Zitate S. 9 f.). Zur Frage, ob Kelsen sein Konzept später modifiziert hat, vgl. *H. Dreier*, a. a. O., S. 262 ff.

44 *H. Kelsen*, Kommentar zur österr. Reichsratswahlordnung, S. 41.

45 Dezidiert für die rationalistische Position: *M. Kriele*, Einführung in die Staatslehre, S. 235 ff. (vgl. besonders S. 259, 262, 268 und 298); *H. Krüger*, Allgemeine Staatslehre, S. 284 und 763 ff.; dagegen *C. Gusy*, AöR Bd. 106 (1981), S. 329 (338 ff.). Der wertrelativistischen Ansicht hängt namentlich *H. Dreier*, ZParl Bd. 17 (1986), S. 94 (104 ff.) an. Nicht

sche Auslegung der verfassungsrechtlichen Regeln, die eine Stimmpflicht begründen könnten, von Bedeutung ist, ob die Verfassungen den Aktivbürgern das Stimmrecht um ihrer Freiheit willen oder zum Zwecke einer richtigen Entscheidung eingeräumt hat. Das hängt davon ab, ob die Volksherrschaft nach ihrer Konzeption an einen fixierten Inhalt gebunden ist. Wäre es so, dass das abstimmende Volk keinem bestimmten Wert verpflichtet ist, würde das Stimmrecht sein Umwillen in der Freiheit der Bürger haben. Anders läge es, wenn das Volk bei seinen Entscheidungen einem umfassenden Wert wie dem Gemeinwohl unterworfen wäre. Dann würden die Aktivbürger über das Stimmrecht verfügen, um eine gemeinwohlgemäße Entscheidung zu fällen. Staatsphilosophisch ließe sich die Konzeption der Verfassungen in jedem Fall in Frage stellen: In dem einen Fall müssten die Verfassungen den rationalistischen Vorwurf hinnehmen, die Gemeinwohlbindung des Volkes zu ignorieren. In dem anderen Fall sähen sie sich dem wertrelativistischen Verdikt ausgesetzt, mit der Kategorie des Gemeinwohls einen inhaltlosen Blankettbegriff zu benutzen[46]. Dogmatisch sind solche absoluten Urteile jedoch irrelevant. Für die teleologisch-systematische Interpretation der positiven Stimmrechtsregeln ist allein entscheidend, welcher Vorstellung die Verfassungen gefolgt sind, ob sie also auf dem rationalistischen Gedanken beruhen, dass das Volk bei seinen Entscheidungen einem umfassenden Gemeinwohl verpflichtet ist, oder in wertrelativistischer Manier eine solche Idee zurückweisen.

IV. Die Gemeinwohlverpflichtung der Aktivbürger

1. Demokratie- und Republikprinzip

a) Der Grundsatz der Demokratie

Eine umfassende inhaltliche Bindung des Volkes könnte sich in der grundgesetzlichen Ordnung aus dem Demokratieprinzip ergeben. Dieses Prinzip ist in Art. 20 I GG verankert und wird durch Art. 20 II GG näher ausgestaltet, der zwischen Inne-

---

frei von Brüchen ist der Standpunkt von *W. Heun* (Das Mehrheitsprinzip in der Demokratie, S. 79 ff.): Die Auffassung, „dass ein objektiv erkennbares Gemeinwohl existiert, an dem sich zu orientieren die Abstimmenden (...) verpflichtet sind", lehnt er ab (S. 85). Dennoch soll mit der Mehrheitsentscheidung „die Hoffnung" verbunden sein, „dass die von der Mehrheit bevorzugte Alternative sich für das gesamte Gemeinwesen als vernünftig erweist, dass das gemeine Beste gefunden werde" (S. 91). Am Schluss (S. 102) rechtfertigt er das Mehrheitsprinzip damit, dass es der Majorität individuelle Selbstbestimmung gestatte, obgleich er zuvor (S. 93) die wertrelativistische Haltung zurückgewiesen hatte. Über die unterschiedlichen Maßstäbe des parlamentarischen Wahlrechts in der deutschen Staatstheorie des 19. Jahrhunderts vgl. *R. Smend,* in: ders., Staatsrechtliche Abhandlungen, S. 19 ff. Speziell zu den Lehren G. Jellineks siehe *W. Pauly,* in: Georg Jellinek, Das Recht der Minoritäten, Nachdruck hrsg. von Walter Pauly, S. VII* (IX* ff.).

46 Vgl. *H. Kelsen,* Allgemeine Staatslehre, S. 38 f.; *ders.,* Hauptprobleme der Staatsrechtslehre, S. 506.

habung und Ausübung der Staatsgewalt unterscheidet. Nach Art. 20 II 1 GG geht alle Staatsgewalt vom Volkes aus. Gemäß Art. 20 II 2 GG wird sie vom Volk und durch besondere Organe ausgeübt. Außer Frage steht, dass diese Sätze an die Organisation der Staatsgewalt konkrete Anforderungen stellen. Sie haben in ihrem Kern zum Inhalt, dass sich jedenfalls alle verbindlichen Entscheidungen der Staatsgewalt auf den Willen des Volkes zurückführen lassen müssen[47]. Zweifelhaft ist dagegen, ob die Grundsätze des Art. 20 II GG darüber hinaus auch den Inhalt der Staatstätigkeit einer bestimmten Maxime unterwerfen. In der Literatur ist die Ansicht weit verbreitet, Art. 20 II GG fordere nicht nur eine Herrschaft durch, sondern auch für das Volk, verlange also von der Staatsgewalt ein Handeln im Interesse des Volkes[48]. Hinter dieser Auffassung steht die Überlegung, dass die Staatsgewalt zugunsten desjenigen ausgeübt werden soll, dem sie zusteht. Dies ist nach Art. 20 II 1 GG das Volk als Träger der Staatsgewalt. Die Staatsorgane handeln daher nicht aus eigenem Recht, sondern in seinem Namen, sie repräsentieren es. Das gilt nicht nur für die besonderen Organe von Gesetzgebung, vollziehender Gewalt und Rechtsprechung, sondern auch für das Volk, soweit es in Wahlen und Sachentscheiden Staatsgewalt ausübt. Als Staatsorgan ist das Volk ebenso wie die besonderen Organe Repräsentant des Souveräns Volk. Zwar scheint die Verwendung des Begriffs Volk in beiden Sätzen von Art. 20 II GG darauf hinzudeuten, dass das personale Substrat des Staatsorgans Volk mit dem des Innehabers der Staatsgewalt Volk identisch ist. Bei näherer Betrachtung zeigt sich allerdings, dass das Volk des Art. 20 II 1 GG mit dem des Art. 20 II 2 GG nur teilidentisch ist[49]: Das Volk als Träger der Staatsgewalt besteht aus der Gesamtheit der Volkszugehörigen. Das Volk als Staatsorgan setzt sich aus den Aktivbürgern zusammen, umschließt also nicht diejenigen Mitglieder des Gesamtvolkes, die alters- oder krankheitsbedingt entscheidungsunfähig sind. Schon aus diesem Grund sind die Angehörigen des Staatsorgans Volk Repräsentanten des Souveräns Volks. Sie sind es aber auch deshalb, weil sich von ihnen immer nur ein mehr oder minder großer Teil an der Abstimmung beteiligt und die an der Abstimmung Beteiligten ihre Beschlüsse zudem nicht nach dem Einstimmigkeitsprinzip fällen. Von dem Standpunkt aus, dass sich mit der Stellung als Repräsentant des gesamten Volkes die Verpflichtung verbindet, zu seinem Wohl zu handeln, ist es daher kein weiter Schritt zu der Auffassung, dass die Aktivbürger verpflichtet sind, bei Wahlen und Sachentscheiden gemäß den Interessen des gesamten Volkes zu entscheiden[50].

---

47 Vgl. BVerfGE 47, 253 (275); 77, 1 (40); 83, 60 (72 f.); *E.-W. Böckenförde*, in: J. Isensee / P. Kirchhof (Hg.), HdbStR, Bd. I, § 22 Rn. 11; *R. Herzog*, in: T. Maunz / G. Dürig, GG, Art. 20, II, Rn. 53.

48 Vgl. *H. H. v. Arnim*, Gemeinwohl und Gruppeninteressen, S. 45 ff.; *K. Hesse*, VVDStRL Bd. 17 (1959), S. 11 (19 f.); *ders.*, Grundzüge des Verfassungsrechts der Bundesrepublik Deutschland, Rn. 121; *H. H. Klein*, 2. FS E. Forsthoff, S. 165 (168); *M. Kriele*, VVDStRL Bd. 29 (1971), S. 46 (60); *P. Kunig*, Das Rechtsstaatsprinzip, S. 333; *O. Luchterhand*, Grundpflichten als Verfassungsproblem in Deutschland, S. 575 f.

49 Vgl. *M. Jestaedt*, Demokratieprinzip und Kondominialverwaltung, S. 206 f.; *H. v. Mangoldt / F. Klein*, GG, Art. 20 Anm. V 4 d); *M. Sachs*, in: ders., GG, Art. 20 Rn. 28.

Der zugrundeliegende Schluss vom Träger der Staatsgewalt auf das Ziel ihrer Ausübung ist freilich Bedenken ausgesetzt. Denn zwischen dem Subjekt eines Rechts und dem Maßstab seiner Wahrnehmung besteht nicht notwendig ein Zusammenhang. So ist zu Recht darauf hingewiesen worden, dass auch eine Monarchie dem Wohle des Volkes verpflichtet sein kann (sog. aufgeklärte Monarchie)[51]. Ebenso ist eine Demokratie denkbar, die nicht lediglich dem Wohle des eigenen Volkes dient, sondern darüber hinaus auch den Belangen anderer Menschen, namentlich etwa den übrigen Bewohnern des Staatsgebietes. Und zuletzt ist auch nicht auszuschließen, dass eine Demokratie von Verfassungs wegen keinem bestimmten Gemeinwohlziel unterworfen ist. Die Entscheidung dafür, die Staatsgewalt inhaltlichen Werten zu verpflichten, treffen Verfassungen üblicherweise durch Normen, die einen solchen obersten Zweck näher umreißen und die von den Vorschriften über Ursprung und Organisation der Staatsgewalt geschieden sind. Es ist nicht ersichtlich, dass das Grundgesetz mit diesem Grundsatz brechen wollte. Die Entscheidung für die Demokratie in Art. 20 I, II GG knüpft an Art. 1 S. 2 WRV an, der mit dem schlichten Satz „Die Staatsgewalt geht vom Volkes aus" sinnfälliger Ausdruck des Kerns der Revolution von 1918/1919 war. Bei der Beratung des 1. Abschnitts der Weimarer Reichsverfassung in der verfassungsgebenden Nationalversammlung stellte der Berichterstatter des Achten Ausschusses, Kahl, Art. 1 WRV als eine Bestimmung über die Staatsform vor[52]. Dieses enge Verständnis von Art. 1 WRV stieß in der anschließenden Diskussion der Nationalversammlung auf keinen Widerspruch[53]. Dementsprechend hat die Weimarer Staatsrechtslehre in Art. 1 II WRV durchweg nicht mehr als eine Aussage über die Staats- und Regierungsform gesehen[54]. Die Beratungen des Parlamentarischen Rats bieten keine Anhaltspunkte dafür, dass der Grundgesetzgeber sich mit Art. 20 I, II GG von der Tradition eines von materialen Inhalten unbelasteten Demokratieprinzips verabschieden wollte[55]. Ist also nicht anzunehmen, dass Art. 20 I, II GG die Staatsgewalt einem bestimmten Wert wie dem Wohl des Volkes verpflichtet[56], bindet er auch das bei Wahlen und Sachentscheiden abstimmende Volk nicht an ein solches Ziel.

---

50 Vgl. *C. Schmitt*, Verfassungslehre, S. 206 f., dem die fehlende Identität von Volkssouverän und Aktivbürgern als Grund dafür galt, dass „der einzelne stimmberechtigte Staatsbürger (...) als ‚Vertreter des Ganzen', nicht seiner Privatinteressen, gedacht werden (muss)". Ähnlich heute *P. Krause*, in: J. Isensee/P. Kirchhof (Hg.), HdbStR, Bd. II, § 39 Rn. 18.

51 *E.-W. Böckenförde*, a. a. O., § 22 Rn. 5.

52 Vgl. das Protokoll der 44. Sitzung des Plenums vom 2. Juli 1919, abgedruckt in: E. Heilfron (Hg.), Die Deutsche Nationalversammlung im Jahre 1919, 5. Bd., S. 2942 f.

53 Vgl. auch die Äußerung v. Delbrücks: „Der Art. 1 bedeutet für uns den Abschied von der konstitutionellen Monarchie. Er bedeutet den Übergang zum parlamentarisch regierten Volksstaat (...)", abgedruckt in: E. Heilfron (Hg.), a. a. O., S. 2971.

54 Vgl. *G. Anschütz*, Die Verfassung des Deutschen Reichs, Art. 1 Anm. 2 ff.; *F. Giese*, Die Verfassung des Deutschen Reichs, Art. 1 Anm. 3; *F. Poetzsch-Heffter*, Handkommentar der Reichsverfassung, Art. 1 Anm. 4.

55 Vgl. JöR Bd. 1 (1951), S. 195 ff.

56 Für ein enges, formales Verständnis des Demokratieprinzips auch *E.-W. Böckenförde*, in: J. Isensee/P. Kirchhof (Hg.), HdbStR, Bd. I, § 22 Rn. 38 und 83; *J. Isensee*, in: ders./P.

b) Der Grundsatz der Republik

Möglicherweise weist aber der Grundsatz der Republik den Entscheidungen des Volkes inhaltlich umfassend Richtung. Das republikanische Prinzip hat in Art. 20 I GG seinen verfassungsmäßigen Ausdruck gefunden. Art. 20 I GG bleibt in seiner Formulierung hinter Art. 1 I WRV zurück, der das Reich noch explizit zur Republik erklärt hatte, macht aber gleichwohl mit der Bezeichnung des deutschen Staates als „Bundesrepublik Deutschland" deutlich, dass dieser dem Grundsatz der Republik verpflichtet ist. Ohne zugleich eine Aussage über den Träger der Staatsgewalt zu treffen, die Art. 20 II 1 GG vorbehalten geblieben ist, schließt das Grundgesetz damit unzweifelhaft die Einsetzung eines Monarchen als Staatsoberhaupt aus[57]. Nach verschiedentlich vertretener Auffassung soll sich der Inhalt des republikanischen Prinzips aber nicht in dieser formal-organisatorischen Entscheidung erschöpfen. Die Republik, als die das Grundgesetz den deutschen Staat konstituiert, soll danach mit der Verpflichtung der Staatsgewalt auf das Gemeinwohl auch eine material-inhaltliche Seite haben[58]. Die Vertreter dieser weiten Auslegung des republikanischen Prinzips berufen sich auf Vorstellungen einer dem Gemeinwohl verpflichteten staatlichen Ordnung, die sich immer wieder mit dem Begriff der Republik assoziiert haben. Aus ihrer Sicht liegt es nahe, dass auch das abstimmende Volk an das Gemeinwohl gebunden ist, weil es bei Wahlen und Sachentscheiden als Teil der Republik agiert. Belege dafür, dass die bezeichneten Gemeinwohlideen in das republikanische Prinzip des Art. 20 I GG eingegangen sind, existieren jedoch nicht. Die Vorgängernorm des Art. 1 WRV, durch dessen Absatz 1 der Satz von der Republik Verfassungskraft erhielt, wurde in den Beratungen der verfassungsgebenden Nationalversammlung formal aufgefasst[59]. In Übereinstimmung damit hat die überwiegende zeitgenössische Staatsrechtslehre Art. 1 I WRV keinen über den Ausschluss der Monarchie hinausgehenden Inhalt entnommen[60]. Die Entstehungsgeschichte des Grundgesetzes lässt nicht erkennen, dass der Grundgesetzgeber davon abweichen wollte. Im Parlamentarischen Rat wandte sich zwar Heuss gegen die Bezeichnung des deutschen Staates als „Bundesstaat Deutschland", weil er

Kirchhof (Hg.), HdbStR, Bd. III, § 57 Rn. 90 und 97; *M. Jestaedt,* Demokratieprinzip und Kondominialverwaltung, S. 160.

57 Siehe *E.-W. Böckenförde,* a. a. O., § 22 Rn. 95; *R. Herzog,* in: T. Maunz / G. Dürig, GG, Art. 20, III, Rn. 5 ff.

58 Vgl. *R. Gröschner,* in: E. Eichenhofer (Hg.), 80 Jahre Weimarer Reichsverfassung – Was ist geblieben?, S. 49 ff.; *W. Henke,* in: J. Isensee / P. Kirchhof (Hg.), HdbStR, Bd. I, § 21 Rn. 8 und 10 ff.; *K. Hesse,* Grundzüge des Verfassungsrechts der Bundesrepublik Deutschland, Rn. 121; *J. Isensee,* JZ 1981, S. 6 (8); *ders.,* in: ders. / P. Kirchhof (Hg.), HdbStR, Bd. III, § 57 Rn. 97; *M. Jestaedt,* a. a. O., S. 160; *K.-P. Sommermann,* in: H. v. Mangoldt / F. Klein / C. Starck, GG, Art. 20 Rn. 14.

59 S.o. a).

60 Vgl. *F. Giese,* a. a. O., Art. 1 Anm. 2: „Republik ist rechtlich die Negation der Monarchie"; ebenso *G. Anschütz,* a. a. O., Art. 1 Anm. 1; *F. Poetzsch-Heffter,* a. a. O., Art. 1 Anm. 1; weitergehender nur *R. Thoma,* in: G. Anschütz / ders. (Hg.), HdbDStR, Bd. I, S. 186 f.

„den Begriff ‚Republik' im Hinblick auf seine inhaltliche Erfülltheit für unerlässlich" hielt, legte aber diesen Inhalt nicht näher dar. Zinn meinte, das Wort ‚Republik' müsse unbedingt verwendet werden, weil auch eine Monarchie Bundesstaat sein könne, ging also klar von einem formalen Verständnis von Republik aus. C. Schmid hingegen verband mehr mit der Bezeichnung „Bundesrepublik Deutschland". In ihr sah er das „demokratische und soziale Pathos der republikanischen Tradition" gespiegelt, als deren Inhalt er die Rechte der Einzelperson, die Gleichheit aller vor dem Gesetz und andere materiale Inhalte ansah, die im Grundgesetz selbständig positiviert sind[61]. Dass die Entscheidung für die Republik die Idee der Verpflichtung auf ein umfassendes Gemeinwohl impliziert, ist aber auch bei C. Schmid nicht ersichtlich. Damit gibt es keinen Grund zur Annahme, dass der Begriff der Republik, wie ihn das Grundgesetz benutzt, neben der Absage an ein monarchisches Staatsoberhaupt auch eine Verpflichtung der Staatsgewalt auf ein umfassendes Gemeinwohl als inhaltlichen Wert umschließt[62]. Genauso wenig wie das demokratische Prinzip des Art. 20 I, II GG kann demnach der in Art. 20 I GG verankerte Satz von der Republik so gedeutet werden, dass er das abstimmende Volk einer umfassenden inhaltlichen Bindung unterwirft. Vorbehaltlich besserer entstehungsgeschichtlicher Belehrung im Einzelfall gilt nichts anderes auch für die landesverfassungsrechtlich verankerten Prinzipien der Demokratie und der Republik.

2. *Amtseidbestimmungen*

a) Bedeutung und Wirkung des Amtseides

Dass eine Gemeinwohlbindung des Volkes gleichwohl besteht, lassen aber andere Vorschriften der Verfassungen nicht als ausgeschlossen erscheinen. Es sind dies die in allen Verfassungen zu findenden Vorschriften über den Eid bestimmter Amtsinhaber. Exemplarisch dafür stehen die Bestimmungen der Art. 56 und 64 II GG, denen zufolge der Bundespräsident, der Bundeskanzler und die Bundesminister bei Amtsantritt insbesondere schwören müssen, ihre Kraft dem Wohle des deutschen Volkes zu widmen, seinen Nutzen zu mehren, Schaden von ihm zu wenden sowie Gerechtigkeit gegenüber jedermann zu üben. Daraus geht hervor, dass das Grundgesetz von der Existenz eines Gemeinwohls ausgeht. Als normative Kategorie stellt dieses Gemeinwohl nach den zutreffenden Worten *Scheuners*[63] eine „objektive Festlegung" dar, die ungeachtet der tatsächlich vorhandenen Pluralität von Anschauungen im Sinne einer „ideelle(n) Forderung einheitlich bleibt". Im Mittel-

[61] Vgl. JöR Bd. 1 (1951), S. 18 und 20.

[62] Gegen eine materiale Deutung des republikanischen Prinzips in Art. 20 I GG ebenfalls *E.-W. Böckenförde*, a. a. O., § 22 Rn. 96; *H. Dreier*, in: ders., GG, Art. 20 (Republik) Rn. 19; *M. Sachs*, in: ders., GG, Art. 20 Rn. 9.

[63] *U. Scheuner*, Konsens und Pluralismus als verfassungsrechtliches Problem, in: ders., Staatstheorie und Staatsrecht, S. 135 (147).

punkt des Gemeinwohls steht nach der Definition des Art. 56 GG das Wohl des deutschen Volkes. Zu berücksichtigen sind aber gleichfalls die Belange der Nichtdeutschen. Denn zu den Geboten des Gemeinwohls gehört es gemäß Art. 56 GG auch, Gerechtigkeit gegenüber jedermann zu üben. Eine rechtliche Verpflichtung, das Gemeinwohl zu beachten, erzeugt die Leistung des Amtseides allerdings nach ganz unbestrittener Auffassung nicht[64]. Der Schwur stellt allenfalls eine „moralische Garantie" dar[65]. Anders als die Eidesleistung selbst haben aber eventuell die Vorschriften über den Amtseid eine rechtliche Bedeutung. Denn sie könnten darauf hindeuten, dass Bundespräsident, Bundeskanzler und Bundesminister, aber auch alle anderen Staatsorgane einschließlich des abstimmenden Volkes sich bei ihren Handlungen von Verfassungs wegen von den Interessen des Gemeinwesens leiten lassen müssen, also einer Art ungeschriebenen Gemeinwohlverpflichtung unterworfen sind[66].

b) Gemeinwohlorientierung als Verfassungserwartung

Ungeschriebene Verfassungspflichten sind im Schrifttum namentlich in der Diskussion um die sog. Verfassungserwartungen entwickelt worden[67]. Die Verfassungserwartungen sind primär eine Kategorie der Grundrechtsdogmatik, die konstitutionelle Leitbilder gemeinwohlgemäßen Gebrauchs der Grundrechte erfassen soll, als deren Prototyp Art. 14 II GG gilt[68]. Daneben dienen sie aber auch dazu, bestimmte verfassungsmäßige Ideen des Verhaltens von Staatsorganen und zumal der Aktivbürger zu bezeichnen[69]. Ihr rechtlicher Charakter ist schillernd: Mal werden sie als leges imperfectae qualifiziert[70], mal als „ethische" Pflichten, die jedoch im Einzelfall schwer von leges imperfectae abzugrenzen sein mögen[71]. Jedenfalls besteht Einigkeit darüber, dass Verfassungserwartungen mit keinerlei Sanktionen verbunden sind. Grundlage der Lehre von den Verfassungserwartungen ist die Anschauung, dass eine Verfassung sich nicht in den geschriebenen Verfassungsnormen erschöpft, sondern auch diejenigen Sätze Bestandteil der Verfassung sind, welche der Verfassungsgeber nicht artikuliert hat, weil er sie für selbstverständlich

---

64 Vgl. *R. Herzog,* in: T. Maunz / G. Dürig (Hg.), GG, Art. 56 Rn. 2; *K. Stern,* Das Staatsrecht der Bundesrepublik Deutschland, Bd. II, § 30 II 5 c).

65 Vgl. *E. Friesenhahn,* Der politische Eid, S. 44.

66 Vgl. *R. Stober,* Grundpflichten und Grundgesetz, S. 70, der in Art. 56 und 64 II GG einen Hinweis auf die „selbstverständlich bestehenden und deshalb nicht mehr ausdrücklich erwähnten Grundpflichten" erblickt, „die dem Gewählten aufgrund des Grundgesetzes obliegen".

67 Zur Verfassungserwartung siehe besonders *J. Isensee,* in: ders. / P. Kirchhof (Hg.), HdbStR, Bd. V, § 115 Rn. 163 ff.; *H. Krüger,* FS U. Scheuner, S. 285 (302 ff.).

68 Vgl. *J. Isensee,* a. a. O., § 115 Rn. 163; *H. Krüger,* a. a. O., S. 302 f.

69 Vgl. *J. Isensee,* a. a. O., § 115 Rn. 197 ff.; *H. Krüger,* a. a. O., S. 304 f.

70 Vgl. *H. Krüger,* a. a. O., S. 304.

71 Vgl. *J. Isensee,* a. a. O., § 115 Rn. 165 f.

hielt. Verfassungserwartungen sollen daher nicht nur solche Leitbilder sein, die das Grundgesetz ausdrücklich normiert hat, sondern gerade und insbesondere auch solche Maximen, die das Grundgesetz als sachgerecht erkennen lässt[72].

Auf die Maxime, sich gemeinwohlgemäß zu verhalten, trifft dies in Angesicht von Art. 56 und 64 II GG jedenfalls für die Amtsinhaber, die den Amtseid zu leisten haben, möglicherweise aber auch für alle anderen Amtsinhaber einschließlich der Aktivbürger zu. Ausgeschlossen ist die Annahme einer ungeschriebenen Gemeinwohlverpflichtung keineswegs deshalb, weil Art. 56 und 64 II GG den Amtsinhabern nicht nur einen Eid auf das Gemeinwohl, sondern auch auf das Grundgesetz abverlangen. Die Erwähnung des Gemeinwohls im Text des Amtseides könnte dazu dienen, die Gemeinwohlverpflichtung der Amtsinhaber als der denkbar grundlegendsten Pflicht besonders hervorzuheben. Dass sich der von Art. 56 und 64 II GG geforderte Amtseid sowohl auf das Grundgesetz wie auf das Gemeinwohl bezieht, hätte also auch dann einen Sinn, wenn das Grundgesetz die Amtsinhaber zur Berücksichtigung des Gemeinwohls verpflichtete.

Es ist aber fraglich, ob sich daraus, dass das Grundgesetz zu verstehen gibt, dass es ein bestimmtes Leitbild für sachgerecht erachtet, die Schlussfolgerung ziehen lässt, dass es dieses Leitbild selbst aufstellt. Eine Verfassung muss nicht darauf bedacht sein, alles Denkbare zu regeln. Sie kann sich mehr oder minder als Rahmen verstehen und dessen Ausfüllung anderen Instanzen überlassen. Schweigt die Verfassung aus diesem Grund, darf die Verfassungsinterpretation ihr Schweigen nicht brechen. Allenfalls dann, wenn es klare Anzeichen dafür gibt, dass die Verfassung unbewusst lückenhaft ist, kann die Lücke geschlossen werden. In Bezug auf die Frage, ob Amtsinhaber wie der Bundespräsident und die Mitglieder Bundesregierung nach dem Grundgesetz dem Gemeinwohl verpflichtet sein sollen, existieren aber keinerlei solche Anzeichen. Deshalb erlauben Art. 56 und 64 II GG nicht die Annahme, dass die den Amtseid leistenden sowie alle anderen Amtsinhaber de constitutione lata der ungeschriebenen Pflicht unterliegen, bei ihren Entscheidungen das Gemeinwohl zu berücksichtigen. Daraus folgt, dass das Grundgesetz auch das abstimmende Volk an keinerlei bestimmtes Allgemeinwohl bindet, ebenso wie auch aus den Amtseidvorschriften der Landesverfassungen keine direkte Gemeinwohlbindung des Volkes abgeleitet werden kann.

c) Gemeinwohlbindung als Verfassungsvoraussetzung

Dass die Verfassungen im allgemeinen dem Volk nicht die Pflicht auferlegen, bei Wahlen und Abstimmungen gemäß dem Gemeinwohl zu entscheiden, zwingt freilich nicht dazu anzunehmen, die Verfassungen gingen von der Vorstellung aus, dass die Aktivbürger nach Belieben votieren dürfen. Wenn sie den Bundespräsidenten und die Mitglieder der jeweiligen Regierung schwören lassen, ihre Kraft

---

72 Vgl. *J. Isensee*, a. a. O., § 115 Rn. 168 f.; *H. Krüger*, a. a. O., S. 284 f. und 302 ff.

dem Gemeinwohl zu widmen, ohne zugleich eine Pflicht dieses Inhalts zu normieren, so setzen sie zweifellos voraus, dass auf dem Gebiet der Moral eine entsprechende Verpflichtung der Amtsinhaber besteht. Dieselbe moralische Verpflichtung setzen die Verfassungen konsequenterweise bei den Aktivbürgern voraus, sofern der hinter der Verpflichtung von Bundespräsident und Regierungsmitgliedern stehende Gedanke auch auf sie zutrifft.

Die ideengeschichtlichen Hintergründe der Amtseidvorschriften sind naturgemäß unendlich vielfältig. Am wenigsten weit geht die Idee, dass derjenige, der als Teil des Staates die Macht besitzt, im Rahmen seiner Kompetenz andere zu verpflichten, die nicht seiner Ansicht oder gar entscheidungsunfähig sind, bei seinen Entscheidungen an das Gemeinwohl gebunden sein soll. Eine solche Macht kommt dem Bundespräsidenten und Regierungsmitgliedern zu; über sie verfügen jedoch auch die Stimmbürger, soweit sie über die Zusammensetzung der Parlamente oder bestimmte Sachfragen befinden dürfen[73]. Daher setzt das Grundgesetz bei den Aktivbürgern ebenso wie beim Bundespräsidenten und Regierungsmitgliedern die moralische Pflicht voraus, sich bei ihren amtlichen Entscheidungen von den Interessen des Gemeinwesens leiten zu lassen, selbst wenn diese gekorene, hauptberufliche Organwalter sind, deren politisches Interesse und grundsätzliche Informiertheit selbstverständlich erscheinen, jene dagegen geborene, sozusagen nebenberufliche Organwalter, denen die Sorge um politische Angelegenheiten und die Sachkenntnis mitunter fehlen mag. Eventuell bestehende Schwierigkeiten der Aktivbürger, dem demokratischen Ideal einer gemeinwohlorientierten Entscheidung gerecht zu werden, nötigen nämlich nicht dazu, sie von diesem Leitbild auszunehmen[74]. Da das Ziel des Gemeinwohls für die Stimmberechtigten nicht unerfüllbar ist, gehen die Verfassungen bei richtiger Interpretation davon aus, dass auch das abstimmende Volk einer moralischen Bindung an das in den Amtseidvorschriften umschriebene Gemeinwohl unterliegt[75].

---

73 S. o.

74 So jedoch *O. Depenheuer,* VVDStRL Bd. 55 (1996), S. 90 (115). Eingehende Kritik an der Position Depenheuers bei *J. Schubert,* Das „Prinzip Verantwortung“ als verfassungsstaatliches Rechtsprinzip, S. 307 ff. Dafür, dass bei der Wahl politischer Vertretungen das Wahlrecht den Einzelnen zur Wahrnehmung eigener Belange gegeben ist, freilich auch BVerwG, DVBl. 1975, S. 727 (728); *W. Frenz,* Rechtstheorie Bd. 24 (1993), S. 513 (515 ff.); ähnlich zu Weimarer Zeiten *F. Arnold,* Wahlpflicht und Stimmzwang, S. 52 ff.

75 In diese Richtung gleichfalls *M. Sachs,* DVBl. 1995, S. 873 (878 und 888), der mit Blick auf Art. 56 und 64 II GG davon spricht, dass das „staatsbürgerliche Mitwirkungshandeln am Staat allgemein einer rechtlich in Bezug genommenen Bindung an das (...) Gemeinwohlziel (unterliegt)“, sowie *P. Kirchhof,* in: J. Isensee / Paul Kirchhof (Hg.), HdbStR, Bd. V, § 124 Rn. 184, für den die Gemeinwohlverantwortlichkeit des Staatsbürgers eine „Verfassungsvoraussetzung“ ist. Als außerrechtliche, ethische Voraussetzung der Demokratie erscheint die Bereitschaft, seine eigene Entscheidung an den Interessen aller auszurichten, bei *E.-W. Böckenförde,* in: J. Isensee / P. Kirchhof. (Hg.), HdbStR, Bd. I, § 22 Rn. 74 ff.

3. Spezielle Gemeinwohlvorschriften

Das solcherart allgemein nur vorausgesetzte Gemeinwohlziel wird allerdings durch spezielle Vorschriften zum Teil konkretisiert und für Entscheidungen des Volkes für rechtlich verbindlich erklärt. Besonders das als Gesetzgeber tätig werdende Volk unterliegt bestimmten Vorgaben. Mit den Grundrechten, dem Rechts- und Sozialstaatsprinzip sowie anderen Staatszielbestimmungen verfügen nämlich alle Verfassungen über eine Reihe von Prinzipien, die der Gesetzgebung inhaltlich Richtung weisen. Neben dem Rechtsstaatsprinzip, das sich nicht in einer Garantie der Herrschaft des Rechts erschöpft (formeller Rechtsstaat), sondern weiterreichend Grundsätze wie Rechtssicherheit u.ä. gewährleistet (materieller Rechtsstaat), besitzen vor allem die Grundrechte nicht unerhebliche Prägekraft: Als Abwehrrechte stellen sie Anforderungen an die Rechtfertigung von Beeinträchtigungen der Freiheit des Bürgers, die seit dem sog. Elfes-Urteil des Bundesverfassungsgerichtes umfassenden Schutz vor Eingriffen genießt. In ihrer Funktion als objektive Wertentscheidungen können die Grundrechte dem Gesetzgeber ggf. auch ein positives Handeln aufgeben. Nicht zuletzt auch der Gleichheitssatz zieht der Gesetzgebung Grenzen. Die Inhalte dieser und anderer Prinzipien lassen sich nicht zu einer umfassenden Verpflichtung des Gesetzgebers auf ein Gemeinwohl verdichten[76]. Zusammen bilden sie aber ein Geflecht von inhaltlichen Vorgaben für das im Wege einfacher Gesetzgebung entscheidende Volk. Und selbst bei verfassungsändernden Gesetzen ist der Spielraum des Volks in den Ländern nicht grenzenlos: Abänderungen der jeweiligen Landesverfassung sind nur bei Beachtung des bundesrechtlichen Homogenitätsprinzips (Art. 28 I 1 GG) zulässig[77].

Anders liegt es bei der Wahl der Parlamente. Das hat damit zutun, dass namentlich die Ausformungen des Gleichheitssatzes das wählende Volk nicht zu ihren Adressaten zählen. Der Grundsatz des Art. 33 II GG, dass öffentliche Ämter nach Eignung und Leistung vergeben werden sollen, findet auf die Parlamentswahl keine Anwendung[78], weil diese in Art. 38 GG und den vergleichbaren Bestimmungen der Landesverfassungen eine spezielle und abschließende Regelung erfahren

---

76 So freilich die Tendenz bei *H. H. v. Arnim,* Staatslehre der Bundesrepublik Deutschland, S. 127 ff. ; zu Recht ablehnend *J. Isensee,* in: ders./P. Kirchhof (Hg.), HdbStR, Bd. III, § 57 Rn. 112, unter Betonung des fragmentarischen Charakters der Verfassung. Vgl. aber auch BVerfGE 44, 125 (142 f.), das davon spricht, dass alle Staatsgewalt stets am Wohl aller Bürger ausgerichtet zu sein habe, weil sie um des Schutzes der Würde und Freiheit aller und der sozialen Gerechtigkeit gegenüber allen anvertraut sei.

77 Ob die Einhaltung dieser verfassungsrechtlichen Bindungen auch vor den Verfassungsgerichten eingefordert werden kann, hängt allerdings nicht wenig von der richterlichen Kontrolldichte gegenüber der Volksgesetzgebung ab. Zur Reichweite der gerichtlichen Kognitionskompetenz bei der Überprüfung von Volksgesetzen im Vergleich zu Parlamentsgesetzen vgl. die Überlegungen bei *T. v. Danwitz,* DÖV 1992, S. 601 (608).

78 Ganz h.M.: *P. Kunig,* in: I. v. Münch/P. Kunig, GG^5, Art. 33 Rn. 20 f.; *H. Lecheler,* in: Berliner Kommentar, GG, Art. 33 Rn. 16; *T. Maunz,* in: ders./G. Dürig, GG, Art. 33 Rn. 14; *H. Ridder,* in: Alternativkommentar, GG^2, Art. 33 Rn. 49.

hat[79]. Art. 38 GG und seine landesverfassungsrechtlichen Pendants selbst machen den Wählern keine inhaltlichen Vorschriften, obwohl sich der in ihnen verankerte Grundsatz der Wahlrechtsgleichheit nicht nur auf das aktive, sondern gleichfalls auf das passive Wahlrecht erstreckt[80]. Ebenso wie etwa die benachbarten Prinzipien der Allgemeinheit und Geheimheit der Wahl bezieht sich der Grundsatz der Wahlrechtsgleichheit lediglich auf das äußere Zustandekommen der Wahl. Gleichbehandlung durch das seine Entscheidung treffende Volk garantiert er den Bewerbern um ein Bundestagsmandat traditionell nicht.

4. Grundpflichten in Weimar und unter dem Grundgesetz

a) Grundpflichten in der Weimarer Reichsverfassung

In dem Verzicht des Grundgesetzes auf eine allgemeine Gemeinwohlbindung der Aktivbürger unter gleichzeitiger rechtlich verbindlicher Verpflichtung auf bestimmte Rechtsgrundsätze liegt eine weitgehende Beschränkung auf rechtliche durchsetzbare Regeln, die namentlich der Weimarer Reichsverfassung abging. Zwar enthielt auch die Weimarer Reichsverfassung keine Norm, welche die gesamte Staatsgewalt auf ein fixes Gemeinwohl verpflichtet hätte. Jedoch hielt sie in Art. 163 I fest, dass jeder Deutsche unbeschadet seiner persönlichen Freiheit die sittliche Pflicht habe, seine geistigen und körperlichen Kräfte so zu betätigen, wie es das Wohl der Gesamtheit erfordert. Wegen des Herkommens aus dem Sozialistengesetz[81] und der Stellung inmitten arbeitsrechtlicher Regeln haben Teile der Weimarer Staatsrechtslehre den Gehalt dieser Bestimmung auf eine bloße Arbeitspflicht verkürzen wollen[82]. Ihr Wortlaut weist sie freilich als eine Art Generalklausel aus, als die sie von anderen Vertretern der zeitgenössischen Staatsrechtswissenschaft bezeichnet worden ist[83]. Ob sie nicht nur für gesamte Handeln der Deutschen im gesellschaftlichen Bereich Geltung beanspruchte, sondern ebenfalls deren Entscheidungen als Teil der Staatsgewalt bei Wahlen und Sachentscheiden des Volkes zu beeinflussen suchte, ist allerdings auf den ersten Blick fraglich. Denn ihren Platz

---

79 Überlegungen zur Eigenart von Wahlämtern, die diesen Ausschluss rechtfertigen könnten, bei *H. Goerlich,* LKV 1998, S. 46 f.

80 Vgl. *T. Maunz,* a. a. O., Art. 38 Rn. 37.

81 Näher zur Entstehungsgeschichte *O. Luchterhand,* Grundpflichten als Verfassungsproblem in Deutschland, S. 285 ff.

82 Z. B. *G. Anschütz,* Die Verfassung des Deutschen Reichs, Art. 163 Anm. 2.

83 Etwa *R. Thoma,* in: H. C. Nipperdey (Hg.), Die Grundrechte und Grundpflichten der Reichsverfassung, Bd. 1, S. 1 (29). Als Generalklausel versteht Art. 163 I WRV auch *J. Isensee,* DÖV 1982, S. 609 (610). Kritisch gegenüber einer Deutung als bloße Arbeitspflicht *H. Hofmann,* in: J. Isensee / P. Kirchhof (Hg.), HdbStR, Bd. V, § 114 Rn. 15. Nach dem Verständnis von *M. Haedrich,* in: E. Eichenhofer (Hg.), 80 Jahre Weimarer Reichsverfassung – Was ist geblieben?, S. 179 (189), handelte es sich bei Art. 163 I WRV um eine „Generalklausel für wirtschaftliche und soziale Pflichten".

hatte die Gemeinwohlförderungspflicht nicht im ersten Hauptteil der Weimarer Reichsverfassung gefunden, der sich mit „Aufbau und Aufgaben des Reichs" befasste, sondern im zweiten Hauptteil über „Grundrechte und Grundpflichten der Deutschen" in unmittelbarer Nachbarschaft von Artikeln, die den Einzelnen in der gesellschaftlichen Sphäre betrafen. Der zweite Hauptteil der Weimarer Reichsverfassung war aber von dem Anliegen geprägt, die Stellung der Einzelperson zusammenfassend zu regeln. Unter der Überschrift „Grundrechte und Grundpflichten der Deutschen" fanden sich neben Vorschriften über das soziale Leben auch eine Reihe von staatsbezogenen Bestimmungen wie die Gewährleistung von Wahlfreiheit und Wahlgeheimnis und die Pflicht zur Übernahme von Ehrenämtern (Art. 125 und 132 WRV). Zu einer engen Auslegung von Art. 163 I WRV bestand also kein Anlass. Vielmehr ließ seine weite Fassung nur den Schluss zu, dass er die Deutschen auch in ihrer Funktion als Teil des in Wahlen und Abstimmungen entscheidenden Volkes dazu verpflichtete, auf das Wohl der Gesamtheit Rücksicht zu nehmen[84]. Eine durchsetzbare rechtliche Verpflichtung traf das abstimmende Volk damit aber nicht. Nach dem klaren Wortlaut des Art. 163 I WRV sollte die Pflicht zur Rücksichtnahme auf das Wohl der Gesamtheit „sittlicher" Art sein, also nicht durchsetzbar sein. Angesichts dessen musste sich die Bedeutung von Art. 163 I WRV auf die eines Programmsatzes beschränken. Dieses Schicksal teilte die Gemeinwohlklausel mit zahlreichen anderen Grundrechts- und Grundpflichtbestimmungen des zweiten Hauptteils der Weimarer Reichsverfassung[85].

b) Grundpflichten nach dem Grundgesetz

Ähnliche starke Tendenzen zum Programmatisch-Unverbindlichen weist das Grundgesetz nicht auf. Es enthält nicht die Vielzahl sozialer Grundrechte und Grundpflichten, die in die Weimarer Reichsverfassung Aufnahme gefunden hatten. Umgekehrt ist durch Art. 1 III GG unmissverständlich klargestellt, dass die in die Verfassung aufgenommen – liberalen – Grundrechte unmittelbare Geltung haben sollen. Bei den Verfassungsberatungen ist die Entscheidung für einen auf liberale Grundrechte beschränkten, aber mit unmittelbarer Geltung ausgestatteten Katalog von Rechten der Einzelperson schon früh – nämlich auf dem Verfassungskonvent von Herrenchiemsee – gefallen[86]. Im weiteren Verlauf der Diskussion setzte sich

---

84 Vgl. auch *O. Weigert,* in: H. C. Nipperdey (Hg.), Die Grundrechte und Grundpflichten der Reichsverfassung, Bd. 3, S. 485 (490), der nicht ausschließen mochte, dass Art. 163 I WRV zu politischer Leistung verpflichten könne.

85 Das Verdikt, bloßer Programmsatz zu sein, traf vor allem die zahlreichen sozialen Grundrechte der Weimarer Reichsverfassung. Den klassischen liberalen Grundrechten wurde dagegen zunehmend juristische Verbindlichkeit zuerkannt. Zu den gebotenen Differenzierungen vgl. *W. Pauly,* in: E. Eichenhofer (Hg.), 80 Jahre Weimarer Reichsverfassung – Was ist geblieben?, S. 1 (19), m. weit. Nachw.

86 Vgl. Art. 1–21 HChE, abgedruckt in: Deutscher Bundestag / Bundesarchiv (Hg.), Der Parlamentarische Rat 1948–1949, Bd. 2, S. 580 ff.

die Überlegung immer mehr durch, dass sich das Grundgesetz im Wesentlichen auf rechtlich durchsetzbare Regeln beschränken solle. Nicht zuletzt deshalb verzichtete der Parlamentarische Rat auf eine allgemeine Staatszielbestimmung, mit der noch Art. 1 I HChE („Der Staat ist um des Menschen willen da, nicht der Mensch um des Staates willen") das Grundgesetz einleiten wollte[87], und entschied sich dafür, spezielle Grundpflichten programmatischer Natur in justitiable Grundrechtsschranken zu überführen[88]. Zugleich lehnte er es ausdrücklich ab, in das Grundgesetz eine Art. 163 I WRV vergleichbare allgemeine „sittliche" Pflicht zur Förderung des Gemeinwohls aufzunehmen, die sich dem Einwand v. Mangoldts ausgesetzt sah, „bloße Deklamation" zu sein[89]. Dadurch erhielt das Grundgesetz einen nüchternen Klang, der auch den meisten anderen Landesverfassungen zu eigen ist.

c) Grundpflichten in älteren Landesverfassungen

Einige der älteren Landesverfassungen, es sind dies die Verfassungen Bayerns, Bremens, Hamburgs und Rheinland-Pfalz', haben sich freilich die aus der Weimarer Reichsverfassung bekannte Gemeinwohlförderungspflicht zueigen gemacht und verpflichten in unterschiedlichen Formulierung jedermann bzw. jeden Staatsbürger, seine Kräfte so einzusetzen, wie es dem Wohl des Ganzen entspricht[90]. Bedeutung haben diese „sittlichen" Pflichten[91] nicht nur für das Handeln des Einzelnen im gesellschaftlichen Bereich, sondern auch für die Entscheidungen, die er als Teil des Staates bei Wahlen und Abstimmungen fällt. Dafür spricht entscheidend ihre weite Fassung. Systematische Bedenken sind dagegen nicht zu erheben. Das gilt nicht nur für die hamburgische Pflichtklausel, deren Standort im Vorspruch der Verfassung im Gegenteil ihren allgemeinen Geltungsanspruch nachgeradezu ausweist; es trifft auch auf die Pflichtklauseln der Verfassungen von Bayern, Bremen und Rheinland-Pfalz zu, die sich nicht in dem mit „Aufbau und Aufgaben des Staates" befassten Hauptteil der Verfassungen befinden, sondern in dem Teil, dessen Gegenstand die „Grundrechte und Grundpflichten" bilden. Ebenso wenig wie der

---

87 Zum Hintergrund der Ablehnung von Art. 1 I HChE vgl. besonders die Ausführungen von T. Heuss in der 3. Sitzung des Plenums des Parlamentarischen Rats am 9. September 1948, in: Deutscher Bundestag/Bundesarchiv (Hg.), Der Parlamentarische Rat, Bd. 9, S. 115 f.

88 Vgl. *O. Luchterhand*, Grundpflichten als Verfassungsproblem in Deutschland, S. 402 f., m. weit. Nachw.

89 Vgl. die Beratungen in der 26. Sitzung des Ausschusses für Grundsatzfragen vom 30. November 1948, in: Deutscher Bundestag/Bundesarchiv (Hg.), Der Parlamentarische Rat 1948–1949, Bd. 5/II, S. 722 f.

90 Vgl. Art. 117 S. 2 LV Bayern, Art. 9 S. 2 LV Bremen, Absatz 3 des Vorspruches zur LV Hbg. und Art. 20 LV Rhld.-Pfalz.

91 Vgl. *P. Badura*, DVBl. 1982, S. 861 (867); *W. Hoegner*, Lehrbuch des Bayerischen Verfassungsrechts, S. 152 f.; *O. Luchterhand*, Grundpflichten als Verfassungsproblem in Deutschland, S. 375 f.; *H. Neumann*, Die Verfassung der Freien Hansestadt Bremen, Art. 9 Rn. 6; *M. Sachs*, DVBl. 1995, S. 873 (888).

titelgebende zweite Hauptteil der Weimarer Reichsverfassung ist dieser Teil der Verfassungen allein der Stellung des Einzelnen im sozialen Bereich gewidmet; vielmehr finden sich in ihm auch Verpflichtungen mit Bezug zum Staat wie die Pflicht zur Übernahme von Ehrenämtern nach Maßgabe der Gesetze. Diese Pflicht statuieren alle drei Verfassungen bezeichnenderweise in einem Zug mit der Pflicht, sich für das Gemeinwohl einzusetzen. Ebenso wie schon in der Weimarer Reichsverfassung zeigt sich auch hier im Ansatz der Gedanke, die Vorschriften über die Rechtsstellung des Einzelnen zu bündeln[92]. Zu einer einschränkenden Auslegung der Pflichtklauseln besteht daher keine Veranlassung. In der Form einer lex imperfecta halten sie die Aktivbürger auch bei Wahlen und Abstimmungen dazu an, sich gemäß dem Gemeinwohl zu entscheiden. Dies wird in Bayern und Rheinland-Pfalz noch dadurch unterstrichen, dass die Verfassungen allgemein dem Staat und damit auch den als Teil der Staatsgewalt agierenden Aktivbürgern die Aufgabe zuschreiben, das Gemeinwohl zu verwirklichen[93].

5. Die Freiheit von Wahlen und Abstimmungen

Mit der danach z.T. normierten und zum Teil rechtlich vorausgesetzten Gemeinwohlbindung des abstimmenden Volkes steht das in Art. 38 I 1 GG und den vergleichbaren Bestimmungen der Landesverfassungen gewährleistete Prinzip der Freiheit der Abstimmung nicht im Widerspruch. Abstimmungsfreiheit bedeutet für die Aktivbürger, dass sie ohne Zwang oder sonstige unzulässige Beeinflussung von außen ihr Stimmrecht auszuüben vermögen und ihre Entschließungsfreiheit nicht durch die Gestaltung des Abstimmungsverfahrens in vermeidbarer Weise eingeschränkt wird[94]. Ausgeschlossen ist damit insbesondere, dass der Gesetzgeber oder andere staatliche Instanzen den Stimmberechtigten in ungerechtfertigter Weise eine bestimmte inhaltliche Richtung vorgeben. Diese von den Verfassungen als Freiheit bezeichnete politische Unabhängigkeit ist aber keine Freiheit, wie die wertrelativistische Auffassung der Demokratie sie versteht. Die Freiheit, welche die Verfassungen den Aktivbürgern verbürgen, ist nichts anderes als das Recht, selbst darüber zu entscheiden, was dem Gemeinwohl entspricht. So begriffen ist sie kein Zweck, sondern nur Mittel zum Zweck. Sie steht im Dienste des Sinns des Stimmrechts, den allgemeinen Interessen entsprechende Entscheidungen hervorzubringen. Sein Umwillen hat das Stimmrecht

92 Konsequent durchgeführt findet sich diese Idee heute in der Verfassung Brandenburgs, die in ihrem 3. Abschnitt unter der Überschrift „Politische Gestaltungsrechte" so unterschiedliche Rechte wie das der Versammlungsfreiheit, der Akteneinsicht und der Teilnahme an Wahlen und Abstimmungen vereinigt.

93 Art. 3 I 2 LV Bayern, Art. 1 II LV Rhld.-Pfalz.

94 Vgl. BVerfGE 7, 63 (69); 47, 253 (282 f.); 95, 335 (350), allerdings mit der Einschränkung, dass dem Wähler Entschließungsfreiheit nur innerhalb des jeweiligen Wahlsystems gewährleistet sein soll. Zum Freiheitsschutz in der Wahlvorbereitung vgl. *W. Pauly*, AöR Bd. 123 (1998), S. 232 (278 ff.).

also nicht in der Verwirklichung der Freiheit der Bürger, sondern in der Hoffnung, dass seine Ausübung im Sinne des Gemeinwohls richtige Entscheidungen produziert[95].

6. Schlussfolgerungen

Im Lichte der vorstehenden Erkenntnisse über den Sinn und Zweck von Wahlen und Abstimmungen erscheint es nicht als prinzipiell ausgeschlossen, dass die Verfassungen dem Volk das zur Pflicht machen, was unzweideutig sein gutes Recht ist, nämlich an diesen teilzunehmen. Denn wenn das Stimmrecht den Aktivbürgern nicht um ihrer eigenen Freiheit willen zukommt, sondern es eine im Sinne des Gemeinwohls auszuübende Kompetenz darstellt, steht eine Stimmpflicht nicht in grundsätzlichen Widerstreit mit dem Sinn des Stimmrechts. Auf der anderen Seite wäre es freilich nicht richtig, aus der Gemeinwohlorientierung des Stimmrechts kurzerhand den Schluss zu ziehen, dass es nicht im Belieben des Stimmberechtigten stehe, ob er von seinem Recht Gebrauch macht. Dass Wahlen und Abstimmungen dem Gemeinwohl dienen, muss noch lange nicht heißen, dass die Aktivbürger verpflichtet sind, an ihnen mitzuwirken[96]. Wäre allerdings ein Gemeinwohlinteresse daran nachzuweisen, dass möglichst viele Stimmberechtigte abstimmen, spräche einiges für das Bestehen einer Stimmpflicht.

V. Das Interesse an einem Votum der Einzelnen

1. Einführung

Die Frage, ob es bei Wahlen und Abstimmungen ein öffentliches Interesse daran gibt, dass sich möglichst viele Stimmberechtigte beteiligen, zählt nicht zu den Fragen, die in Rechtsprechung und Rechtslehre besonders problematisiert worden wären. Zwar fehlt es nicht an Stellungnahmen, die eine hohe Stimmbeteiligung bei Entscheidungen des Volkes als erstrebenswert bezeichnen[97]. Eine nähere Ausein-

---

95 Anders aber *H. Dreier,* in: ders., GG, Art. 20 (Demokratie) Rn. 62 ff.; *W. Frenz,* Rechtstheorie Bd. 24 (1993), S. 513 (515 ff.). Dagegen verfolgt die grundgesetzliche Demokratie nach der Auffassung von *A. Bleckmann* (Staatsrecht I – Staatsorganisationsrecht, S. 98; Vom Sinn und Zweck des Demokratieprinzips, S. 116 ff.) primär das Ziel, richtige Entscheidungen zu bewirken. Auch *J. Isensee,* in: ders./P. Kirchhof, HdbStR, Bd. III, § 57 Rn. 99 spricht davon, dass sich das Grundgesetz eindeutig zur Position eines demokratietranszendenten Gemeinwohls bekenne, das dem allgemeinen Willen vorausgehe und ihn leite. Für die Schweiz siehe die unentschiedene Sicht von *H. Nef,* FG Z. Giacometti, S. 203 ff.

96 Das gilt es namentlich gegenüber der älteren französischen Staatsrechtslehre zu betonen, in der dieser Schluss weit verbreitet war (vgl. nur *P. Coutant,* Le vote obligatoire, S. 61 ff., und *R. Carré de Malberg,* Contribution à la théorie générale de l'État, Bd. 2, S. 441). Ähnlicher Gedankengang aber auch bei *H. Geffcken,* ZfP Bd. 2 (1909), S. 159 (181 f.); gegen ihn *H. Triepel,* ZfP Bd. 4 (1911), S. 597 (603 f.).

andersetzung mit der Bedeutung der Teilnahmequote für die Qualität demokratischer Entscheidungen findet jedoch nur selten statt. Allenfalls wird darauf verwiesen, dass das Stimmresultat bei niedriger Stimmbeteiligung keinen repräsentativen Ausgleich widerstreitender Interessen mehr darzustellen drohe, weil extreme Parteien ihre Wähler in höherem Maße als andere Parteien mobilisieren könnten[98]. Dabei ist es keineswegs evident, dass die Legitimation einer Wahl oder Abstimmung mit der Beteiligungsquote steigt. Warum, lässt sich fragen, sollte denn eine Entscheidung, an der sich 90% der Stimmberechtigten beteiligen, besser sein als eine Entscheidung, an der 45% der Stimmberechtigten teilnehmen?[99] Eine Antwort auf diese offene Frage kann nur eine nähere Analyse der Beziehung zwischen der Stimmbeteiligung und der Wahrscheinlichkeit einer gemeinwohlgerechten Entscheidung geben. Erweist sich dabei, dass eine hohe Stimmbeteiligung einen wesentlichen Beitrag zur Richtigkeit von Wahlen und Abstimmungen zu leisten vermag, besteht ein Interesse daran, dass die Einzelnen möglichst abstimmen. Zeigt sich hingegen, dass die Stimmbeteiligung für die Qualität demokratischer Beschlüsse keine entscheidende Rolle spielt, so lässt es sich auch nicht als Ziel bezeichnen, dass die Stimmberechtigten nach Möglichkeit ihre Stimme abgeben.

2. Stimmzahl und Qualität von Entscheidungen in der Theorie Condorcets

Den Ausgangspunkt zu einer Theorie des Zusammenhangs zwischen der Höhe der Stimmbeteiligung und der Wahrscheinlichkeit einer richtigen Abstimmung können Überlegungen bilden, die der französische Mathematiker und Sozialphilosoph Condorcet in seinem 1785 in Paris erschienenen „Essai sur l'application de l'analyse à la probabilité des décisions rendues à la pluralité des voix" angestellt hat. In dieser Abhandlung bedient sich Condorcet der Methode der Wahrscheinlichkeitsrechnung, um die Wahrscheinlichkeiten richtiger Entscheidungen mehrerer zu untersuchen. Dabei gelingt es ihm auch wesentlich aufzuhellen, welche Rolle die Anzahl der Entscheidenden für die Qualität der Entscheidung spielt.

Condorcets Erwägungen basieren auf der Annahme, dass ein Abstimmungskörper grundsätzlich durch drei Parameter definiert wird:

---

97 Vgl. nur BVerwGE 105, 117 (126 f.); *A. Hencke,* Die Grundpflichten in den Landesverfassungen unter dem Grundgesetz, S. 134 f.; *H.-D. Horn,* Der Staat Bd. 38 (1999), S. 398 (417 ff.); *W. Kadel,* JR 1988, S. 54 (55); *D. Merten,* VVDStRL Bd. 55 (1996), S. 7 (23); aus dem älteren Schrifttum auch *M. Drath,* Das Wahlprüfungsrecht bei der Reichstagswahl, S. 29; *G. Jellinek,* System der subjektiven öffentlichen Rechte, S. 164 (widersprüchlich dazu allerdings *ders.,* Besondere Staatslehre, in: ders., Ausgewählte Schriften und Reden, Zweiter Band, S. 153 [218]); *P. Laband,* DJZ 1900, S. 218 (219).

98 So *D. Merten,* a. a. O., S. 23.

99 Skeptisch gegenüber der Notwendigkeit einer hohen Stimmquote auch schon *H. Triepel,* Wahlrecht und Wahlpflicht, S. 31 ff.

1. die Zahl der Abstimmenden,
2. die für eine Entscheidung erforderliche Mehrheit und
3. die Wahrscheinlichkeit einer richtigen Entscheidung der einzelnen Abstimmenden, wobei aus Vereinfachungsgründen unterstellt wird, dass diese für alle Abstimmenden gleich hoch ist[100].

Davon ausgehend untersucht Condorcet eine Reihe von Wahrscheinlichkeiten, von denen in diesem Zusammenhang nur eine interessiert, nämlich die Wahrscheinlichkeit, dass ein Kollegium eine richtige Entscheidung treffen wird. Sei diese p, die Zahl der Abstimmenden n, die erforderliche Mehrheit q und die Wahrscheinlichkeit einer richtigen Entscheidung der einzelnen Abstimmenden v, gilt nach Condorcet folgende Beziehung[101]:

$$p = v^n + C_n^1 \cdot v^{n-1} \cdot (1-v) + \ldots + C_n^q \cdot v^q \cdot (1-v)^{n-q}$$

Daraus ergibt sich für das Verhältnis zwischen der Anzahl der Abstimmenden und der Wahrscheinlichkeit einer richtigen Entscheidung des Kollegiums[102]: Ist die individuelle Wahrscheinlichkeit der Abstimmenden, eine richtige Entscheidung zu treffen (Einzelwahrscheinlichkeit), größer als 0,5, steigt die Wahrscheinlichkeit einer richtigen Entscheidung des Kollegiums (Gesamtwahrscheinlichkeit) mit der Zahl der Abstimmenden und nähert sich dem optimalen Wert 1. Liegt die Einzelwahrscheinlichkeit dagegen unter 0,5, sinkt die Gesamtwahrscheinlichkeit mit der Zahl der Abstimmenden und nähert sich dem Wert 0. Nur wenn die Einzelwahrscheinlichkeit genau 0,5 ist, ist die Gesamtwahrscheinlichkeit immer auch 0,5. In aller Regel besteht also ein positiver oder negativer Zusammenhang zwischen der Zahl der Abstimmenden und der Wahrscheinlichkeit einer richtigen Entscheidung des Abstimmungskörpers[103].

Diese Beziehung zwischen der Zahl der Abstimmenden und der Wahrscheinlichkeit einer korrekten Beschlussfassung fällt allerdings unterschiedlich aus. Zum einen steigt bzw. sinkt die Gesamtwahrscheinlichkeit nicht linear mit der Zahl der Abstimmenden. Vielmehr verringert sich der absolute Gewinn bzw. Verlust an Ge-

---

100 Vgl. *Condorcet,* a. a. O., S. XXI – XXII, und *G.-G. Granger,* La mathématique sociale du Marquis de Condorcet, S. 104.

101 *Condorcet,* a. a. O., S. 5, dessen Gleichung hier allerdings in moderner Schreibweise und mit den von *G.-G. Granger,* a. a. O., S. 105, vorgeschlagenen Bezeichnungen wiedergegeben wird.

102 Vgl. *Condorcet,* a. a. O., S. XXIII – XXIV und 6.

103 Im Hinblick auf die festgestellte Bedeutung der Zahl der Abstimmenden muss es überraschen, dass Condorcet an anderer Stelle (a. a. O., S. 152) die Wahrscheinlichkeit, dass eine mit bekannter Mehrheit gefällte Entscheidung richtig ist, von ihr unabhängig sein lässt. Dazu *G.-G. Granger,* a. a. O., S. 106, und auch *W. Popp,* in: A. Podlech (Hg.), Rechnen und Entscheiden, S. 25 (41). Popp lässt dort allerdings außer acht, dass Condorcet in der im Text zitierten Gleichung auf S. 5 des Essais eine direkte Beziehung zwischen der Anzahl der Abstimmenden und der Qualität der Entscheidung herstellt.

samtwahrscheinlichkeit zunehmend. Zum anderen gilt: Je mehr die Einzelwahrscheinlichkeit über bzw. unter 0,5 liegt, desto höher ist der absolute anfängliche Gewinn bzw. Verlust an Gesamtwahrscheinlichkeit und desto eher wird eine dem Wert 1 bzw. 0 nahekommende Gesamtwahrscheinlichkeit erreicht, wenn man die Zahl der Abstimmenden erhöht; zugleich flacht der durch eine Steigerung der Zahl der Abstimmenden bewirkte absolute Gewinn bzw. Verlust an Gesamtwahrscheinlichkeit umso stärker wieder ab. Das lässt sich an zwei Fällen verdeutlichen, in denen die Einzelwahrscheinlichkeit mit 0,6 bzw. 0,7 angesetzt wird und die Entscheidung mit einfacher Mehrheit fallen soll. In diesen Fällen ergibt sich folgendes Bild[104]:

Anzahl der Entscheidenden	Gesamtwahrscheinlichkeit	
1	0,6000	0,7000
3	0,6480	0,7840
5	0,6825	0,8369
7	0,7102	0,8739
9	0,7334	0,9011
19	0,8139	0,9674
29	0,8637	0,9883
37	0,8920	0,9947
39	0,8979	0,9956

Wie gestaltet sich davon ausgehend die Relation zwischen der Höhe der Stimmquote und der Gesamtwahrscheinlichkeit? Angenommen, die Einzelwahrscheinlichkeit aller Stimmberechtigten weist dieselbe Höhe über 0,5 auf, gilt: Die Gesamtwahrscheinlichkeit steigt in einer Asymptote mit dem Prozentsatz derer, die votieren. Am höchsten ist die Gesamtwahrscheinlichkeit, wenn alle Stimmberechtigten ihre Stimme abgeben. Welchen absoluten Wert an Gesamtwahrscheinlichkeit eine bestimmte Stimmquote verbürgt, hängt freilich von der Höhe der Einzelwahrscheinlichkeit und der Größe des Kollegiums ab. Anders gewendet: Um denselben Wert an Gesamtwahrscheinlichkeit zu gewährleisten, muss der Prozentsatz von Stimmabgaben umso höher sein, je kleiner die Einzelwahrscheinlichkeit und das Kollegium sind. In diesem Maße gewinnt daher auch eine vollständige Stimmabgabe an Bedeutung, wenn die Einzelwahrscheinlichkeit der Stimmberechtigten über 0,5 liegt. Ist die Einzelwahrscheinlichkeit aller Stimmberechtigten hingegen kleiner als 0,5, verhält es sich genau umgekehrt.

---

104 Die Berechnung verdankt sich Herrn Tim Paehler, Aachen.

3. Konsequenzen für das Volk

Wendet man die von Condorcet aufgestellten Grundsätze auf Wahlen und Abstimmungen des Volkes an, so ergibt sich, dass es für die Wahrscheinlichkeit einer richtigen Entscheidung des Volkes keineswegs unerheblich ist, wieviele Stimmberechtigte sich an der Entscheidung beteiligen. Vielmehr besteht ein direkter Zusammenhang zwischen der Höhe der Stimmquote und der Wahrscheinlichkeit einer richtigen Beschlussfassung, dessen grundsätzliche Richtung maßgeblich davon abhängt, wie hoch die Einzelwahrscheinlichkeit der Stimmberechtigten anzusetzen ist. Entscheiden die Stimmberechtigten individuell eher richtig als falsch, so steigt die Wahrscheinlichkeit einer korrekten Entscheidung des Volkes mit der Stimmbeteiligung. Neigen die Stimmberechtigten hingegen zu falschen Entscheidungen, verschlechtert sich die Wahrscheinlichkeit eines richtigen Beschlusses des Volkes in dem Maße, in dem sich mehr Stimmberechtigte beteiligen.

Die Wahrscheinlichkeit der Einzelnen, eine richtige Entscheidung zu treffen, ist eine Größe, die von schwankenden und schwer wägbaren Faktoren wie dem individuellen Informationsstand u.ä. bestimmt wird. Festhalten lässt sich aber, dass die Verfassungen bei allen denen, die sie für stimmberechtigt erklären, grundsätzlich voraussetzen, dass sie eher richtig als falsch entscheiden. Wäre es anders, könnte man kaum verstehen, warum die Verfassungen diesen ein Mitspracherecht zubilligen sollten. Den Verfassungen lässt sich also die Erwartung entnehmen, dass die individuelle Wahrscheinlichkeit der Stimmberechtigten, sich richtig zu entscheiden, regelmäßig größer ist als die Wahrscheinlichkeit eines falschen Entschlusses.

Für Wahlen und Abstimmungen des Volkes bedeutet dies auf der Basis von Condorcets Überlegung, dass aus verfassungsrechtlicher Sicht ein direkter positiver Zusammenhang zwischen der Höhe der Beteiligung und der Wahrscheinlichkeit einer richtigen Entscheidung besteht. Denn wenn anzunehmen ist, dass die Stimmberechtigten je für sich eher richtig als falsch entscheiden, fällt die Abstimmung grundsätzlich desto besser aus, je mehr ihre Stimme abgeben. Gleichzeitig gilt aber auch, dass es umso weniger für die Qualität des Votums von Bedeutung ist, dass eine hohe Zahl von Stimmberechtigten abstimmt, je mehr die Einzelwahrscheinlichkeit über 0,5 angesiedelt ist. Wie das oben durchgeführte Rechenexempel zeigt, genügt schon bei einer Einzelwahrscheinlichkeit von 0,6 die Beteiligung eines Bruchteils der Hunderttausenden oder Millionen, die bei Wahlen und Abstimmungen regelmäßig stimmberechtigt sind, um eine Gesamtwahrscheinlichkeit zu erreichen, die durch Erhöhung der Zahl der Abstimmenden nicht mehr wesentlich gesteigert werden kann. Danach dürfte sich allenfalls in dem vernachlässigbaren Fall, dass die Einzelwahrscheinlichkeit aller knapp über 0,5 liegt, eine hohe Zahl von Stimmabgaben substantiell auswirken. Die von Condorcet aufgezeigte Beziehung zwischen der Anzahl der Abstimmenden und der Wahrscheinlichkeit einer richtigen Entscheidung lässt also bei Wahlen und Abstimmungen des Volkes eine gewisse Mindestzahl an Voten als erforderlich erscheinen; angesichts der hohen Zahl der Stimmberechtigten fordert sie aber nicht, dass möglichst viele ihre Stimme abgeben.

4. *Die Gefahr mangelnder Repräsentativität*

Nicht berücksichtigt ist in der Condorcetschen Gleichung freilich die Möglichkeit, dass die Anhänger einer Auffassung in stärkerem Maße als ihre Gegner votieren. Dazu kann es insbesondere kommen, wenn Einzelne aus einer mit ihrer Meinung eng verknüpften Einstellung heraus von einer Stimmabgabe Abstand nehmen oder sich zu einem Votum entschließen. Denkbar ist jedoch auch, dass von der Meinung unabhängige, eher zufällige Gründe, keine Stimme abzugeben oder zu votieren, unterschiedlich weit verbreitet sind. Repräsentativität ist aber eine Voraussetzung dafür, dass nur von einem Teil der Stimmberechtigten getroffene Entscheidungen annähernd dieselbe hohe Richtigkeitswahrscheinlichkeit aufweisen, wie Beschlüsse, bei denen alle Stimmberechtigten mitgewirkt haben. Bei Parlamentswahlen und Volksentscheiden neigen erfahrungsgemäß bestimmte Bevölkerungsgruppen in besonderem Maße zu einer Nichtbeteiligung. Von daher sind nur von einem Teil der Aktivbürger getroffene Entscheidungen in nicht unerheblichem Maße mit dem Risiko behaftet, nicht repräsentativ und damit falsch zu sein. Die Gefahr, dass überdurchschnittlich viele Stimmberechtigte einer bestimmten Auffassung ihre Stimme abgeben, sinkt in dem Maße, in dem der Anteil der Votanten steigt. Ausgeschlossen ist sie bei vollständiger Stimmabgabe. Auch wenn bei Wahlen und Abstimmungen des Volkes sehr viele stimmberechtigt sind, besteht daher ein Interesse an einer hohen Zahl von abgegebenen Stimmen[105].

5. *Wahlen und Sachentscheide*

Dieses Interesse existiert nicht nur bei Mehrheitsentscheidungen über Sach- oder Personalfragen, sondern auch im System der Verhältniswahl. Zwar folgt die Sitzverteilung bei der Proportionalwahl einem anderen Prinzip als bei der Mehrheitswahl, indem nicht die Mehrheit, sondern der Anteil einzelner Listen an den insgesamt abgegebenen Stimmen maßgeblich ist. Doch ist im Rahmen der Verhältniswahl ebenso wie bei der Mehrheitswahl davon auszugehen, dass die Wahrscheinlichkeit einer richtigen Entscheidung mit der Anzahl der Abstimmenden steigt, weshalb es auch im System der Verhältniswahl wichtig ist, dass die Repräsentativität gewahrt bleibt. Ein hoher Prozentsatz an Votanten ist gleichermaßen ein Ziel. Da bei der Verhältniswahl jede Stimme für die Sitzverteilung zählt, während bei der Mehrheitswahl die Stimmen, die nicht auf den Kandidaten der Mehrheit entfallen sind, außer Betracht bleiben[106], ist sogar die Annahme gerechtfertigt, dass

---

[105] Anderer Auffassung jedoch *U. Engler*, Stimmbeteiligung und Demokratie, S. 257 f., der die Beteiligung eines Bruchteils für ausreichend hält.

Wahlabstinenz bei der Verhältniswahl mit größerer Wahrscheinlichkeit mandatsrelevant ist als bei der Mehrheitswahl, also zu einer falschen Zusammensetzung des Parlaments zu führen droht. Geschichtlich betrachtet gibt es ohnehin einen engen Zusammenhang zwischen der Verhältniswahl und der Idee, dass sich möglichst viele an der Abstimmung beteiligen sollen, wurde doch die Einführung des „Proporzes" häufig von der Forderung nach einer hohen Wahlbeteiligung begleitet[107]. Das mag damit zu tun haben, dass ihr Mechanismus es als besonders einleuchtend erscheinen lässt, dass das Parlament die Auffassungen der gesamten Wählerschaft widerspiegeln, also gleichsam eine Karte der Nation darstellen soll[108]. Andererseits besteht aber kein Anlass, die Bedeutung einer hohen Stimmquote auf die Verhältniswahl zu beschränken. Dass eine hohe Stimmbeteiligung in jedem Wahlsystem wichtig ist, ist nicht zu leugen[109].

6. *Differenzierung nach der Bedeutung?*

Bisweilen wird hinsichtlich der Notwendigkeit einer möglichst vollständigen Stimmabgabe allerdings zwischen wichtigen und weniger wichtigen Entscheidungen differenziert. Eine hohe Stimmbeteiligung sei nicht immer notwendig, denn wenn es mangels Alternativen nichts Prinzipielles zu entscheiden gebe, könne der Bürger „würfeln" bzw. gleich zu Hause bleiben[110]. Das ist insofern richtig, als die Bedeutung von Wahlen in Abhängigkeit von den Unterschieden zwischen den Alternativen, die ernsthaft auf Durchsetzung rechnen können, stark schwanken kann: Sind die Zeiten politisch „unruhig", also die Differenzen zwischen den Alternativen groß, ist der Entscheidungswert der Wahl relativ hoch, sind die Zeiten hingegen „ruhig", die Unterschiede also klein, ist der Entscheidungswert vergleichsweise niedrig. Aber selbst wenn die Bedeutung einer Wahl nach diesen Maßstäben relativ gering ist, bleibt eine Entscheidung immer noch zu treffen, für deren Qualität eine hohe Stimmbeteiligung wesentlich ist[111]. Aus demselben Grund ist es auch bei Sachentscheiden des Volkes stets wünschenswert, dass die Aktivbürger in großer Zahl von ihrem Recht Gebrauch machen.

---

106 Vgl. BVerfGE 95, 335 (352).

107 Vgl. *H. Triepel*, Wahlrecht und Wahlpflicht, S. 32.

108 Zur Entstehungsgeschichte des auf Mirabeau zurückgehenden und ursprünglich mit der Forderung nach einer hohen Wahlbeteiligung nicht unmittelbar im Zusammenhang stehenden Bildes, dass das Parlament wie eine Karte die Nation in verkleinertem Maßstab darstellen müsse, vgl. *G. Jellinek*, Mirabeau und das demokratische Wahlrecht, in: ders., Ausgewählte Schriften und Reden, Zweiter Band, S. 82 ff.

109 Zweifel aber bei *H. Triepel*, a. a. O., S. 32.

110 Vgl. *O. Depenheuer*, VVDStRL Bd. 55 (1996), S. 90 (117).

111 Ablehnend gegenüber der Ansicht von O. Depenheuer auch *R. Stober*, DÖV 1998, S. 775 (777).

7. Ergebnis

Verfassungsrechtlich ist es also bei allen Wahlen und Abstimmungen ein Ziel, dass das Volk möglichst vollständig seine Stimmen abgibt. Daher spricht einiges dafür, dass die verfassungsrechtlichen Regeln über das Recht der Aktivbürger, an diesen Entscheiden teilzunehmen, eine Stimmpflicht in sich bergen.

VI. Die Freiheit von Wahlen und Abstimmungen

1. Die Frage nach der Reichweite des Freiheitsgrundsatzes

Fraglich ist jedoch, ob der u. a. durch Art. 38 I 1 GG gewährleistete Grundsatz der Freiheit von Wahlen und Abstimmungen es erlaubt, von einer wie auch immer ausgestalteten verfassungsunmittelbaren Stimmpflicht auszugehen. Daran zu zweifeln ist umso mehr Anlass vorhanden, als die heute h.L.[112] davon ausgeht, dass die Wahlfreiheit das Recht sowohl zur Wahlenthaltung als auch zur Nichtteilnahme an der Wahl schützt. Für diese extensive Interpretation der Wahlfreiheit beruft sie sich maßgeblich auf eine Parallele zu den grundrechtlichen Freiheitsrechten[113], bei denen weithin anerkannt ist, dass sie auch eine sog. negative Seite besitzen, also über die Freiheit, sich in bestimmter Weise zu betätigen, hinaus auch das Recht garantieren, etwas Bestimmtes zu unterlassen[114]. Für die weite Auslegung der Wahlfreiheit spricht nach ihrer Auffassung aber auch, dass die Nichtbeteiligung an der Wahl wie auch die Wahlenthaltung eine schützenswerte politische Stellungnahme enthalten könnten, soweit sie Unzufriedenheit mit den personellen Alternativen signalisierten[115]. Dass die Wahlfreiheit das Recht zur Wahlenthaltung umfasst, wird auch von den Gegnern der h.L.[116] nicht bestritten. Sie wehren sich jedoch dagegen, die Nichtbeteiligung an der Wahl in den Schutzbereich der Wahlfreiheit einzube-

---

112 *W. Frenz*, ZRP 1994, S. 91 f.; *S. Magiera*, in: M. Sachs , GG, Art. 38 Rn. 85; *M. Morlok*, in: H. Dreier, GG, Art. 38 Rn. 83; *H.-H. Trute*, in: I. v. Münch/P. Kunig, GG[5], Art. 38 Rn. 35 und 39; *B. Pieroth*, in: H.-D. Jarass/B. Pieroth, GG, Art. 38 Rn. 9; *T. I. Schmidt*, Grundpflichten, S. 217 ff.; *W. Schreiber*, Handbuch des Wahlrechts zum Deutschen Bundestag, § 1 Rn. 13; *ders.*, in: Berliner Kommentar, GG, Art. 38 Rn. 70.

113 Vgl. *W. Frenz*, a. a. O., S. 91 (92); *T. I. Schmidt*, a. a. O., S. 218; *W. Schreiber*, Handbuch des Wahlrechts zum Deutschen Bundestag, § 1 Rn. 13; *K. Stern*, a. a. O., § 10 II 7.

114 Vgl. *D. Merten*, VerwArch Bd. 73 (1982), S. 103 ff.; *B. Pieroth / B. Schlink*, Grundrechte Staatsrecht II, Rn. 199; differenzierend *J. Hellermann*, Die sogenannte negative Seite der Freiheitsrechte, S. 130 ff.

115 Vgl. *W. Frenz*, a. a. O., S. 91 (92 f.); *H.-H. Trute*, a. a. O., Art. 38 Rn. 39; *T. I. Schmidt*, a. a. O., S. 218; *W. Schreiber*, a. a. O., § 1 Rn. 13.

116 *D. Merten*, FS J. Broermann, S. 301 (308 ff.); *H. Hofmann*, in: J. Isensee / P. Kirchhof (Hg.), HdbStR, Bd. V, § 114 Rn. 29; *H.–P. Schneider*, in: Alternativkommentar, GG[2], Art. 38 Rn. 48; implizit auch *H. v. Mangoldt / F. Klein*, GG, Art. 38 Anm. III 2 e); *T. Maunz*, in: ders. / G. Dürig, GG, Art. 38 Rn. 32; dieser Richtung zuneigend *O. Luchterhand*, Grundpflichten als Verfassungsproblem in Deutschland, S. 493 ff.

ziehen. Zur Begründung verweisen sie u. a. darauf, dass der Wahlberechtigte auch ohne Wahlbeteiligungsfreiheit die Möglichkeit habe, durch Enthaltung Protest auszudrücken[117]; ohnehin gehe von der Nichtteilnahme kein Zeichen ‚demonstrativer' Ablehnung aus, da die Gründe unpolitischer, ‚privater' Natur sein könnten[118].

2. Die Genese des Freiheitsgrundsatzes

Dieser Streit reflektiert Unsicherheiten hinsichtlich der Reichweite der Wahlfreiheit, die schon bei der Beratung des Grundgesetzes im Parlamentarischen Rat aufkamen. Anlass zu Diskussionen gab dort ein Vorschlag zu einem eigenen Artikel über Wahlrecht, Wahlfreiheit und Wahlgeheimnis. Absatz 1 dieses Artikels sah vor, dass die Wahlfreiheit gewährleistet wird. Absatz 2 des Artikels erklärte jede Beschränkung der Freiheit der Entscheidung bei einer Wahl oder Abstimmung für verboten[119]. Diese Fassung legte die Interpretation nahe, dass sich die Wahlfreiheit nicht auf eine freie Entscheidung über einen bestimmten Kandidaten oder eine bestimmte Liste beschränken sollte. Der Allgemeine Redaktionsausschuss hielt deswegen eine Klärung für erforderlich, ob die Einführung einer sanktionierten Wahlpflicht ausgeschlossen sein sollte[120]. Der damit befasste Grundsatzausschuss konnte sich allerdings nicht zu einer eindeutige Position durchringen, wenn auch die Stimmen überwogen, die einen Wahlzwang als unzulässig ansahen[121]. In der vorgeschlagenen Fassung wurde die Wahlfreiheit ohnehin nicht ins Grundgesetz aufgenommen. Der besondere Artikel über Wahlrecht, Wahlfreiheit und Wahlgeheimnis wurde gestrichen, weil man meinte, dass die in ihm behandelten Fragen bereits in den Länderverfassungen geregelt seien und für den Bund im Bundeswahlgesetz geregelt werden könnten[122]. Eingang ins Grundgesetz fand die Wahlfreiheit dann in dem Artikel über die Bundestagswahl, und zwar in ähnlich schlichter und vieldeutiger Form wie in der Weimarer Reichsverfassung. Eine erneute Diskussion um ihren Gehalt fand nicht mehr statt[123]. Der entstehungsgeschichtliche Befund muss daher als offen bezeichnet werden.

---

117 Vgl. *D. Merten*, a. a. O., S. 301 (314).

118 So *O. Luchterhand*, a. a. O., S. 497.

119 Vgl. Art. 18 des Vorschlags des Allgemeinen Redaktionsausschusses, Drucks. des Parlamentarischen Rats Nr. 370.

120 Vgl. die Anm. 1 zu Art. 18 des Vorschlags, a. a. O.

121 Vgl. die Protokolle der 25. und 32. Sitzung des Grundsatzausschusses vom 24. November 1948 und 11. Januar 1949, in: Deutscher Bundestag / Bundesarchiv (Hg.), Der Parlamentarische Rat 1948 – 1949, Bd. 5 / II, S. 706 ff. und 948.

122 Vgl. JöR Bd. 1 (1951), S. 191.

123 Vgl. JöR Bd. 1 (1951), S. 353.

3. Sinn und Zweck des Freiheitsgrundsatzes

Führt die genetische Interpretation nicht weiter, ist die Reichweite des Freiheitsgrundsatzes nur im Rahmen einer an Sinn und Zweck des Stimmrechts ausgerichteten Auslegung zu erschließen. Insofern lassen sich die Erkenntnisse der Grundrechtsdogmatik zur sog. negativen Seite der grundrechtlichen Freiheitsrechte aber nicht ohne weiteres auf die Interpretation des Grundsatzes der Wahlfreiheit übertragen. Im Gegensatz zu den Grundrechten gewährleistet das demokratische Wahlrecht dem Einzelnen keine Sphäre der Selbstbestimmung nach Belieben. Auch wenn die Verfassungen die Wahlberechtigten überwiegend nicht dazu verpflichten, ihre Wahl entsprechend dem Gemeinwohl zu treffen, steht die Wahl dennoch im Dienste einer bestimmten Aufgabe, nämlich der, eine Personalfrage im Sinne des Allgemeinwohls verbindlich zu entscheiden. Zur Erfüllung dieser Funktion tragen weder die Nichtbeteiligung noch die Enthaltung etwas bei. Zwar kann – wie die h.L. zutreffend hervorhebt – auch in der Nichtteilnahme und der Enthaltung eine politische Stellungnahme liegen. Doch ist fraglich, ob die Nichtbeteiligung und Enthaltung als solche Bedeutung für die Staatswillensbildung haben. Insofern könnte sie nämlich auch Teil der öffentlichen Meinung sein[124]. Diese wird jedoch, weil Wahlen nach ihrer verfassungsrechtlichen Bestimmung keine Meinungsumfragen sind, vom Grundsatz der Wahlfreiheit nicht geschützt[125]. Deshalb ist es nicht nur problematisch, ob die Wahlfreiheit das Recht zur Nichtteilnahme umfasst, sondern muss auch die Einbeziehung der Befugnis zur Wahlenthaltung mit einem Fragezeichen versehen werden.

Im Ergebnis ist gleichwohl anzunehmen, dass die Wahlfreiheit dem Wahlberechtigten das Recht zur Nichtteilnahme und auch zur Enthaltung gibt. Die Wahlfreiheit beruht auf der Vermutung, dass der Wahlberechtigte am besten selbst weiß, was die richtige Wahl ist. Daher soll er seine Entscheidung unbeeinflusst von Vorgaben anderer Instanzen treffen können. Das bedeutet unstreitig, dass er bei seiner Entscheidung, wen er wählt, unabhängig ist. Dann ist es aber nicht einzusehen, warum ihm dieselbe Unabhängigkeit nicht ebenfalls bei seinem Entschluss, ob er an der Wahl teilnimmt und ob er eine gültige Stimme abgibt, zukommen sollte. Denn die Vermutung, dass der Stimmberechtigte am besten selbst weiß, was richtig ist, ist auch insofern nicht a priori von der Hand zu weisen. Zwar lässt sich den Verfassungen das objektive Ziel entnehmen, dass die Aktivbürger von ihrem Stimmrecht Gebrauch machen. Dieses Anliegen kollidiert jedoch mit dem Interesse an einer Nichtbeteiligung oder Stimmenthaltung, das der Einzelne haben kann.

---

124 Als Phänomen der öffentlichen Meinung behandelt die Wahl- und Abstimmungsenthaltung etwa *C. Schmitt*, Verfassungslehre, S. 250, der im übrigen zu Recht zwischen dem offiziellen Inhalt des Wahl- oder Abstimmungsergebnisses und dessen Symptomwert unterscheidet.

125 Zu den unterschiedlichen Rechtsregimen der Bereiche von öffentlicher Meinung und Staatswillensbildung – hier die Grundrechte, dort die Grundsätze des Staatsorganisationsrechts – vgl. BVerfGE 8, 104 (112 ff.); 20, 56 (98 ff.); *W. Schmitt Glaeser*, in: J. Isensee / P. Kirchhof (Hg.), HdbStR, Bd. II, § 31.

Wie er diesen Zielkonflikt auflöst, muss der Wahlberechtigte im Einzelfall mit sich selbst ausmachen. Das ist Inhalt der Wahlfreiheit. Ebenso schließt der Grundsatz der Freiheit von Abstimmungen eine freie Entscheidung über die Teilnahme und die Abgabe einer gültigen Stimme ein[126].

VII. „Sittliche" Stimmpflicht

1. Grundsatz

Wenn aber die Aktivbürger bei ihrer Entscheidung, ob sie sich an der Abstimmung beteiligen und ihre Stimme abgeben sollen, nach den Verfassungen grundsätzlich frei sein sollen, verbietet es sich, das verfassungsrechtlich verankerte Stimmrecht im Sinne einer Stimmpflicht auszulegen. Eine solche Stimmpflicht würde den Stimmberechtigten vorschreiben, dass sie grundsätzlich von ihrem Stimmrecht Gebrauch zu machen haben; darüber, ob sie ihr Stimmrecht ausüben oder auf seine Ausübung verzichten wollen, könnten sie dann nicht mehr selbst entscheiden. Das entspräche nicht der Grundsatzentscheidung der Verfassungen für eine freie Abstimmung.

Abgesehen davon würde einer verfassungsunmittelbaren Stimmpflicht nicht die rechtliche Durchsetzbarkeit eignen, die verfassungsrechtliche Vorschriften in der Ordnung des Grundgesetzes und der meisten Landesverfassungen regelmäßig zukommt. Rechtliche Verbindlichkeit in dem Sinne, dass Pflichtverstöße Abstimmungsfehler begründen und bei Erheblichkeit für das Ergebnis zur Ungültigkeit der Abstimmung führen, könnte eine solche Pflicht nicht besitzen. Das Risiko, dass Abstimmungen infolge pflichtwidriger Stimmabstinenz scheitern, wäre derart hoch, dass kaum noch Entscheidungen zustande kommen könnten. Da die Stimmbürger keinerlei Zwängen zur Stimmabgabe ausgesetzt sind, seien diese nun rechtlicher oder informeller Art, wäre bei den Abstimmungen mit einem nicht unerheblichen Anteil von Pflichtvergessenen zu rechnen, der in Anbetracht der regelmäßig knappen Mehrheitsverhältnisse die Mehrzahl der Entscheidungen zu Fall bringen würde. Selbst bei persönlicher sanktionierter Stimmpflicht ist das Risiko von Pflichtverstößen noch so hoch, dass man die Gültigkeit der Abstimmung nicht von der Erfüllung der Stimmpflicht abhängig machen kann, wie das Beispiel der Länder zeigt, welche ihre Aktivbürger mit Bußen und anderen Mitteln dazu anhalten, sich an der Abstimmung zu beteiligen. Eine verfassungsunmittelbare Stimmpflicht wäre daher nicht mehr als ein unverbindlicher Programmsatz. In persönlicher Hinsicht wäre eine derartige Verpflichtung zur Stimmabgabe als nicht sanktionierte, „sittliche" Pflicht lediglich ein Appell an das Verantwortungsbewusstsein der Stimmbürger.

---

126 Für eine Garantie der negativen Abstimmungsfreiheit auch BayVerfGH, BayVBl. 1999, S. 719 (724); *H.-D. Horn*, Der Staat Bd. 38 (1999), S. 399 (419).

Die Bestimmungen der Grundgesetzes und der Landesverfassungen über die verfassungsmäßige Befugnis des Volkes, an Wahlen und Abstimmungen teilzunehmen, im Sinne einer in keinerlei Hinsicht sanktionierten Pflicht auszulegen, würde ihrem Geist in den allermeisten Fällen nicht entsprechen. Zwar ist das Grundgesetz nicht frei von rechtlich unverbindlichen Pflichten. Namentlich in der Gemeinwohlbindung des Eigentümers (Art. 14 II GG) zeigt sich, dass dem Grundgesetz leges imperfectae nicht unbekannt sind. Im allgemeinen pflegt das Grundgesetz gleichwohl einen nüchternen Stil; rein programmatische Normen enthält es nur wenige. Speziell das abstimmende Volk hält es weitgehend von inhaltlichen Bindungen frei. Grundgesetzlich sind die Aktivbürger bei ihren Entscheidungen keinem umfassenden Gemeinwohlziel verpflichtet. Von der Aufnahme einer Art. 163 I WRV vergleichbaren „sittlichen" Gemeinwohlförderungspflicht hat der Parlamentarische Rat wegen ihres deklamatorischen Charakters bewusst Abstand genommen. Ebenso zeigt sich in den meisten Landesverfassungen eine Tendenz, sich im wesentlichen auf rechtlich verbindliche Sätze zu beschränken[127]. Auch aus diesem Grund ist weder vom Grundgesetz noch von der Mehrzahl der Landesverfassungen anzunehmen, dass sie die Aktivbürger im Sinne einer „sittlichen" Pflicht oder lex imperfecta verpflichten, von ihrem demokratischen Stimmrecht Gebrauch zu machen[128].

Besteht aber aus verfassungsrechtlicher Warte keine wie auch immer geartete Stimmpflicht der Aktivbürger, so gibt es keine Rechtsgrundlage dafür, einer Religionsgemeinschaft allein deshalb den Status einer Körperschaft des öffentlichen Rechts zu verweigern, weil sie die Teilnahme an staatlichen Wahlen ablehnt. Sehr zu Recht hat daher das Bundesverfassungsgericht in einer unlängst ergangenen Entscheidung gegenüber dem Bundesverwaltungsgericht klargestellt, dass die Enthaltsamkeit der Zeugen Jehovas gegenüber Parlamentswahlen für sich genommen kein Grund ist, ihnen den Körperschaftsstatus zu versagen[129]. Zwar lässt sich angesichts des Interesses an einer hohen Stimmbeteiligung davon sprechen, dass eine Verantwortung der Bürger besteht, ihre demokratischen Mitwirkungsrechte auszuüben. Diese Verantwortung ist jedoch nicht Inhalt der Verfassung, sondern zählt – wie das Bundesverfassungsgericht zutreffend ausgeführt hat – zu den tatsächlichen Voraussetzungen der Verfassung.

---

127 S.o. IV.

128 Ablehnend gegenüber der Konstruktion einer Wahlpflicht als lex imperfecta auch *K.-H. Seifert*, Bundeswahlrecht, S. 144.

129 BVerfG, NJW 2001, S. 429 (433). Problematisch sind allerdings die Mittel, derer sich die Zeugen Jehovas zur Durchsetzung ihrer Anschauung gegenüber Mitgliedern bedienen (vgl. *C. Link*, ZevKR Bd. 43 [1998], S. 1 [28 f.]).

2. *Ausnahmen*

Ausnahmen von dem Grundsatz, dass von Verfassungs wegen keine „sittliche“ Stimmpflicht besteht, gelten freilich in Baden-Württemberg, Bayern und Bremen. In Baden-Württemberg ergibt sich eine unsanktionierte Stimmpflicht aus der Bestimmung des Art. 26 III der Landesverfassung, welcher die Ausübung des Wahl- und Stimmrechtes zur allgemeinen Bürgerpflicht erklärt. Die Verfassung Bayerns und Bremens enthalten zwar keine solche spezielle Stimmpflicht, schicken aber ihrer allgemeinen „sittlichen“ Gemeinwohlförderungspflicht die Pflicht voraus, an den öffentlichen Angelegenheit bzw. am öffentlichen Leben Anteil zu nehmen[130]. Dies verlangt mehr, als nur von politischen Grundrechten wie der Meinungs- und Versammlungsfreiheit Gebrauch zu machen. Es fordert von den Stimmberechtigten auch, dass sie bei Wahlen und Abstimmungen, in denen das öffentliche Leben kulminiert, ihr Recht ausüben[131].

Ihrem Inhalte nach beschränkt sich die aus diesen Bestimmungen folgende Stimmpflicht auf eine bloße Verpflichtung zur Teilnahme an Wahlen und Abstimmungen. Eine Pflicht zur Abgabe einer gültigen Stimme lässt sich den Vorschriften nicht entnehmen, auch wenn besonders die Formulierung des Art. 26 III der baden-württembergischen Verfassung einer solchen Interpretation durchaus zugänglich erscheint. Im Hinblick darauf, dass es immer anerkannt war, dass der Stimmberechtigte sich der Stimme enthalten können müsse[132], wäre es nämlich unhistorisch anzunehmen, dass die Stimmpflicht über eine Obligation zur Abgabe eines Stimmzettels hinausgehen sollte. Dabei ist mit der Pflicht zur Teilnahme an Wahlen und Abstimmungen nicht mehr als die Leitidee ausgesprochen, dass sich die Aktivbürger grundsätzlich an diesen Entscheiden beteiligen sollen. Im einzelnen festzusetzen, was zureichende Entschuldigungsgründe sind und was nicht, ist nicht Sache dieser Stimmpflichten, die sich als bloßen Appell an das Verantwortungsbewusstsein der Bürger verstehen. Von daher fällt die mit ihnen verbundene Beschränkung der negativen Abstimmungsfreiheit relativ gering aus. Diese ist zwar in Baden-Württemberg, Bayern und Bremen nicht in dem selbem Umfang wie im sonstigen Bundesgebiet gewahrt. Dass der Bürger in diesen Ländern substantiell weniger frei wäre, über eine Teilnahme an der Wahl oder Abstimmung zu entscheiden, lässt sich aber nicht sagen. Im Kern setzen auch diese Länder darauf, dass sich die Bürger verantwortungsbewusst entscheiden. Das Alternativkonzept dazu wäre eine Stimmpflicht, welche genaue Entschuldigungsgründe festsetzen und für den Fall des Zuwiderhandelns persönliche Sanktionen vorsehen würde. Ob sich ein sol-

---

130 Art. 117 S. 2 LV Bayern und Art. 9 S. 2 LV Bremen.

131 Ebenso *O. Jung*, BayVBl. 1999, S. 417 (427); *G. Lang*, Das Problem der Wahl- und Stimmpflicht, S. 257. Anders aber für Bayern *T. Meder*, Die Verfassung des Freistaats Bayern, Art. 117 Rn. 1; ohne auf Art. 117 S. 2 der bayerischen Verfassung einzugehen, hat auch der Bayerische Verfassungsgerichtshof (BayVerfGHE 2, 181 [218]; 21, 110 [120]) das Bestehen einer Abstimmungspflicht in Bayern geleugnet.

132 S.o. I. 1.

cher Stimmzwang in der Ordnung von Grundgesetz und Landesverfassungen verwirklichen lassen könnte und sollte, ist im folgenden zu erörtern.

VIII. Persönlich sanktionierte Stimmpflicht

Eine persönlich sanktionierte Stimmpflicht kommt in zwei Varianten in Betracht: Einmal als Verpflichtung zum bloßen Erscheinen im Stimmlokal bzw. zur Abgabe eines Stimmumschlags oder Stimmzettels, zum anderen als weitergehende Pflicht zur Abgabe einer gültigen Stimme, womit eine Stimmenthaltung durch Nichtankreuzen ausgeschlossen wäre. Je nach Variante, Fassung der Entschuldigungsgründe und Schärfe der vorgesehenen Sanktionen könnte sie die Zahl der Abstimmenden mehr oder minder steigern. Jedoch ist fraglich, ob eine solche Pflicht durch einfaches Gesetz eingeführt werden könnte, ebenso wie ihre Zweckmäßigkeit als problematisch erscheint.

1. Rechtliche Zulässigkeit

Hinsichtlich der rechtlichen Zulässigkeit einer einfachgesetzlich normierten sanktionierten Stimmpflicht ist zwischen einer Erscheinens- oder Teilnahmepflicht und einer Pflicht zur Abgabe einer gültigen Stimme zu unterscheiden.

a) Erscheinens- oder Teilnahmepflicht

Fraglich ist zunächst, ob der Grundsatz der freien Abstimmung die Einführung einer solchen Pflicht zulässt. Wie bereits ausgeführt, beschränkt sich der Schutzbereich der Abstimmungsfreiheit nicht auf eine unabhängige Entscheidung über die zur Abstimmung gestellte Personal- oder Sachfrage, sondern gewährleistet dem Stimmberechtigten auch das Recht, selbst zu bestimmen, ob er zur Urne gehen will. In diesem Selbstbestimmungsrecht wird der Stimmberechtigte beeinträchtigt, wenn ihn ein Gesetz vorbehaltlich bestimmter Entschuldigungsgründe dazu verpflichtet, einen Stimmzettel abzugeben oder zumindest im Abstimmungslokal zu erscheinen. Denn insoweit kann er sich nicht mehr unabhängig entscheiden. Berechtigtes Ziel dieses Eingriffs ist die Erhöhung der Legitimation der Entscheidung des Volkes durch Steigerung der Zahl der Abstimmenden. Dass der Einzelne auch eine gültige Stimme abgibt, kann die Pflicht zwar nicht garantieren. Immerhin vermag sie aber die Wahrscheinlichkeit einer gültigen Stimmabgabe zu erhöhen, so dass die Regelung insgesamt geeignet ist, die Zahl der Abstimmenden anwachsen zu lassen. Eine Erscheinens- oder Teilnahmepflicht für erforderlich zu halten, ist dem Gesetzgeber solange nicht verwehrt, als sich ein nicht unerheblicher Bruchteil der Bevölkerung der Abstimmung regelmäßig entzieht.

Ob eine Erscheinens- oder Teilnahmepflicht vor der Abstimmungsfreiheit zu rechtfertigen ist, hängt daher entscheidend von ihrer Angemessenheit ab. Nicht wenige gelangen insoweit zu einer negativen Einschätzung. Charakteristisch hierfür ist die Äußerung, dass es eines demokratischen Staates unwürdig sei, die Wähler mit dem Zwang des Gesetzes in die Wahlzellen zu treiben[133]. Das trifft jedoch im Ergebnis nicht zu. Mit der Einschränkung der freien Entscheidung über den Gang zur Urne berührt die Erscheinens- oder Teilnahmepflicht nicht den Kern des Freiheitsgrundsatzes, der in der Garantie einer freien Entscheidung über die zur Abstimmung gestellte Personal- oder Sachfrage liegt. Vielmehr schränkt sie die Abstimmungsfreiheit lediglich in einem Randbereich ein. Überdies lässt sie den Stimmberechtigten die Möglichkeit offen, sich durch Abgabe eines weißen Stimmzettels der Stimme zu enthalten. Ist der Freiheitsverlust demnach relativ klein, so ist auf der anderen Seite das Ziel einer Steigerung der Legitimation von Entscheidungen des Volkes von großer Bedeutung. Gerade auch angesichts des Einschätzungsspielraums, den der Gesetzgeber u. a. nach Art. 38 III GG genießt, ist es deswegen mit der Abstimmungsfreiheit vereinbar, eine Erscheinens- oder Teilnahmepflicht einzuführen[134].

Eine solche Pflicht könnte jedoch gegen das Prinzip der Geheimheit der Abstimmung verstoßen, wie es namentlich in Art. 38 I 1 GG gewährleistet wird. Diese Garantie verlangt nicht nur, dass die Entscheidung des Stimmberechtigten über die anstehende Personal- oder Sachfrage geheim bleibt. Im Grundsatz hat sie auch zum Inhalt, dass nicht offenbart werden darf, ob ein einzelner Aktivbürger im Stimmlokal erschienen und an der Abstimmung teilgenommen hat[135]. Dient die Geheimheit der Abstimmung der Sicherung der Freiheit der Entscheidung und ist davon auszugehen, dass sich die Abstimmungsfreiheit auf das „Ob" der Teilnahme erstreckt, so ist es nur konsequent, dass das Prinzip der Geheimheit ebenso weit reicht. Zur Kontrolle der Stimmberechtigung und Vermeidung von mehrfachen

---

133 So *I. v. Münch,* in: ders. / P. Kunig, GG³, Art. 38 Rn. 33.

134 Ebenso *H. B. Brockmeyer,* in: B. Schmidt-Bleibtreu / F. Klein, GG, Art. 38 Rn. 18c; *A. Hamann / H. Lenz,* GG, Art. 38 Anm. B 4; *H. Hofmann,* in: J. Isensee / P. Kirchhof, HdbStR, Bd. V, § 114 Rn. 29; *H. v. Mangoldt / F. Klein,* GG, Art. 38 Anm. III 2 e); *T. Maunz,* in: ders. / G. Dürig, GG, Art. 38 Rn. 32; *D. Merten,* FS J. Broermann, S. 301 (310 ff.); *M. Sachs,* Verfassungsrecht II – Grundrechte, B 38 Rn. 20; *H.-P. Schneider,* in: Alternativkommentar, GG², Art. 38 Rn. 48; gleichfalls die h.M. zu Zeiten der Weimarer Republik: *G. Anschütz,* Die Verfassung des Deutschen Reichs, Art. 125 Anm. 2; *G. Kaisenberg,* in: H. C. Nipperdey, (Hg.), Die Grundrechte und Grundpflichten der Reichsverfassung, Bd. 2, S. 161 (170 f.); anders aber heute *W. Frenz,* ZRP 1994, S. 91 ff.; *S. Magiera,* in: M. Sachs, GG, Art. 38 Rn. 85; *M. Morlok,* in: H. Dreier, GG, Art. 38 Rn. 83; *I. v. Münch,* a. a. O., Art. 38 Rn. 33; *T. I. Schmidt,* Grundpflichten, S. 218; *W. Schreiber,* Handbuch des Wahlrechts zum Deutschen Bundestag, § 1 Rn. 13; *ders.,* in: Berliner Kommentar, GG, Art. 38 Rn. 70; *H.-H. Trute,* in: I. v. Münch / P. Kunig, GG⁵, Art. 38 Rn. 39.

135 Implizit auch *T. Maunz,* a. a. O., Art. 38 Rn. 54; *H.-P. Schneider,* a. a. O., Art. 38 Rn. 52, freilich im Widerspruch zu seiner Bemerkung in Rn. 48, wonach sich alle Wahlrechtsgrundsätze nicht auf das „Ob", sondern lediglich auf das „Wie" der Stimmabgabe erstreckten.

Stimmabgaben eines Stimmberechtigten ist es freilich unvermeidlich, die Stimmberechtigten bei Erscheinen zu identifizieren und ihre Stimmabgabe festzuhalten. Überdies lässt sich nicht vermeiden, dass jeder, der will, beobachten kann, ob jemand zur Abstimmung geht. Die Erscheinens- oder Teilnahmepflicht führt deshalb allenfalls zu einer Vertiefung der weitgehenden Einschränkungen, welche die an sich geheime Abstimmung ohnehin erleiden muss. Wenn es die Erscheinens- oder Teilnahmepflicht nicht nur mit sich bringt, dass die Nichturnengänger in einem Sanktionsverfahren einem eingeschränkten Kreis bekannt werden, sondern die Sanktion gerade in der öffentlichen Bekanntmachung der Abstinenten besteht, wird die Geheimheit der Abstimmung allerdings in erheblichem Maße berührt. Auch in diesem Fall rechtfertigt jedoch das Ziel einer Steigerung der Legitimationsgrundlage den Eingriff. Eine Erscheinens- oder Teilnahmepflicht verstößt also nicht gegen den Grundsatz der geheimen Abstimmung[136].

Mitunter wird freilich vertreten, eine Erscheinens- bzw. Teilnahmepflicht verstoße gegen die allgemeine Handlungsfreiheit der Aktivbürger (Art. 2 I GG) in Verbindung mit dem aus dem Rechtsstaatsprinzip abzuleitenden Prinzip der Verhältnismäßigkeit[137]. Vorausgesetzt wird dabei, dass eine solche Pflicht die persönliche Betätigungsfreiheit der Stimmberechtigten einschränkt, obwohl diese bei Wahlen und Abstimmungen als Organwalter für den Staat und nicht privat tätig werden. Aber selbst wenn Art. 2 I GG und in Einzelfällen auch andere Freiheitsrechte der Bürger von einer Erscheinens- oder Teilnahmepflicht betroffen wären, vermöchten die Grundrechte angesichts des hohen Gewichts des Ziels einer Steigerung der Legitimation von Wahlen und Abstimmungen die grundsätzliche Zulässigkeit der Pflicht nicht in Frage zu stellen, sondern könnten allenfalls einzelne Entschuldigungsgründe bedingen. Die einfachgesetzliche Einführung einer Erscheinens- oder Teilnahmepflicht wäre also verfassungsrechtlich zulässig.

b) Pflicht zur Abgabe einer gültigen Stimme

Anders ist möglicherweise die Entscheidung für eine weitergehende sanktionierte Pflicht zur Abgabe einer gültigen Stimme zu beurteilen. In der Literatur wird allgemein angenommen, dass dem Aktivbürger mit Blick auf die Freiheit der Abstimmung in jedem Falle das Recht verbleiben müsse, sich der Stimme zu enthalten[138]. Diese Annahme ist nicht unzweifelhaft, kann aber dahinstehen, weil die Art

136 Das ist in der Literatur ganz unbestritten. Verneint wird lediglich mitunter die Zulässigkeit der Sanktion einer öffentlichen Bekanntmachung der Nichturnengänger : so etwa bei *G. Lang*, Das Problem der Wahl- und Stimmpflicht, S. 70. Unabhängig davon ist es natürlich zutreffend, dass ohne Wahlpflicht die Nichtwähler nicht öffentlich bekanntgemacht werden dürfen (vgl. *H.-P. Schneider*, a. a. O., Art. 38 Rn. 52), denn einmal würde es an einer gesetzlichen Ermächtigungsgrundlage fehlen, zum anderen würden aber auch diejenigen angeprangert, die aus gutem Grund der Wahl ferngeblieben sind.

137 *O. Luchterhand*, Grundpflichten als Verfassungsproblem in Deutschland, S. 497 f.

und Weise der Stimmabgabe in absehbarer Zeit technisch nicht so ausgestaltet werden kann, dass eine Pflicht zur Abgabe einer gültigen Stimme dem Grundsatz der Geheimheit der Abstimmung Genüge tun könnte. Das herkömmliche Abstimmungsverfahren, bei dem der Aktivbürger auf einem Stimmzettel Kreuze macht, erlaubt es nicht, die gültigen von den ungültigen Stimmabgaben zu trennen, ohne wahrzunehmen, wie sich diejenigen, die gültig abgestimmt haben, inhaltlich entschieden haben. Die Kenntnisnahme von der inhaltlichen Entscheidung des Stimmberechtigten stellt jedoch einen Eingriff in den Kernbereich des Prinzips einer geheimen Abstimmung dar, der auch durch das Ziel einer Stärkung der Legitimationsgrundlage von Wahlen und Abstimmungen nicht gerechtfertigt werden kann. Moderne elektronische Abstimmsysteme mögen es zwar möglich machen anzuzeigen, ob jemand gültig gestimmt hat, ohne gleichzeitig zu verraten, wie er gestimmt hat. Um die Briefwahl zu ersetzen, müsste jedoch auch eine Möglichkeit geschaffen werden, von zu Hause aus elektronisch abzustimmen. Nicht nur wegen der Identifizierungs- und Sicherheitsprobleme, sondern auch, weil sie bei denen, die per elektronischen Brief abstimmen wollen, erhebliche technische Vorkehrungen voraussetzen würde, stellt dies aber keine realistische Möglichkeit dar. Die Einführung einer sanktionierten Pflicht zur Abgabe einer gültigen Stimme ist daher wegen Verstoßes gegen den Grundsatz der Geheimheit der Abstimmung nicht zu rechtfertigen[139].

c) Ergebnis

Verfassungsrechtlich wäre es also zulässig, eine sanktionierte Pflicht zum Erscheinen im Stimmlokal bzw. zur Teilnahme an der Abstimmung einzuführen. Andererseits zwingt der Grundsatz der Allgemeinheit der Abstimmung auch nicht dazu, die Aktivbürger in dieser Weise zum Urnengang anzuhalten[140]. Damit ist es eine reine Frage der Zweckmäßigkeit, ob das unentschuldigte Fernbleiben vom Stimmlokal sanktioniert werden sollte.

2. *Zweckmäßigkeit*

Unter Gesichtspunkten der Zweckmäßigkeit spricht freilich vieles gegen einen Zwang. Es bedarf keiner großen Phantasie, um sich vorzustellen, dass die Durchführung dieser Pflicht einen enormen bürokratischen Aufwand erfordern würde und eine enorme Anzahl von Rechtsstreitigkeiten über Entschuldigungsgründe zur Folge hätte. Vor allem aber ist zweifelhaft, ob eine sanktionierte Stimmpflicht –

---

138 Vgl. nur *H. B. Brockmeyer,* in: B. Schmidt-Bleibtreu / F. Klein, GG, Art. 38 Rn. 18c; *G. Lang,* Das Problem der Wahl- und Stimmpflicht, S. 98 f.; *D. Merten,* FS J. Broermann, S. 301 (309 ff.); *W. Schreiber,* Handbuch des Wahlrechts zum Deutschen Bundestag, § 1 Rn. 13.

139 Auch das ist unbestritten; vgl. lediglich *G. Lang,* a. a. O., S. 69.

140 Zutreffend *W. Schreiber,* Handbuch des Wahlrechts zum Deutschen Bundestag, § 1 Rn. 13.

auch wenn es juristisch nichts gegen die Geeignetheit einer Stimmpflicht einzuwenden gibt – tatsächlich die Qualität von Wahlen und Abstimmungen verbessern würde. Zum einen könnten nämlich die zur Urne Gezwungenen die Geheimheit der Abstimmung dazu nutzen, sich durch Abgabe eines leeren Stimmzettels der Verantwortung zu entziehen. Zum anderen würde eine Rechtspflicht zur Beteiligung auch die Gefahr in sich bergen, dass diejenigen Stimmberechtigten, die sich derzeit mangels politischem Interesse und entsprechender Information nicht an die Urne begeben, der Qualität der Entscheidung durch ein uninformiertes Abstimmen schaden. Diese Bedenken wiegen umso schwerer, als jedenfalls bei Bundestagswahlen und in geringerem Maße auch bei Landtagswahlen die Beteiligungsziffern Höhen erreichen, die fragen lassen, ob es unbedingt notwendig erscheint, vom Prinzip der Freiwilligkeit abzurücken.

B. Quoren und Mehrheiten

Das Spektrum der bundes- und landesrechtlichen Normen, welche die zahlenmäßigen Voraussetzungen des Zustandekommens von Wahlen und Abstimmungen des Volkes regeln, ist breit. Es reicht von Bestimmungen, nach denen die Mehrheit der abgegebenen (gültigen Stimmen) entscheidet (Abstimmungsmehrheitsregel) oder der verhältnismäßige Stimmenanteil entscheidet (Verhältniswahlregel), über Vorschriften, die zusätzlich zur einfachen oder Zweidrittelabstimmungsmehrheit die Zustimmung oder Beteiligung eines Bruchteils der Stimmberechtigten verlangen (Zustimmungs- bzw. Beteiligungsquorum), bis hin zu Normen, denen zufolge für die Wirksamkeit eines Entscheides die Zustimmung der Mehrheit der Stimmberechtigten erforderlich ist (Berechtigtenmehrheitsregel). Unterschiedlich sind die Anforderungen von Gegenstand zu Gegenstand, aber auch von Land zu Land. Mehr oder minder große Differenzen zwischen den Ländern lassen sich besonders bei der Definition der Mehrheit im Volksentscheid ausmachen, betreffe dieser nun ein einfaches bzw. ein verfassungsänderndes Gesetz oder eine Parlamentsauflösung. Weitgehend einheitlich sind hingegen die Voraussetzungen, unter denen eine Parlamentswahl zustande kommt.

I. Einfache Volksgesetzgebung

1. Die einzelnen Regelungen in den Ländern

Die Anforderungen an die Mehrheit im Plebiszit über einfache Gesetze unterscheiden sich beträchtlich zwischen den Ländern. Vergleichsweise geringe Voraussetzungen gelten in einigen Ländern, in denen die Mehrheit der abgegebenen (gültigen) Stimmen entscheidet. Dazu zählen Hessen, Nordrhein-Westfalen und Sachsen, deren Landesverfassungen explizit eine entsprechende Regel formulieren[141].

141 Art. 124 III 2 LV Hessen, Art. 68 IV 2 LV NW und Art. 72 IV 2 LV Sachsen.

Zu ihnen gehört aber auch Bayern, wo die Landesverfassung positiv nur den allgemeinen Grundsatz „Mehrheit entscheidet" ausspricht[142], dem sich weder eine Aussage über den Bezugspunkt der Mehrheit noch eine Entscheidung zu den Bedingungen der Mehrheitsgeltung entnehmen lässt[143]. Denn dort schließt die Verfassung durch ihr Schweigen an einschlägiger Stelle[144] besondere Anforderungen an das Zustandekommen eines einfachen Gesetzes aus[145] und erklärt das Landeswahlgesetz folgerichtig, dass es allein auf die Mehrheit der abgegebenen Stimmen ankommt[146]. Entscheidend ist danach nur das Verhältnis der Ja- zu den Nein-Stimmen. Außer Betracht bleiben nicht nur die, die sich die Mühe gemacht haben, zur Abstimmung zu gehen, um sich dann der Stimme zu enthalten, sondern vor allem auch die der Abstimmung Ferngebliebenen. Sie vermögen das Zustandekommen einer Entscheidung nicht hindern, so groß ihre Zahl auch sein mag.

Äußerst hohe Voraussetzungen sind im Saarland zu erfüllen, das als einziges Bundesland das Zustandekommen eines Volksentscheides über ein einfaches Gesetz von der Zustimmung einer Mehrheit der Stimmberechtigten abhängig macht[147]. Ohne direkt eine bestimmte Stimmbeteiligung zu fordern, sichert es damit Entscheidungen im plebiszitären Verfahren einen großen Rückhalt bei der Gesamtheit der Stimmberechtigten. Folge dieser Entscheidung für eine Berechtigtenmehrheitsregel ist eine ganz erhebliche Erschwerung der Gesetzgebung, die sich zum Vorteil der Anhänger des status quo auswirkt. Auch unter der Geltung einer Vorschrift, die eine bloße Abstimmungsmehrheit fordert, sind diejenigen benachteiligt, die sich für einen Wechsel aussprechen, weil sie mindestens eine Stimme mehr als ihre Gegner aufbringen müssen. Die Berechtigtenmehrheitsregel verstärkt aber diesen Nachteil ganz erheblich, weil sie die Nichtbeteiligungen automatisch der Seite der Ablehnenden zuschlägt. Wer zu Hause bleibt, wird praktisch als Gegner des Gesetzentwurfes gezählt. Damit einher geht ein größerer Druck auf die Befürworter der Vorlage, sich an der Abstimmung zu beteiligen. Mehr als bei einer Vorschrift, welche die Abstimmungsmehrheit entscheiden lässt, sind sie gefordert, zur Abstimmung zu gehen, um eine Niederlage zu vermeiden[148]. Gleichzeitig sind die Ablehnenden jedes Beteiligungsdrucks enthoben. Da eine Nichtbeteiligung in

---

142 Art. 2 II 2 LV Bayern.

143 Vgl. BayVerfGH, BayVBl. 1999, S. 719 (723); anders wohl noch BayVerfGHE 2, 181 (218 f.).

144 Art. 74 LV Bayern.

145 Vgl. BayVerfGHE 2, 181 (217 f.); anderer Auffassung *T. Meder*, Die Verfassung des Freistaates Bayern, Art. 74 Rn. 9; kritisch desgleichen *O. Funk*, Grenzen unmittelbarer Demokratie, S. 167 ff.

146 Art. 80 I Nr. 1 LWG Bayern.

147 Art. 100 III LV Saarl.

148 Subjektiv mögen allerdings viele der Befürworter einer Änderung zur Auffassung gelangen, dass sie sowieso keine Chance haben, ihren Standpunkt durchzusetzen, und sich deshalb durch die Berechtigtenmehrheitsregel im Gegenteil sogar aufgerufen fühlen, nicht zur Abstimmung zu gehen.

jedem Fall als Ablehnung gezählt wird, können sie getrost der Abstimmung fernbleiben. Folglich macht sich jeder, der zur Abstimmung geht, in höchstem Maße verdächtig, ein Befürworter des Antrags zu sein. Geheim ist das Votum dadurch nur noch in sehr beschränktem Maße.

Für einen mittleren Weg hat sich die Mehrzahl der Bundesländer entschieden. Nach ihren Landesverfassungen muss ein Volksentscheid über ein einfaches Gesetz zu seiner Wirksamkeit neben der Mehrheit der Abstimmenden die Zustimmung von einem Viertel bzw. einem Drittel der Stimmberechtigten erhalten[149]. Dieses Zustimmungsquorum sichert der einfachen Volksgesetzgebung zwar nicht dieselbe hohe Zustimmung der Stimmberechtigten wie die saarländische Berechtigtenmehrheitsregel. Auf der anderen Seite bewahrt es diese aber davor, dass Gesetze nur von einem geringen Bruchteil der Stimmberechtigten getragen werden, wie es in den Ländern durchaus möglich ist, in denen allein die Mehrheit der Abstimmenden entscheidet. Da eine Änderung der bestehenden Gesetzeslage trotz Erreichens der Abstimmungsmehrheit scheitern kann, sind selbstverständlich auch hier die Anhänger des status quo im Vorteil. Jedoch profitieren sie nicht zwangsläufig von denen, die aus Desinteresse oder Unentschlossenheit zu Hause bleiben, weil sich Nichtbeteiligungen nur bei Unterschreiten des Zustimmungsquorums wie Nein-Stimmen auswirken. Daher können die Opponenten der Vorlage auch nicht ohne weiteres der Abstimmung fernbleiben, ohne sich etwas zu vergeben. Jedenfalls dann, wenn das Erreichen des Zustimmungsquorums droht, müssen sie den Kampf um die Abstimmungsmehrheit aufnehmen und an die Urnen gehen. Ein mehr oder minder großer Druck auf die Ablehnenden, sich an der Abstimmung zu beteiligen, bleibt erhalten. Darin liegt der Vorteil der heute geltenden Zustimmungsquoren gegenüber den Beteiligungsquoren, die im Zuge der Einführung plebiszitärer Elemente in zahlreichen Verfassungen der Weimarer Zeit Aufnahme gefunden hatten[150].

Ihr Vorbild hatten diese Beteiligungsquoren in der parlamentarischen Institution der Beschlußfähigkeit. Zumeist forderten sie für das Zustandekommen eines Volksentscheides über ein Gesetz die Beteiligung von mindestens der Hälfte der Stimmberechtigten. Das parlamentarische Quorum ist aber nur unter Schwierigkeiten auf Volksabstimmungen übertragbar, weil es im Volk keine organisierten positiven Mehrheiten gibt. Da stets ein erheblicher Teil der Stimmberechtigten aus

---

149 Die Zustimmung eines Viertels der Stimmberechtigten fordern Art. 78 II LV Brbg., Art. 72 I LV Bremen, Art. 50 III 3 LV Hbg., Art. 49 II 1 LV Nds., Art. 81 III 2 LV LSA (außer bei Konkurrenzvorlage des Landtags, Art. 81 IV LV LSA) und Art. 42 II 4 LV Schl.-H, die eines Drittels Art. 60 V 2 LV BW, Art. 60 IV 1 LV MV und Art. 82 VI 2 LV Thür. Auch nach Art. 63 II LV Berlin ist grundsätzlich die Zustimmung eines Drittels der Stimmberechtigten erforderlich; beteiligt sich aber mehr als die Hälfte der Stimmberechtigten am Volksentscheid, reicht die Mehrheit der Abstimmenden aus.

150 Vgl. Art. 75 WRV, § 10 III 2 LV Bayern, Art. 42 I LV Braunschw., § 6 I LV Bremen, Art. 54 LV Hbg., Art. 4 II LV Lippe, § 33 II LGG M.-Strelitz, Art. 6 IV LV Preußen, Art. 38 II 1 LV Sachsen, § 4 I LV Sch.-Lippe, § 27 II LV Thür., Art. 39 III 1 VBuVAbstG Württ.

Desinteresse oder anderen Gründen der Abstimmung fernbleibt, bietet es sich bei relativ anspruchsvollen Beteiligungsquoren für die Ablehnenden geradezu an, durch Stimmabstinenz mit der Menge der Passiven gemeinsame Sache zu machen und darauf zu bauen, dass die Vorlage mangels Erreichen der erforderlichen Beteiligungsziffer scheitert, anstatt sich durch eine Stimmbeteiligung dem Vergleich mit dem politischen Gegner auszusetzen. Der üblicherweise bestehende Druck auf die Ablehnenden, sich an der Abstimmung zu beteiligen, verwandelt sich bei Beteiligungsquoren mit steigender Höhe in einen Anreiz, zu Hause zu bleiben. Deutlich zeigte sich dies anlässlich des Plebiszits über die entschädigungslose Enteignung des Fürstenvermögens vom 20. Juni 1926, das am 50%igen Beteiligungsquorum des Art. 75 WRV scheiterte[151]. Die Gegner des Antrags folgten hier überwiegend dem Aufruf der rechten Parteien, nicht zur Urne zu gehen. Von den knapp 40 Millionen Stimmberechtigten beteiligten sich nur etwas über 15,5 Millionen; mit Ja stimmten ca. 14,5 Millionen, mit Nein ca. 0,5 Millionen Stimmberechtigte[152].

Der Demokratie ist mit einem solchem Abstimmungsverhalten nicht gedient. Es liegt nicht in ihrem Interesse, dass die Stimmberechtigten aus taktischen Gründen der Abstimmung fernbleiben. Auch wenn sie es den Einzelnen mehr oder weniger freistellt, ob sie sich an der Abstimmung beteiligen, erwartet sie grundsätzlich von den Stimmberechtigten, dass sie sich der Auseinandersetzung mit dem politischen Gegner stellen und die Abstimmung nicht gezielt boykottieren[153]. So war das für die einfache Volkgesetzgebung geltende 50%ige Teilnahmequorum des Art. 75 WRV denn auch als Erleichterung gegenüber der Regel des Art. 76 I 4 WRV gedacht, die für Volksentscheide über Verfassungsänderungen die Zustimmung einer Mehrheit der Stimmberechtigten forderte. Indem die Gegner des Antrags sich entgegen der Erwartung der Verfassung verhielten, nivellierten sie aber den Unterschied zwischen beiden Regeln. Das Teilnahmequorum des Art. 75 WRV entpuppte sich als eine Vorschrift, die in gleicher Weise wie die Berechtigtenmehrheitsregel des Art. 76 WRV Entscheidungen erschwerte und das Stimmgeheimnis gefährdete, weil jeder, der zur Abstimmung ging, in den Verdacht geriet, ein Befürworter der Vorlage zu sein[154]. Das verdeutlicht, dass ein hohes Beteiligungsquorum große Gefahr läuft, das gesetzgeberische Ziel zu verfehlen.

---

151 Zum Streit über die Rechtmäßigkeit der später geänderten Praxis, das Beteiligungsquorum des Art. 75 WRV auch bei Volksentscheiden wie dem über das Fürstenvermögen anzuwenden, bei denen kein positiver Beschluss des Reichstags vorausgegangen war, vgl. *G. Kaisenberg,* in: G. Anschütz / R. Thoma (Hg.), HdbDStR, Bd. II, S. 204 (216 f.).

152 Vgl. *C. Tannert,* Die Fehlgestalt des Volksentscheides, S. 7.

153 Vgl. aber BayVerfGH, BayVBl. 1999, S. 719 (724): Der Ausdruck „Boykott" verdunkele den rechtlichen Sachverhalt, dass wegen der negativen Beteiligungsfreiheit niemanden zum Vorwurf gemacht werden könne, unter strategischen Gesichtspunkten über eine Beteiligung zu entscheiden.

154 Diese Wirkungen hat die Weimarer Staatsrechtslehre in aller Klarheit konstatiert, vgl. *W. Jellinek,* in: G. Anschütz / R. Thoma (Hg.), HdbDStR, Bd. II, S. 182 (184); *C. Tannert,* a. a. O., S. 11 ff. und 20 ff. Die Folgen für das Abstimmungsgeheimnis werden auch in der

Dieses Risiko vermeiden Zustimmungsquoren. Indem sie nicht an die Beteiligung, sondern an die Zustimmung anknüpfen, lassen sie es nicht zu, dass die Gegner einer Vorlage gerade durch ihr Fernbleiben ihre Erfolgschancen steigern. Unter ihrer Geltung gibt es keine Prämie auf die Nichtbeteiligung. Für einen Boykott ist kein Raum[155]. Die bei einem hohen Beteiligungsquorum bestehende Gefahr, in den Wirkungen ungewollt einer Berechtigtenmehrheitsregel gleichzukommen, besteht hier nicht. Deshalb kann es nicht verwundern, dass Zustimmungsquoren weitgehend an die Stelle von Beteiligungsquoren getreten sind. Seit der Abschaffung des 50%igen Beteiligungsquorums der Bremer Verfassung im Jahre 1997 ist die Volksgesetzgebung in keinem Land mehr an ein isoliertes hohes Teilnahmequorum gebunden, wie es für die Weimarer Verfassungen typisch war. Fortexistent ist das reine Beteiligungsquorum nur noch in der unlängst novellierten rheinland-pfälzischen Mehrheitsvorschrift[156], die für das Zustandekommen eines Volksentscheides über ein einfaches Gesetz die – demgegenüber relativ niedrige – Beteiligung von einem Viertel der Stimmberechtigten fordert, sowie in der Berliner Regelung[157], die – einzigartig in der Bundesrepublik – ein Beteiligungs- mit einem Zustimmungsquorum kombiniert. Ihr zufolge gilt ein Gesetzesvorschlag als angenommen, wenn sich entweder mehr als die Hälfte der Stimmberechtigten an der Abstimmung beteiligt und eine Mehrheit zustimmt oder bei geringerer Stimmbeteiligung mindestens ein Drittel der Stimmberechtigten zustimmt.

Gegenüber einem isolierten Zustimmungsquorum hat die Berliner Lösung den Vorteil größerer Differenziertheit, indem sie dem Umstand Rechnung trägt, dass eine hohe Zustimmung als Sicherung vor den Gefahren der Stimmabstinenz dann nicht erforderlich ist, wenn die Stimmbeteiligung vergleichsweise hoch ist. Gegenüber einem isolierten Beteiligungsquorum zeichnet sie sich dadurch aus, dass sie nicht zum Boykott verführt. Als Regelung ist sie jedoch alles andere als einfach. Bei näherem Hinsehen kennt sie entgegen ihrem Wortlaut nicht nur zwei, sondern sogar drei Fallvarianten, in denen ein Gesetz als angenommen gilt. Das Nebeneinander von Mehrheitsregel, Beteiligungs- und Zustimmungsquorum ist beziehungsreicher, als die Formulierung der Vorschrift erkennen lässt. Denn bei teleologischer Auslegung liegt es auf der Hand, dass eine Vorlage auch bei an sich unzureichender Beteiligung bzw. Zustimmung nicht in den Fällen scheitern darf, in denen die Anzahl der Zustimmenden so groß ist, dass der Antrag selbst dann die erforderli-

heutigen Literatur betont, vgl. *H.-D. Horn*, Der Staat Bd. 38 (1999), S. 399 (409); *J.-D. Kühne*, in: ders./F. Meißner (Hg.), Züge unmittelbarer Demokratie in der Gemeindeverfassung, S. 17 (50).

155 Zutreffend *H. K. Heußner*, Volksgesetzgebung in den USA und in Deutschland, S. 368; *H.-D. Horn*, a. a. O., S. 399 (409). Weitergehender BayVerfGH, BayVBl. 1999, S. 719 (724), der meint, bei Zustimmungsquoren sei ein Fernbleiben niemals sinnvoll. Zu undifferenziert *H. Dreier*, BayVBl. 1999, S. 513 (521); *O. Jung*, BayVBl. 1998, S. 225 (232); *S. Przygode*, Die deutsche Rechtsprechung zur unmittelbaren Demokratie, S. 474, die zwischen den Wirkungen von Teilnahme- und Zustimmungsquoren nicht unterscheiden.

156 Art. 109 IV 3 LV Rhld.-Pfalz n.F.

157 Art. 63 II LV Berlin.

che Mehrheit erreicht hätte, wenn die an der Mindestbeteiligungsquote Fehlenden allesamt mit Nein gestimmt hätten[158].

Über den zwischen den Ländern bestehenden Differenzen hinsichtlich der für den Volksentscheid erforderlichen Mehrheiten und Quoren darf allerdings nicht vergessen werden, dass nach allen Landesverfassungen die Gesetzesinitiative durch Volksbegehren an die Erfüllung eines Zulassungsquorums gebunden ist. Auch in den Ländern, in denen die bloße Abstimmungsmehrheit über den Erfolg eines Plebiszits entscheidet, benötigt ein Volksbegehren zu seiner Wirksamkeit die Unterstützung eines bestimmten Teils des Gesamtvolks[159]. In Bayern muss ein Volksbegehren von mindestens 10% der Stimmberechtigten gestellt werden, in Sachsen von mindestens 450.000 Stimmberechtigten, maximal aber 15% der Gesamtzahl der Stimmberechtigten. In Hessen und Nordrhein-Westfalen liegt das Zulassungsquorum sogar bei einem Fünftel der Stimmberechtigten, weit höher als im Bundesdurchschnitt und so hoch wie sonst nur im Saarland. Zwar steht das Volksbegehren erst am Anfang eines langen Prozesses öffentlicher Diskussion, der entweder mit der Annahme des Begehrens durch das Parlament oder einem Volksentscheid abschließt und die Möglichkeit in sich birgt, dass Unterzeichner des Begehrens ihre Auffassung ändern. Massive Stimmungswechsel bei den Unterzeichnern des Begehrens sind jedoch regelmäßig nicht zu erwarten. Deshalb ist auch in den Ländern, in denen beim Plebiszit eine bloße Abstimmungsmehrheit reicht, eine gewisse Gewähr für einen Rückhalt beim Gesamtvolk vorhanden. Dessen ungeachtet bleiben aber die Unterschiede zu den in anderen Ländern geltenden Anforderungen von erheblicher Bedeutung.

2. Der Grundkonflikt

Die Unterschiede zwischen den in den einzelnen Ländern geltenden Mehrheitsregeln sind Zeichen eines Konfliktes zwischen dem verfassungsmäßigen Interesse der Beteiligung des Volkes an der Gesetzgebung und der Notwendigkeit, eine hinreichende Legitimation seiner Entscheidungen zu sichern. Ihr Interesse an der Mitwirkung des Volkes an der Gesetzgebung dokumentieren die Landesverfassungen, indem sie unter bestimmten Voraussetzungen den Bürgern das Recht geben, über einen Gesetzentwurf abzustimmen. Die Verfassungen legen jedoch nicht nur Wert darauf, dass das Volk sein Mitwirkungsrecht ausüben kann. Ebenso ist ihnen wichtig, dass sich die Mitwirkung der Bürger in einer Weise vollzieht, die eine hinreichende Legitimation demokratischer Akte erwarten lässt. Zu den für die Legitima-

---

158 Diese Einschränkung gilt allgemein bei Beteiligungsquoren. Sie übersieht *H.-D. Horn*, a. a. O., S. 399 (408), soweit er herausstellt, dass unter der Voraussetzung eines Beteiligungsquorums von 50% ein Plebiszit selbst bei einer Zustimmungsmehrheit, die im Grenzfall fast 50% der Berechtigten ausmacht, als gescheitert gelte.

159 Art. 74 I LV Bayern, Art. 124 I 1 LV Hessen, Art. 68 I 7 LV NW und Art. 72 II 1 LV Sachsen.

tion wesentlichen Faktoren gehört aus verfassungsrechtlicher Sicht auch die Höhe der Stimmquote. Denn die Verfassungen davon aus, dass die Wahrscheinlichkeit einer richtigen Entscheidung des Volkes grundsätzlich mit der Höhe der Stimmquote wächst und bei vollständiger Stimmabgabe am höchsten ist[160].

Ein Widerspruch zwischen den beiden Interessen besteht deshalb, weil bei Sachentscheiden des Volkes damit zu rechnen ist, dass ein erheblicher Teil der Stimmberechtigten der Abstimmung fernbleibt. Da eine sanktionierte Stimmpflicht nicht existiert, hängt es faktisch vom Interesse der Einzelnen ab, ob sie an Abstimmungen teilnehmen. Die Neigung der Bürger zur Teilnahme ist bei Volksentscheiden üblicherweise weit geringer ausgeprägt als bei Wahlen[161]. Es besteht also die Gefahr, dass Plebiszite in beträchtlichem Maße das Optimum an Legitimation verfehlen.

Im Konflikt zwischen dem Interesse an der Volksgesetzgebung und der Notwendigkeit einer ausreichenden Legitimation beziehen die Länder, in denen die bloße Abstimmungsmehrheit reicht, klar Position zugunsten des Interesses am Zustandekommen von Volkgesetzen. Demgegenüber stellt sich die saarländische Mehrheitsregel mit deutlicher Radikalität auf die Seite der Forderung nach einer hohen Qualitätsgewähr. Indem sie die für den Erfolg eines Plebiszits die Zustimmung der Mehrheit der Stimmberechtigten zur Bedingung macht, verlangt sie das Optimum an Sicherheit vor den Gefahren der Stimmabstinenz, das unter dem Prinzip der einfachen, nicht um ein Zweidrittelerfordernis qualifizierten Mehrheit, denkbar ist. Als ein hälftiger Kompromiss zwischen beiden Polen stellt sich das 25%ige Zustimmungsquorum dar, das in vielen Ländern gilt. Es verteilt das Risiko der Passivität der Stimmberechtigten je zur Hälfte auf die Befürworter und Gegner einer Änderung[162].

In gewissen Maße führen die unterschiedlichen Anforderungen an die Mehrheit im Plebiszit auch zu einer unterschiedlichen Bestimmung des Verhältnisses von Volk und Parlament. Da ein Volksentscheid stets unterbleibt, wenn die Volksvertretung einem Volksbegehren zugestimmt hat, und die Mehrheit des Parlaments von sich aus nur in Bremen[163] einen Entwurf dem Volk zur Entscheidung unterbreiten kann, geht einem Volksentscheid über ein einfaches Gesetz in aller Regel die Ablehnung des Entwurfs durch das Parlament voraus. Der Volksentscheid zielt also zumeist darauf ab, einen Beschluss der Volksvertreter zu korrigieren. Einer plebiszitären Korrektur haben sich die Parlamentarier mehr oder weniger zu fügen. Zwar ist es dem Parlament nach keiner Verfassung verwehrt, das Ergebnis des Volksentscheides alsbald durch ein eigenes Gesetz umzustoßen. In der Praxis werden es die Volksvertreter jedoch nur selten wagen, die Entscheidung des Volkes zu missachten. Ein positiver Volksentscheid bedeutet daher regelmäßig eine unumkehrbare

160 S.o. A. V.

161 Vgl. *H. K. Heußner*, Volksgesetzgebung in den USA und in Deutschland, S. 367.

162 *H.-D. Horn*, Der Staat Bd. 38 (1999), S. 399 (420 f.).

163 Art. 70 I b) LV Bremen.

Niederlage für das Parlament. Das Risiko, derart dem Volk zu unterliegen, ist für das Parlament umso höher, je niedriger die Voraussetzungen des Volksentscheids sind. Anders gewendet: Je höher die Ansprüche an die Mehrheit im Plebiszit, desto sicherer ist das Parlament davor, dass seine Entscheidung vom Volk desavouiert wird[164].

Der Uneinigkeit der Landesverfassungen entspricht der rechtswissenschaftliche Dissens über die richtige Mehrheitsregel. Auch in neuerer Zeit stehen sich in der literarischen Diskussion Befürworter und Gegner von Quoren gegenüber[165]. Dabei plädieren nicht alle Anhänger einer einfachen Mehrheitsregel für einen ersatzlosen Verzicht auf Quoren beim Volksentscheid. Mitunter wird auch der Vorschlag gemacht, die verfassungsmäßigen Hürden im Vorfeld der Abstimmung anzuheben und die Zulassung von Volksbegehren von der Unterstützung einer höheren Zahl Stimmberechtigter abhängig zu machen, als bisher erforderlich ist[166]. Die bislang in erster Linie verfassungspolitisch geführte Diskussion wendet sich zunehmend der Frage zu, ob Art. 28 I GG den landesverfassungsrechtlichen Mehrheitsregeln Grenzen zieht. In dieser Debatte wird Art. 28 I GG sowohl für als auch gegen Quoren ins Feld geführt. Auffindbar ist aber auch die Position, dass es den Ländern bundesrechtlich freigestellt sei, wie sie die Majorität im Volksentscheid definieren.

3. Art. 28 I GG und die Quorenfrage

In der Ordnung des Grundgesetzes sind die Rechtsräume von Bund und Ländern grundsätzlich voneinander getrennt. Durch Art. 28 I GG stellt das Bundesrecht jedoch gewisse Anforderungen an die verfassungsmäßige Ordnung in den Ländern. Diese Anforderungen zielen nicht darauf ab, Konformität oder gar Uniformität im Bundesstaat herzustellen. Sie sollen aber das Mindestmaß an Homogenität zwischen Gesamtstaat und Gliedstaaten sicherstellen, das für das Funktionieren des Bundesstaates unerlässlich ist[167]. Zu diesem Mindestmaß gehört die Beachtung der Grundsätze des republikanischen, demokratischen und sozialen Rechtsstaates

---

164 Bemerkenswert in diesem Zusammenhang die Begründung für die Berechtigtenmehrheitsregel des Saarlandes. Nach den Intentionen des Gesetzgebers soll sie nicht nur verhindern, dass Volksentscheide ohne hinreichende Legitimation zustande kommen, sondern auch den Vorrang der Parlamentsgesetzgebung sichern (vgl. *H. K. Heußner,* a. a. O., S. 357 m. Nachw.).

165 Positiv gegenüber den geltenden Zustimmungsquoren *H. K. Heußner,* a. a. O., S. 369 f.; *H.-D. Horn,* a. a. O., S. 399 (420 f.); *C. Starck,* in: J. Isensee / P. Kirchhof, HdbStR, Bd. IX, § 208 Rn. 37; *A. Weber,* DÖV 1985, S. 178 (183); ablehnend hingegen *U. Berlit,* KritV Bd. 76 (1993), S. 318 (357); *G. Jürgens,* Direkte Demokratie in den Bundesländern, S. 257; *S. Przygode,* Die deutsche Rechtsprechung zur unmittelbaren Demokratie, S. 475; *A. Stiens,* Chancen und Grenzen der Landesverfassungen, S. 210; *C. Thum,* BayVBl. 2000, S. 74 (79).

166 In diesem Sinne *C. Thum,* a. a. O., S. 74 (78 f.) mit dem ökonomischen Argument, dass Hürden im Anfangsstadium einfachere und weniger kostenträchtige Sicherungen darstellten.

167 Vgl. BVerfGE 9, 268 (279); 41, 88 (119); 90, 60 (84).

(Art. 28 I 1 GG). Auch muss das Volk in den Ländern eine Vertretung haben, die aus allgemeinen, unmittelbaren, freien, gleichen und geheimen Wahlen hervorgegangen ist (Art. 28 I 2 GG). Bei aller Zurückhaltung hat das Grundgesetz den Ländern damit bestimmte Vorgaben gemacht, die durchaus Einfluss auf die verfahrensrechtliche Gestaltung von Volksentscheiden besitzen könnten[168]. So könnte es sein, dass das Bundesrecht Quoren beim Volksentscheid nicht oder nur in beschränktem Umfang zulässt. In Betracht ziehen ist aber auch die Möglichkeit, dass das Bundesrecht bestimmte Anforderungen an die Mitwirkung der Bürger nicht nur erlaubt, sondern geradezu fordert.

a) Die bundesrechtliche Zulässigkeit von Quoren

Die mangelnde Erwähnung der Volksgesetzgebung in Art. 28 I 2 GG ist allerdings ein Beleg dafür, dass es das Grundgesetz den Landesverfassungen überlässt, ob sie sich für plebiszitäre Elemente entscheiden. Institutionell garantiert ist nur das gewählte Landesparlament, dessen Stellung durch Art. 28 I 2 GG hervorgehoben wird, nicht aber die Volkgesetzgebung. Deshalb wäre es wenig überzeugend, aus Art. 28 I GG ein Verbot herzuleiten, durch allzu anspruchsvolle Ausgestaltung der Mehrheitsregel das Institut der Volksgesetzgebung in Frage zu stellen. Namentlich die saarländische Mehrheitsregel ist zwar so hoch angesetzt, dass sie das Zustandekommen eines Volksentscheides nahezu unmöglich macht. Unter dem Gesichtspunkt, dass sie einer Entscheidung gegen die Institution des Plebiszits nahe kommt, verstößt sie aber nicht gegen Art. 28 I GG. Entscheidet sich der Landesverfassungsgeber zu plebiszitären Elementen, muss er freilich das Verfahren so ausgestalten, dass es demokratischen Grundsätzen gerecht wird (Art. 28 I 1 GG). Zu diesen Grundsätzen zählen auch die Prinzipien der Gleichheit, Freiheit und Geheimheit der Abstimmung. Sie könnten es ausschließen, für das Zustandekommen eines Volksentscheides neben der Mehrheit der abgegebenen Stimmen auch die Zustimmung eines Viertels bzw. Drittels der Stimmberechtigten zu verlangen oder gar eine Mehrheit der Stimmberechtigten zu fordern.

aa) Die Gleichheit der Abstimmung

Der Inhalt des Grundsatzes der Abstimmungsgleichheit erschöpft sich nicht in der Forderung nach Zählwertgleichheit. Er gewährleistet den Stimmberechtigten auch, dass ihre Stimmen die gleichen Erfolgschancen haben[169]. Unter Geltung ei-

---

168 Zu weit geraten daher die Bemerkung in BVerfGE 60, 175 (208), „die landesrechtlichen Bestimmungen darüber, unter welchen Voraussetzungen und mit welchen Inhalten Volksbegehren und Volksentscheid zulässig sein sollen" gehörten zum „Bereich der Gestaltungsfreiheit der Länder, der weder durch Art. 28 Abs. 1 Satz 1 und 2 GG noch durch andere Vorschriften des Grundgesetzes beschränkt wird". Ähnlich überzogene Betonung des Spielraums der Länder allerdings auch bei *C. Degenhart,* ThürVBl. 2001, S. 201 (203).

nes Zustimmungsquorums und noch mehr bei einer Berechtigtenmehrheitsregel lastet auf den Befürwortern einer Änderung ein höheres Risiko, die Abstimmung zu verlieren, als auf den Anhänger des status quo. Neben der Abstimmungsmehrheit müssen sie auch eine mehr oder minder große Zustimmung bei der Gesamtheit der Stimmberechtigten erringen, um ihre Auffassung durchzusetzen. Nichtbeteiligungen können sich dadurch wie eine Nein-Stimme auswirken; im Falle einer Berechtigtenmehrheitsregel werden sie sogar zwangsläufig den Ablehnenden zugerechnet. Die Opponenten der Vorlage haben somit eine größere Chance, sich mit ihrer Ablehnung durchzusetzen. Dass ein Zustimmungsquorum und noch mehr eine Berechtigtenmehrheitsregel die Gleichheit der Abstimmung berührt, ist daher nicht zu leugnen.

bb) Die Freiheit der Abstimmung

Eine andere Frage ist es, ob ein Zustimmungsquorum oder eine Berechtigtenmehrheitsregel in die Freiheit der Abstimmung eingreift. Die Abstimmungsfreiheit schützt jedenfalls die Entschließungsfreiheit der Stimmberechtigten hinsichtlich des „Wie" und des „Ob" der Stimmabgabe. Die Entschließungsfreiheit könnte deshalb beeinträchtigt sein, weil viele Stimmberechtigte einen gesteigerten Druck empfinden mögen, an der Abstimmung teilzunehmen, um eine Ablehnung zu vermeiden. Als besonders groß mag dieser Druck bei einer Berechtigtenmehrheitsregel erscheinen, weil hier eine Nichtbeteiligung immer einer Ablehnung gleichkommt, die Befürworter der Änderung also objektiv gesehen eine besonders hohe „Stimmlast"[170] trifft. Andererseits ist es nicht ausgeschlossen, dass die hohen Hürden bei manchem von ihnen auch die Ansicht fördern, dass es ohnehin keinen Zweck habe, zur Abstimmung zu gehen. Ähnlich wie die 5%-Sperrklausel im Wahlrecht (vgl. § 6 VI BWahlG) kann ein Zustimmungsquorum oder eine Berechtigtenmehrheitsregel also unterschiedliche Auswirkungen auf die Entscheidung der Einzelnen haben. Wie auch immer der Einzelne die Hürden betrachten mag, ist aber ein Zwang mit ihnen nicht verbunden. Auch unter ihrer Geltung ist es den Stimmberechtigten überlassen, ob sie der Abstimmung fernbleiben oder sich an ihr beteiligen wollen. Ebenso wie die wahlrechtliche 5%-Sperrklausel trotz ihrer möglichen Auswirkungen auf die Entscheidung der Stimmberechtigten keinesfalls deren Entschließungsfreiheit berührt[171], beeinträchtigt auch ein Zustimmungsquorum oder eine Berechtigtenmehrheitsregel beim Volksentscheid nicht die Entscheidungsfreiheit der Einzelnen.

---

169 Vgl. für Wahlen BVerfGE 95, 335 (353) und 408 (417). Näher zur Rspr. *W. Pauly*, AöR Bd. 123 (1998), S. 232 (246 ff.).

170 Ausdruck nach *C. Pestalozza*, Der Popularvorbehalt, S. 33.

171 Die im Wahlrechtsausschuss des Parlamentarischen Rats (vgl. das Protokoll der 21. Sitzung des Auschusses vom 1. Februar 1949, in: Deutscher Bundestag / Bundesarchiv (Hg.), Der Parlamentarische Rat 1948–1949, Bd. 6, S. 651 ff.) geäußerte gegenteilige Auffassung hat sich zu Recht nicht durchsetzen können.

Daher gäbe es nur dann einen Berührungspunkt zwischen der Entscheidung für eine qualifizierte Mehrheitsregel beim Plebiszit und der Freiheit der Abstimmung, wenn eine freie Abstimmung auch eine bestimmte Wertung von Nichtbeteiligungen fordern würde. Bei unbefangener Betrachtung erscheint dies keinesfalls als ausgeschlossen. Die Freiheit der Abstimmung könnte den Nichtteilnehmenden verbürgen, dass ihr Fernbleiben nicht den Wert eines Neins erhält, und den mit Ja Stimmenden gewährleisten, dass ihre Durchsetzungschancen nicht durch eine solche Wertung vermindert werden, wie es bei erhöhten Anforderungen an die Majorität der Fall sein kann. Staatstheoretisch ist es immerhin gang und gäbe, die demokratische Freiheit mit der Mehrheitsregel in der Weise in Verbindung zu bringen, dass die Mehrheitsregel die größtmögliche Freiheit der Einzelnen gewährleistet[172]. Demokratische Freiheit impliziert nach diesem Verständnis nicht nur, dass man seine Stimme abgeben kann wie man will. Freiheit meint danach auch, dass man eine bestimmte Durchsetzungschance hat. Der verwendete staatstheoretische Freiheitsbegriff ist aber nicht mit dem des Grundgesetzes identisch. So wie die grundgesetzlich gewährleistete Freiheit der Abstimmung allgemein verstanden wird[173], hat sie keinen Bezug zur Frage, welche Bedeutung die Stimmabgabe oder Nichtbeteiligung der Einzelnen für die Entscheidung hat. Alleiniger Schutzgegenstand ist die Entschließungsfreiheit der Abstimmenden. Eine andere Bedeutung hat das Bundesverfassungsgericht dem Freiheitsgrundsatz denn auch nie zugesprochen[174]. Unter dem Aspekt, dass sie die Erfolgschancen der Stimmberechtigten berühren, hat es Regelungen wie die 5%-Sperrklausel immer nur am Grundsatz der Wahlrechtsgleichheit gemessen[175]. Dementsprechend ist nicht anzunehmen, dass Zustimmungsquoren und Berechtigtenmehrheitsregeln die Abstimmungsfreiheit in Frage stellen[176].

cc) Die Geheimheit der Abstimmung

Anders verhält es sich in Bezug auf die Geheimheit der Abstimmung. Nicht jede qualifizierte Mehrheitsvorschrift, wohl aber eine Berechtigtenmehrheitsregel oder ein diesem nahekommendes Zustimmungsquorum entzieht den Gegnern der Vorlage die Veranlassung, zur Abstimmung zu gehen, so dass jeder, der an der Urne erscheint, sich in höchstem Maße verdächtig macht, ein Befürworter des Volksbegehrens zu sein. Ohne das Stimmgeheimnis direkt zu berühren, schränkt eine solche Regelung damit das Stimmgeheimnis ein. Denn dieses schützt auch vor Ein-

172 S.o. A. III. 2.

173 Vgl. *M. Morlok*, in: H. Dreier, GG, Art. 38 Rn. 82; *H.-H. Trute*, in: I. v. Münch/P. Kunig, GG^5, Art. 38 Rn. 35.

174 Vgl. zu Wahlen BVerfGE 7, 63 (69); 47 (253 (282 ff.); 95, 335 (350).

175 Vgl. BVerfGE 1, 208 (241 ff.); 34, 81 (99); 82, 322 (337 ff.); 95, 408 (417 ff.).

176 Anders aber *G. Sampels*, Bürgerpartizipation in den neuen Länderverfassungen, S. 190 f.

griffen, die – wie hier – mittelbar, nämlich durch Einwirkung auf das Beteiligungsverhalten der Stimmberechtigten erfolgen.

dd) Rechtfertigung

Art. 28 I GG erklärt jedoch nicht jeden Eingriff in die zu den demokratischen Grundsätzen zählenden Prinzipien der Gleichheit und Geheimheit der Abstimmung für unzulässig. Sind die für Bundestagswahlen geltenden Abstimmungsgrundsätze nicht unantastbar (vgl. Art. 38 III GG), muss der Landesgesetzgeber erst recht die Möglichkeit haben, um der Verfolgung legitimer Ziele willen die nach Art. 28 I 1 GG geltenden Prinzipien der Abstimmung einzuschränken. Gerade auch bei Berücksichtigung der Tatsache, dass das Homogenitätsgebot des Art. 28 I GG den Ländern nur äußerste Grenzen der Gestaltung zieht, hat der Landesgesetzgeber eine große Freiheit, wie er den Abstimmungsgrundsätzen Rechnung trägt. Daher ist es aus bundesrechtlicher Sicht unbedenklich, wenn sich der Gesetzgeber – wie in den meisten Ländern – dazu entschließt, zur Sicherung der Legitimation der Volksgesetzgebung ein Zustimmungsquorum von einem Viertel oder einem Drittel der Stimmberechtigten zu normieren und dadurch die Abstimmungsgleichheit einzuschränken. Legt der Landesgesetzgeber – wie im Saarland – Wert auf eine besonders hohe Legitimation von Plebisziten, kann er sich sogar dafür entscheiden, das Zustandekommen von Volksentscheiden von der Zustimmung der Mehrheit der Stimmberechtigten abhängig zu machen, obwohl damit die Abstimmungsgleichheit und das Stimmgeheimnis in nicht unbeträchtlicher Weise eingeschränkt werden[177]. Über die bloße Abstimmungsmehrheit hinausgehende Anforderungen an die Mehrheit im Plebiszit entsprechen möglicherweise sogar einem bundesrechtlichen Gebot.

b) Die bundesrechtliche Notwendigkeit von Quoren

aa) Die Frage und ihr Anlass

In der Tat stellt sich die Frage, ob Art. 28 I GG für den Erfolg eines Volksentscheides die Zustimmung eines Mindestteils der Gesamtheit der Stimmberechtigten nicht nur erlaubt, sondern geradezu fordert, also landesrechtlichen Regeln, die einzig die Mehrheit der abgegebenen Stimmen verlangen, entgegensteht. Anlass zu dieser Frage gibt weniger die institutionelle Garantie der Volksvertretung in

---

[177] A. A. allerdings *G. Sampels*, Bürgerpartizipation in den neuen Länderverfassungen, S. 190 f. Seiner Ansicht nach ist es mit der durch Art. 28 I GG gewährleisteten Freiheit der Abstimmung nicht vereinbar, für den Erfolg eines einfachen Volksbegehrens die Zustimmung einer Mehrheit der Stimmberechtigten zu verlangen. Allein bei Vorlagen, die eine Verfassungsänderung betreffen, soll ihm zufolge eine Berechtigtenmehrheitsregel bundesrechtlich erlaubt sein, und zwar deshalb, weil das Grundgesetz in Art. 79 II GG für Verfassungsänderungen auf Bundesebene selbst eine qualifizierte Mehrheit fordert.

Art. 28 I 2 GG. Zwar schwächt der Verzicht auf ein Zustimmungsquorum die Stellung des Landesparlamentes, weil es relativ leicht vom Volk überstimmt werden kann[178]. Bei allen Unterschieden in der Formulierung dessen, was Art. 28 I 2 GG für das Verhältnis von Volksvertretung und Volksentscheid bedeutet[179], liegt aber auf der Hand, dass die Vorschrift keinen besonderen Schutz der Landtage vor Plebisziten gewährleistet. Das Grundgesetz gesteht den Ländern das Recht zu, neben dem parlamentarischen Gesetzgebungsprozess auch ein Volksgesetzgebungsverfahren vorzusehen[180]. Damit nimmt die Bundesverfassung bewusst hin, dass landesrechtliche Regeln dem Volk mehr oder weniger die Möglichkeit eröffnen, sich über Entscheidungen der Volksvertretung hinwegzusetzen. Die bundesrechtliche Gewährleistung der Institution der Volksvertretung in Art. 28 I 2 GG lässt daher einfache Mehrheitsregeln nicht als problematisch erscheinen[181]. Vielmehr ist es die in Art. 28 I 1 GG enthaltene Verpflichtung der Länder auf den Grundsatz der Demokratie, die ein Fragezeichen hinter die Zulässigkeit von Vorschriften setzt, denen zufolge der Erfolg eines Plebiszits an keinerlei Quorum gebunden ist.

bb) Art. 28 I 1 GG und die Mehrheit im Plebiszit

Das Mehrheitsprinzip bildet ein wesentliches Element der grundgesetzlichen Entscheidung für die Demokratie (Art. 20 I und II GG)[182]. Als solches zählt es auch zu den demokratischen Grundsätzen, an die die verfassungsmäßige Ordnung in den Ländern kraft Art. 28 I 1 GG gebunden ist[183]. Seine Legitimation fußt auf der Erwartung, dass die Majorität mit größerer Wahrscheinlichkeit richtig als falsch entscheidet. Dieser Erwartung vermag die Entscheidung der Mehrheit am ehesten zu entsprechen, wenn sich alle Stimmberechtigten an der Abstimmung beteiligen[184]. Daraus folgt, dass nur ein Beschluss, welcher in der Abstimmung die

---

178 S.o. I 2.

179 Sehr weitgehend *M. Herdegen,* in: J. Isensee / P. Kirchhof, HdbStR, Bd. IV, § 97 Rn. 11, („der prägende Einfluss der Volksvertretung auf den staatlichen Willensbildungsprozeß [darf] nicht ausgehöhlt [werden]"), und *H. Dreier,* in: ders., GG, Art. 28 Rn. 65 („die Landesparlamente [...] [müssen] im Mittelpunkt des institutionellen Entscheidungsprozesses stehen"); für eine engere Sicht *M. Sachs,* in: P. Neumann / S. v. Raumer (Hg.), Die verfassungsrechtliche Ausgestaltung der Volksgesetzgebung, S. 135 (164 f.).

180 BVerfGE 60, 175 (208); *P. Krause,* in: J. Isensee / P. Kirchhof, HdbStR, Bd. II, § 39 Rn. 20.

181 Vgl. aber *W. Schmitt Glaeser,* DÖV 1998, S. 824 (829), der – bezogen auf die Gemeindeebene – zu der Auffassung gelangt, dass ein Bürgerentscheid ohne Beteiligungs- bzw. Zustimmungsquorum der verfassungsrechtlichen Forderung widerspreche, bei der Einführung von Elementen unmittelbarer Demokratie die Grundstrukturen repräsentativer Demokratie zu schützen (sog. Einpassungsgebot).

182 Vgl. *R. Herzog,* in: T. Maunz / G. Dürig, GG, Art. 20 (II) Rn. 15; *F. E. Schnapp,* in: I. v. Münch / P. Kunig, GG^5, Art. 20 Rn. 16.

183 Vgl. *H. Dreier,* in: ders., GG, Art. 28 Rn. 59; *T. Maunz,* in: ders. / G. Dürig, GG, Art. 28 Rn. 24.

184 S.o. A. V.

Zustimmung der Mehrheit der Stimmberechtigten erhalten hat, frei von Bedenken ist, die sich aus einer Nichtbeteiligung Einzelner ergeben können. Problematisch ist jede Entscheidung, die sich nicht auf die Zustimmung der Mehrheit der Stimmberechtigten stützen kann[185]. Je mehr die Zustimmung bei der Gesamtheit der Stimmbürger unter 50% liegt, desto größer ist die Gefahr einer falschen Entscheidung. Zwar sinkt die Wahrscheinlichkeit einer richtigen Entscheidung nicht proportional mit dem Prozentsatz an Billigung, den ein Antrag unter allen Stimmberechtigten findet. Sagen etwa 25% der Stimmberechtigten Ja zu einer Vorlage, bedeutet dies nicht, dass die Chance einer richtigen Entscheidung halb so hoch ist wie wenn eine Mehrheit der Aktivbürger das Begehren gebilligt hätte. Dennoch nimmt die Legitimation von Entscheidungen mit einem Absinken der Zustimmungsziffer beträchtlich ab. Erhält eine Vorlage nur von einem geringen Teil der Stimmberechtigten ein positives Votum, besteht in erheblichem Maße die Gefahr einer falschen Entscheidung. Dann ist die Wahrscheinlichkeit einer richtigen Entscheidung weit von dem Maß entfernt, das die Zustimmung der Mehrheit der Stimmberechtigten erwarten lässt. Dafür, dass der Standpunkt der Mehrheit der Abstimmenden den Anschauungen der Majorität im Volk korrespondiert, ist hier keinerlei Gewähr mehr. Die Mehrheit in der Abstimmung wird zur formalen Mehrheit, Demokratie zur Minderheitenherrschaft.

Mit demokratischen Grundsätzen (Art. 28 I 1 GG) ist es nicht vereinbar, solchen Entscheidungen Wirksamkeit zuzubilligen. Eine gewisse Zustimmung bei der Gesamtheit der Stimmberechtigten ist für die demokratische Legitimation von Plebisziten von derart entscheidender Bedeutung, dass sie bei aller Eigenständigkeit der Länder zu den Forderungen gehört, welche die Bundesverfassung gegenüber ihrer Volksgesetzgebung erhebt. Zwar können durch Volksentscheid beschlossene Gesetze vom Parlament wieder aufgehoben werden. Aus vielerlei Gründen gibt es jedoch keine Gewähr dafür, dass die Volksvertretung solche Gesetze aufheben wird, denen es am notwendigen Rückhalt in der Gesamtheit der Bevölkerung mangelt. Und selbst dann, wenn ein Gesetz zuletzt von der Volksvertretung beseitigt würde, hätte es dennoch bis dahin Wirksamkeit entfaltet. Ein wesentlicher Bestandteil des grundgesetzlich vorgegebenen Mehrheitsprinzips würde daher missachtet, könnte jeder noch so geringe Teil des jeweiligen Landesvolkes Beschlüsse fassen[186].

Lassen sich somit aus Art. 28 I 1 GG Grenzen der Gestaltungsfreiheit der Länder bei der Fassung ihrer plebiszitären Mehrheitsregeln ableiten, so können diese doch nur äußerster Art sein. Art. 28 I 1 GG bezweckt nicht mehr, als die für die bundesstaatliche Homogenität unerlässlichen Mindestvoraussetzungen einzufordern. Weitreichende Vorgaben für die Mehrheit im Plebiszit, wie sie in der Literatur bisweilen aufgestellt werden, finden im Homogenitätsgebot keine Stütze. Deshalb

185 So im Ergebnis auch *K. Engelken*, DÖV 2000, S. 881 (885).

186 Vgl. aber *U. Berlit*, KritV Bd. 76 (1993), S. 318 (357), der ein Quorum beim Plebiszit über einfache Gesetze auch deshalb für entbehrlich hält, weil die Landtage solche Gesetze jederzeit beseitigen könnten.

kann Art. 28 I 1 GG nicht die Forderung entnommen werden, dass die Abstimmungsmehrheit mindestens der Zustimmung eines Viertels der Stimmberechtigten entsprechen oder ihr nahe kommen muss[187], auch wenn eine solche Quote für sich beanspruchen kann, einen hälftigen Ausgleich zwischen den kollidierenden Interessen an einer ausreichend legitimierten und wirksamen Volksgesetzgebung zu schaffen, und von daher politisch vieles für sich hat. Selbst der Verzicht der Verfassungen von Bayern, Hessen, Nordrhein-Westfalen und Sachsen auf jedwedes Quorum beim Volksentscheid ist unter dem Gesichtspunkt von Art. 28 I 1 GG unbedenklich, weil sie allesamt die Zulassung eines Volksbegehrens von der Erfüllung eines erheblichen Quorums machen, das zwischen 10 und 20% der Stimmberechtigten liegt. Obwohl nach diesen Regelungen beim Volksentscheid allein die Mehrheit der Abstimmenden entscheidet, besteht aufgrund des hohen Zulassungsquorums beim Volksbegehren hinreichende Gewähr dafür, dass sich der Gesetzesentwurf auf die Zustimmung von mehr als einem bloßen Bruchteil des Volkes stützen kann[188].

Mit Art. 28 I 1 GG unvereinbar wäre aber eine Regelung, die beim Volksentscheid die Abstimmungsmehrheit ausreichen lässt und zugleich für die Zulassung des Volksbegehrens kein oder ein nur sehr niedriges Quorum fordert. In diesem Falle könnte ein nur sehr geringer Prozentsatz von Stimmberechtigten für alle verbindlich entscheiden. Zu Recht hat daher der Bremische Staatsgerichtshof ein verfassungsänderndes Volksbegehren wegen Verstoßes gegen Art. 28 I 1 GG verworfen, das die Wirksamkeit eines Plebiszits allein von der Mehrheit der Abstimmenden abhängen machen und sich gleichzeitig für die Einleitung eines Volksbegehrens mit einem Zulassungsquorum von 5% der bei der letzten Bürgerschaftswahl abgegebenen gültigen Stimmen (umgerechnet etwa 3% der Stimmberechtigten) begnügen wollte[189].

---

187 So aber *H.-D. Horn*, Der Staat Bd. 38 (1999), S. 399 (421 f.); vgl. auch *C. Starck*, in: J. Isensee / P. Kirchhof (Hg.), HdbStR, Bd. IX, § 208 Rn. 37, der allerdings ohne Bezugnahme auf Art. 28 I GG feststellt: „In der Tat dürfte die Zustimmung eines Viertels der Stimmberechtigten das für einen Volksentscheid erforderliche Minimum sein, damit die Volksgesetzgebung nicht ihre demokratische Legitimität einbüßt"; deutliche Sympathie für diese Position gleichfalls bei *K. Engelken*, a. a. O., S. 881 (888).

188 Vgl. auch oben 1.; kritisch aber *K. Engelken*, a. a. O., S. 881 (889 f.).

189 StGH Bremen, DÖV 2000, S. 915 (919); zustimmend *J. Isensee*, DVBl. 2001, S. 1161 (1168). Dafür, dass die Abstimmungsmehrheit in jedem Falle unter dem Gesichtspunkt von Art. 28 I 1 GG ausreichend ist, freilich *C. Degenhart*, ThürVBl. 2001, S. 201 (207 f.); *H. Dreier*, BayVBl. 1999, S. 513 (519 ff.); *P. Neumann*, in: ders. / S. v. Raumer (Hg.), Die verfassungsrechtliche Ausgestaltung der Volksgesetzgebung, S. 17 (47); *M. Sachs*, in: P. Neumann / S. v. Raumer (Hg.), Die verfassungsrechtliche Ausgestaltung der Volksgesetzgebung, S. 135 (158 ff.); *U. Sacksofsky*, NVwZ 1993, S. 235 (236).

II. Verfassungsändernde Volksgesetzgebung

1. Die Regelungslage in den Ländern

An die Mehrheit im Plebiszit über ein verfassungsänderndes Gesetz stellen die Verfassungen im Regelfall besonders hohe Ansprüche. Nach den meisten Regelungen hat eine Verfassungsinitiative nur Erfolg, wenn ihr mehr als die Hälfte der Stimmberechtigten zustimmt, wobei in manchen Ländern zusätzlich noch eine Zweidrittelmehrheit der Abstimmenden gefordert wird[190]. Gegenüber der einfachen ist die verfassungsändernde Volksgesetzgebung damit mehr oder minder erheblich erschwert. Besonders groß ist die Erschwernis in Nordrhein-Westfalen und Sachsen, wo für einfache Gesetze keinerlei Quorum Geltung beansprucht, und in Rheinland-Pfalz, wo bei einfachen Gesetzen lediglich die Beteiligung von 25% der Stimmberechtigten erforderlich ist. Kleiner, aber immer noch beträchtlich ist die Diskrepanz in den anderen Ländern, in denen bei einfachen Gesetzen ein Zustimmungsquorum von einem Viertel oder einem Drittel der Stimmberechtigten gilt.

Solcherart gesteigerte Anforderungen an die Mehrheit im verfassungändernden Plebiszit sind freilich nicht durchweg anzutreffen. So begnügt sich die hessische Verfassung bei Volksentscheiden, die eine Verfassungsrevision zum Gegenstand haben, mit derselben schlichten Abstimmungsmehrheit, die bei einfachen Plebisziten ausreichend ist[191]. Diese Ausnahme beruht auf dem Sonderweg, den Hessen hinsichtlich des Verfahrens der Verfassungsänderung gegangen ist. Nach der hessischen Rechtslage ist eine Verfassungsänderung nur bei Zusammenwirken von Parlament und Volk möglich. Anders als in den meisten Ländern bei Verfassungsänderungen und im Unterschied zu der für einfache Gesetze geltenden Rechtslage findet der Volksentscheid über ein verfassungsänderndes Gesetz in Hessen nicht im Anschluss an einen ablehnenden Beschluss der Volksvertretung statt, sondern folgt auf eine Zustimmung des Parlaments. Dabei ist der Beschluss des Parlaments nicht besonders erschwert. Anstatt der Mehrheit der Abstimmenden muss hier die Mehrheit der gesetzlichen Mitglieder zustimmen, was bei einem Parlament organisierter Mehrheiten kein großes Hindernis darstellt. Jedoch: Allein der Umstand, dass sowohl Parlament als auch Volk der Verfassungsänderung zustimmen müssen, stellt eine erhebliche Erschwerung der verfassungsändernden gegenüber der einfachen Gesetzgebung dar. Dies lässt es als erklärlich erscheinen, dass darauf verzichtet wurde, der verfassungsändernden Gesetzgebung durch die Forderung nach einer über die Abstimmungsmehrheit hinausgehenden Majorität im Plebiszit eine besondere Hürde zu errichten.

---

190 Art. 72 II LV Bremen, Art. 64 III 3 LV BW, Art. 78 III i.V.m. Art. 79 S. 2 LV Brbg., Art. 50 III 4 LV Hbg., Art. 60 IV 2 LV MV, Art. 49 II 2 LV Nds., Art. 69 II 2 LV NW, Art. 129 I LV Rhld.-Pfalz, Art. 74 III 3 LV Sachsen, Art. 81 V LV LSA, Art. 42 II 5 LV Schl.-H., Art. 83 II 2 LV Thür. Näher zur nordrhein-westfälischen Regelung *R. Tillmanns*, NVwZ 2002, S. 54 ff.

191 Art. 123 II LV Hessen.

Derselben Logik folgen auch andere Ausnahmen vom Bundesstandard erhöhter Anforderungen an des Volkes Zustimmung zu verfassungsändernden Gesetzen. Soweit die bremische Verfassung statt einer Mehrheit der Stimmberechtigten die Zustimmung eines Viertels der Stimmberechtigten genügen lässt, falls der Volksentscheid auf eine Vorlage des Parlaments zurückgeht[192], hat dies ersichtlich damit zu tun, dass die Verfassungsänderung in diesem Fall dem Willen der Volksvertretung entspricht. Ebenso kann die Berliner Verfassung sich bei Volksentscheiden über Verfassungsänderungen mit demselben Quorum wie bei Plebisziten über einfache Gesetze zufrieden geben[193], weil Verfassungsänderungen stets einer Zustimmung von mehr als zwei Dritteln der Mitglieder des Abgeordnetenhauses bedürfen[194]. Und schließlich erscheint es auch konsequent, dass die bayrische Verfassung in dem Fall einer vom Parlament ausgehenden und sich dort auf eine Zweidrittelmehrheit der Mitglieder stützenden Revisionsinitiative von erhöhten Anforderungen an die Zustimmung des Volkes absieht[195].

Vor diesem Hintergrund würde es einen überraschenden und in Deutschland einzigartigen Bruch mit konstitutionellen Usancen darstellen, wäre in Bayern auch bei Volksentscheiden über Verfassungsinitiativen, die der Ablehnung des Parlaments verfallen sind, die einfache Mehrheit der abgegebenen Stimmen ausreichend. In diesem Sinne hat der Bayerische Verfassungsgerichtshof[196] ursprünglich das Schweigen der Regelung der bayerischen Verfassung über das Zustandekommen von Gesetzen auf Volksbegehren[197] interpretiert, die zwar etwas über das für die Zulassung des Volksbegehrens notwendige Quorum sagt, sich aber nicht explizit zur Mehrheit im Plebiszit verhält. In einem jüngeren Urteil hat dasselbe Gericht[198] jedoch seine Auffassung revidiert und zu Recht darauf hingewiesen, dass der Verlauf der Verfassungsberatungen, bei denen man sich erst spät dafür entschied, ein Volksbegehren auf Verfassungsänderung zuzulassen, keinen Hinweis auf eine Beschäftigung der Verfassungsgeber mit der Frage gibt, welche Mehrheit bei Volksentscheiden über Volksbegehren gelten soll, die auf eine Revision der Verfassung abzielen. Die Genese der Verfassung legt somit die Annahme einer gesetzlichen Lücke nahe, die im Wege ergänzender Interpretation zu füllen ist. Dabei ist bedeutsam, dass die Verfassung mit der Forderung nach einer Zweidrittelmehrheit der Mitglieder des Landtags für eine parlamentarische Verfassungsiniative erkennen lässt, dass an das Zustandekommen von Verfassungsänderungen höhere Anforderungen gestellt werden sollen als an das von einfachen Gesetzen. Dies spricht entscheidend dafür, dass bei einem Volksentscheid auf ein verfassungsän-

192 Art. 72 I, II LV Bremen.

193 Art. 63 II LV Berlin.

194 Art. 100 S. 1 LV Berlin.

195 Vgl. Art. 75 II LV Bayern (dazu BayVerfGH, BayVBl. 1999, S. 719 [722], sowie Art. 88 III LWG Bayern).

196 BayVerfGHE 2, 181 (217 ff.).

197 Art. 74 LV Bayern.

198 BayVerfGH, BayVBl. 1999, S. 719 (722 ff.).

derndes Volksbegehren eine anspruchsvollere Mehrheitsregel gelten soll als bei einfachen Gesetzen. Die Verfassung enthält den Auftrag an den Gesetzgeber, neben der Mehrheit der Abstimmenden die Zustimmung von in etwa einem Viertel der Stimmberechtigten zu verlangen[199]. Dafür, dass dieses Gebot, dem das Landeswahlgesetz mittlerweile durch Festsetzung eines Zustimmungsquorum von 25% nachgekommen ist[200], auch zu den der Ewigkeitsgarantie unterfallenden, änderungsfesten demokratischen Grundgedanken der Verfassung zählt, hat der Verfassungsgerichtshof in einem weiteren Urteil viel Sympathie bekundet[201]. Jedenfalls aber schließt es die Ewigkeitsgarantie der bayerischen Verfassung nach Auffassung des Verfassungsgerichtshofes aus, die Verfassung so zu ändern, dass für den Erfolg eines verfassungsändernden Volksentscheides dieselbe Mehrheit der abgegebenen gültigen Stimmen ausreicht, die für die Wirksamkeit von Plebisziten über einfache Gesetze genügt[202]. Derart ausgelegt folgt die Verfassung des Freistaats nicht nur ohne wenn und aber, sondern sogar mit besonderer Vehemenz der Leitlinie, die verfassungsändernde Volkgesetzgebung höheren Anforderungen auszusetzen als die einfache Volksgesetzgebung.

2. *Das Prinzip erschwerter Abänderbarkeit*

Seinen Grund hat das allgemeine Prinzip erschwerter Abänderbarkeit in der Eigenart der Verfassung. So wie sie sich im Laufe der Zeit ausgebildet hat[203], zielt die Verfassung darauf ab, die Grundlagen der Staatsorganisation und zumeist auch der Beziehungen des Staates zum Bürger zu regeln. Die Verfassung ist die rechtliche Grundordnung des Gemeinwesens[204]. Als solche soll sie möglichst von einem breiten Konsens der politischen Kräfte getragen sein und – bei aller Offenheit für

199 Vgl. BayVerfGH, a. a. O., S. 719 (722 ff.); grundsätzlich zustimmend *H.-D. Horn*, BayVBl. 1999, S. 727 f.; wegweisend zuvor *J. Isensee*, Verfassungsreferendum mit einfacher Mehrheit, S. 39 ff., freilich mit Forderung nach einem höheren Quorum. Ablehnend aber *O. Jung*, ZRP 2000, S. 440 (443); *J. Lege*, DÖV 2000, S. 283 (284 ff.); *K. Schweiger*, BayVBl. 2000, S. 195 (196); *ders.*, BayVBl. 2002, S. 65 (67 ff.); gegen ein Quorum im Vorfeld der Entscheidung des BayVerfGH auch *O. Jung*, BayVBl. 1999, S. 417 (418 ff.).

200 Art. 80 I Nr. 2 LWG Bayern.

201 BayVerfGH, BayVBl. 2000, S. 397 (399 f.), der zwar ausdrücklich offen lässt, welche Mindestgrenzen für den verfassungsändernden Gesetzgeber bei der Festlegung von Quoren bestehen, dann aber äußert, dass diese Grenzen „kaum anders verlaufen" könnten, als sie in der vorangegangenen Entscheidung des Gerichts umrissen worden seien. Vgl. demgegenüber jedoch die abweichende Meinung eines Richters, BayVBl. 2000, S. 430 ff.

202 Vgl. BayVerfGH, a. a. O., S. 397 (399).

203 Zur geschichtlichen Entwicklung der Verfassung siehe *W. Pauly*, in: A. Erler / E. Kaufmann / D. Werkmüller (Hg.), Handwörterbuch zur deutschen Rechtsgeschichte, Bd. V, Sp. 698 ff.

204 Vgl. *H. Dreier*, in: ders., GG, Art. 79 II Rn. 10; *R. Herzog*, Allgemeine Staatslehre, S. 310 f., 319 ff.; *K. Hesse*, Grundzüge des Verfassungsrechts der Bundesrepublik Deutschland, § 1 Rn. 16 ff.

zukünftige Entwicklungen – eine gewisse Beständigkeit aufweisen[205]. Das Verfahren der Verfassungsrevision wird daher regelmäßig so erschwert werden, dass Verfassungsänderungen als teilweise Neuentscheidung über die Verfassung nur bei hoher allgemeiner Akzeptanz Erfolg haben und die Stabilität der Verfassung nicht durch „Gelegenheitsgesetzgebung“[206] gefährdet werden kann[207].

Die Forderung nach einem breiten Konsens über Verfassungsänderungen besitzt in der Mehrzahl der deutschen Länder besondere Stringenz, weil die ursprüngliche Verfassung unter hoher Zustimmung der politischen Kräfte verabschiedet worden ist. Die meisten Landesverfassungen sind in dem für die Verfassunggebung zuständigen Gremium (verfassunggebende Versammlung bzw. Landtag) mit großer Mehrheit beschlossen worden. Die Hälfte von ihnen hat zusätzlich in einem Volksentscheid Bestätigung erfahren[208]. Auch wenn die Mehrheit im Plebiszit mitunter eine bloße Abstimmungsmehrheit war, kommt der Mehrzahl der Verfassungen daher eine besonders hohe genetische Legitimation zu[209]. Deswegen erscheint es in hohem Maße als folgerichtig, dass sie an ihre eigene Änderung als actus contrarius der Verfassunggebung Anforderungen stellen, die eine gesteigerte Legitimation gewährleisten.

Umgekehrt bedeutet es aber keinen Widerspruch, wenn eine Verfassung, die selbst nur mit knapper Mehrheit zustande gekommen ist, für Verfassungsänderungen das Erreichen einer größeren Mehrheit verlangt. Entgegen einer verbreiteten Lehre[210] müssen die Anforderungen an die verfassungsändernde Mehrheit nicht mit den Ansprüchen an die Mehrheit bei der Verfassunggebung übereinstimmen. Das Identitätspostulat verkennt die Unterschiede zwischen Verfassunggebung und Verfassungsänderung. Eine Verfassung zu haben, welche die Grundlagen des Staates festlegt, mag als unverzichtbar erscheinen. Deshalb kann es sinnvoll sein, sich für das Zustandekommen der Verfassung mit einer einfachen Mehrheit zu begnügen. Ist aber eine Verfassung einmal vorhanden, steht der Staat nicht mehr vor der Gefahr, beim Scheitern einer Abstimmung ohne grundlegende Ordnung dazustehen. Änderungen der Verfassung kann er daher, um ihr hohe Legitimation und rela-

---

205 Zum Aspekt des grundsätzlichen Konsenses vgl. *K. Hesse*, a. a. O., § 1 Rn. 15, und *J. Isensee*, Das Volk als Grund der Verfassung, S. 86 ff. Zum Gesichtspunkt der relativen Beständigkeit vgl. *H. Dreier*, a. a. O., Art. 79 II Rn. 10, und *R. Herzog*, a. a. O., S. 316 ff. Besonders betont wird das Moment der Stabilität von *W. Kägi*, Die Verfassung als rechtliche Grundordnung des Staates, S. 51 ff.

206 *P. Laband*, Die Wandlungen der deutschen Reichsverfassung, S. 1.

207 Zu diesen Zielen der erschwerten Abänderbarkeit von Verfassungen vgl. allgemein auch *C. Bushart*, Verfassungsänderung in Bund und Ländern, S. 108 ff., und speziell im Kontext der bayerischen Verfassung BayVerfGH, BayVBl. 1999, S. 719 (724 f.).

208 Vgl. die Übersicht bei *S. Hölscheidt*, ZParl. Bd. 26 (1995), S. 58 (81).

209 Dafür, dass das Verfahren der Verfassunggebung für die Legitimation einer Verfassung irrelevant ist und es allein auf ihren Geltungserfolg ankommt, jedoch *J. Isensee*, a. a. O., S. 80 ff. (kritisch dazu *W. Pauly*, AöR Bd. 121 [1996], S. 465 [467 f.]).

210 *S. Hölscheidt*, a. a. O., S. 58 (82 f.); *R. Steinberg*, ZParl. Bd. 23 (1992), S. 497 (510 f.); *W. Weber*, DVBl. 1950, S. 593 (595).

tive Stabilität zu sichern, von der Zustimmung einer qualifizierten Mehrheit abhängig machen[211].

3. Die rechtspolitische Diskussion

Die rechtspolitische Diskussion über die erforderliche Mehrheit zeigt sich hinsichtlich verfassungsändernder Plebizite nicht weniger uneinheitlich als in Bezug auf Volksentscheide über einfache Gesetze. Die in den meisten Bundesländern geltende Regelung, dass für den Erfolg eines verfassungsändernden Volksentscheids die Mehrheit der Stimmberechtigten erforderlich ist, stößt teilweise auf Zustimmung, häufig aber auch auf Kritik. Zu Recht wird dabei darauf hingewiesen, dass eine solche Regel, zumal wenn zusätzlich noch eine Zweidrittelmehrheit der Abstimmenden erforderlich ist, Verfassungsänderungen durch das Volk nahezu illusorisch macht[212]. Hat selbst von den elf nach 1945 durch ein Referendum sanktionierten deutschen Verfassungen nur eine die Zustimmung der Mehrheit der Aktivbürger gefunden[213], ist es wenig überraschend, dass eine vom Volk ausgehende Verfassungsinitiative in Deutschland bislang noch nie die erforderliche Mehrheit der Stimmberechtigten erhalten hat[214]. An Vorschlägen zu einer Reform der Mehrheitsvorschriften mangelt es daher nicht. Ausgehend von der Annahme, dass gesetzes- und verfassungsändernde Mehrheiten zueinander im Verhältnis von 1 / 2 zu 2 / 3 stehen sollten, ist dafür plädiert worden, bei einem für einfache Gesetze geltendem Zustimmungsquorum im Bereich von 25 – 30% für Verfassungsänderungen ein Zustimmungsquorum in der Nähe von 33 – 40% zu fordern[215]. Ohne zugleich Verfassungsänderungen durch das Volk quasi unmöglich zu machen, wäre damit dem Bedürfnis nach hoher Legitimation und relativer Stabilität der Verfassung Rechnung getragen. Demgegenüber wären die Gefahr einer falschen Entscheidung infolge geringer Beteiligung beträchtlich, folgte man dem Vorschlag[216], bei Verfassungsänderungen auf jegliches Quorum zu verzichten und anstatt dessen eine Zweidrittelmehrheit der Abstimmenden zu verlangen[217]. Noch weitergehender wird allerdings vielfach befürwortet, zur Wirksamkeit eines Volksentscheides ausnahmslos nicht mehr als die Mehrheit der abgegebenen Stimmen zu verlangen, be-

---

211 Ablehnend gegenüber dem Identitätspostulat auch *S. Storr,* Verfassunggebung in den Ländern, S. 271 f., jedoch mit allgemeineren Hinweis auf die Differenzen von Verfassunggebung und Verfassungsänderung.

212 Vgl. *C. Degenhart,* Der Staat Bd. 31 (1992), S. 77 (96); *G. Jürgens,* Direkte Demokratie in den Bundesländern, S. 256; *S. Przygode,* Die deutsche Rechtsprechung zur unmittelbaren Demokratie, S. 474.

213 Vgl. *O. Jung,* BayVBl. 1999, S. 417 (424).

214 Vgl. *O. Jung,* a. a. O., S. 417 (428).

215 *H. K. Heußner,* Volksgesetzgebung in den USA und Deutschland, S. 369.

216 *K. Hernekamp,* Formen und Verfahren direkter Demokratie, S. 287 f.; *O. Jung,* LKV 1995, S. 319 (321); *A. Stiens,* Chancen und Grenzen der Landesverfassungen, S. 210.

217 Negative Beurteilung auch bei *H. K. Heußner,* a. a. O., S. 368.

treffe er nun ein einfaches oder ein verfassungsänderndes Gesetz[218]. Dieser Standpunkt, der darauf hinausläuft, die für einfache und verfassungsändernde Gesetze geltenden Mehrheitsvorschriften auf niedrigstem Niveau anzugleichen, hat in zahlreichen Volksbegehren zur Abänderung der Landesverfassungen seinen Niederschlag gefunden[219]. Nicht zuletzt solche Reformbestrebungen lassen die Frage aufkommen, wie frei die Länder bei der Entscheidung darüber sind, welche Mehrheit für den Erfolg eines verfassungsändernden Volksentscheides erforderlich sein soll.

4. Art. 28 I GG und die Mehrheit im verfassungsändernden Plebiszit

In der rechtswissenschaftlichen Diskussion über die Bedeutung von Art. 28 I GG für die Ausgestaltung des Mehrheitsprinzips speziell bei verfassungsändernden Plebisziten steht im Vordergrund, ob die Länder kraft des Homogenitätsgebots verpflichtet sind, im Rahmen solcher Volksabstimmungen höhere Anforderungen an die Mehrheit zu stellen als bei Entscheiden, die ein einfaches Gesetz betreffen. Gilt es den einen als ein bundesrechtlich verbindlicher Grundsatz, dass Verfassungen nur unter erschwerten Bedingungen abgeändert werden können[220], steht es den Ländern aus der Sicht anderer frei, bei verfassungsändernden Gesetzen keine größere Mehrheit zu verlangen als bei einfachen Gesetzen[221]. Die Divergenz ist Resultat zum Teil erheblicher Meinungsverschiedenheiten darüber, was es bedeutet, dass die verfassungsmäßige Ordnung in den Ländern dem Grundsatz des demokratischen Rechtsstaats entsprechen muss (Art. 28 I 1 GG).

a) Der Begriff der verfassungsmäßigen Ordnung

Indem Art. 28 I 1 GG seine Anforderungen auf die verfassungsmäßige Ordnung in den Ländern bezieht, könnte er von den Ländern verlangen, dass sie Verfassungsgesetze haben, die bestimmte, für solche Gesetze typische äußere Kennzeichen wie Schriftlichkeit und auch erschwerte Abänderbarkeit aufweisen[222]. Die

---

218 In diesem Sinne etwa *G. Jürgens*, a. a. O., S. 257; *Przygode*, a. a. O., S. 475.

219 Vgl. den Überblick bei *C. Thum*, BayVBl. 2000, S. 33 (35 f.).

220 StGH Bremen, DÖV 2000, S. 915 (918); *J. Isensee*, Verfassungsreferendum mit einfacher Mehrheit, S. 45 ff.; *ders.*, DVBl. 2001, S. 1161 (1169); *W. Löwer*, in: I. v. Münch/P. Kunig, GG[5], Art. 28 Rn. 9; *A. Rinken*, FS A. Hollerbach, S. 403 (419 ff.). Vgl. nunmehr auch ThürVerfGH, LKV 2002, S. 83 (95 ff.).

221 *H. Dreier*, BayVBl. 1999, S. 513 ff.; *O. Jung*, BayVBl. 1999, S. 417 (429); *P. Neumann*, in: ders./S. v. Raumer (Hg.), Die verfassungsrechtliche Ausgestaltung der Volksgesetzgebung, S. 17 (44 ff.); *M. Sachs*, in: P. Neumann/S. v. Raumer (Hg.), Die verfassungsrechtliche Ausgestaltung der Volksgesetzgebung, S. 135 (137 ff.). Offengelassen von BayVerfGH, BayVBl. 1999, S. 719 (726).

222 In diesem Sinne *W. Löwer*, in: I. v. Münch/P. Kunig, GG[5], Art. 28 Rn. 9; zurückhaltender *J. Isensee*, Verfassungsreferendum mit einfacher Mehrheit, S. 45, mit der Formulierung,

Vorschrift des Art. 28 I 1 so zu verstehen, hätte viel für sich, würde der in ihr verwandte Begriff der verfassungsmäßigen Ordnung eine Verfassungsurkunde meinen. Zu Recht versteht die h.L. aber den Begriff der verfassungsmäßigen Ordnung in Art. 28 I 1 GG weiter im Sinne der Gesamtheit des Landesrechts, welchen Rang es auch immer haben mag[223]. Dafür spricht einmal die Entstehungsgeschichte: Im Parlamentarischen Rat wählte man ganz bewusst anstelle des Begriffs „Verfassungen der Länder" den Terminus der „verfassungsmäßigen Ordnung in den Ländern", weil noch nicht in allen Ländern Verfassungen bestanden, andererseits die Garantie der in Art. 28 I 1 bezeichneten Grundsätze auch ohne Vorliegen einer schriftlichen Verfassung statuiert werden sollte[224]. Dafür lässt sich auch anführen, dass die Länder sich ansonsten den Anforderungen des Homogenitätsgebots durch Aufnahme widersprechender Bestimmungen in das einfache Landesrecht entziehen könnten[225]. Ist der Terminus der „verfassungsmäßigen Ordnung" also nicht mit einem formellen Verfassungsgesetz gleichzusetzen, ist auch kein Raum für die Annahme, die Länder seien kraft Art. 28 I GG verpflichtet, sich eine Verfassungsurkunde zu geben[226]. Damit ist erst recht ausgeschlossen, dass die Bezugnahme auf die „verfassungsmäßige Ordnung" in Art. 28 I 1 GG die Bedeutung hat, von den Ländern zu verlangen, die Abänderung ihrer Verfassung nur unter erschwerten Voraussetzungen zuzulassen[227].

b) Der Vorrang der Verfassung

Namentlich aus Art. 100 I GG, der die Möglichkeit verfassungsgerichtlicher Kontrolle von Landesgesetzen am Maßstab der Landesverfassung vorsieht, geht freilich hervor, dass die Länder verpflichtet sind, den Vorrang der Verfassung zu beachten. Haben sie sich dazu entschlossen, sich eine Verfassung zu geben, müssen sie kraft des in Art. 28 I 1 GG verankerten Grundsatzes der Rechtsstaatlichkeit deren Vorrangigkeit sicherstellen[228]. Vorrang der Verfassung bedeutet in diesem Zu-

---

das Grundgesetz baue darauf, dass die Länder über Verfassungsgesetze verfügen und dass diesen die verfassungstypischen Formqualitäten eigen sind.

223 Vgl. *H. Dreier,* in: ders., GG, Art. 28 Rn. 55; *T. Maunz,* in: ders. / G. Dürig, GG, Art. 28 Rn. 18; *K. Stern,* in: Bonner Kommentar, GG, Art. 28 Rn. 20.

224 Vgl. JöR Bd. 1 (1951), S. 251.

225 Zutreffend *H. Dreier,* BayVBl. 1999, S. 513 (514); *M. Sachs,* in: P. Neumann / S. v. Raumer (Hg.), Die verfassungsrechtliche Ausgestaltung der Volksgesetzgebung, S. 135 (140); *S. Storr,* Verfassunggebung in den Ländern, S. 180.

226 So auch die ganz überwiegende Lehre: *R. Bartelsperger,* in: J. Isensee / P. Kirchhof, HdbStR, Bd. IV, § 96 Rn. 27; *H. Dreier,* in: ders., GG, Art. 28 Rn. 48; *S. Storr,* a. a. O., S. 181.

227 Vgl. *H. Dreier,* BayVBl. 1999, S. 513 (515); *P. Neumann,* in: ders. / S. v. Raumer (Hg.), Die verfassungsrechtliche Ausgestaltung der Volksgesetzgebung, S. 17 (44 f.); *M. Sachs,* a. a. O., S. 135 (145 f.).

228 Vgl. *H. Dreier,* in: ders., GG, Art. 28 Rn. 60; abweichend *M. Sachs,* in: P. Neumann / S. v. Raumer (Hg.), Die verfassungsrechtliche Ausgestaltung der Volksgesetzgebung, S. 135

sammenhang zweierlei: die Bindung des Gesetzgebers an die Verfassung und die Folge der Nichtigkeit des Gesetzes bei Missachtung der Verfassungsbindung[229]. Dabei besagt die Verfassungsbindung des Gesetzgebers lediglich, dass sich der Gesetzgeber an die in der Verfassung festgeschriebenen Regeln halten muss. Das Gebot, die Verfassung zu beachten, beinhaltet keine Aussage über den Inhalt der Verfassung. Insbesondere folgt aus der Verfassungsbindung des Gesetzgebers auch nicht, dass die Verfassung für ihn unabänderlich ist. Sieht die Verfassung – wie heute durchweg der Fall – vor, dass der Gesetzgeber die Verfassung zu ändern vermag, ist also die Verfassungsänderung „eine Erscheinungsweise der Gesetzgebung“[230], steht eine Revision der Verfassung durch Gesetz im Einklang mit der Verfassungsbindung, solange die in der Verfassung niedergelegten Bedingungen der Verfassungsänderung beachtet werden. Demnach gibt es auch keinen Anlass, die erschwerte Abänderbarkeit der Verfassung als Teil des Vorrangs zu begreifen, den zu gewährleisten die Bundesverfassung den Ländern auferlegt. Vorrang der Verfassung heißt hier nicht, dass Verfassungsänderungen nur mit höherer Mehrheit als einfache Gesetze beschlossen werden können.

Es ist auch nicht so, dass die richterlich überprüfbare und sanktionierte Verfassungsbindung des Gesetzgebers die erschwerte Abänderbarkeit der Verfassung voraussetzt[231]. Der Vorrang der Verfassung in diesem Sinne ergibt sich nicht aus der besonderen Dignität des Verfassungsgesetzes, die der Akt der Verfassunggebung regelmäßig begründet und die charakteristischerweise durch die erschwerte Abänderbarkeit abgesichert wird. Vielmehr hat er seinen Grund in der Funktion der Verfassung als rechtlicher Grundordnung des Staates. In aller Regel formuliert die Verfassung die grundlegenden Rahmenbedingungen der Staatswillensbildung, indem sie Zuständigkeit und Verfahren der Staatsorgane festlegt. Insbesondere schafft sie die rechtliche Basis für die Gesetzgebung. Dass der Gesetzgeber an die für die Gesetzgebung geltenden Regeln gebunden ist, solange er sie nicht abgeändert hat, ist nur natürlich. Die von Art. 28 I 1 GG verlangte Bindung des Gesetzgebers an die Verfassung folgt aus deren Priorität[232] und hat nichts mit einer höheren Qualität der Verfassung zu tun.

(147 f.), der davon ausgeht, dass das Vorrangprinzip unmittelbar kraft Art. 20 III GG in den Ländern gilt.

229 Vgl. *R. Wahl*, Der Staat Bd. 20 (1981), S. 485 f. Enger das Verständnis von *M. Sachs*, in: ders., GG, Art. 20 Rn. 95: für ihn ist die Bindungsregel nicht Teil des Vorrangprinzips, sondern steht selbständig neben diesem.

230 So der treffende Ausdruck von *P. Badura*, in: J. Isensee / P. Kirchhof, HdbStR, Bd. VII, § 160 Rn. 3.

231 Anders aber *J. Isensee*, Verfassungsreferendum mit einfacher Mehrheit, S. 45 f. Unrichtig gleichfalls *P. Badura*, a. a. O., § 160 Rn. 4, soweit er schreibt: „Der Geltungsvorrang der Verfassung auch gegenüber dem Gesetzgeber wird durch die erschwerte Abänderbarkeit des Verfassungsgesetzes ermöglicht“.

232 Vgl. auch *H. Dreier*, BayVBl. 1999, S. 513 (516).

Richtig ist allerdings, dass die sanktionierte Verfassungsbindung der Gesetzgebung dann eine besondere Pointe besitzt, wenn die Verfassung in der Weise zwischen einfachen und verfassungsändernden Gesetzen differenziert, dass sie Verfassungsänderungen vom Erreichen einer höheren Mehrheit abhängig macht. Umgekehrt läuft die Bindung des Gesetzgebers an die Verfassung jedoch nicht leer, wenn die Verfassung auf eine solche Unterscheidung verzichtet. Zwar kann der Gesetzgeber in diesem Fall ohne besondere Schwierigkeiten von der Verfassung abweichen. Zu beachten bleiben aber übrigen für die Gesetzgebung geltenden Regeln. Diese können sogar in der Weise verschärft sein und sind es mittlerweile auch in allen Ländern, dass eine Revision der Verfassung nur durch ein Gesetz möglich ist, das die Verfassung ausdrücklich ändert oder ergänzt. Die Verfassungsbindung hat also auch dann einen Sinn, wenn die Verfassung so einfach abänderbar ist wie andere Gesetze. Sie bedingt keineswegs die erschwerte Abänderbarkeit der Verfassung.

Dadurch, dass das Grundgesetz den Ländern vorschreibt, ihren Verfassungen Vorrang im Sinne richterlich sanktionierter Verbindlichkeit zu verschaffen, fordert es demnach weder unmittelbar noch sinngemäß, dass für Verfassungsänderungen höhere Mehrheiten zu verlangen sind als für einfache Gesetze[233].

c) Der Grundsatz der Demokratie

Ebenso wenig ist dem Grundsatz der Demokratie (Art. 28 I 1 GG) zu entnehmen, dass die Länder die für den Volksentscheid geltende Mehrheitsregel differenziert auszugestalten haben. Zwar drängt es sich auf, an die Mehrheit im verfassungsändernden Plebiszit besondere Ansprüche zu stellen, um der Verfassung ein hohes Maß an Legitimation und Stabilität zu sichern. Es ist aber nicht erkennbar, dass das verfassungspolitisch Naheliegende zu den nach Art. 28 I 1 GG unverzichtbaren Mindeststandards der Demokratie zählt. Im Gegenteil: Das Fehlen einer Pflicht zur Verfassunggebung spricht explizit gegen die Annahme, dass die Länder kraft des bundesrechtlichen vorgeschriebenen Demokratiegrundsatzes die Anforderungen an die Mehrheit im Plebiszit nach dem Rang des Gesetzes, über das entschieden werden soll, abstufen müssen.

233 So im Ergebnis auch *H. Dreier,* a. a. O., S. 513 (519); *P. Neumann,* in: ders./S. v. Raumer (Hg.), Die verfassungsrechtliche Ausgestaltung der Volksgesetzgebung, S. 17 (46); *M. Sachs,* in: P. Neumann/S. v. Raumer (Hg.), Die verfassungsrechtliche Ausgestaltung der Volksgesetzgebung, S. 135 (152). Anderer Auffassung StGH Bremen, DÖV 2000, S. 915 (918); *J. Isensee,* Verfassungsreferendum mit einfacher Mehrheit, S. 45 f.; *ders.,* DVBl. 2001, S. 1161 (1169); *A. Rinken,* FS A. Hollerbach, S. 403 (419 ff.).

d) Ergebnis

Bundesrechtlich steht es den Ländern demnach frei, für Volksentscheide über einfache und verfassungsändernde Gesetze ein und dieselbe Mehrheitsregel einzuführen – so verfassungspolitisch zweifelhaft ein solches Unterfangen auch wäre.

III. Parlamentswahl und Parlamentsauflösung

1. Parlamentswahl

Sind in Deutschland bestimmte Anforderungen an die Mitwirkung der Stimmberechtigten bei Plebisziten eine geläufige, bis in die Anfänge unmittelbarer Demokratie in der Weimarer Republik zurückreichende Erscheinung, zeichnen sich Parlamentswahlen traditionell dadurch aus, dass ihr Zustandekommen nicht vom Erreichen einer bestimmten Mindestbeteiligung abhängt. Zwar wurde zu Zeiten der Weimarer Republik die Auffassung geäußert, eine zu geringe Teilnahmeziffer könne einen Wahlfehler begründen[234]. Ein Beteiligungsquorum, das diesen Standpunkt hätte stützen können, war jedoch den Verfassungen und Wahlgesetzen der Weimarer Republik unbekannt, ebenso wie schon zuvor den Wahlrechtsregelungen des Kaiserreichs[235]. Auch heute spielt die Höhe der Wahlbeteiligung rechtlich keine Rolle. Für die Bundestagswahl legen §§ 5 und 6 BWG in Ermangelung einer grundgesetzlichen Regelung fest, dass die Bewerber gewählt sind, die in ihrem Wahlkreis die meisten Stimmen erhalten haben bzw. denen nach dem auf ihre Liste entfallenden Stimmenanteil ein Sitz zusteht. Ein Beteiligungsquorum ist weder im Bundeswahlgesetz noch im Grundgesetz vorgesehen. Ebenso verzichten die Verfassungen und Wahlgesetze der Länder darauf, das Zustandekommen der Wahl zur Volksvertretung vom Erreichen einer bestimmten Teilnahmequote abhängig zu machen.

Die Gründe dafür sind vielschichtig. Nicht anders als Volksentscheide sind Parlamentswahlen für ihre Legitimation auf eine entsprechende Stimmbeteiligung angewiesen[236]. Daran ändert auch die Tatsache nichts, dass Wahlen sich periodisch wiederholen, eine Änderung der Entscheidung also nicht – wie bei der Volksgesetzgebung – einer speziellen Initiative bedarf. Durch ihre Periodizität ist in Wahlen zwar eine Korrekturmöglichkeit gleichsam angelegt. Eine Korrektur des Wahlergebnisses ist jedoch in der Regel erst nach vier oder fünf Jahren möglich und kann ihrerseits eine bestimmte Stimmbeteiligung voraussetzen. Zudem ist nicht sicher, dass eine neue Regierung langfristige Festlegungen der Vorgängerregierung wieder umzustoßen vermag. Deswegen lässt sich der Verzicht auf ein Beteiligungs-

---

234 Vgl. *M. Drath*, Das Wahlprüfungsrecht bei der Reichstagswahl, S. 29 f.

235 Ein Quorum galt lediglich für die Wahl durch Wahlmänner, wie sie in manchen Staaten des Kaiserreichs noch üblich war.

236 S.o. A. V.

quorum bei Wahlen kaum damit erklären, dass diese im Gegensatz zu Volksentscheiden keine prinzipiell dauerhaften Entscheidungen zum Gegenstand hätten[237].

Wahlen zum Parlament unterscheiden sich aber dadurch von Volksentscheiden, dass es sich um Akte handelt, die in einem größeren demokratischen Gemeinwesen schlechthin unverzichtbar sind. In der Ordnung des Grundgesetzes obliegen den Volksvertretungen wichtige Aufgaben der Staatsleitung, deren Mittelpunkt die Gesetzgebung bildet. Diese Aufgaben können nur zu einem kleinen Teil vom Volk wahrgenommen werden. Das Volk ist nicht dazu fähig, kontinuierlich Entscheidungen zu treffen, sondern vermag allenfalls punktuell einzugreifen[238]. Folglich handelt es sich bei den Parlamenten um für die Funktionsfähigkeit des Staates unentbehrliche Institutionen. Ihre Legitimation bedarf der Erneuerung durch periodische Wahlen. So sehr eine hohe Legitimation von Wahlen durch eine entsprechende Stimmbeteiligung auch wünschenswert ist, kann ihr Gelingen deshalb nicht durch die Einführung einer Mindestbeteiligungsquote aufs Spiel gesetzt werden[239]. Die vereinzelt vertretene Ansicht, aus dem demokratischen Prinzip des Grundgesetzes (Art. 20 I und II sowie Art. 28 I 1) sei die Forderung an den Gesetzgeber ableitbar, für die Wahl zur Volksvertretung ein Beteiligungsquorum festzusetzen[240], vermag daher nicht zu überzeugen[241].

Damit soll nicht gesagt sein, dass noch von einer Herrschaft des Volkes gesprochen werden könnte, wenn sich dauerhaft nur ein Bruchteil des Volkes an Parlamentswahlen beteiligen würde. In diesem Fall hätten die Bürger möglicherweise selbst die Demokratie in Frage gestellt. Doch transzendiert eine solche Situation den Horizont der demokratischen Ordnung, auf die sich das Grundgesetz mit Art. 79 III unwiderruflich festgelegt hat. Sie lag nicht nur 1949 außerhalb des Bereichs des Denkbaren. Sie ist auch heute keine realistische Möglichkeit. Zwar hat die Wahlbeteiligung bei Bundestags- und Landtagswahlen seitdem im Durchschnitt abgenommen. Sie erreicht aber immer noch Höhen, welche die Grundentscheidung für die Demokratie nicht grundsätzlich gefährden.

Angesichts dessen wäre es allenfalls zu erwägen, für die Parlamentswahl eine Mindestbeteiligungsquote festzusetzen, deren Unterschreiten die Wahl nicht endgültig scheitern lassen würde, sondern nur zur Folge hätte, dass die Bürger erneut

---

237 So aber StGH Bremen, DÖV 2000, S. 915 (917).

238 Vgl. *E.-W. Böckenförde*, in: J. Isensee / P. Kirchhof, HdbStR, Bd. II, § 30 Rn. 16 f.

239 Vgl. BayVerfGH, BayVBl. 1999, S. 719 (723); StGH Bremen, a. a. O., S. 915 (917). Diesen Unterschied ignorieren *H. Dreier*, BayVBl. 1999, S. 513 (519 f.); *O. Jung*, BayVBl. 1999, S. 417 (425); *P. Neumann*, in: ders. / S. v. Raumer, Die verfassungsrechtliche Ausgestaltung der Volksgesetzgebung (Hg.), S. 17 (47); *M. Sachs*, in: P. Neumann / S. v. Raumer (Hg.), Die verfassungsrechtliche Ausgestaltung der Volksgesetzgebung, S. 135 (162 f.), soweit sie in der Quorumsfrage eine Parallele zwischen Wahlen und Volksentscheiden ziehen.

240 So *W. Kadel*, JR 1988, S. 54 (57).

241 Ablehnend gegenüber einem entsprechenden Gesetzgebungsauftrag auch *W. Schreiber*, Handbuch des Wahlrechts zum Deutschen Bundestag, Einführung Rn. 10, unter Hinweis auf das Fehlen einer Wahlpflicht.

über die Zusammensetzung des Parlaments abstimmen müssten, wobei der Erfolg des zweiten Wahlgangs dann unabhängig von der Höhe der Wahlbeteiligung wäre. Eine solche Konstruktion würde darauf bauen, dass ein Misserfolg des ersten Wahlgangs die Ferngebliebenen dazu animiert, beim zweiten Gang zur Urne mitzuwirken. Ob die Wahlberechtigten dieser Logik folgen, müsste sich allerdings erst erweisen. Von daher hätte die Einführung einer solchen Quote den Charakter eines Experiments. Dass sein Nutzen den mit ihm verbundenen beträchtlichen Aufwand rechtfertigen würde, darf mit Fug und Recht bezweifelt werden.

2. Parlamentsauflösung

Naturgemäß anders als bei Parlamentswahlen liegen die Dinge bei der Parlamentsauflösung durch Volksentscheid. Ein solches Plebiszit trifft auf eine Volksvertretung, die durch die Wahl ein Mandat für vier oder fünf Jahre erhalten hat. Um der Legitimation der vorzeitigen Beendigung der Wahlperiode sowie der Stabilität von Parlament und Regierung willen kann die Auflösung daher vom Erreichen eines Beteiligungs- oder Zustimmungsquorums abhängig gemacht werden, wie es die meisten Bundesländer, die eine Parlamentsauflösung durch Volksentscheid kennen, getan haben[242]. Zwingend ist dies allerdings nicht. Da die Abkürzung der Amtszeit des Parlaments den Weg zu Neuwahlen eröffnet, kann entsprechend der bayerischen Lösung[243] für eine Auflösung auch die Mehrheit der Abstimmenden ausreichend sein.

Abschnitt 2

Das Volk in den Kommunen

A. Stimmpflicht

Die individuelle Rechtsstellung der Aktivbürger bei kommunalen Wahlen und Abstimmungen ist mit der bei Entscheidungen auf Bundes- und Landesebene vergleichbar. Wahl und Abstimmung sind auch in den Gemeinden und Kreisen frei (vgl. Art. 28 I 1 und 2 GG), so dass die Einzelnen selbst bestimmen können, ob sie zur Urne gehen wollen oder nicht[244]. Eine „sittliche" Stimmpflicht besteht im allgemeinen nicht. Selbst die in Art. 26 III der Verfassung Baden-Württembergs ent-

---

242 Vgl. Art. 43 I LV BW, Art. 63 III 2 LV Berlin, Art. 78 III LV Brbg., Art. 76 II LV Bremen und Art. 109 IV 3 LV Rhld.-Pfalz n.F.

243 Vgl. Art. 86 LWG Bayern in Übereinstimmung mit der bayerischen Verfassung, die insoweit ein Quorum ausschließt (dazu ausführlich BayVerfGHE 2, 181 [219 f.]).

244 Vgl. *P. M. Huber*, AöR Bd. 126 (2001), S. 165 (179).

haltene ausdrückliche Stimmpflicht ist, wie ihre systematische Einbettung zeigt, auf Wahlen und Abstimmungen des Landesvolkes beschränkt. Erst recht halten die Gesetze die Stimmberechtigten nicht mit persönlichen Sanktionen dazu an, sich an Kommunalwahlen und Bürgerentscheiden zu beteiligen. Nur in Bayern und Bremen sind die Gemeindebürger kraft der allgemeinen Verfassungspflicht, an den öffentlichen Angelegenheiten Anteil zu nehmen[245], verpflichtet, von ihrem Recht Gebrauch zu machen.

B. Quoren und Mehrheiten

I. Bürgerentscheide

1. Die einzelnen Vorschriften in den Ländern

Genauso wie bei Volksentscheiden gilt auch bei Bürgerentscheiden, dass das Interesse an der Legitimation von Entscheidungen dafür streitet, das Zustandekommen von Beschlüssen von einer möglichst hohen Stimmbeteiligung abhängig zu machen, während es andererseits der gewünschten Wirksamkeit der unmittelbaren Demokratie am besten entsprechen würde, wenn der Erfolg von Bürgerentscheiden nicht von der Einhaltung eines besonderen Mitwirkungsquorums abhängig wäre. Überwiegend haben sich die Gesetzgeber in den Ländern zu einer Regelung entschlossen, die weder dem einem noch dem anderen Interesse vollständig nachgibt. Einzig in Hamburg, dessen Bezirke mangels Trennung von staatlicher und gemeindlicher Tätigkeit ohnehin nur Kommunen im weiteren Sinn darstellen[246], hat sich das Volk in einem Plebiszit dafür entschieden, dem Streben nach einer Erleichterung der Bürgerbeteiligung radikal den Vorzug zu geben und für den Erfolg von Bürgerentscheiden allein die Mehrheit der abgegebenen Stimmen ausreichen zu lassen[247]. Überall sonst haben die Gesetzgeber versucht, durch mehr oder weniger moderate Anforderungen an die Mitwirkung der Stimmberechtigten die divergierenden Belange in einem Kompromiss auszusöhnen.

So gilt in einer Reihe von Ländern ein Bürgerbegehren nur dann als angenommen, wenn die im Bürgerbegehren gestellte Frage von der Mehrheit der abgegebenen Stimmen mit Ja beantwortet worden ist und diese Mehrheit mindestens 25% der Stimmberechtigten beträgt[248], besteht also ein Zustimmungsquorum. Die

---

245 Art. 117 S. 2 LV Bayern, Art. 9 S. 2 LV Bremen.

246 Vgl. BVerfGE 83, 60 (76).

247 § 8a IX 2 BezVG Hbg. Auch für das vorausgehende Bürgerbegehren wird nicht mehr als die Unterstützung von 2 bzw. 3% der Stimmberechtigten gefordert, vgl. § 8a III 1 und 2 BezVG Hbg.

248 Vgl. § 20 V 1 GemO und § 18 IV 1 LKrO Brbg.; Art. 72 I i.V.m. Art. 148 I LV Bremen; § 26 IV 1 GemO und § 19 IV 1 LKrO LSA ; § 22 b X GemO und § 17 b X 3 LKrO Nds.; § 17 IV 2 KommO Thür.

Mehrzahl der Kommunalverfassungen sieht ein sog. Abstimmungsquorum vor, demzufolge zur Wirksamkeit eines Bürgerentscheides erforderlich ist, dass die Mehrheitsentscheidung von einem bestimmten Bruchteil aller Stimmberechtigten getragen wird, das im Falle Nordrhein-Westfalens neuerdings bei 20, in vielen Ländern bei 25 und in manchen Ländern bei 30% liegt[249]. In allen diesen Ländern hat ein Bürgerbegehren nur dann Erfolg, wenn es von einem festgelegten Teil der gesamten Stimmberechtigten gebilligt wird. Soweit ein Abstimmungsquorum in Kraft ist, entfaltet allerdings nicht nur das bejahende, sondern auch das ablehnende Votum der Gemeindebürger Wirkung, wenn die Mehrheit das Quorum erreicht[250]. Das ist deshalb von Bedeutung, weil in Bezug auf Bürgerentscheide häufig vorgesehen ist, dass sie von der Kommunalvertretung innerhalb einer gewissen Frist nicht abgeändert werden dürfen.

In Bayern galt ursprünglich kein besonderes Entscheidungsquorum. Die 1995 im Wege eines Volksentscheides beschlossenen Regeln über die Einführung von Bürgerentscheiden sahen vor, dass für den Erfolg eines Bürgerentscheides allein die Mehrheit der abgegebenen Stimmen erforderlich sollte, erleichterten das Zustandekommen von Kommunalplebisziten also sehr. Zugleich sollte ein wirksamer Bürgerentscheid drei Jahre nicht von der Kommunalvertretung abgeändert werden können. Diese Kombination hat der Bayerische Verfassungsgerichtshof 1997 für verfassungswidrig erklärt, weil der Verzicht auf ein besonderes Quorum in Verbindung mit der dreijährigen Bindungswirkung die Handlungsfähigkeit der gewählten Repräsentanten bedrohe und dazu führe, dass bei beliebig geringer Beteiligung auch sehr kleine Minderheiten über die Geschicke der Gemeinde und des Landkreises bestimmen könnten. Mit dem durch die Verfassung gewährleisteten kommunalen Selbstverwaltungsrecht sei dies nicht vereinbar[251] – ein Urteil, das der Gerichtshof in einer zweiten Entscheidung noch verschärft hat, in der die Zulassung eines verfassungsänderungsändernden Volksbegehrens mit der Begründung abgelehnt wurde, dass der erstrebte Verzicht auf ein besonderes Quorum zusammen mit der vorgesehenen einjährigen Sperrwirkung von Bürgerentscheiden gegen den nach der bayerischen Verfassung änderungsfesten Kern der Selbstverwaltungsgarantie verstoße[252].

---

249 § 21 VI 1 GemO BW (30%); § 8 b VI 1 GemO Hessen (25%); § 20 VII 1 und § 102 II 3 KV MV (25%); § 26 VII 2 GemO und § 23 VII 2 KrO NW (20%); § 17 a VII 1 GemO und § 11 e VII 1 LkrO Rhld.-Pfalz (30%); § 21 a VI 1 KSVG Saarl. (30%); § 24 III 1 GemO und § 22 III 1 LKrO Sachsen (25%); § 16 g VII 1 GemO und § 16 f. VII 1 KrO Schl.-H. (25%).

250 Zum Unterschied zwischen Zustimmungs- und Abstimmungsquorum vgl. *U. Dustmann*, Die Regelung von Bürgerbegehren und Bürgerentscheid, S. 192 f.; *C. Thum*, BayVBl. 2000, S. 33 (38).

251 BayVerfGH, DÖV 1997, S. 1044 ff.; methodische Kritik bei *U. Schliesky*, ZG Bd. 14 (1999), S. 91 (106 f.); *W. Schmitt Glaeser*, DÖV 1998, S. 824 (827); gänzlich ablehnend *O. Jung*, BayVBl. 1998, S. 225 (231 ff.).

252 BayVerfGH, BayVBl. 2000, S. 460 (463).

Das in Bayern im Gefolge der ersten Entscheidung des Verfassungsgerichtshofs einfachgesetzlich eingeführte Abstimmungsquorum unterscheidet sich von den Quorumsregelungen anderer Bundesländer dadurch, dass es nach der Größe der Gemeinde bzw. des Kreises abgestufte Anforderungen an die Mitwirkung stellt, die in Kommunen mit großer Einwohnerzahl äußerst niedrig ausfallen. Ein Bürgerentscheid ist wirksam, wenn die Mehrheit in Gemeinden bis 50.000 Einwohner 20%, in Gemeinden bis 100.000 15% und in Gemeinden über 100.000 10% der Stimmberechtigten ausmacht. In Kreisen mit bis 100.000 Einwohnern ist zur Wirksamkeit eines Entscheids die Erreichung eines Quorum von 15% der Stimmberechtigten notwendig, während in Kreisen mit über 100.000 Einwohnern die Mitwirkung von 10% ausreicht[253]. Damit wollte der Gesetzgeber der Tatsache Rechnung tragen, dass die Abstimmungsbeteiligung in den bayerischen Gemeinden und Landkreisen in der Regel mit zunehmender Einwohnerzahl sinkt[254].

Unterschiede dieser Art in der Mobilisierbarkeit der Kommunalbürger werden nicht nur in Bayern beobachtet[255]. Die bundesweit geführte Diskussion über die Bürgerbeteiligung auf kommunaler Ebene beschäftigt sich deswegen zunehmend mit der Frage einer Staffelung von Quoren. Insbesondere wird zu bedenken gegeben, ob die in den meisten Ländern geltenden Quoren von 25% der Stimmberechtigten nicht für größere Städte zu hoch seien[256]. Teilweise wird auch gefordert, auf Quoren beim Bürgerentscheid ganz zu verzichten[257]. Die erwähnten Urteile des Bayerischen Verfassungsgerichtshofes haben freilich deutlich gemacht, dass die Entscheidung der Quorumsfrage eine erhebliche verfassungsrechtliche Dimension besitzt. Das Augenmerk richtet sich daher verstärkt auf die Frage, welchen Spielraum der Gesetzgeber angesichts von Art. 28 GG bei der Ausgestaltung der Mehrheit im Bürgerentscheid hat.

2. Art. 28 GG und die Mehrheit im Bürgerentscheid

Art. 28 GG verlangt von den Ländern die Einhaltung einer Reihe von Vorgaben, zu denen die Grundsätze des demokratischen Rechtsstaates und das Bestehen einer

253 Vgl. Art. 18a XII GemO Bayern und Art. 12 a XI 1 LKrO Bayern.

254 Vgl. *C. Thum*, BayVBl. 2000, S. 74 (75).

255 Siehe *H. H. v. Arnim*, DÖV 1990, S. 85 (86); *U. Spies*, Bürgerversammlung – Bürgerbegehren – Bürgerentscheid, S. 329 f.

256 Vgl. *U. Schliesky*, a. a. O., S. 91 (121); bezweifelt wird die Rechtfertigung nach der Einwohnerzahl gestaffelten Quoren allerdings von *U. Dustmann*, a. a. O., S. 201; *C. Thum*, BayVBl. 2000, S. 74 (77).

257 Vgl. *R. Geitmann*, VBlBW 1998, S. 441 (446 f.); *O. Jung*, a. a. O., S. 225 (233); *S. Lachner / V. Mittendorf*, in: H. K. Heußner / O. Jung (Hg.), Mehr direkte Demokratie wagen, S. 319 (331). Kritisch gegenüber Quoren schon *J.-D. Kühne*, in: ders. / F. Meißner (Hg.), Züge unmittelbarer Demokratie in der Gemeindeverfassung, S. 17 (50 f.). Betonung ihrer Notwendigkeit jedoch bei *H.-G. Henneke*, ZG Bd. 11 (1996), S. 1 (20 f.); *S. Muckel*, NVwZ 1997, S. 223 (227); *R. Streinz*, Die Verwaltung Bd. 16 (1983), S. 293 (303 f.).

kommunalen Vertretungskörperschaft (Art. 28 I 1 und 2 GG) gehören, zu denen aber auch die Garantie der kommunalen Selbstverwaltung (Art. 28 II GG) zählt.

a) Art. 28 II GG

Das Selbstverwaltungsrecht verbürgt den Gemeinden und Gemeindeverbänden Autonomie in ihrem eigenen Aufgabenkreis, erschöpft sich jedoch nicht darin. Die Wahrnehmung der Autonomie setzt die Handlungsfähigkeit der Kommune voraus. Das Selbstverwaltungsrecht umfasst deswegen auch den Anspruch, dass der Gesetzgeber die Regeln über das Zusammenwirken der kommunalen Organe so ausgestaltet, dass die Gemeinden und Kreise ihre Aufgaben wahrnehmen können[258]. Außer Zweifel steht, dass der Verzicht des Gesetzgebers auf ein besonderes Mitwirkungsquorum beim Bürgerentscheid für sich genommen nicht die kontinuierliche Verwaltungstätigkeit der Gemeinden und Gemeindeverbände beeinträchtigen kann[259]. Der Bayerische Verfassungsgerichtshof hat aber in seinen beiden bereits erwähnten Urteilen die Auffassung vertreten, dass das Fehlen eines besonderen Quorums beim Bürgerentscheid dann die Funktionsfähigkeit der kommunalen Vertretungskörperschaften in Frage stellen könne, wenn die gewählten Repräsentanten aufgrund der mit dem Bürgerentscheid verbundenen zeitlichen Sperrwirkung nicht mehr angemessen auf veränderte Umstände reagieren könnten. Nur unter der Voraussetzung einer ausreichenden Mitwirkung der Stimmberechtigten sei ein Bürgerentscheid in einer Weise legitimiert, die es als vertretbar erscheinen lasse, ihm eine begrenzte Bindungswirkung für die Kommunalvertretung zuzuerkennen[260]. Der bayerische Verfassungsgerichtshof geht also von einem Zusammenhang zwischen Quorumsregelung und Abänderungsperre aus, aus dem sich ergeben kann, dass das Fehlen eines Quorums gegen die Selbstverwaltungsgarantie der Gemeinden und Landkreise verstößt.

Es muss jedoch bezweifelt werden, dass der vom Bayerischen Verfassungsgerichtshof behauptete Nexus von Quorum und Bindungswirkung, der im Schrifttum allgemein akzeptiert zu werden scheint[261], tatsächlich besteht. Bürgerentscheide sind wie andere Abstimmungen auch Momententscheidungen, deren Legitimationskraft in zeitlicher Hinsicht nicht unbedingt mit der Höhe der Abstimmungsbeteiligung wächst. Ein zwingender Zusammenhang zwischen den Anforderungen an die Mitwirkung der Stimmberechtigten und der Sperrwirkung von Bürgerentscheiden existiert nicht. Deshalb ist es auch nicht zu rechtfertigen, unter dem Gesichtspunkt einer Beeinträchtigung der Funktionsfähigkeit der Kommunalverwaltung das verfassungsrechtliche Schicksal einer Quorumsregelung mit dem einer Vor-

---

258 Vgl. *U. Schliesky*, ZG Bd. 14 (1999), S. 91 (105).

259 Siehe nur *P. M. Huber*, AöR Bd. 126 (2001), S. 165 (195).

260 Vgl. BayVerfGH, DÖV 1997, S. 1044 (1045 f.); BayVBl. 2000, S. 460 (463).

261 Vgl. *P. M. Huber*, a. a. O., S. 165 (197 f.); *F.-L. Knemeyer*, DVBl. 1998, S. 113 (115 f.); *U. Schliesky*, a. a. O., S. 91 (120 f.).

schrift über die Bindung von Gemeinderat und Kreistag zu verknüpfen. Mit der Selbstverwaltungsgarantie hat die Quorumsfrage nichts zu tun. Art. 28 II GG lassen sich daher keine Aussagen darüber entnehmen, ob der Gesetzgeber verpflichtet ist, das Zustandekommen von Bürgerentscheiden von einer gewissen Mindestbeteiligung abhängig zu machen.

b) Art. 28 I 2 GG

Gleiches gilt in Bezug auf die Verpflichtung des Landesgesetzgebers nach Art. 28 I 2 GG, für das Bestehen einer Vertretung des Volkes in den Gemeinden und Kreisen zu sorgen. Wie bereits im Zusammenhang mit Volksentscheiden ausgeführt[262], gewährleistet diese Vorschrift den Repräsentativkörperschaften keinen besonderen Schutz vor Plebisziten. Berührt sein kann die Gewährleistung der Kommunalvertretung allenfalls durch die Bindungswirkung, die Bürgerentscheiden nach den meisten Kommunalverfassungen zukommt. Es ist deshalb kein Gebot des Art. 28 I 2 GG, das Zustandekommen von Bürgerentscheiden durch besondere Quoren zu erschweren[263].

c) Art. 28 I 1 GG

Bestimmte bundesrechtliche Vorgaben für die Entscheidung der Quorumsfrage ergeben sich jedoch aus Art. 28 I 1 GG, wonach die verfassungsmäßige Ordnung in den Ländern und damit auch auf kommunaler Ebene den Grundsätzen des demokratischen Rechtsstaats entsprechen muss. Für Volksentscheide konnte konstatiert werden, dass es mit dem Mehrheitsprinzip als Bestandteil dieser Grundsätze nicht im Einklang stünde, könnte jede noch so geringe Zahl von Stimmberechtigten, welche die Mehrheit der Abstimmenden auf sich zu vereinigen weiß, die Abstimmungsfrage für sich entscheiden[264]. Diese Feststellung ist auf Bürgerentscheide übertragbar. Ebenso wie bei Volksentscheiden verstößt daher auch bei Bürgerentscheiden der Verzicht auf jegliches besonderes Quorum gegen Art. 28 I 1 GG, sofern nicht Quoren für das vorausgehende Begehren durch ihre Höhe sicherstellen, dass nur Anliegen mit einem gewissen Mindestrückhalt bei der Gesamtheit der Stimmberechtigten Erfolg haben können, oder es sich um eine dem Volk von der Vertretungskörperschaft vorgelegte Frage handelt[265]. Verfassungswidrig ist demzufolge die Lösung des Hamburgischen Gesetzgebers, für den Erfolg von Bürger-

---

262 S.o. Abschnitt 1, B. I. 3. b) aa).

263 Vgl. auch *P. M. Huber*, AöR Bd. 126 (2001), S. 165 (191); weitgehende Schlussfolgerungen aus dem Prinzip der repräsentativen Demokratie dagegen bei *W. Schmitt Glaeser*, DÖV 1998, S. 824 (829).

264 S.o. Abschnitt 1, B. I. 3. b) bb).

265 Anderer Auffassung freilich *P. M. Huber*, AöR Bd. 126 (2001), S. 165 (180).

entscheiden in den Bezirken die Mehrheit der abgegebenen Stimmen ausreichen zu lassen, ohne dies durch angemessen hohe Quoren beim Bürgerbegehren zu kompensieren[266]. Mit Blick darauf, dass das Homogenitätsgebot den Ländern nur die Einhaltung bestimmter Mindestgrundsätze abfordert, erscheinen jedoch Regelungen wie die bayerische, die sich in Gemeinden und Kreisen mit hoher Einwohnerzahl mit einem äußerst niedrigen Abstimmungsquorum von 10% der Stimmberechtigten begnügt, noch als mit Art. 28 I 1 GG vereinbar.

II. Wahlen

Genauso wie im Bund und in den Ländern sind auch in den Kommunen Wahlen unverzichtbare demokratische Akte (vgl. Art. 28 I 2 GG). Das Zustandekommen von Wahlen ist daher auch hier nicht an eine bestimmte Mindestbeteiligung der Bürger gekoppelt, obwohl die Mitwirkung bei Kommunalwahlen im Durchschnitt niedriger ist als bei Bundes- und Landtagswahlen und bisweilen äußerst gering ausfällt.

266 Zur Anwendbarkeit des Prinzips demokratischer Legitimation auf die hamburgischen Bezirksverwaltungen siehe BVerfGE 83, 60 (76).

Kapitel 3

Gesetzgebung

Abschnitt 1

Bundestag und Landesparlamente

A. Stimmpflicht

I. Das Mandat der Abgeordneten

Eine explizite Stimmpflicht der Parlamentsabgeordneten, also eine Pflicht zur Teilnahme an Wahlen und Abstimmungen sowie zur Abgabe einer Stimme, enthalten weder das Grundgesetz noch die Landesverfassungen. Alle Verfassungen bekennen sich aber– wenn auch in wechselnden Formulierungen – zu der traditionsreichen allgemeinen Bestimmung über das Mandat der Parlamentarier, die das Grundgesetz durch Art. 38 I 2 in die Worte gekleidet hat, dass die Abgeordneten Vertreter des ganzen Volkes sind, an Aufträge und Weisungen nicht gebunden und nur ihrem Gewissen unterworfen[1].

1. Das Stimmrecht

Ein wesentlicher Inhalt der Mandatsregel ist, dass der Abgeordnete das Recht besitzt, bei Wahlen und Abstimmungen des Parlaments seine Stimme abzugeben[2]. Das Stimmrecht der Abgeordneten wird zwar mitunter auch aus der Beschlussfas-

---

1 Vgl. neben Art. 38 I 2 GG folgende Vorschriften der Landesverfassungen: Art. 27 III LV Bad. - Württ.; Art. 13 II LV Bayern; Art. 38 IV LV Berlin; Art. 56 I LV Brbg.; Art. 83 I LV Bremen; Art. 7 LV Hbg.; Art. 77 LV Hessen; Art. 22 I LV MV; Art. 12 LV Nds.; Art. 30 II LV NW; Art. 79 S. 2 LV Rhld.–Pfalz; Art. 66 II 1 LV Saarl.; Art. 39 III LV Sachsen; Art. 41 II LV Sachsen-Anhalt; Art. 11 I LV Schl.–H.; Art. 53 I LV Thür. Soweit nicht anders vermerkt, wird Art. 38 I 2 GG im folgenden stellvertretend für diese Normen der Landesverfassungen in Bezug genommen.

2 Vgl. BVerfGE 10, 4 (12); 80, 188 (218); *N. Achterberg*, AöR Bd. 109 (1984), S. 505 f.; *P. Badura*, in: *H.–P. Schneider / W. Zeh* (Hg.), Parlamentsrecht und Parlamentspraxis, § 15 Rn. 35 f.; *S. Magiera*, in: M. Sachs, GG, Art. 38 Rn. 60; *H. Maurer*, Staatsrecht I, § 13 Rn. 71; offen *K. Abmeier*, Die parlamentarischen Befugnisse des Abgeordneten, S. 60.

sungskompetenz des Gesamtparlaments bzw. den verfassungsrechtlichen Mehrheitsvorschriften hergeleitet[3]. Überzeugender erscheint gleichwohl die Annahme, dass derlei Bestimmungen die Abstimmungsbefugnis der Parlamentarier nicht begründen, sondern voraussetzen und diese ihre Wurzeln in der Wendung der Mandatsregel hat, dass die Abgeordneten Vertreter des ganzen Volkes sind, gehört doch zu einer Vertretung des Volkes an erster Stelle die Möglichkeit, durch Abgabe einer Stimme die Entscheidungen des Parlaments zu beeinflussen. Das wird heute auch von einer Reihe zumeist neuerer Landesverfassungen ausdrücklich anerkannt, welche das Stimmrecht als eine aus dem Mandat des Abgeordneten fließende Befugnis besonders benennen[4].

2. *Recht und Pflicht*

Bei der Befugnis, bei Wahlen und Abstimmungen des Parlaments ein Votum abzugeben, handelt es sich keineswegs um ein Recht, das dem Abgeordneten als Privatmann zustehen würde. War es bis in die Weimarer Zeit hinein nicht einhellig anerkannt, dass der Parlamentarier bei der Wahrnehmung seiner parlamentarischen Rechte im Namen des Staates handelt und daher als sein Organ anzusehen ist[5], so besteht heute über die Zuordnung der Tätigkeit des Abgeordneten zur staatlichen Sphäre kein Streit mehr. Der Volksvertreter hat ein Amt inne (vgl. Art. 48 II GG)[6], und dieses Amt ist kein gesellschaftliches, sondern ein staatliches[7]. Insbesondere das Stimmrecht der Abgeordneten ist daher kein Grundrecht, sondern eine Kompetenz. Gerade dieser Charakter war es, der in Teilen der älteren Staatsrechtslehre dazu Anlass gab, das Stimmrecht als Stimmpflicht zu begreifen. Hatte Laband eine rechtliche Pflicht der Reichstagsabgeordneten, an den Beschlüssen des Reichstags teilzunehmen, unter Hinweis auf die seiner Auffassung zufolge fehlende Organ-

---

3 So etwa *H. H. Klein*, in: J. Isensee / P. Kirchhof, HdbStR, Bd. II, § 41 Rn. 31, nach dessen Ansicht das Recht der Bundestagsabgeordneten zur Teilnahme an der Beschlussfassung sowohl aus der Bestimmung des Art. 77 I 1 GG, dass die Bundesgesetze vom Bundestag beschlossen werden, als auch aus der Mehrheitsvorschrift des Art. 42 II GG folgt. Ähnlich BerlVerfGH, LKV 1999, S. 503, der das Abstimmungsrecht der Abgeordneten primär aus dem Mehrheitsprinzip der Berliner Verfassung ableitet. Vgl. auch BVerfGE 70, 324 (355).

4 Art. 56 II LV Brbg.; Art. 22 II 2 LV MV; Art. 11 II 2 LV Schl.-H.; Art. 53 II Thür.

5 Gegen die Einordnung des Abgeordneten als staatliches Organ namentlich *P. Laband*, Das Staatsrecht des Deutschen Reichs, Erster Band, S. 241, und aus der Weimarer Zeit *E. Tatarin-Tarnheyden*, in: G. Anschütz / R. Thoma, HdbDStR, Bd. I, S. 413 (415).

6 Bedenken gegen die Bezeichnung der Funktion des Abgeordneten als Amt allerdings bei *M. Schröder*, Grundlagen und Anwendungsbereich des Parlamentsrechts, S. 280 ff., der auf die Unterschiede in der Rechtsstellung von Parlamentariern und Beamten hinweist.

7 Vgl. nur BVerfGE 6, 446 (447 f.); *K. Bugiel*, Volkswille und repräsentative Entscheidung, S. 379 ff.; *W. Demmler*, Der Abgeordnete im Parlament der Fraktionen, S. 41 ff.; *H. H. Klein*, in: J. Isensee / P. Kirchhof, HdbStR, Bd. II, § 41 Rn. 1; *M. Morlok*, in: H. Dreier, GG, Art. 38 Rn. 133; *S. Magiera*, in: M. Sachs, GG, Art. 38 Rn. 52; *H. Steiger*, Organisatorische Grundlagen des parlamentarischen Regierungssystems, S. 69 ff.

stellung der einzelnen Parlamentarier abgelehnt[8], so entnahm G. Jellinek den den Status des Abgeordneten umschreibenden Rechtssätzen, die nach seiner Ansicht Kompetenzen eines staatlichen Organs begründeten, nicht nur Rechte, sondern auch entsprechende Pflichten, selbst wenn die Rechtssätze in der Form einer Berechtigung gefasst sein sollten. Explizite Verpflichtungen zum Besuch von Parlamentssitzungen oder zur Abgabe einer Stimme erschienen ihm somit als bloße Bestätigung einer sich ohnehin aus den Kompetenzvorschriften ergebenden Obligation. Stimmenthaltungen sollten daher grundsätzlich unzulässig und nur im Falle einer ausdrücklich festgesetzten Ausnahme erlaubt sein[9].

Im Ansatz nicht selten ähnlich, wenngleich nicht mit denselben weitgehenden Schlussfolgerungen, werden auch heute aus dem Abgeordnetenmandat eine Reihe von verfassungsmäßigen Mitwirkungspflichten abgeleitet. Weit verbreitet ist die Auffassung, dass den Abgeordneten aufgrund der Verfassung eine Verpflichtung zur Teilnahme an den Arbeiten des Parlaments trifft[10]. Daraus wird teilweise gefolgert, dass sich der Abgeordnete grundsätzlich an den Wahlen und Abstimmungen der Volksvertretung zu beteiligen hat[11]. Vereinzelt werden der Verfassung auch ganz konkrete Verbote entnommen, wie etwa die Unzulässigkeit eines Fernbleibens wegen Pairing[12]. Eine über die bloße Teilnahme hinaus gehende Pflicht zur Abgabe einer Stimme ist in aller Regel kein Thema[13]. Doch gelten gelegentlich

---

8 *P. Laband,* a. a. O., S. 241. Akzeptieren mochte er lediglich eine politische, ethische Pflicht zur Teilnahme.

9 *G. Jellinek,* System der subjektiven öffentlichen Rechte, S. 172 und 342. Siehe auch *J. Hatschek,* Das Parlamentsrecht des Deutschen Reichs, S. 601, mit der Bemerkung, die Anwesenheitspflicht der Abgeordneten folge an sich schon aus der Rechtsstellung der Abgeordneten, sowie *H. Breiholdt,* AöR Bd. 49 (1926), S. 289 (298): Jeder Abgeordnete hat die Pflicht und das Recht, an den Sitzungen teilzunehmen.

10 Vgl. *N. Achterberg / M. Schulte,* in: H. v. Mangoldt / F. Klein / C. Starck, GG, Art. 38 Rn. 94; *H. H. Klein,* a. a. O., § 41 Rn. 22; *V. Epping,* DÖV 1999, S. 529 (536 f.); *P. Krause,* DÖV 1974, S. 325 (327); *R. Wagner,* Die Zulässigkeit des parlamentarischen Doppelmandats, S. 77 f.; *M. Schröder,* a. a. O., S. 290; *M. Schuldei,* Die Pairing-Vereinbarung, S. 147 f.; Ansätze zur Konstituierung einer verfassungsrechtlichen Pflicht zur Teilnahme an den Arbeiten des Parlaments auch in BVerfGE 56, 396 (405 f.); 80, 188 (218); a.A. freilich *H. G. Ritzel / J. Bücker / H. J. Schreiner,* Handbuch für die parlamentarische Praxis, § 13 Anm. II 1 a). Ablehnend gegenüber jedweder aus der Verfassung folgender Verpflichtung des Abgeordneten zudem *A. Köttgen,* GS W. Jellinek, S. 195 (206).

11 *H.-E. Röttger,* JuS 1977, S. 7 (9); *M. Schuldei,* a. a. O., S. 148; *H. Troßmann,* Parlamentsrecht des Deutschen Bundestages, GOBT, Vor §§ 16–22 Rn. 6.2; dagegen jedoch *K. Kremer,* FG W. Blischke, S. 9 (10 f.).

12 *H.-E. Röttger,* a. a. O., S. 7 (9); Bedenken auch bei *N. Achterberg,* Parlamentsrecht, S. 647; anders aber *K. Abmeier,* Die parlamentarischen Befugnisse des Abgeordneten, S. 102; *M. Schuldei,* a. a. O., S. 151 ff.

13 Ausnahme *C. Lambrecht,* Die Stimmenthaltung bei Abstimmungen, S. 162 f., dessen Standpunkt allerdings unklar bleibt: Geht es seiner Auffassung nach zu weit anzunehmen, dass der Abgeordnetenstatus den Abgeordneten ausschließlich zu einer Entscheidung mit Ja oder Nein verpflichte, so soll doch andererseits ein Abgeordneter, der sich der Stimme enthält, seiner aus dem Prinzip der repräsentativen Demokratie abzuleitenden Funktion und dem Wählerauftrag nicht gerecht werden.

bestimmte Stimmenthaltungen – so etwa die aus Gründen der Fraktionsdisziplin – als unzulässig[14]. Darauf, dass dem durch die Verfassung garantierten Stimmrecht eine mehr oder minder weitgehende verfassungsmäßige Stimmpflicht entspricht, gibt es also in der Literatur nicht wenige Hinweise. Sie könnten sich als berechtigt erweisen, wenn Art. 38 I 2 GG mit der Formel, dass die Abgeordneten Vertreter des ganzen Volkes sind, neben der Vertretungsbefugnis der Abgeordneten auch die Art und Weise der Vertretung des Volkes anspricht, Repräsentation also nicht lediglich formal, sondern auch inhaltlich versteht[15].

II. Die Abgeordneten als Vertreter des ganzen Volkes

1. Formale und inhaltliche Repräsentation

So wie die Rede von den Abgeordneten als den Vertretern des ganzen Volkes heute überwiegend begriffen wird, erschöpft sich ihr Bedeutungsgehalt nicht in der Aussage, dass die Parlamentarier für das ganze Volk bindend handeln können. Davon ausgehend, dass Repräsentation im formalen Sinn untrennbar mit Repräsentation im inhaltlichen Sinn verbunden ist, soll der Wendung auch die Verpflichtung der Abgeordneten entnommen werden können, so gemäß dem Gemeinwohl zu handeln, dass das Volk sich in ihnen wiedererkennen kann. Art. 38 I 2 GG normiert demzufolge mehr als bloß ein technisches Prinzip. Art. 38 I 2 GG ist aus dieser Sicht zugleich Sitz eines materialen Grundsatzes, kraft dessen die Abgeordneten einer Bindung an das Wohl des ganzen Volkes unterliegen[16].

Diesem wertbezogenen Verständnis der Mandatsregel steht eine Auslegung von Art. 38 I 2 GG gegenüber, der zufolge sich die Bedeutung der Vertretungsformel weitgehend auf den technischen Aspekt der Verpflichtungskraft beschränkt[17]. Deutlich skeptisch wenn nicht gar ablehnend gegenüber der Vorstellung eines ob-

---

14 Siehe *G. Leibholz,* in: ders., Strukturprobleme der modernen Demokratie, S. 78 (115): Der Abgeordnete könne sich einem Gewissenskonflikt nicht dadurch entziehen, dass er sich der Abstimmung enthalte oder der Parlamentsabstimmung fernbleibe; a.A. StGH Bremen, StGHE 1, 34 (40).

15 Zur Unterscheidung von formaler und inhaltlicher Repräsentation vgl. *E.–W. Böckenförde,* in: J. Isensee / P. Kirchhof, HdbStR, Bd. II, § 30 Rn. 18.

16 Vgl. *K. Abmeier,* Die parlamentarischen Befugnisse des Abgeordneten, S. 58 ff.; *H. H. v. Arnim,* in: Bonner Kommentar, GG, Art. 48 Rn. 49; *E.–W. Böckenförde,* in: J. Isensee / P. Kirchhof, HdbStR, Bd. II, § 30 Rn. 19 ff.; *K. Bugiel,* Volkswille und repräsentative Entscheidung, S. 387 f.; *V. Epping,* DÖV 1999, S. 529 (536 f.); *H. H. Klein,* in: T. Maunz / G. Dürig, GG, Art. 48 Rn. 31 f.; *K. Hesse,* Grundzüge des Verfassungsrechts der Bundesrepublik Deutschland, Rn. 604; *H.–P. Schneider,* in: Alternativkommentar, GG^2, Art. 38 Rn. 18. Von einer Gemeinwohlverpflichtung der Parlamentarier geht auch *J. Isensee,* in: ders. / P. Kirchhof, HdbStR, Bd. III, § 57 Rn. 101, aus.

17 Vgl. *H. Dreier,* AöR Bd. 113 (1988), S. 450 (456 f. und 464 f.); *H. Hofmann / H. Dreier,* in: H.–P. Schneider / W. Zeh (Hg.), Parlamentsrecht und Parlamentspraxis, § 5 Rn. 27; *H. Meyer,* VVDStRL Bd. 33 (1975), S. 69 (93 f.).

jektiv bestehenden Gemeinwohls, das der einzelne Abgeordnete unter Ausgleich der verschiedenen gesellschaftlichen Positionen repräsentieren könnte, sieht sie die Parlamentarier nicht als Wahrer des Gemeinwohls, sondern als „exponierte Vertreter der sozial, wirtschaftlich, religiös, konfessionell, ethisch, kulturell und politisch segmentierten Gesellschaft"[18]. Dass die Abgeordneten Vertreter des ganzen Volkes sind, bedeutet demnach „nichts anderes, als dass das ganze Volk, auch die, die die Entscheidung ablehnen, ja sie erbittert bekämpft haben, die Entscheidung für sich gelten lassen müssen"[19].

Ebenso wie die von der h.L. vorgenommene, wertbezogene Interpretation von Art. 38 I 2 GG die Nähe zu bestimmten staatstheoretischen Konzepten parlamentarischer Repräsentation[20] nicht verleugnen kann, besitzt auch die ihr entgegenstehende, ausschließlich technische Deutung von Art. 38 I 2 GG eine gewisse Affinität zu in der allgemeinen Staatslehre auffindbaren Lehren. Von einem wertrelativistischen Standpunkt ausgehend war es besonders Kelsen, der sich für eine rein formale Betrachtungsweise ausgesprochen hat. Das Parlament ist bei ihm nicht die Stätte, in der einem objektiven Gemeinwohl verpflichtete Abgeordnete nach der Wahrheit suchen. Seiner Auffassung nach ist es vielmehr der Ort, an dem sich die Freiheit der Bürger fortsetzt, freilich insofern aus Gründen der Arbeitsteilung eingeschränkt, als im Parlament ihre gewählten Vertreter handeln und diese Vertreter keinem imperativen Mandat unterworfen werden können. Normativ fassbar ist Repräsentation daher nur in dem Sinne der technischen Vertretung als Fiktion des Handelns der Abgeordneten für das Volk[21]. Faktisch bedeutet sie in dem Maße, in dem die Abgeordneten den Anliegen derer, die sie gewählt haben, Ausdruck verleihen, dass die Parlamentarier Vertreter der Interessen ihrer Wähler sind.

2. *Die Gemeinwohlverpflichtung der Abgeordneten*

So sehr das wertrelativistische Konzept der parlamentarischen Repräsentation staatstheoretisch beeindruckt, so wenig kann es allerdings beanspruchen, mit der Sicht der Verfassungen übereinzustimmen. Wie sich insbesondere aus den Amtseidbestimmungen für Regierungsmitglieder ableiten lässt, gehen die Verfassungen von der Existenz eines objektiv bestehenden, erkennbaren Gemeinwohls aus, an das die Aktivbürger bei Wahlen und Abstimmungen gebunden sind. Dadurch soll dem Umstand Rechnung getragen werden, dass sie das ganze Volk verpflichten können, obwohl sie nur einen Ausschnitt aus dem Volk darstellen, der zudem nicht

18 *H. Dreier,* AöR Bd. 113 (1988), S. 450 (457).

19 *H. Meyer,* a. a. O., S. 69 (94).

20 Dazu zählen aus der Weimarer Zeit besonders *G. Leibholz,* Das Wesen der Repräsentation, S. 25 ff., und *C. Schmitt,* Verfassungslehre, S. 206 ff., aus der Zeit nach 1945 *M. Kriele,* Einführung in die Staatslehre, S. 294 ff., und *H. Krüger,* Allgemeine Staatslehre, S. 234 ff.

21 Vgl. *H. Kelsen,* Vom Wesen und Wert der Demokratie, S. 28 ff. (dazu *H. Dreier,* Rechtslehre, Staatssoziologie und Demokratietheorie bei Hans Kelsen, S. 255 ff.).

selten nach dem Mehrheitsprinzip entscheidet[22]. Die bei Wahlen und Abstimmungen der Aktivbürger vorliegende Problematik des Auseinanderfallens von Volk und Entscheidenden verschärft sich bei Beschlüssen der Abgeordneten noch, stellen sie doch einen demgegenüber weiter verkleinerten Teil des ganzen Volkes dar, der zwar von einem größeren Teil des Volkes gewählt wurde, jedoch an die Auffassungen seiner Wähler nicht gebunden werden kann und seinerseits nach dem Mehrheitsprinzip beschließt. Daher gilt für sie vom Standpunkt der Verfassungen erst recht, dass sie dem Gemeinwohl verpflichtet sind.

Von einer Gemeinwohlbindung der Parlamentarier ging auch die Mehrzahl derjenigen aus, welche die Formel von den Abgeordneten als Vertreter des ganzen Volkes in der Vorgängernorm des Art. 21 WRV zu interpretieren hatten. Sie wurde überwiegend so verstanden, dass sie an die Parlamentarier die Forderung richtete, sich so zu verhalten, wie es dem Wohl des Volkes entspricht[23]. Bei der Beratung des Grundgesetzes im Parlamentarischen Rat setzte sich dieses Verständnis der Mandatsregel dann fort: Nicht nur verfielen Vorschläge, denen zufolge der Abgeordnete lediglich Vertreter eines Teils des Volkes, nämlich seiner Wähler sein sollte, der Ablehnung, sondern wurden diese Vorschläge auch mit Begründungen abgelehnt, die den materialen Gehalt der Bezeichnung der Abgeordneten als den Vertretern des ganzen Volkes erneut unterstrichen[24]. Historisch-genetische Erwägungen bestätigen also die systematisch-teleologische Schlussfolgerung, dass die Abgeordneten dem Gemeinwohl verpflichtet sind. Sie machen auch deutlich, dass diese Gemeinwohlbindung nicht lediglich eine ethische Pflicht darstellt, die von den Verfassungen vorausgesetzt wird, wie es bei den Aktivbürgern nach den meisten Verfassungen der Fall ist, sondern als Bestandteil der Formel von den Abgeordneten als den Vertretern des ganzen Volkes Inhalt der Verfassungen selbst ist. Indem Art. 38 I 2 GG die Abgeordneten als Vertreter des ganzen Volkes bezeichnet, formuliert er demnach nicht lediglich ein technisches Prinzip, sondern mit der Gemeinwohlverpflichtung der Parlamentarier auch einen materialen Grundsatz, vor dessen Hintergrund verständlich wird, dass in einer ganzen Reihe von Ländern die Möglichkeit vorgesehen ist, Abgeordneten, die ihre Stellung zu eigennützigen Zwecken missbraucht haben, das Mandat abzuerkennen[25]. Soweit einige Landesverfassungen ausdrücklich bestimmen, dass die Abgeordneten dem Gemeinwohl verpflichtet sind[26], bekräftigen sie also nur etwas, das sich ohnehin schon aus der Repräsentantenstellung der Parlamentarier ergibt.

---

22 S.o. Kapitel 2, Abschnitt 1, A. 2.

23 Vgl. *F. Haymann*, FG R. Stammler, S. 395 (458 f.); *E. Tatarin-Tarnheyden*, in: G. Anschütz / R. Thoma, HdbDStR, Bd. I, S. 413 (416).

24 Vgl. JöR Bd. 1 (1951), S. 353 f.

25 Vgl. Art. 42 LV BW; Art. 61 III LV Bayern; Art. 61 LV Brbg.; Art. 85 LV Bremen; Art. 13 II Nr. 1 und 2 LV Hbg.; Art. 17 LV Nds.; Art. 85 LV Saarl.

26 Vgl. Art. 30 II LV NW, der die Abgeordneten zur Rücksicht auf das Volkswohl verpflichtet, und Art. 53 III LV Thür., wonach jeder Abgeordnete die Pflicht hat, seine Kräfte für das Wohl des Landes und aller seiner Bürger einzusetzen. Nach Art. 83 S. 2 LV Bremen haben die Abgeordneten überdies eine besondere Treuepflicht.

Dient das Stimmrecht der Abgeordneten demzufolge der Verwirklichung des Gemeinwohls, so wäre nicht ausgeschlossen, dass dem Stimmrecht auch eine Stimmpflicht entspricht, wenn ein hoher Prozentsatz von Voten bei Wahlen und Abstimmungen des Parlaments zur Wahrscheinlichkeit einer richtigen Entscheidung positiv beiträgt.

III. Das Interesse an der Stimmabgabe

1. Das Ziel der Mitwirkung aller

Ebenso wie bei Entscheidungen des Volkes gilt auch bei Wahlen und Abstimmungen des Parlaments die von Condorcet beschriebene Beziehung zwischen der Anzahl der Abstimmenden und der Wahrscheinlichkeit eines richtigen Beschlusses des Kollegiums[27]. Danach steigt die Wahrscheinlichkeit einer richtigen Entscheidung des Parlaments mit der Höhe der Stimmquote und erreicht ihren Gipfelpunkt bei einer vollständigen Stimmabgabe, sofern die Wahrscheinlichkeit der einzelnen Volksvertreter, eine richtige Entscheidung zu treffen, über 50% liegt. Geht man davon aus, dass die einzelnen Parlamentarier zumindest so gut informiert sein sollten, dass sie eher richtig als falsch entscheiden, ist es daher am besten, wenn alle Abgeordneten votieren.

Das gilt umso mehr, als die Abgeordneten als Vertreter bestimmter politischer Richtungen gewählt werden. Die Wahl dient dazu, das Parlament entsprechend den politischen Grundtendenzen der Wähler zu besetzen, wobei freilich die Art und Weise der Spiegelung nach den meisten Verfassungen weitgehend dem Ermessen des Wahlgesetzgebers überlassen bleibt. Wie auch immer sich der Gesetzgeber entscheidet, ob für ein System der Mehrheits-, der Verhältniswahl oder auch der Kombination von Mehrheits- und Verhältniswahl, in jedem Fall entspricht es dem Sinn der Wahl, dass sich die grundlegenden politischen Anschauungen des Volkes nicht nur in der Besetzung des Parlamentes, sondern auch in dessen Arbeit reflektieren. Die Entscheidungen des Parlamentes sollen grundsätzlich die Kräfteverhältnisse im Volk abbilden, auch wenn der Parlamentarier nach Art. 38 I 2 GG weder an den grundlegenden Wählerauftrag noch im Einzelfall an Aufträge und Weisungen gebunden ist. Das zeigt sich nicht nur darin, dass die die Beschlüsse des Plenums vorbereitenden Parlamentsausschüsse entsprechend den Kräfteverhältnissen im Plenum besetzt werden müssen[28], sondern wirkt sich gerade und insbesondere dahingehend aus, dass im Plenum die abschließenden Entscheidungen von möglichst vielen der Volksvertreter getroffen werden sollen. Denn bei vollständiger Stimmabgabe ist am ehesten gewährleistet, dass sich die politischen Grundtendenzen des Volkes so realisieren, wie es in der Wahl zur Volksvertretung angelegt ist.

---

27 S.o. Kapitel 2, Abschnitt 1, A. V. 2.

28 Vgl. BVerfGE 80, 188 (222).

Dabei ist es keineswegs so, dass schon die Stimmabgabe eines Teils der Parlamentarier eine derart hohe Richtigkeitswahrscheinlichkeit zu verbürgen vermöchte, dass eine vollständige Stimmabgabe als praktisch bedeutungsloses Optimum erscheinen würde. Vielmehr kommt dem Votum aller Parlamentarier durchaus ein hoher Stellenwert für die Legitimation der Parlamentsentscheidung zu. Zwar ist es sehr wohl denkbar, dass das nur zum Teil besetzte Plenum zu denselben Entscheidungen kommt, wie sie auch ein vollständig versammeltes Haus getroffen hätte. Selbst wenn die Volksvertretungen Kollegien mittlerer Größe sind – noch die kleinsten Landesparlamente verfügen über mehr als 50 Mitglieder –, besteht aber doch bei unvollständiger Stimmabgabe eine nicht zu vernachlässigende Gefahr, dass die Entscheidung nicht repräsentativ ist und somit eine geringere Richtigkeitswahrscheinlichkeit aufweist, als sie ein komplettes Votum des Parlaments beanspruchen könnte. Denn mit der Möglichkeit, dass sich die Vertreter einer Richtung – zufällig oder nicht – mehr am Votum beteiligen als die einer anderen Richtung, ist auch hier zu rechnen. Völlig zu Recht hat daher das Bundesverfassungsgericht davon gesprochen, dass bei der Willensbildung des Parlaments grundsätzlich die Mitwirkung aller Abgeordneten erfordert sei[29].

2. *Rechtliche Verankerung des Ziels*

Obwohl sich das Ziel einer möglichst vollständigen Stimmabgabe der Abgeordneten u. a. auch aus der Funktion der Wahl ableiten lässt, ist es dennoch nicht Bestandteil der Wahlrechtsgrundsätze, wie sie auf Bundesebene durch Art. 38 I 1 GG gewährleistet werden. Als Erfolgschancengleichheit[30] verlangt die Gleichheit der Wahl zwar, dass die Besetzung des Parlaments im Rahmen des festgelegten Wahlsystems die unter den Wählern herrschenden Kräfteverhältnisse widerspiegelt. Wie die gewählten Volksvertreter ihr Amt ausüben, liegt textlich gleichwohl jenseits des Bestimmungsanspruches der Wahlrechtsgleichheit[31]. Desgleichen hat die Unmittelbarkeit der Wahl ihrem eindeutigen Wortlaut nach nur etwas damit zu tun, dass nach der Entscheidung des Wählers niemand mehr nach Ermessen entscheiden darf, wer gewählt sein soll. Darüber, wer dann im Parlament die Entscheidungen trifft, besagt sie nichts. Ebenso wenig wie es das Wahlrecht der Bürger dem Gesamtparlament verbietet, sich seiner Kompetenzen zu entäußern[32], hat es daher

29 BVerfGE 44, 308 (316 f.); 56, 396 (405); zustimmend *W. Demmler,* Der Abgeordnete im Parlament der Fraktionen, S. 92; *J. Kimme,* Das Repräsentativsystem, S. 175; *J.-D. Kühne,* ZParl. Bd. 9 (1978), S. 34 (42); vgl. auch schon *R. Pietzner,* Petitionsausschuß und Plenum, S. 86.

30 Vgl. BVerfGE 95, 408 (417); *W. Pauly,* AöR Bd. 123 (1998), S. 232 (246 ff.).

31 Dies gegen *M. Schuldei,* Die Pairing-Vereinbarung, S. 103 f., der in der Nichtausübung des Stimmrechts einen Eingriff in die Wahlrechtsgleichheit sieht, weil ein Teil der Wählerschaft um den Effekt seiner Wahl gebracht werde.

32 So aber grundsätzlich das Maastricht-Urteil des Bundesverfassungsgerichts, BVerfGE 89, 155 (172), wonach Art. 38 I 1 GG es ausschließen soll, Befugnisse des Bundestages so zu

zum Inhalt, dass die einzelnen Abgeordneten bei Wahlen und Abstimmungen ihre Kompetenzen möglichst wahrnehmen sollen. Beheimatet ist das Ziel einer möglichst vollständigen Stimmabgabe vielmehr im Prinzip der repräsentativen Demokratie (Art. 20 II GG)[33], das in der Wendung des Art. 38 I 2 GG, dass die Abgeordneten Vertreter des ganzen Volkes sind, seine für die Parlamentarier verbindliche Ausformung gefunden hat. Selbst wenn danach jeder einzelne Abgeordnete Vertreter des ganzen Volkes ist: angemessen repräsentiert ist das Volk im Grundsatz nur, wenn alle Abgeordneten ihr Stimmrecht ausüben[34].

3. Der Konflikt mit dem Interesse an einem Nichtvotum

Ist die Repräsentantenstellung des Abgeordneten somit von Verfassungs wegen darauf angelegt, dass er sein Stimmrecht möglichst wahrnimmt, so gibt es doch andererseits viele Gründe für Abgeordnete, an einer Wahl oder Abstimmung nicht teilzunehmen oder sich bei ihr der Stimme zu enthalten. Es gibt also einen Konflikt zwischen dem Interesse an einer Stimmabgabe und dem entgegenstehenden Interesse, von einem Votum abzusehen. Obgleich sich der Vorschrift des Art. 38 I 2 GG ein gewichtiges Interesse daran entnehmen lässt, dass der Parlamentarier von seinem Stimmrecht Gebrauch macht, ist fraglich, ob sie diesen Konflikt im Sinne einer grundsätzlichen Stimmpflicht des Abgeordneten entschieden hat, könnte doch die allgemein als Ausdruck der Freiheit des Mandats verstandene Bestimmung derselben Vorschrift, dass der Abgeordnete nur seinem Gewissen unterworfen ist[35], Vorgaben gegenüber dem Abgeordneten in Bezug auf die Ausübung des Stimmrechts ausschließen.

IV. Die Freiheit des Mandats

1. Der Gewissensbegriff der Mandatsregel

Durch die Aussage, dass der Abgeordnete nur seinem Gewissen unterworfen ist, gewährt Art. 38 I 2 GG, das lässt sich ohne weiteres erkennen, dem Abgeordnete eine bestimmte Unabhängigkeit. Aber worin besteht diese Unabhängigkeit und wie weit reicht sie? Zentral ist insofern der Begriff des Gewissens, über dessen Bedeu-

---

verlagern, dass das demokratische Prinzip in seinem unantastbaren Kerngehalt angetastet wird; dagegen zu Recht *W. Pauly*, a. a. O., S. 232 (281), mit treffender Unterscheidung zwischen dem Gewährleistungsinhalt einer Rechtsverbürgung und ihrem „Sinnhorizont".

33 Vgl. BVerfGE 44, 308 (315 f.).

34 Vgl. BVerfGE 44, 308 (316 f.).

35 Zur Geltung der Gewissensformel auch nach der hessischen Mandatsregel (Art. 77 LV Hessen), deren Text sich darauf beschränkt, die Abgeordneten als Vertreter des ganzen Volkes zu bezeichnen, vgl. StGH Hessen, ESVGH 27, 193 (206).

tungsgehalt nicht wenig Unsicherheit besteht. Einer weit verbreiteten Auffassung zufolge meint Gewissen im Kontext der Mandatsregel nichts anderes als Gewissen i. S. d. Grundrechts der Gewissensfreiheit (Art. 4 GG)[36]. Gewissen im Sinne des Art. 4 GG meint ein Bewusstsein der Einzelperson. Nach der allseits anerkannten Definition des Bundesverfassungsgerichts, das sich bei seiner Begriffsbestimmung auf den „allgemeinen Sprachgebrauch" berufen hat, ist es als ein „real erfahrbares seelisches Phänomen" zu verstehen, „dessen Forderungen, Mahnungen und Warnungen für den Menschen unmittelbar evidente Gebote unbedingten Sollens sind"[37]. Eine dem Schutzbereich der Gewissenfreiheit unterliegende Gewissensentscheidung ist somit „jede ernste sittliche, d. h. an den Kategorien von ‚Gut' und ‚Böse' orientierte Entscheidung (...), die der Einzelne in einer bestimmten Lage als für sich bindend und unbedingt verpflichtend innerlich erfährt, so dass er gegen sie nicht ohne ernste Gewissensnot handeln könnte"[38]. Unter den Begriff des Gewissens i.S.v. Art. 4 GG fallen danach nicht alle Auffassungen, die ein Einzelner in beliebigen Angelegenheiten davon haben mag, was richtig bzw. falsch ist. Zum Gewissen i.S.v. Art. 4 GG zählen vielmehr nur solche Überzeugungen der Einzelperson, die er als so prinzipiell empfindet, dass er von ihnen unter keinen Umständen abzugehen bereit ist. Würde man diese Definition auf die Mandatsregel übertragen, würde sich die Mandatsfreiheit, soweit sie durch Art. 38 I 2 Hs. 3 GG geschützt ist, also nur auf von den Abgeordneten als persönlich grundlegend empfundene Fragen beziehen, wie etwa das Problem einer Strafbarkeit von Abtreibungen. Entscheidungen eher pragmatischer Natur, die den Gutteil der Parlamentsarbeit ausmachen, wären demnach nicht erfasst. So wird der Gewissensbegriff in der parlamentarischen Praxis häufig auch aufgefasst. Vereinzelt schrecken Vertreter eines an Art. 4 GG orientierten Gewissensbegriffs aber vor dieser logischen Konsequenz zurück und sehen gleichwohl alle Überzeugungen des Abgeordneten als von der Mandatsfreiheit geschützt an[39].

Lassen schon diese Inkonsequenzen an der Richtigkeit einer Gleichsetzung der Gewissensbegriffe zweifeln, so verstärken sich die Bedenken noch bei Betrachtung des verfassungsgeschichtlichen Kontextes der Gewissensformel des Art. 38 I 2, mit der das Grundgesetz eine Wendung der Weimarer Reichsverfassung aufnimmt[40]. Diese hatte in Art. 21 zu einer Formulierung der Mandatsregel gefunden, die durchaus von derjenigen der Reichsverfassung von 1871 abwich, welche sich

---

36 *B. Pieroth*, in: H.-D. Jarass/B. Pieroth, GG, Art. 38 Rn. 26; *H.-P. Schneider*, in: Alternativkommentar, GG^2, Art. 38 Rn. 30; *H.-H. Trute*, in: I. v. Münch/P. Kunig, GG^5, Art. 38 Rn. 88.

37 BVerfGE 12, 45 (54).

38 BVerfGE 12, 45 (55).

39 Vgl. *B. Pieroth*, a. a. O., Art. 38 Rn. 26; *H.-H. Trute*, a. a. O., Art. 38 Rn. 88.

40 Grundlegend zur historischen Einbettung der Formel von der Gewissensunterworfenheit des Abgeordneten *W. Demmler*, Der Abgeordnete im Parlament der Fraktionen, S. 124 ff.; *E.V. Heyen*, Der Staat Bd. 25 (1986), S. 35 (42 ff.). Vgl. auch schon *J.–D. Kühne*, Die Abgeordnetenbestechung, S. 51.

in Art. 29 darauf beschränkte, die Abgeordneten frei von Weisungen und Instruktionen zu stellen. Vorläufer hat die Gewissensformel in Mandatsregeln, die wie Art. 83 der preußischen Verfassung festlegten, dass die Abgeordneten gemäß ihrer freien Überzeugung stimmen, und in den Abgeordneteneiden des Frühkonstitutionalismus. So ließ etwa § 82 der Verfassung für das Königreich Sachsen von 1831 die Abgeordneten eidlich beschwören, das unzertrennliche Wohl des Königs und des Vaterlands nach seinem besten Wissen und Gewissen bei seinen Anträgen und Abstimmungen allenthalben zu beobachten. Nach § 69 der Verfassung des Großherzogtums Baden von 1818 hatte der Abgeordnete zu beeidigen, dass er nur des Landes allgemeines Wohl und Beste nach seiner innern Überzeugung berathen werde. Ähnliche Abgeordneteneide waren noch in einer Reihe anderer Landesverfassungen dieser Zeit vorgeschrieben. Die Weimarer Reichsverfassung kannte – wie schon die Bismarcksche Reichsverfassung – keinen Abgeordneteneid. In Art. 42 schrieb sie aber dem Reichspräsidenten vor, bei der Übernahme seines Amtes zu schwören, dass er seine Kraft dem Wohle des deutschen Volkes widmen und seine Pflichten gewissenhaft erfüllen werde. In diesen und anderen Bestimmungen zeigt sich deutlich ein Begriff des Gewissens, der nicht das grundlegende moralische Bewusstsein einer Einzelperson bezeichnet, sondern die Überzeugung eines Amtsträgers vom Gemeinwohl.

Es liegt nahe, dass die Weimarer Reichsverfassung, die die Stellung des Abgeordneten in Art. 39 I selbst als ein „Amt" bezeichnete, mit der Formel von der Gewissensunterworfenheit des Abgeordneten an diesen Gewissensbegriff anknüpfte. In der zeitgenössischen Kommentarliteratur wurde der Hinweis auf das Gewissen des Abgeordneten denn auch so empfunden[41]. Nichts spricht dafür, dass der Parlamentarische Rat bei der Übernahme der Gewissensformel der Weimarer Reichsverfassung von diesem Gewissensverständnis abrücken wollte. Gegenüber dem ursprünglich ins Auge gefassten Vorschlag, auf Gewissen und Überzeugung des Abgeordneten hinzuweisen, gab der Parlamentarische Rat der überkommenen Gewissensformel mit der Begründung den Vorzug, dass sie sachlich das gleiche sei, aber besser klinge[42]. Dies deutet eher daraufhin, dass der Parlamentarische Rat von dem traditionellen Begriff des Amtsgewissens ausging.

Stärker noch als die Geschichte lassen sich aber Text und Teleologie von Art. 38 I 2 GG dafür anführen, unter Gewissen die amtliche Überzeugung des Abgeordneten vom Gemeinwohl zu verstehen. So wie die Vorschrift gefasst ist, steht die Aussage, dass der Abgeordnete nur seinem Gewissen unterworfen ist, nicht unverbunden neben der einleitenden Sentenz vom Abgeordneten als Vertreter des ganzen Volkes. Vielmehr ist die Gewissensformel eindeutig auf die eingangs begründete Repräsentantenstellung bezogen. Die Freiheit des Mandats soll

---

41 Vgl. besonders *G. Anschütz,* Die Verfassung des Deutschen Reichs, Art. 21 Anm. 2.

42 Vgl. die entsprechende Bemerkung des Abg. Dr. Katz in der 32. Sitzung des Hauptausschusses v. 7. Januar 1949, in: Parlamentarischer Rat, Verhandlungen des Hauptausschusses Bonn 1948/49, S. 390.

augenscheinlich dazu dienen, dass der Abgeordnete seiner Stellung als Vertreter des ganzen Volkes gerecht werden kann. Wenn aber – wie festgestellt – die Repräsentation des Volkes essentiell auf das Gemeinwohl bezogen ist, so deutet alles daraufhin, dass die Rede vom Gewissen des Abgeordneten die Überzeugung des Abgeordneten vom Gemeinwohl und nicht etwa ein individuelles moralisches Bewusstsein meint[43]. Der Gewissensbegriff ist hier derselbe, der in den Amtseidbestimmungen für den Bundespräsidenten und die Mitglieder der Bundesregierung (Art. 56 und 64 II GG) oder auch in einigen der auf Länderebene vorgesehenen Abgeordneteneide[44] zum Ausdruck kommt, die von gewissenhafter Pflichterfüllung sprechen. Insofern kann es nicht darauf ankommen, ob die Entscheidung, die der Abgeordnete zu treffen hat, grundlegender oder eher pragmatischer Natur ist. Als solcher repräsentiert der Parlamentarier das Volk in jeder Lage. Deshalb verdient seine Unabhängigkeit auch in jeder Lage Schutz[45]. Besonders deutlich wird dies in einigen Landesverfassungen, deren Mandatsregeln von Gewissen und Überzeugung des Abgeordneten sprechen[46] oder von der Überzeugung des Abgeordneten vom Volkswohl[47].

2. *Die Unabhängigkeit der Abgeordneten*

Gesteht die Gewissensformel des Art. 38 I 2 Hs. 3 GG also dem Abgeordneten grundsätzlich Unabhängigkeit in allen parlamentarischen Angelegenheiten zu, so bekräftigt sie einmal die bereits im vorangegangenen Halbsatz getroffene Feststellung, dass der Abgeordnete an keinerlei Aufträge und Weisungen gebunden ist. Zum zweiten, und das ist das im vorliegenden Zusammenhang Interessante, schließt sie es aber auch aus, die im ersten Halbsatz der Vorschrift enthaltenen Verpflichtung des Abgeordneten auf das Gemeinwohl so zu verstehen, dass sich aus ihr verbindliche Vorgaben für das Handeln des Volksvertreters entnehmen lassen könnten. Der Abgeordnete ist an das Gemeinwohl gebunden, doch wie er es verwirklicht, steht grundsätzlich in seinem Ermessen. Worum es auch immer gehen mag, der Abgeordnete ist nur seiner Überzeugung unterworfen. Art und Weise seiner Amtsführung sind einer nicht justitiablen Gewissensentscheidung überlassen[48].

---

43 Vgl. auch *W. Hennis,* 2. FG R. Smend, S. 51 (63), der davon spricht, dass die Gewissensklausel ohne feste Bindung an das „gemeine Wohl" unverständlich sei.

44 § 2 II GOLT MV und § 2 II GOLT Schl.-H.

45 Ebenso im Ergebnis *K. Abmeier,* Die parlamentarischen Befugnisse des Abgeordneten, S. 53; *W. Demmler,* a. a. O., S. 123 ff.; *E. V. Heyen,* a. a. O., S. 35 (42 ff.); *H. H. Klein,* in: J. Isensee / P. Kirchhof, HdbStR, Bd. II, § 41 Rn. 3; *J.-D. Kühne,* a. a. O., S. 51; *M. Morlok,* in: H. Dreier, GG, Art. 38 Rn. 140. Deutliche Unterscheidung der Gewissensbegriffe von Art. 4 und 38 I 2 GG zuvor schon bei *R. Bäumlin,* VVDStRL Bd. 28 (1970), S. 146 f.

46 So Art. 56 I 2 LV Brbg.

47 So Art. 30 II LV NW.

48 *H. H. Klein,* in: J. Isensee / P. Kirchhof, HdbStR, Bd. II, § 41 Rn. 22; *H. Steiger,* Organisatorische Grundlagen des parlamentarischen Regierungssystems, S. 80.

Vorgegeben ist also der Gemeinwohlzweck; darin, welcher Mittel er sich bedient, um diesen Zweck zu erreichen, ist der Abgeordnete frei[49].

Grenzenlos ist diese Freiheit nicht. Soweit nämlich das Gemeinwohl in besonderen Vorschriften konkretisiert und für verbindlich erklärt wird, wie es etwa bei den Grundrechten der Fall ist (vgl. Art. 1 III GG), ist der Abgeordnete daran gebunden und kann sich ihrer Verpflichtungskraft nicht unter Berufung auf seine eigene Überzeugung entziehen[50]. Zu Recht hat daher beispielsweise der Sächsische Verfassungsgerichtshof ausgesprochen, dass das freie Mandat die Abgeordneten nicht davon entbindet, bei der Besetzung eines Ausschusses den Grundsatz der Chancengleichheit zu beachten[51]. Abgesehen von diesen Grenzen ist es aber alleine Sache des Abgeordneten zu entscheiden, was dem Gemeinwohl entspricht.

3. Die Reichweite der Unabhängigkeit

Das bedeutet nicht nur, dass der Abgeordnete grundsätzlich keinen Vorschriften darüber unterliegt, *wie* er von seinem Stimmrecht Gebrauch macht. Es hat auch zur Folge, dass der Gemeinwohlbindung des Art. 38 I 2 Hs. 1 GG nichts darüber zu entnehmen ist, *ob* er sein Stimmrecht ausüben soll. Zwar lässt die Vorschrift ein objektives Interesse an einer Stimmabgabe durch den Parlamentarier erkennen. Die Abwägung dieses Interesses mit dem Interesse an einer Nichtbeteiligung oder Stimmenthaltung überlässt Art. 38 I 2 GG jedoch dem einzelnen Abgeordneten. Beruht nämlich die Mandatsfreiheit auf der Annahme, dass der Parlamentarier selbst am besten weiß, was im Einzelfall richtig ist, so gibt es keinen Anlass, diese Vermutung auf das „Wie" der Stimmabgabe zu beschränken. Auch insofern, als zu entscheiden ist, ob es besser ist, sich an der Abstimmung zu beteiligen und eine Stimme abzugeben oder davon abzusehen, ist der Abgeordnete frei und nur seiner Überzeugung unterworfen[52].

Eine verfassungsmäßige, aus Art. 38 I 2 GG herleitbare Stimmpflicht, welche über die Pflicht, überhaupt an den Arbeiten des Parlaments teilzunehmen, hinausgehen und dem Abgeordneten im Grundsatz vorschreiben würde, dass er von seinem Stimmrecht Gebrauch machen soll, besteht daher nicht. Erst recht ist deshalb kein Raum für die Annahme, Art. 38 I 2 GG erlege dem Abgeordneten vorbehaltlich bestimmter Entschuldigungsgründe eine strikte Stimmpflicht auf und erkläre

---

49 Vgl. *H. H. v. Arnim*, in: Bonner Kommentar, GG, Art. 48 Rn. 49; *W. Demmler*, Der Abgeordnete im Parlament der Fraktionen, S. 51; *V. Epping*, DÖV 1999, S. 529 (536 f.).

50 Vgl. *N. Achterberg / M. Schulte*, in: H. v. Mangoldt / F. Klein / C. Starck, GG, Art. 38 Rn. 39; *T. Maunz*, in: ders. / G. Dürig, GG, Art. 38 Rn. 17: Der Abgeordnete bleibt an Verfassung und Gesetz gebunden.

51 SächsVerfGH, SächsVBl. 1996, 90 (93).

52 Ebenso im Ergebnis, freilich ohne nähere Begründung SächsOVG, SächsVBl. 1995, S. 66 (67), und *H. Heilmann*, BayVBl. 1984, S. 196 (198); skeptisch aber BayVerfGH, BayVBl. 1984, S. 621 (622).

damit bestimmte Enthaltungen oder Nichtteilnahmen wie etwa das Fernbleiben von der Abstimmung aus Gründen des freiwilligen Pairing für unstatthaft. Vielmehr hat der Abgeordnete das nahezu unbeschnittene Recht, sich an Abstimmungen nicht zu beteiligen oder sich bei ihnen der Stimme zu enthalten. Dieses Recht ist nur in der Hinsicht eingeschränkt, als der Abgeordnete seiner Überzeugung folgen muss.

V. Die Verpflichtung auf das Gewissen

1. Grundlagen der Gewissensbindung

Die aus Art. 38 I 2 GG folgende Mandatsfreiheit der Parlamentarier unterliegt insofern einer Begrenzung, als der Abgeordnete nicht seiner Überzeugung zuwider handeln darf. Seinem Gewissen – so sagt es Art. 38 I 2 GG – ist der Abgeordnete „unterworfen". Art. 38 I 2 GG enthält also eine Verpflichtung des Abgeordneten auf seine Überzeugung vom Gemeinwohl. Das ist in der Literatur[53] bisweilen mit dem Argument geleugnet worden, der Ton der Gewissensformel liege nicht auf der Unterworfenheit unter das Gewissen, sondern auf der Ausschließlichkeit („nur") der Unterwerfung. Sie sei nicht mehr als eine Bekräftigung der Weisungs- und Auftragsfreiheit des Abgeordneten. Bei allem Akzent auf dem „nur" ist aber nicht zu übersehen, dass die Wendung „unterworfen" notwendig eine Verpflichtung impliziert. Dabei erweist sich die Bindung an die eigene Überzeugung als Korrelat der äußeren Unabhängigkeit: Weil der Abgeordnete keinen Richtlinien Anderer zu folgen hat, ist er verpflichtet, seine eigenen Anschauungen von dem, was richtig ist, zu beherzigen. Die Mandatsregel will den Abgeordneten nicht in eine Freiheit nach Belieben entlassen, sondern fordert einen gewissenhaften Gebrauch der Freiheit, bindet den Abgeordneten also an seine eigene Überzeugung[54]. Etwas anderes gilt nur nach der Mandatsvorschrift der Verfassung Brandenburgs, welche sich in Abweichung von der traditionellen Gewissensklausel auf die Aussage beschränkt, dass niemand einen Abgeordneten dazu zwingen darf, gegen sein Gewissen und seine Überzeugung zu handeln[55]. Die Gewissensbindung erstreckt sich auch auf die Frage, ob es sinnvoll ist, an einer Abstimmung teilzunehmen und eine Stimme abzugeben. Mit Ausnahme des brandenburgischen Landtags ist daher eine Nichtbeteiligung oder Enthaltung gegen die eigene Überzeugung in allen Parlamenten unzulässig.

---

53 *P. Badura*, in: Bonner Kommentar, GG, Art. 38 Rn. 50; *H.-H. Trute*, in: I. v. Münch/P. Kunig, GG^5, Art. 38 Rn. 88; *U. F. H. Rühl*, Der Staat Bd. 39 (2000), S. 23 (43).

54 StGH Bremen, StGHE 1, 34 (36 und 39); *N. Achterberg/M. Schulte*, in: H. v. Mangoldt/F. Klein/C. Starck, GG, Art. 38 Rn. 39; *W. Demmler*, Der Abgeordnete im Parlament der Fraktionen, S. 127 f.; früher schon *G. Anschütz*, Die Verfassung des Deutschen Reichs, Art. 21 Anm. 2; jetzt wohl auch *P. Badura*, in: H.–P. Schneider/W. Zeh (Hg.), Parlamentsrecht und Parlamentspraxis, § 15 Rn. 11.

55 Art. 56 I 2 LV Brbg.

2. Abgeordneter und Fraktion

Insofern als sie den Abgeordneten auf seine Überzeugung verpflichten, akzeptieren die Verfassungen allerdings, dass der Abgeordnete als Mitglied einer Partei sein Mandat unter Einbindung in eine Fraktion ausübt, zu der er sich mit den anderen seiner Partei angehörenden Mitgliedern des Parlaments zusammengeschlossen hat. Das Grundgesetz spricht in Art. 21 I 1 davon, dass die Parteien bei der politischen Willensbildung mitwirken. Wegweisend auch für die Landesverfassungen erkennt es damit an, dass die Parteien als politische Vereinigungen eine wichtige Rolle als Bindeglied zwischen der Gesellschaft und der organisierten Staatlichkeit besitzen, indem sie die in der Gesellschaft vorhandenen politischen Anschauungen zur Sprache kommen lassen, bündeln und in den Prozess der Staatswillensbildung einführen. Im Rahmen der Wahl der Abgeordneten macht sich der von den Verfassungen anerkannte Einfluss der Parteien in unterschiedlicher Weise und in Abhängigkeit vom Wahlsystem bemerkbar. Die Mehrheitswahl ist von den rechtlichen Voraussetzungen her eine reine Personenwahl und so spielt die Persönlichkeit der Kandidaten bei der Wahlentscheidung eine gewichtige Rolle. Daneben ist aber auch die Parteizugehörigkeit des Abgeordneten ein nicht unbedeutender Beweggrund der Wahl. Bei der Verhältniswahl ist die Parteizugehörigkeit demgegenüber „nicht nur Motiv, sondern konstitutiv“[56], und steht das politische Programm der Partei im Vordergrund, wenn auch hier nicht Parteien, sondern Personen gewählt werden, deren Persönlichkeit keineswegs vollständig hinter dem sie einenden politischen Programm zurücktritt.

Der Wahl des Abgeordneten als Persönlichkeit und Exponent einer Partei entspricht es, dass die Verfassungen ihn weder auf die Rolle eines Sprachrohrs einer Fraktion noch auf die eines Einzelparlamentariers festlegen: Der Abgeordnete ist darin frei, ob er sich einer Fraktion anschließt oder nicht; entscheidet er sich gegen eine Fraktionszugehörigkeit, verliert er keineswegs seinen Sitz[57]. Schließt er sich einer Fraktion an, so kann ihn die Fraktion nicht im Wege des sog. Fraktionszwanges dazu verpflichten, der Auffassung der Fraktionsmehrheit zu folgen[58]. Wenn sein Standpunkt in einer Sache nicht mit dem der Fraktionsmehrheit übereinstimmt, kann er trotzdem mit der Fraktionsmehrheit stimmen, wenn er der Auffassung ist, dass ein geschlossenes Auftreten in dieser Angelegenheit besser der Verfolgung seiner allgemeinen politischen Ansichten dienlich sein wird. Die Unterworfenheit unter das Gewissen darf nicht zu eng verstanden werden. Bei der Bildung seiner Überzeugung kann der Abgeordnete nicht allein die Gründe für oder gegen eine Entscheidung berücksichtigen, sondern darf auch in Betracht ziehen, dass es dem Gemeinwohl dienen kann, um der Verfolgung der gemeinsamen Fraktionspolitik willen in einer Angelegenheit die eigene Auffassung zurückzustellen.

---

56 *W. Pauly,* AöR Bd. 123 (1998), S. 232 (237).

57 Vgl. nur *H. H. Klein,* in: J. Isensee / P. Kirchhof, HdbStR, Bd. II, § 41 Rn. 18.

58 Statt vieler *H. H. Klein,* a. a. O., § 41 Rn. 13.

Die sogenannte Fraktionsdisziplin ist zulässig[59]. Deshalb verstößt es keineswegs gegen Art. 38 I 2 GG, wenn der Abgeordnete einen Konflikt zwischen ihm und der Fraktion in der Weise löst, dass er auf eine von der Fraktion abweichende Stimmabgabe verzichtet und sich der Stimme enthält oder der Abstimmung fernbleibt.

3. Folgen überzeugungswidriger Enthaltung oder Nichtbeteiligung

Handgreifliche juristische Folgen besitzt eine überzeugungswidrige Stimmenthaltung oder Nichtbeteiligung ohnehin nicht. Das Parlamentsverfahren ist förmlich ausgestaltet, so dass es für die Gültigkeit von Beschlüssen grundsätzlich nicht auf die Motive der Abstimmenden ankommt[60]. Anders liegt es nur, wenn die Verfassung einen speziellen subjektiven Tatbestand zur Voraussetzung eines Rechtsaktes macht, wie es bei der Vertrauensabstimmung nach Art. 68 GG der Fall ist[61]. Nach einhelliger Ansicht führen daher selbst erhebliche Verstöße gegen Art. 38 I 2 GG nicht zur Ungültigkeit eines Parlamentsbeschlusses[62]. Damit tragen die Verfassungen auch dem Umstand Rechnung, dass ein Verstoß gegen Art. 38 I 2 GG nur sehr schwer beweisbar wäre. Solange der Abgeordnete nicht das Gegenteil eingesteht, spricht nämlich eine Vermutung für ein überzeugungsgemäßes Verhalten des Abgeordneten[63]. Auch in persönlicher Hinsicht sehen die Verfassung keine Sanktionen für überzeugungswidrig handelnde Abgeordnete vor. Die Unzulässigkeit einer überzeugungswidrigen Enthaltung oder Nichtbeteiligung ist somit nur „moralisch" von Belang[64].

---

59 StGH Bremen, StGHE 1, 34 (40); *W. Demmler,* Der Abgeordnete im Parlament der Fraktionen, S. 132 f.; *E. Dreher,* NJW 1950, S. 661 (663); *E. Friesenhahn,* VVDStRL, Bd. 16 (1958), S. 9 (24); *H. H. Klein,* a. a. O., § 41 Rn. 14; *H. Maurer,* Staatsrecht I, § 13 Rn. 69; *H.-P. Schneider,* in: Alternativkommentar, GG^2, Art. 38 Rn. 37; zuvor bereits *G. Radbruch,* in: G. Anschütz / R. Thoma, HdbDStR, Bd. II, S. 285 (293); anderer Auffassung aber *N. Achterberg,* DVBl. 1983, S. 477 (485); *ders. / M. Schulte,* in: H. v. Mangoldt / F. Klein / C. Starck, GG, Art. 38 Rn. 41; *G. Leibholz,* in: ders., Strukurprobleme der modernen Demokratie, S. 78 (115).

60 Vgl. BVerfGE 16, 82 (88); 18, 38 (45); *H.-J. Mengel,* Gesetzgebung und Verfahren, S. 450 f.

61 Vgl. BVerfGE 62, 1 (35 ff.). Abweichender Ansicht unter Hinweis auf das Problem der Justitiabilität *H. Liesegang,* NJW 1983, S. 147 (149).

62 Vgl. *P. Badura,* in: Bonner Kommentar, GG, Art. 38 Rn. 59; *A. Hamann / H. Lenz,* GG, Art. 38 Anm. 8; *H. Martens,* DVBl. 1965, S. 865 (866).

63 Vgl. *N. Achterberg,* DVBl. 1983, S. 477 (485); *W. Demmler,* Der Abgeordnete im Parlament der Fraktionen, S. 130. Siehe auch für den Gemeinderat BVerwGE 90, 104 (107).

64 Vgl. *W. Schreiber,* in: Berliner Kommentar, GG, Art. 38 Rn. 102.

4. Ergebnis

So wie die Verfassungen die Rechtsstellung des Abgeordneten ausgestaltet haben, überlassen sie es also im wesentlichen seiner Verantwortung, ob er an einer Wahl oder Abstimmung teilnimmt und eine Stimme abgibt. Denkbar ist jedoch, dass die Geschäftsordnungen und Abgeordnetengesetze diese Freiheit zumindest ein Stück weit einschränken.

VI. Regelungen in Geschäftsordnungen und Abgeordnetengesetzen

1. Teilnahmepflicht

a) Die Regelungslage

Eine als solche bezeichnete Pflicht der Abgeordneten zur Teilnahme an Wahlen und Abstimmungen des Parlamentes ist weder der Geschäftsordnung des Bundestages und dem Abgeordnetengesetz noch den entsprechenden Rechtsvorschriften der Länder bekannt. Nach den Geschäftsordnungen der meisten Volksvertretungen besteht aber eine – wenn auch unterschiedlich formulierte – Pflicht der Abgeordneten zur Mitwirkung. Für den Bundestag ist in § 13 II 1 GOBT geregelt, dass die Mitglieder des Bundestages verpflichtet sind, an den Arbeiten des Bundestages teilzunehmen. Trägt sich ein Abgeordneter an einem Sitzungstag nicht in die Anwesenheitsliste ein oder versäumt er die Teilnahme an einer namentlichen Abstimmung, hat er nach § 14 AbgG grundsätzlich die Kürzung seiner Aufwandsentschädigung zu gewärtigen. Parlamentssatzungen auf Landesebene legen entweder eine ähnliche Pflicht zur Teilnahme an den Arbeiten des Parlaments fest oder sprechen spezifischer von einer Pflicht zur Beteiligung an den Sitzungen. Folge einer Nichteintragung in die Anwesenheitsliste oder der Nichtteilnahme an einer namentlichen Abstimmung ist auch hier regelmäßig die Kürzung der Aufwandsentschädigung bzw. der Verlust des Tagegeldes und anderer Leistungen[65].

Solche geschäftsordnungsmäßigen Mitwirkungspflichten haben Tradition. Ein Blick auf die vor 1918 in Kraft befindlichen Geschäftsordnungen deutscher Parlamente offenbart, dass vielfach eine explizite Pflicht zur Teilnahme an den Sitzungen des Parlaments bestand[66], während eine solche Verpflichtung bisweilen – wie

---

65 Vgl. § 72 GOLT u. § 7 AbgG BW; § 3 GOLT u. Art. 7 AbgG Bayern; § 1 GOAbg. und § 8 AbgG Berlin; § 3 GOLT u. § 7 AbgG Brbg.; § 1 GOBürg. u. § 8 f. AbgG Bremen; § 4 V AbgG Hbg.; § 39 I GOLT Hessen; § 32 GOLT u. § 11 AbgG MV; § 1 GOLT u. §§ 8 ff. AbgG Nds.; § 3 GOLT u. § 7 AbgG NW; § 14 GOLT u. § 7 AbgG Rhld.-Pfalz; § 1 GOLT u. § 7 AbgG Saarl.; § 10 II GOLT u. § 8 AbgG Sachsen; § 1 II GOLT u. §§ 9 ff. AbgG LSA; § 47 GOLT u. §§ 10 ff. AbgG Schl.-H.; § 13 GOLT u. § 8 AbgG Thür.

66 §§ 4 und 6 GOLT Anhalt; Art. 27 des Gesetzes über den Geschäftsgang des Landtages von Bayern; §§ 20 f. GOBürg. Bremen; § 26 GOBürg. Hbg.; Art. 34 GOLT Hessen; § 13

im Falle des Reichstages und des preußischen Abgeordnetenhauses – nicht ausdrücklich festgehalten war, aber aus der Notwendigkeit der Urlaubserteilung bei Abwesenheit[67] gefolgert wurde[68]. Sanktioniert war diese Pflicht teilweise dadurch, dass bei unentschuldigtem Fernbleiben das Tagegeld gestrichen wurde; im Wiederholungsfalle drohte mitunter auch der Verlust des Abgeordnetensitzes. Im Reich blieb eine Abwesenheit von der Sitzung allerdings lange Zeit folgenlos. Erst 1906 mit der Einführung der Aufwandsentschädigung für Reichstagsmitglieder wurde dann bestimmt, dass demjenigen, der einer Plenarsitzung oder einer namentlichen Abstimmung fernblieb, die Entschädigung um 20 Mark gekürzt wurde[69]. Da es auf ein Verschulden nicht ankam, wurde freilich auch darin keine Strafe gesehen, sondern nur eine indirekte Sanktion[70]. In der Weimarer Zeit entschloss sich der Reichstag schließlich zur Einführung einer Pflicht der Abgeordneten, an den Arbeiten des Reichstages teilzunehmen[71], die bald in anderen Parlamentssatzungen nachgeahmt wurde[72]. Verpflichtungen zur Teilnahme an den Sitzungen der Volksvertretung bestanden daneben in vielen Landesparlamenten fort oder wurden durch neue Geschäftsordnungen eingeführt[73].

b) Die Verpflichtung zur Abstimmungsbeteiligung

Als allgemeinere Pflicht schließt die Pflicht zur Teilnahme an den Arbeiten des Parlaments die Pflicht zur Beteiligung an den Sitzungen der Volksvertretung ein[74]. Die Verpflichtung zum Besuch der Sitzungen umfasst ihrerseits die Obligation zur Teilnahme an den während der Sitzungen stattfindenden Wahlen und Abstimmungen des Parlaments, geht man – wie hier[75] – davon aus, dass die Anwesenheit im Sitzungssaal während einer Abstimmung mit der Beteiligung an dieser gleichzusetzen ist. Aus der heute in den meisten Parlamenten geltenden Pflicht zur Teilnahme an den Arbeiten bzw. den Sitzungen folgt also eine grundsätzliche Pflicht zur Beteiligung an den Beschlüssen des Parlaments[76].

GOLT Lippe; § 8 f. GOBürg. Lübeck; § 19 GOLT Reuß ä.L.; § 17 f. GOLT Sachsen-Weimar-Eisenach; § 8 GOLT Sch.-Lippe; § 30 GOLT Schwarzburg-Sondershausen; § 22 GO 1. Kammer Württ.

67 Vgl. § 65 GORT; § 69 GO Preuß. Abgeordnetenhaus.

68 Vgl. *J. Hatschek*, Das Parlamentsrecht des Deutschen Reichs, Erster Teil, S. 601; *G. Meyer / G. Anschütz*, Lehrbuch des Deutschen Staatsrechtes, Zweiter Teil, S. 516.

69 §§ 2 und 4 des Gesetzes über die Entschädigung der Mitglieder des Reichstages vom 21. Mai 1906 (RGBl. S. 468).

70 Vgl. *J. Hatschek*, a. a. O., S. 602; *G. Meyer / G. Anschütz*, a. a. O., S. 516 Fn. a.

71 § 1 GORT.

72 Vgl. § 3 GOLT Braunschw.; §§ 1 ff. GOLT Thür.; § 26 GOLT Württ.

73 Vgl. etwa § 9 GOBürg. Bremen; Art. 27 f. GOLT Hessen.

74 Vgl. nur *K. Kremer*, in: FG W. Blischke, S. 9 (10); *H. Steiger*, Organisatorische Grundlagen des parlamentarischen Regierungssystems, S. 82 f.

75 S.o. Kapitel 1, Abschnitt 1, A.

Eine Nichtbeteiligung an der Abstimmung ist demnach sowohl im Bundestag als auch in der Mehrzahl der Landesparlamente nur bei Vorliegen eines guten Grundes zulässig. Bei der Beurteilung, ob ein zureichender Anlass für ein Fernbleiben gegeben ist, steht dem Abgeordneten jedoch mit Blick auf die durch Art. 38 I 2 GG gewährleistete Freiheit des Mandats ein weiter Spielraum eigener Einschätzung zu[77]. Ob der Abgeordnete an Wahlen und Abstimmungen teilnimmt oder davon mit Rücksicht auf andere Verpflichtungen absieht, ist weitgehend seiner Entscheidung überlassen. Besonders für Bundestagsabgeordnete, die im allgemeinen von der parlamentarischen Arbeit im weitaus stärkeren Maße beansprucht werden als Landtagsabgeordnete, gilt insoweit, dass sie nicht nur Verpflichtungen außerhalb des Parlaments berücksichtigen müssen, sondern auch abzuwägen haben, inwieweit ihr durch Fraktions- sowie Ausschusssitzungen, eine Unzahl weiterer parlamentsinterner Treffen sowie die Vorbereitung der parlamentarischen Arbeit auf äußerste angespannte Zeitbudget erlaubt, an den angesetzten Plenarabstimmungen teilzunehmen. Kein Abgeordneter entgeht insofern der Notwendigkeit, Prioritäten zu setzen und über eine Abstimmungsbeteiligung nach Wichtigkeit und Umstrittenheit des Abstimmungsgegenstandes sowie eigener fachlicher Nähe (Spezialisierung) zu entscheiden[78].

Dem extensiven Beurteilungsspielraum bei der Erfüllung der Beteiligungspflicht korrespondiert das weitgehende Fehlen von echten Sanktionen. Zwar hat die Nichteintragung in die Anwesenheitsliste nach § 14 I 3 AbgG und der Mehrzahl der Landesregelungen zur Folge, dass die Aufwandsentschädigung gekürzt wird bzw. Tagegelder u.ä. nicht gezahlt werden. Doch tritt diese Folge regelmäßig unabhängig von den Gründen der Abwesenheit ein. Auf Verschulden kommt es meistens nicht an. Insofern ist der hinter der Kürzung der Entschädigung stehende Gedanke nicht der, dem Abgeordneten für Abwesenheit eine Buße abzuverlangen. Vielmehr beruht die Kürzung schlicht auf der Vermutung, dass dem Abgeordneten, der nicht anwesend war, auch keine oder geringere Kosten entstanden sind[79]. Die Verpflichtung zur Beteiligung an Wahlen und Abstimmungen des Parlaments ist daher im allgemeinen lex imperfecta bzw. „sittlicher" Art.

Eine gewisse Einschränkung des Beurteilungsspielraums der Abgeordneten, verbunden mit der Androhung echter Sanktionen, ergibt sich aber namentlich aus der für den Bundestag geltenden Regelung, die sich eine Reihe von Landesvorschriften zum Vorbild genommen hat. Nach § 13 II i.V.m. § 14 S. 1 GOBT hat sich derjenige, der einer Sitzung fernbleiben will, vom Präsidenten beurlauben zu lassen.

---

76 Vgl. *M. Schuldei,* Die Pairing-Vereinbarung, S. 148.

77 Siehe *M. Schuldei,* a. a. O., S. 150 f.; *H. Troßmann,* Parlamentsrecht des Deutschen Bundestages, GOBT, § 16 Rn. 1; vgl. auch VerfGH NW, NVwZ-RR 2000, S. 265 [267].

78 Vgl. zu Erwägungen, die bei der Entscheidung über eine Sitzungsteilnahme eine Rolle spielen, besonders *K. Kremer,* a. a. O., S. 9 (14 ff.).

79 Kritisch zur Berechtigung, dem Abgeordneten aufgrund dieser Vermutung die Aufwandsentschädigung zu kürzen, *H. Meyer,* in: H.-P. Schneider / W. Zeh (Hg.), Parlamentsrecht und Parlamentspraxis, § 4 Rn. 14 mit Fn. 40.

Wenn auch die Beantragung von Urlaub in der Regel eine bloße Formalität ist[80], so kann der Präsident dennoch in Einzelfällen die Gewährung von Urlaub ablehnen. Bleibt der Abgeordnete dann trotzdem dem Parlament fern, hat er nach § 14 I 6 AbgG einen erhöhten Abzug von der Kostenpauschale hinzunehmen. Da die Erhöhung des Abzugsbetrages ersichtlich nicht auf der Vermutung geringerer Kosten, sondern dem Fehlen einer Beurlaubung beruht, lässt sich nicht leugnen, dass die Kürzung der Kostenpauschale insofern Bußcharakter besitzt, als sie den nach § 14 I 3 AbgG bei jeder Abwesenheit einzubehaltenden Betrag übersteigt[81]. Damit ist die Verpflichtung zur Teilnahme an den Arbeiten des Parlaments aber nicht im vollem Umfang lex imperfecta bzw. „sittlicher" Natur.

Ob der nicht beurlaubte Abgeordnete an einer Abstimmung auch teilnimmt, bleibt ungeachtet dessen ihm überlassen. Nur in einem Fall besteht eine weitergehende strikte Pflicht zur Teilnahme an der Beschlussfassung, nämlich dann, wenn namentliche Abstimmung angeordnet ist. Das folgt aus § 14 II AbgG, der für den Fall einer Nichtteilnahme an einer solchen Abstimmung einen Abzug von der Kostenpauschale vorsieht, wenn der Abgeordnete nicht beurlaubt war. Die Beschränkung des Abzugs auf die nicht beurlaubten Abgeordneten macht deutlich, dass die Kürzung der Kostenpauschale in diesem Fall wiederum eine Buße darstellt. Als solche impliziert sie aber auch eine entsprechende Pflicht. Der nichtbeurlaubte Volksvertreter ist demnach unbedingt verpflichtet, an namentlichen Abstimmungen teilzunehmen[82]. Gerechtfertigt ist dieser nicht unerhebliche Eingriff in die Freiheit des Mandats durch die erhöhte Bedeutung von namentlichen Abstimmungen, bei denen es in besonderem Maße auf eine hohe Legitimation sichernde Abstimmungsbeteiligung ankommt[83]. Eine Ausnahme von der Verpflichtung zur Teilnahme an namentlichen Abstimmungen besteht allerdings im Falle des sog. Pairing. Das Anliegen, zufällige Verschiebungen in den Kräfteverhältnissen der politischen Richtungen durch Abstinenz von der Abstimmung auszugleichen, ist legitim, so dass der Abgeordnete, der aus Gründen des Pairing fernbleibt, als beurlaubt i.S.v. § 14 II 2 AbgG angesehen werden muss[84].

Schränken die Geschäftsordnungen und Abgeordnetengesetze somit die Freiheit der Abgeordneten, über eine Beteiligung an Wahlen und Abstimmungen zu entscheiden, in gewisser Weise ein, so überlassen sie diese Entscheidung aufs Ganze gesehen doch weitgehend den Abgeordneten. Insofern können sie nicht nur auf das

80 Vgl. *H. Troßmann,* a. a. O., § 18 Rn. 1.

81 Anders jedoch H. G. Ritzel / J. Bücker / H. J. Schreiner, Handbuch für die Parlamentarische Praxis, GOBT, § 13 Anm. II 3, und wohl auch *K. Kremer,* a. a. O., S. 9 (12).

82 Vgl. *H. H. Klein,* in: J. Isensee / P. Kirchhof, HdbStR, Bd. II, § 41 Rn. 22; von einer allerdings nicht näher begründeten Verpflichtung zur Teilnahme an namentlichen Abstimmungen geht auch *G. Straßberger,* Abstimmungspraxis und Abstimmungsrechtsgrundsätze in der Bundesrepublik Deutschland, S. 69, aus; dagegen freilich *H. Troßmann,* a. a. O., § 16 Rn. 2.

83 Hingegen meint *H. Troßmann,* a. a. O., § 16 Rn. 2, dass es mit Art. 38 I 2 GG unvereinbar wäre, die Verpflichtung zur Teilnahme an namentlichen Abstimmungen vorzuschreiben.

84 Vgl. *M. Schuldei,* a. a. O., S. 152 f.

Verantwortungsbewusstsein der Abgeordneten vertrauen, sondern auch auf die vielfältigen sozialen Zwänge, denen die Volksvertreter unterworfen sind. Disziplinierend wirkt die Fraktion, die ein Interesse daran besitzt, dass ihre Abgeordneten an Abstimmungen teilnehmen, und in letzter Instanz auch die Öffentlichkeit, die auf allzu nachlässige Parlamentarier aufmerksam werden und ihre Wiederwahl verhindern könnte. Für einen gewissen Teilnahmedruck sorgen im übrigen auch die Geschäftsordnungen, insofern als sie den Abgeordneten regelmäßig abfordern, eine Abwesenheit vom Parlament anzuzeigen und sich unter Angabe des Verhinderungsgrundes zu entschuldigen.

2. *Die Zulässigkeit von Enthaltungen*

a) Heutige Rechtslage

Weiter noch als den Entschluss über die Abstimmungsteilnahme stellen die Geschäftsordnungen der deutschen Parlamente den Abgeordneten die Entscheidung darüber anheim, ob sie ihre Stimmen abgeben oder sich lieber der Stimme enthalten wollen. Gleich den Geschäftsordnungen anderer europäischer Parlamente, denen Stimmenthaltungsverbote in der Regel unbekannt sind[85], kennen die Satzungen des Bundestags und der Landesparlamente keine wie auch immer ausgestaltete Pflicht zur Abgabe einer Stimme. Vielmehr gehen sie davon aus, dass Stimmenthaltungen zulässig sind. Stellvertretend auch für die entsprechenden Vorschriften der Geschäftsordnungen der Landesparlamente sei insofern auf die Abstimmungsregeln der Geschäftsordnung des Bundestages hingewiesen. In den Bestimmungen über den sog. Hammelsprung und die namentliche Abstimmung wird die Stimmenthaltung ausdrücklich als eine neben dem „Ja" und dem „Nein" bestehende Möglichkeit des Stimmverhaltens genannt[86]. In den Vorschriften über die Abstimmung durch Handzeichen bzw. Aufstehen oder Sitzenbleiben[87] werden Stimmenthaltungen zwar nicht besonders erwähnt, doch wird hier gleichfalls davon ausgegangen, dass sich die Abgeordneten der Stimme enthalten können[88]. In der ersten Fassung der Geschäftsordnung des Bundestages von 1952 war dies auch in einer speziellen Vorschrift festgeschrieben, der zufolge bei der Abstimmung jedes Mitglied erklären durfte, dass es sich der Stimme enthalte. An ihre Stelle trat 1970 die heutige Regelung, in der es heißt, dass jedes Mitglied des Bundestages vor der Abstimmung erklären könne, dass es nicht an der Abstimmung teilnehme[89]. Praktisch

---

85 Eine Ausnahme bildet das Geschäftsordnungsgesetz für den österreichischen Nationalrat, das in § 68 II anwesenden Abgeordneten untersagt, sich der Stimme zu enthalten.

86 § 51 II 3 und § 52 S. 2 GOBT.

87 § 48 I GOBT.

88 Vgl. *N. Achterberg,* Parlamentsrecht, S. 642; *H. G. Ritzel / J. Bücker / H. J. Schreiner,* Handbuch für die parlamentarische Praxis, GOBT , § 48 Anm. I 1 b).

89 Vgl. § 31 II GOBT.

durchsetzen konnte sich die Idee, die Stimmenthaltung quasi vorzuverlagern, aber nicht. Nach wie vor ist es üblich, während der Abstimmung zu erklären, dass man sich der Stimme enthalte[90]. Dass der Abgeordnete zur Stimmenthaltung berechtigt ist, wird also sowohl von den Geschäftsordnungen als auch von der Praxis anerkannt.

b) Historische Entwicklung

So selbstverständlich wie es heute erscheint, war das Recht zur Stimmenthaltung jedoch nicht immer. Insbesondere im 19. Jahrhundert waren in Deutschland vielfach auch Geschäftsordnungsbestimmungen anzutreffen, die den Abgeordneten dazu verpflichteten, sich zwischen Ja oder Nein zu entscheiden. So war es zur Zeit des Kaiserreichs in einer ganzen Reihe von deutschen Parlamenten mehr oder weniger strikt verboten, sich der Stimme zu enthalten[91]. In anderen Volksvertretungen waren Stimmenthaltungen nicht verboten, doch andererseits auch nicht durch die Geschäftsordnung ausdrücklich vorgesehen. Dadurch konnten Stimmenthaltungen Schwierigkeiten bereiten, für die ein Vorfall aus dem Verfassungsberatenden Reichstag von 1867 illustrativ ist: Bei einer Abstimmung durch Aufstehen oder Sitzenbleiben beanstandete der Stimmzähler, dass drei anwesende Abgeordnete nicht mitgezählt werden wollten, und verwies auf Albertis Komplimentierbuch für parlamentarische Versammlungen, wonach keine dazwischen liegende Stellung eingenommen werden könne. Sodann erklärte der Präsident: „Im Saale anwesend sein und doch nicht mitstimmen, das steht keinem Mitgliede zu", wobei er zur Begründung anführte: „Was ein Mitglied darf, müssen alle dürfen, und ich möchte wissen, wo wir hinkämen, wenn einmal das ganze Haus sitzen bliebe und sagte, es wolle weder als sitzend noch als stehend angesehen werden"[92].

Darin kommen Vorbehalte gegenüber Stimmenthaltungen zum Ausdruck, die zu dieser Zeit auch in anderen europäischen Staaten verbreitet waren und sich in Stimmenthaltungsverboten niederschlugen. Im britischen House of Commons war es seit jeher Brauch, dass die Mitglieder des Hauses bei der sog. division, einem formellen Abstimmungsverfahren, das stattfand, wenn die Abstimmung durch Zuruf kein eindeutiges Ergebnis erbracht hatte, ihre Stimme abgeben mussten[93]. Die-

---

90 Vgl. *H. Troßmann,* Parlamentsrecht des Deutschen Bundestages, GOBT, § 54 Rn. 9, dort auch zur vielfältigen Kritik an der Neuregelung. Weitere Bedenken bei *H. Troßmann / H.-A. Roll,* Parlamentsrecht des Deutschen Bundestages, Ergänzungsband, GOBT, § 31 Rn. 2.2.

91 Art. 29 S. 1 des Gesetzes über den Geschäftsgang des Landtags von Bayern; § 64 S. 1 GO Landesversammlung Braunschw.; § 33 S. 1 GOLT Lippe; § 17 S. 1 Landtagsordnung Sachsen; § 45 S. 2 Landschaftliche GO Sachsen-Altenburg; § 31 S. 2 GOLT Sachsen-Meiningen; § 106 S. 4 GOLT Schwarzburg-Sondershausen; § 44 GOLT Waldeck-Pyrmont; § 72 S. 2 GO 1. Kammer Württ.; § 65 IV 1 GO 2. Kammer Württ.

92 Vgl. den Auszug aus dem Verhandlungsprotokoll vom 29. März 1867 bei *B. Jungheim,* Die Geschäftsordnung für den Reichstag, S. 201 f.

ses Verbot von Stimmenthaltungen, das im Gegensatz zur Zulässigkeit von Enthaltungen im House of Lords stand[94], wurde immer wieder kritisiert. Namentlich Bentham plädierte in seiner zuerst auf Französisch erschienenen und alsbald auch ins Deutsche übersetzten Schrift über die Techniken des Parlamentarismus für die Möglichkeit der Stimmenthaltung[95]. Doch sollte es bis 1906 dauern, dass das Verfahren im Unterhaus reformiert und Enthaltungen erlaubt wurden[96]. Im französischen Parlamentsrecht dieser Zeit hatte die Stimmenthaltung gleichfalls keinen sicheren Platz. Zwar wurde 1820 in der Pairskammer eine Stimmliste für die Unschlüssigen eingeführt, wie es Bentham empfohlen hatte[97]. Im weiteren Verlauf des 19. Jahrhunderts wurde die Zulässigkeit von Stimmenthaltungen bei namentlichen Abstimmungen jedoch des öfteren mit dem Argument bestritten, dass sich die Abgeordneten entscheiden müssten[98].

In Deutschland erkannte die Geschäftsordnung des Reichstags allerdings seit 1868 ausdrücklich an, dass ein Abgeordneter sich bei namentlichen Abstimmungen der Stimme enthalten konnte[99]. Bei den anderen Abstimmungsarten war dies nicht vorgesehen, doch entstand mit der Zeit der Brauch, dass diejenigen, die sich der Stimme enthalten wollten, dies vor der Zählung dem Bureau anzeigen durften[100]. Die Geschäftsordnung des Reichstages von 1922 räumte dann schließlich bei allen Abstimmungsverfahren die Möglichkeit der Stimmenthaltung ein[101]. Viele Geschäftsordnungen auf Länderebene folgten diesem Beispiel[102]. Auch die meisten der ehedem bestehenden Stimmenthaltungsverbote, die als Ausdruck einer richtergleichen Vermittlungsrolle der Abgeordneten zwischen Krone und Volk gewertet worden sind[103], verschwanden mit dem Ende der Fürstenherrschaft. Nur in Lippe blieben Stimmenthaltungen vorbehaltlich der Genehmigung des Landtages weiter geschäftsordnungswidrig[104]. Stimmenthaltungen waren damit fast überall

---

93 Vgl. *J. Hatschek,* Englisches Staatsrecht, Bd. I, S. 408; *J. Redlich,* Recht und Technik des Englischen Parlamentarismus, S. 505 f.

94 Vgl. *J. Hatschek,* a. a. O., S. 408.

95 Vgl. *J. Bentham,* Tactik oder Theorie des Geschäftsganges in deliberirenden Volksständeversammlungen, S. 160 ff., freilich mit einigen Einschränkungen zu ihrer Zulässigkeit.

96 Vgl. *T. E. May,* The Law, Privileges, Proceedings and Usage of Parliament[13], S. 360.

97 Vgl. *J. Hatschek,* a. a. O., S. 432.

98 Siehe *E. Pierre,* Traité de droit politique électoral et parlementaire, S. 1016.

99 § 58 GORT.

100 Vgl. *K. Perels,* Das autonome Reichstagsrecht, S. 82 f., der diese Praxis allerdings für geschäftsordnungswidrig hielt.

101 § 103 S. 4 GORT.

102 § 67 f. GOLT Anhalt; § 65 S. 6 und § 66 II 1 GOBürg. Hbg.; Art. 63 III GOLT Hessen; § 34 und § 38 III GOBürg. Lübeck; § 107 I 2 und § 109 GOLT M.-Strelitz; § 96 I 3 GOLT Thür. Nur bei namentlicher Abstimmung war Stimmenthaltung explizit vorgesehen nach § 41 III GOLT Bayern; § 78 II GOLT Braunschw.; § 27 GOBürg. Bremen; § 32 a) GOLT M.-Schwerin; § 61 GOLT Sachsen.

103 So *J.–D. Kühne,* in: H.– P. Schneider / W. Zeh (Hg.), Parlamentsrecht und Parlamentspraxis, § 2 Rn. 110.

zu dem geworden, was sie heute sind: ein akzeptiertes Mittel der politischen Auseinandersetzung im Parlament, dessen Einsatz der Verantwortung der einzelnen Abgeordneten überlassen ist.

B. Quoren und Mehrheiten

Ebenso wie das Zustandekommen von Wahlen und Abstimmungen des Volkes an höchst unterschiedliche zahlenmäßige Bedingungen gebunden ist, unterscheiden sich auch die für die Beschlussfassung der Parlamente geltenden Quoren und Mehrheitsregeln ganz erheblich. Zu finden sind hier etwa Regelungen, die für die Wirksamkeit eines Beschlusses die meisten Stimmen oder die Mehrheit der abgegebenen Stimmen bzw. die Stimmenmehrheit verlangen, Bestimmungen, die den Erfolg eines Antrags vom Erreichen einer einfachen, Zweidrittel- oder Dreiviertelmehrheit der Anwesenden abhängig machen, wie auch Vorschriften, nach denen eine einfache oder Zweidrittelmehrheit der Mitglieder des Parlaments erforderlich ist. Ergänzt und flankiert werden diese Mehrheitsregeln durch Regelungen über die Beschlussfähigkeit der Parlamente, denen zufolge Beschlüsse nur bei Anwesenheit einer bestimmten, von der einfachen über die Zweidrittel- bis zur Dreiviertelmehrheit reichenden Mehrheit von Volksvertretern gefasst werden können, so dass Anträge bei mangelnder Präsenz zwar nicht endgültig scheitern, aber doch vorerst unerledigt bleiben[105]. Variiert werden die Mehrheits- und Beschlussfähigkeitsregeln nicht nur innerhalb der Parlamente je nach dem Gegenstand der Beschlussfassung. Vielfalt herrscht auch zwischen den Parlamenten, wenngleich die Diskrepanzen bei weitem nicht so erheblich sind, wie es bei Volksentscheiden der Fall ist. Unterschiede sind im wesentlichen auf die in besonderen Fällen (Wahlen, Verfassungsänderungen, Parlamentsauflösung etc.) geltenden Regeln beschränkt und erreichen auch nicht das Ausmaß, das die bei den Anforderungen an Plebiszite verbreiteten Differenzen kennzeichnet. Weitgehend einheitlich sind vor allem die Vorschriften, nach denen ein Beschluss des Parlaments gefasst wird, wenn nichts Spezielles geregelt ist, und die insbesondere im Hauptfall parlamentarischer Tätigkeit, der einfachen Gesetzgebung, zum Zuge kommen (Regelbeschlussfähigkeit und Regelmehrheit).

---

104 § 33 I GOLT Lippe.

105 Vgl. zu dieser speziellen Rechtsfolge der Beschlussunfähigkeit *H.-J. Vonderbeck*, in: FG W. Blischke, S. 193 (201).

I. Die Regelbeschlussfähigkeit

1. Die Voraussetzung der Anwesenheit der Mehrheit

Die Beschlussfähigkeit des Hauses ist in allen deutschen Parlamenten so geregelt, dass sie grundsätzlich die Anwesenheit der Mehrheit der Mitglieder erfordert[106]. Notwendig für die Beschlussfähigkeit ist also keineswegs eine bestimmte Anzahl von gültigen Ja- und Nein-Stimmen. Stimmenthaltungen, das bekräftigen die Geschäftsordnungen in aller Regel noch einmal ausdrücklich[107], zählen bei der Feststellung der Beschlussfähigkeit mit, und zwar unabhängig davon, ob sie – wie bei namentlicher Abstimmung bzw. Abstimmung durch Auszählung regelmäßig der Fall – durch Abgabe eines entsprechenden Stimmzettels bzw. Verlassen der für die Enthaltungen vorgesehenen Tür förmlich bekundet oder durch bloße Präsenz bei der Abstimmung zum Ausdruck gebracht werden[108]. Ausreichend ist aber andererseits auch nicht die bloße Anwesenheit einer Mehrheit der Abgeordneten im Parlamentsgebäude. Worauf es maßgeblich ankommt, ist die Präsenz der Mehrheit im Plenarsaal, was zu Zeiten des Reichstages noch in der Weise auf den Punkt gebracht werden konnte, dass entscheidend nicht die Anzahl der Hüte in der Garderobe, sondern die der Köpfe im Sitzungssaal sei[109]. Das Anliegen der Beschlussfähigkeitsregelung ist demnach nicht mehr und nicht weniger, als grundsätzlich zu sichern, dass Beschlüsse nur unter Beteiligung von mehr als der Hälfte der Mitglieder gefasst werden können.

Getragen wird die Beschlussfähigkeitsregelung von dem Ziel, der Willensbildung des Parlaments durch Vermeidung von Zufallsmehrheiten eine ausreichende Richtigkeitswahrscheinlichkeit zu verschaffen. Der Kompromisscharakter der Beschlussfähigkeitsziffer ist dabei deutlich sichtbar. Dem in Art. 20 II und Art. 38 I 2 GG angelegten Interesse an einer hohen Legitimation von Parlamentsentscheidungen[110] entspricht es, zur Beschlussfähigkeit der Volksvertretung die Beteiligung einer möglichst hohen Zahl von Parlamentariern zu verlangen. Je höher die Beschlussfähigkeitsziffer ist, desto größer ist allerdings auch das Risiko, dass infolge

---

106 § 45 I GOBT; Art. 33 II 3 LV BW; Art. 23 II LV Bayern; Art. 43 I LV Berlin; § 63 GOLT Brbg.; Art. 89 I 1 LV Bremen; Art. 20 I 1 LV Hbg.; Art. 87 I LV Hessen; Art. 32 III LV MV; § 79 I 1 GOLT Nds.; Art. 44 I LV NW; Art. 88 I LV Rhld.-Pfalz; Art. 74 I LV Saarl.; Art. 48 II LV Sachsen; Art. 51 II LV LSA; Art. 16 III LV Schl.-H.; Art. 61 I 1 LV Thür.

107 Vgl. pars pro toto § 45 III 4 GOBT.

108 Ebenso *H. Troßmann*, Parlamentsrecht des Deutschen Bundestages, GOBT, § 49 Rn. 1; *H.-J. Vonderbeck*, in: FG W. Blischke, S. 193 (199); a.A. jedoch für namentliche Abstimmungen *H. G. Ritzel / J. Bücker / H. J. Schreiner*, Handbuch für die parlamentarische Praxis, GOBT, § 45 Anm. II 2. j), die dem Widerspruch zur Maßgeblichkeit der Anwesenheitsziffer dadurch zu entgehen suchen, dass sie diejenigen, die keine Stimmkarte abgeben, als nicht anwesend ansehen, obwohl es für eine solche Abwesenheitsfiktion keine Rechtsgrundlage gibt.

109 Vgl. *J. Hatschek / P. Kurtzig*, Deutsches und preußisches Staatsrecht, Zweiter Band, S. 69.

110 S.o. A. III. 1. und 2.

von Abwesenheiten Beschlüsse nicht zustande kommen und eine effektive Parlamentsarbeit verhindert wird. Die auf die Mehrheit der Abgeordneten bezogene Beschlussfähigkeitsziffer sucht das Interesse an einer hohen Legitimation von Parlamentsbeschlüssen und das dem entgegenstehende Interesse an einer wirksamen Erledigung der parlamentarischen Aufgaben in der Weise miteinander zu versöhnen, dass sie das Nichtbeteiligungsrisiko fast zu gleichen Teilen auf die widerstreitenden Interessen verteilt, kommt einem hälftigen Ausgleich also sehr nahe.

Die parlamentsrechtlichen Wurzeln dieser Risikoverteilung reichen weit zurück. Während im britischen Unterhaus seit dem 17. Jahrhundert ein Quorum galt, das zur Beschlussfähigkeit des Parlaments die Anwesenheit von nicht mehr als 40 Abgeordneten, also etwa 10% der Mitglieder forderte[111] und damit dem Interesse an einer wirksamen Parlamentsarbeit weitgehenden Vorrang einräumte, entwickelte sich nach 1789 im französischen und daran anschließend auch im belgischen Parlamentsrecht die Tradition einer demgegenüber vergleichsweise hoch angesetzten Beschlussfähigkeitsziffer von mindestens der Mehrheit der Abgeordneten[112]. Eine gemessen an der britischen Doktrin relativ hohe Beschlussfähigkeitszahl erschien auch der konstitutionellen Lehre Deutschlands notwendig, wie sich an den in der zweiten Hälfte des 19. Jahrhunderts geltenden Quoren zeigt, die Anwesenheitsziffern von einem Drittel bis zwei Drittel der Abgeordneten verlangten[113]. Von prägendem Einfluss auf die Entwicklung der Beschlussfähigkeitsziffer war dabei die preußische Verfassung von 1850, welche sich mit der Forderung nach der Anwesenheit von mehr als der Hälfte der Abgeordneten für einen der französisch-belgischen Doktrin entsprechenden Mittelweg entschied, der seinerseits zum Vorbild für die Reichsverfassung von 1871 werden sollte[114]. Nach dem Ende der Monarchie setzte sich das auf die Mehrheit der Abgeordneten bezogenen Anwesenheitsquorum weiter durch. Abweichungen waren nur noch in Kleinstaaten zu verzeichnen[115]. Heute existieren auch solche Ausnahmen nicht mehr: allerorten ist zur Beschlussfähigkeit die Anwesenheit der Mehrheit der Abgeordneten erforderlich. Nach wie vor ist damit die in deutschen Parlamenten geltende Beschlussfähigkeitsziffer weit höher als im britischen Unterhaus, wo sie weiterhin bei nur etwa 10% der Mitglieder liegt.

---

111 Zu den eher zufälligen Umständen seiner Entstehung vgl. *J. Redlich,* Recht und Technik des englischen Parlamentarismus, S. 332.

112 Vgl. *J. Hatschek / P. Kurtzig,* a. a. O., S. 65 ff.

113 Vgl. als Pole § 50 LV Bremen und Art. 159 LV Oldenburg.

114 Vgl. Art. 80 S. 1 LV Preußen und Art. 28 S. 2 RV.

115 Siehe Art. 12 III LV Lippe und § 13 LV Sch.–Lippe, die jeweils die Präsenz einer 2/3-Mehrheit verlangten.

2. *Die Beschlussfähigkeitsvermutung*

Ebenso traditionsreich wie ein hohes Quorum ist in Deutschland freilich auch die sog. Beschlussfähigkeitsvermutung, der zufolge das Parlament als beschlussfähig gilt, solange nicht die Beschlussfähigkeit angezweifelt und ihr Fehlen vom Sitzungsvorstand festgestellt worden ist. Anfangs teilweise nur Praxis, wurde sie im Laufe der parlamentsrechtlichen Entwicklung zunehmend von den Parlamentssatzungen anerkannt. Waren etwa in der Geschäftsordnung des preußischen Abgeordnetenhauses der Monarchie keine Vorschriften über die Feststellung der Beschlussfähigkeit enthalten und bildete sich lediglich die Übung heraus, dass die Beschlussfähigkeit nicht zwingend von Amts wegen zu konstatieren sei, sondern nur bei Anzweiflung durch einen Abgeordneten[116], so wurde die daraus resultierende Fiktion der Beschlussfähigkeit in der Geschäftsordnung des Reichstages schon bald nach seiner Gründung verankert[117].

Auch nach heutigem Geschäftsordnungsrecht ist der Sitzungsvorstand nicht von Amts wegen gehalten, vor jeder Abstimmung die Beschlussfähigkeit zu überprüfen. Die in einigen Landtagsgeschäftsordnungen ähnlich der englischen Tradition[118] vorgesehene Pflicht des Vorstandes, die Beschlussfähigkeit des Hauses am Anfang einer Sitzung festzustellen[119], bestätigt diese Regel. Zur Überprüfung der Beschlussfähigkeit ist der Vorstand danach nur verpflichtet, wenn diese ausdrücklich angezweifelt wurde, wobei in den meisten Landesparlamenten die Anzweiflung durch einen Abgeordneten genügt[120], während im Bundestag Zweifel von mindestens 5% der Abgeordneten oder einer Fraktion erforderlich sind. Wird ein solcher Zweifel erhoben, mündet dies in aller Regel in eine förmliche Feststellung der Beschlussfähigkeit, die zunehmend mit der Abstimmung durch Auszählung erfolgt, nach vielen Landtagsgeschäftsordnungen aber noch im Wege des Namensaufrufes zu geschehen hat. Nur wenn die Beschlussfähigkeit vom Sitzungsvorstand einmütig bejaht, teilweise auch dann, wenn sie einmütig verneint wird, kann von einer näheren Überprüfung abgesehen werden. Kommt es aber zu keiner Anzweiflung, gilt das Haus als beschlussfähig, auch wenn tatsächlich weniger als die Mehrheit der Mitglieder anwesend ist, solange nicht eine Abstimmung durch Auszählung, eine namentliche Abstimmung oder eine geheime Wahl offenkundig werden lässt, dass die Beschlussfähigkeit nicht gegeben ist[121].

---

116 Vgl. *J. Hatschek/P. Kurtzig*, Deutsches und preußisches Staatsrecht, Zweiter Band, S. 67.

117 § 51 GORT.

118 Vgl. *T. E. May*, The Law, Privileges, Proceedings and Usage of Parliament[15], S. 316.

119 § 60 II GOLT Hessen; § 70 I 2 GOLT LSA; § 79 I 2 GOLT Nds.

120 Ausnahme: § 40 II 1 GOLT Thür.

121 Vgl. zum Vorstehenden § 45 II GOBT; § 80 GOLT BW; § 129 GOLT Bayern; § 73 GOAbg. Berlin; § 64 GOLT Brbg.; § 55 I GOBürg. Bremen; § 32 GOBürg. Hbg.; §§ 61 f. GOLT Hessen; § 43 GOLT MV; § 79 GOLT Nds.; § 48 GOLT NW; § 41 GOLT Rhld.-Pfalz;

Wie die Abgeordneten von ihrem Anzweiflungsrecht Gebrauch machen, ist nach dieser Regelung ausschließlich ihnen überlassen. Naheliegende Gesichtspunkte der Entscheidung sind diesbezüglich, inwiefern bei höherer Präsenz ein anderes Ergebnis zu erwarten wäre, und natürlich auch, inwieweit die Bedeutung der Sache eine u.U. umständliche, zeitraubende Feststellung der Beschlussfähigkeit und Verschiebung der endgültigen Entscheidung rechtfertigt. Kommen die Abgeordneten aufgrund dieser und anderer Erwägungen zum Schluss, dass eine Anzweiflung nicht angebracht ist, können sie auf die Geltendmachung der Beschlussunfähigkeit verzichten, und zwar selbst dann, wenn diese angesichts einer geringen Zahl von Anwesenden evident sein sollte. Eine Pflicht der Abgeordneten zur Anzweiflung gibt es auch bei offensichtlicher Beschlussfähigkeit nicht. Auch wenn die entsprechenden Geschäftsordnungsvorschriften nominell Regeln über die Feststellung einer als fixe Größe ausgewiesenen Beschlussfähigkeitsziffer von mehr als der Hälfte der Mitglieder sind, bewirken sie also im Ergebnis, dass die Beschlussfähigkeit weitgehend im Ermessen der im Sitzungssaal anwesenden Abgeordneten steht. Die auf dem Papier hohe Beschlussfähigkeitszahl des deutschen Parlamentsrechts wird demnach durch die Beschlussfähigkeitsvermutung ganz erheblich relativiert. Besonders im Bundestag, wo die Beschlussfähigkeit nur bei Zweifeln von mindestens 5% der Abgeordneten oder einer Fraktion festgestellt wird, sind aufgrund dessen die Mehrheit der Abgeordneten verfehlende Anwesenheitsziffern nur in den seltensten Fällen ein Hindernis für das Zustandekommen einer Entscheidung. Vielmehr werden viele der Beschlüsse des Bundestages in einem Zustand gefasst, in dem er „an sich" beschlussunfähig ist.

3. Die Tradition verfassungsrechtlicher Bedenken

Verfassungsrechtliche Bedenken gegen die Beschlussfähigkeitsvermutung hat es freilich immer gegeben. Schon zu Zeiten des Bismarckreiches wurde die geschäftsordnungsmäßige Praxis des Reichstages, bei Fehlen einer Anzweiflung mangelnder Präsenz der Reichstagsmitglieder keine Beachtung zu schenken, heftig kritisiert. Die überwiegende zeitgenössische Staatsrechtslehre erblickte hierin einen Verstoß gegen Art. 28 S. 2 der Reichsverfassung, der zur Gültigkeit der Beschlussfassung des Reichstages die Anwesenheit der Mehrheit der Mitglieder für notwendig erklärte, und hielt demgemäß alle unter Beteiligung von weniger als der Majorität der Abgeordneten gefassten Reichstagsbeschlüsse für verfassungswidrig, wenn nicht gar ungültig[122]. Der sich daraus ergebenden Unsicherheit suchte die

---

§ 47 GOLT Saarl.; § 83 GOLT Sachsen; § 70 GOLT LSA; § 59 GOLT Schl.-H.; § 40 GOLT Thür.

122 Vgl. *P. Laband,* Das Staatsrecht des Deutschen Reiches, Erster Band, S. 348 Fn. 3; *K. Perels,* Das autonome Reichstagsrecht, S. 76 f.; *M. v. Seydel,* Commentar zur Verfassungs-Urkunde für das Deutsche Reich, Art. 28 Anm. I; abweichender Meinung allerdings *G. Jellinek,* Allgemeine Staatslehre, S. 18.

Weimarer Reichsverfassung in Art. 32 II dadurch zu entgehen, dass sie auf eine Bestimmung der Beschlussfähigkeit verzichtete und ihre Regelung der Geschäftsordnung des Reichstages überließ[123]. Auf Landesebene entschärfte man die Problematik teilweise in der Weise, dass die Beschlussfähigkeitsvermutung in die Verfassung aufgenommen wurde[124]. Dennoch verblieb eine beachtliche Anzahl von Ländern, deren Verfassungen weiterhin ohne jeden Zusatz davon sprachen, dass zur Beschlussfähigkeit des Hauses die Anwesenheit der Mehrheit bzw. der 2/3-Mehrheit der Mitglieder erforderlich sei[125]. So kategorisch dieser Verfassungssatz auch klingen mochte, so sehr wurde er jedoch durch den Staatsgerichtshof für das Deutsche Reich abgemildert, der in einer braunschweigischen Sache ausführte, dass die Beschlussfähigkeit auch bei Fehlen einer verfassungsrechtlich angeordneten Beschlussfähigkeitsvermutung unabhängig von der tatsächlichen Anwesenheitsziffer als gegeben angesehen werden müsse. Seit der Einführung der Volksvertretungen in das deutsche Verfassungsleben habe man niemals daran gedacht, die Frage, ob die in der Verfassung festgesetzte, zur Beschlussfähigkeit erforderliche Anzahl von Mitgliedern anwesend sei, einer nachträglichen gerichtlichen Überprüfung zu unterziehen. Die Beschlussfähigkeitsregelung der Verfassung gehe stillschweigend davon aus, dass sie der Ergänzung durch entsprechende Vorschriften der Geschäftsordnung bedürfe. Demzufolge stehe die Beschlussfähigkeit für ein späteres gerichtliches Verfahren nur dann nicht endgültig fest, wenn dargetan werden könne, dass eine in der Geschäftsordnung vorgesehene Zählung die Beschlussunfähigkeit ergeben habe, oder die darin enthaltenen Vorschriften über die Feststellung der Beschlussfähigkeit, insbesondere die über die Anzweiflung, nicht eingehalten worden seien[126].

4. Beschlussfähigkeitsvermutung und Grundgesetz

Ebenso wie die Weimarer Reichsverfassung hat auch das Grundgesetz von einer ausdrücklichen Regelung der Beschlussfähigkeit abgesehen, so dass ihre Bestimmung grundsätzlich in den Bereich der durch Art. 40 I 2 GG gewährleisteten Geschäftsordnungsautonomie des Bundestages fällt, die dem Parlament einen weiten Spielraum eigener Entscheidung in Sachen des Geschäftsganges verbürgt. Begrenzt wird die Geschäftsordnungsautonomie freilich durch die Verfassung, zu deren Inhalten auch das Prinzip der repräsentativen Demokratie zählt (Art. 20 II

---

123 Vgl. dazu *H. Breiholdt*, AöR Bd. 49 (1926), S. 289 (360 f.).

124 § 48 II LV Baden; § 26 I LV Bremen; Art. 19 I LV Hbg.; Art. 30 I u. III LV Hessen; § 35 I LV M.-Schwerin; § 60 III LV Oldenburg; Art. 14 II LV Sachsen; § 14 S. 1 u. 2 LV Thür.

125 § 12 S. 1 LV Anhalt; § 34 LV Bayern; Art. 27 I 1 LV Braunschweig; Art. 12 III Lippe; Art. 32 LV Lübeck; § 18 S. 1 LV M.-Strelitz; Art. 21 I LV Preußen; § 13 LV Schaumburg-Lippe; § 19 I 1 LV Württ.

126 StGH, RGZ 139, Anh. 1, S. 1 (5).

GG). Für den Bundestag in Art. 38 I 2 GG konkretisiert, lässt sich diesem Prinzip ein Interesse der Verfassung an einer Beteiligung möglichst aller Bundestagsmitglieder an den Plenarabstimmungen entnehmen[127]. Das Bundesverfassungsgericht spricht insofern davon, dass das Verlangen nach Präsenz aller Abgeordneten im Plenum dem Geiste des Parlamentarismus und des Prinzips der Repräsentation am ehesten gerecht werden würde[128]. Zwar ist es keineswegs so, dass das Prinzip der repräsentativen Demokratie die Beteiligung aller Abgeordneten oder auch nur ihrer Hälfte fordern würde. Das Grundgesetz verschließt sich nicht der Erkenntnis, dass dem Interesse an einer möglichst hohen Beteiligung das Interesse an einer effektiven Parlamentsarbeit entgegensteht, das umso mehr beeinträchtigt wird, als die Anforderungen an die Beteiligung höher geschraubt werden. Wenn es auch die Beschlussfähigkeit des Parlaments nicht selbst bestimmt, verlangt es aber von der Regelung der Beschlussfähigkeit in der Geschäftsordnung, dass sie die Repräsentativität der Entscheidungen des Parlaments zumindest in einem gewissen Maße zu gewährleisten imstande ist. Ob sich das von der Beschlussfähigkeitsregelung des § 45 GOBT, die es zulässt, dass der Bundestag auch bei Anwesenheit eines bloßen Bruchteils der Abgeordneten Beschlüsse fasst, sagen lässt, erscheint durchaus problematisch. Verwundern kann es jedenfalls nicht, dass die von der Geschäftsordnung angeordnete Beschlussfähigkeitsvermutung vielerorts gehöriger verfassungsrechtlicher Skepsis begegnet[129], die sich teilweise auch zur Annahme eines Verfassungsverstoßes steigert[130].

Dennoch würde es zu weit gehen, die geschäftsordnungsmäßige Beschlussfähigkeitsfiktion als verfassungswidrig anzusehen. Zu Recht hat das Bundesverfassungsgericht in seiner einschlägigen Entscheidung darauf hingewiesen, dass die Vielfalt und Komplexität der vom Gesetzgeber zu regelnden Lebensverhältnisse und der damit verbundene Zwang zur Arbeitsteilung sowie die weitgehende Unmöglichkeit detaillierter Diskussion im Plenum notwendig dazu führen, dass ein wesentlicher Teil der Parlamentsarbeit außerhalb des Plenums in den Ausschüssen und Fraktionen geleistet wird. Wenn auch ihre Empfehlungen für das Plenum nicht verbindlich sind, vollzieht sich in den Ausschüssen ein erheblicher Teil des Willensbildungs- und Entscheidungsprozesses des Bundestages. Begleitet wird ihre Arbeit von den Beratungen der Fraktionen, die es auch den nicht unmittelbar an einer Angelegenheit beteiligten Abgeordneten erlauben, sich über sie zu informieren und an ihrer Entscheidung mitzuwirken. Je mehr sich dabei zeigt, dass eine Vorlage zwischen den Fraktionen oder auch innerhalb der Fraktionen umstritten ist

---

127 S.o. A. III. 2.

128 BVerfGE 44, 308 (317).

129 Vgl. etwa *J. Jekewitz*, in: Alternativkommentar, GG^2, Art. 77 Rn. 9; *K. Stern*, Das Staatsrecht der Bundesrepublik Deutschland, Bd. II, § 26 II 2 c) á).

130 So beispielsweise bei *H. Maurer*, Staatsrecht I, § 13 Rn. 117, der die Vermutungsregelung zwar für vertretbar hält, wenn nur knapp weniger als die Mehrheit anwesend sind, aber in den Fällen, in denen die Mehrheit eindeutig nicht erreicht worden ist, von einem zur Verfassungswidrigkeit führenden Verfahrensverstoß ausgeht.

und Übereinstimmung nicht erzielt werden kann, desto eher werden die Abgeordneten ein Interesse haben, an der Abstimmung im Plenum teilzunehmen und den Standpunkt ihrer Fraktion oder auch ihre persönliche Auffassung zu vertreten. Demgemäß wird in der Praxis regelmäßig nur dann eine große Anzahl der Abgeordneten einer Schlussabstimmung fernbleiben, wenn über den Inhalt der zu treffenden Entscheidung im wesentlichen Übereinstimmung besteht. In diesen Fällen wird durch die Plenarabstimmung nur noch eine Entscheidung formell besiegelt, die der Sache nach schon vorher gefallen ist. Die notwendige Repräsentation hat sich hier in den Ausschüssen und Fraktionen vollzogen[131].

Sollte sich auch in einer umstrittenen Angelegenheit das Plenum nur wenig oder teilweise füllen, weil die Abgeordneten der Vielzahl ihrer sonstigen Verpflichtungen anders nicht gerecht werden können, so ist dies solange unschädlich, als der unter den Anwesenden herrschende Standpunkt in etwa dem der Mehrheit der Parlamentsmitglieder entspricht. Besteht aber aufgrund einer niedrigen Beteiligung die Gefahr, dass sich die tatsächlichen Machtverhältnisse nicht in der Entscheidung des Plenums widerspiegeln, so kann die Mehrheitsfraktion ohne weiteres eine endgültige Beschlussfassung verhindern, indem sie die Beschlussfähigkeit anzweifelt. Dadurch ist selbst dann die Repräsentativität der Entscheidungen des Bundestages gewährleistet, wenn sich nur wenige Abgeordnete an der Abstimmung im Plenum beteiligen. Deshalb ist die Beschlussfähigkeitsregelung des § 45 GOBT verfassungsrechtlich nicht zu beanstanden. Für eine Abstimmungsbeteiligung, die dem Verlangen der Art. 20 II und Art. 38 I 2 GG nach einem Mindestmass an Repräsentativität der Entscheidungen des Bundestages Genüge tut, spricht unter ihrer Geltung eine Vermutung[132].

Diese Vermutung ist nach Auffassung des Bundesverfassungsgerichts widerleglich, und zwar – so deutet es das Gericht jedenfalls an – in nicht unerheblichem Maße. Als einen Fall, in dem die Vermutung als widerlegt zu erachten sein könnte, erwähnt das Gericht nämlich eine Situation, in der die Mehrheit der Abgeordneten aus tatsächlichen Gründen gehindert ist, bei einer Schlussabstimmung im Plenum zu erscheinen, nachdem eine umfassende Vorbereitung der zu treffenden Plenarentscheidung in den Ausschüssen und Fraktionen unterblieben ist[133]. Damit würde die Verfassungsmäßigkeit von Beschlüssen und demzufolge auch die Gültigkeit von Gesetzen von einer ganzen Reihe tatsächlicher Voraussetzungen im Vorfeld der Plenarabstimmung abhängig gemacht, auch wenn ihr Fehlen aufgrund der Vermutung für die Repräsentation grundsätzlich von demjenigen, der die Verfassungswidrigkeit geltend macht, darzutun und gegebenenfalls auch zu beweisen wäre[134]. Die

131 Vgl. BVerfGE 44, 308 (317 ff.).

132 Ebenso BVerfGE 44, 308 (320). Zustimmend etwa *J.–D. Kühne*, ZParl. Bd. 9 (1978), S. 34 (36 f.); *M. Morlok*, in: H. Dreier, GG, Art. 42 Rn. 33; *H.–P. Schneider*, in: Alternativkommentar, GG^2, Art. 42 Rn. 13; *H.–J. Vonderbeck*, in: FG W. Blischke, S. 193 (202).

133 BVerfGE 44, 308 (320 f.).

134 Für Beweiserleichterungen plädiert aber *J.–D. Kühne*, a. a. O., S. 34 (37).

verfahrensmäßigen Regeln des Grundgesetzes über das Zustandekommen von Bundestagsbeschlüssen und auch von Gesetzen (Art. 42 und Art. 77 ff.) beschränken sich jedoch zu Recht darauf, bestimmte, klar umrissene formale Anforderungen an die von den beteiligten Organen einzuhaltenden Verfahrensschritte zu normieren. Vorschriften darüber, wie die Beschlussfassungen und das Gesetzgebungsverfahren vorzubereiten sind, fehlen weitestgehend und sind dem Ermessen der Beteiligten überlassen. Dass das repräsentative Prinzip extensive Ansprüche an die Vorbereitung von Beschlüssen und Gesetzen in Fraktionen und Ausschüssen stellt, ist daher nicht anzunehmen. Ein Verstoß gegen das verfassungsmäßige Prinzip der Repräsentation kommt demnach nur in Betracht, wenn die Beschlussfähigkeit angezweifelt wurde und trotzdem keine Feststellung erfolgte oder das Haus trotz festgestellter Beschlussunfähigkeit fortgefahren ist, Beschlüsse zu fassen. In diesen Fällen folgt aus der Verletzung der geschäftsordnungsmäßigen Regeln über die Beschlussfassung zugleich eine Missachtung der Verfassung, weil der Verdacht mangelnder Repräsentativität der Beschlüsse nicht auszuräumen ist. Weitreichende Beschlussfähigkeitsmanipulationen, wie sie die Endphase der Weimarer Republik kennzeichneten, wären auch nach der hier vertretenen restriktiven Ansicht verfassungswidrig. Denn es steht außer Frage, dass es mit der durch Art. 38 I 2 GG gewährleisteten Freiheit des Mandats nicht vereinbar ist, Abgeordnete gewaltsam oder in anderer Weise wider Willen an der Abstimmungsbeteiligung zu hindern.

5. Beschlussfähigkeitsvermutung und Landesverfassungen

Von den Landesverfassungen haben es die von Brandenburg und Niedersachsen dem Grundgesetz gleichgetan und auf eine ausdrückliche Regelung der Beschlussfähigkeit verzichtet, so dass sich aus einer geringen Beteiligung von Abgeordneten grundsätzliche keine Bedenken gegen die Gültigkeit eines Landtagsbeschlusses herleiten lassen und nur bei Missachtung der in der Geschäftsordnung vorgesehenen Regeln über die Feststellung der Beschlussfähigkeit die Vermutung ausreichender Repräsentation als widerlegt gelten kann. Überwiegend enthalten die Landesverfassungen aber eine Vorschrift über die Beschlussfähigkeit, in welcher zur Gültigkeit der Beschlussfassung explizit die Anwesenheit von mehr als der Hälfte der Parlamentsmitglieder gefordert wird. Wie in einigen Landesverfassungen der Weimarer Zeit schließt sich auch heute in einer ganzen Reihe von Landesverfassungen eine Beschlussfähigkeitsvermutung an, der zufolge das Parlament als beschlussfähig gilt, solange nicht das Gegenteil festgestellt worden ist[135]. Soweit dies der Fall ist, steht hier gleichfalls außer Frage, dass eine unter der Beschlussfähigkeitsziffer liegende Abstimmungsbeteiligung grundsätzlich nicht schadet und die Gültigkeit eines Parlamentsbeschlusses nur dann bedroht ist, wenn sich nachwei-

---

135 Vgl. Art. 33 II 3 LV BW; Art. 89 I 2 LV Bremen; Art. 20 I 2 LV Hbg.; Art. 48 II LV Sachsen; Art. 51 II LV LSA (sofern die Beschlussfähigkeit am Anfang der Sitzung festgestellt wurde); Art. 61 I 2 LV Thür.

sen lässt, dass die Beschlussfähigkeit trotz Anzweiflung nicht festgestellt oder der Beschluss trotz konstatierter Beschlussunfähigkeit gefasst wurde.

In nicht wenigen der Landesverfassungen mit Beschlussfähigkeitsregel fehlt es allerdings an einer expliziten Beschlussfähigkeitsvermutung[136]. Bedeutet dies, wie häufig vertreten wird[137], dass bei geringer Anwesenheit gefasste Beschlüsse verfassungswidrig und auf ihnen beruhende Gesetze ungültig sind? Die Unbedingtheit des Wortlauts der Beschlussfähigkeitsregel sowie der Gegenschluss aus den Verfassungen mit ausdrücklicher Beschlussfähigkeitsvermutung deuten in diese Richtung. Ebenso wie sich die in Rede stehenden Verfassungen auf eine Beschlussfähigkeitsziffer festlegen, bekennen sie sich aber auch zur Freiheit der Parlamente, ihren Geschäftsgang selbst zu regeln. Als zum Bereich der Geschäftsordnungsautonomie gehörend haben die Parlamente in Deutschland seit langer Zeit das Recht für sich in Anspruch genommen, das Verfahren der Feststellung der Beschlussfähigkeit selbständig zu regeln, und zwar haben sie von diesem Recht traditionell in der Weise Gebrauch gemacht, dass sie eine nur bei parlamentsinterner Anzweiflung widerlegliche Beschlussfähigkeitsvermutung normiert haben. Für eine solche, im nachhinein lediglich bei Missachtung der Regeln über die Feststellung der Beschlussfähigkeit widerlegbare Beschlussfähigkeitsunterstellung sprechen gewichtige Gründe. Eine Verpflichtung des Sitzungsvorstandes, die Beschlussfähigkeit vor jeder Abstimmung von Amts wegen festzustellen, würde die Parlamentarier dazu zwingen, um der Präsenz im Plenum willen ihre Sacharbeit außerhalb des Plenums zu vernachlässigen, obwohl diese für die sachgerechte Vorbereitung von Parlamentsbeschlüssen unerlässlich ist. Überdies hätte sie zur Folge, dass in den vielen Fällen, in denen die Beschlussfähigkeit weder offenkundig gegeben noch evident zu verneinen ist, eine aufwendige und zeitraubende Feststellung der Beschlussfähigkeit stattfinden müsste. Im Hinblick auf die Effektivität parlamentarischen Handelns ist also die Beschlussfähigkeitsvermutung nahezu unabdingbar, zumal nichtrepräsentative Beschlüsse durch die fraktionsseitige Information der Parlamentarier über die anstehenden Abstimmungen und die Möglichkeit, im Notfall die Beschlussfähigkeit anzuzweifeln, weitgehend ausgeschlossen sind.

Vorbehaltlich besserer entstehungsgeschichtlicher Belehrung im Einzelfall ist angesichts der langjährigen, durchgängigen und in der Weimarer Zeit auch höchstrichterlich sanktionierten Praxis nicht anzunehmen, dass die Verfassungen ohne ausdrückliche Beschlussfähigkeitsvermutung sich diesen Erwägungen verschließen und die geschäftsordnungsmäßige, nur bei Anzweiflung widerlegbare Unter-

---

136 Vgl. Art. 23 I LV Bayern; Art. 43 I LV Berlin; Art. 87 I LV Hessen; Art. 32 III LV MV; Art. 44 I LV NW; Art. 88 I LV Rhld.-Pfalz; Art. 74 I Saarl.; Art. 16 III LV Schl.-H.

137 Vgl. *J.-D. Kühne*, ZParl. Bd. 9 (1978), S. 34 (41), und von den Kommentatoren der einschlägigen Landesverfassungen: *A. Dickersbach*, in: G. Geller / K. Kleinrahm, Die Verfassung des Landes Nordrhein-Westfalen, Art. 44 Anm. 1 a); *F. Edinger*, in: C. Grimm / P. Caesar, Verfassung für Rheinland-Pfalz, Art. 88 Rn. 6 ff.; *T. Meder*, Die Verfassung des Freistaates Bayern, Art. 23 Rn. 2; *K. Schweiger*, in: H. Nawiawsky, Die Verfassung des Freistaates Bayern, Art. 23 Rn. 8; *E. R. Zivier*, Verfassung und Verwaltung von Berlin, S. 141.

stellung der Beschlussfähigkeit ausschließen wollten. Vielmehr sind sie so auszulegen, dass sie eine solche Beschlussfähigkeitsfiktion voraussetzen. Soweit dagegen eingewandt worden ist, damit würde die Beschlussfähigkeitsregelung weitgehend sinnentleert auf eine tautologische Wiederholung dessen beschränkt, was sich ohnehin aus dem Grundsatz der repräsentativen Demokratie ergebe,[138] so ist dies kein Einwand, der treffen würde. Denn es ist keineswegs ungewöhnlich, dass Verfassungen etwas in einer speziellen Vorschrift explizit aussprechen, was sich mehr oder weniger auch aus einem allgemeinen Grundsatz ableiten lassen kann. Diejenigen Landesverfassungen, die der Beschlussfähigkeitsregel ausdrücklich eine Beschlussfähigkeitsvermutung folgen lassen, sind das beste Beispiel dafür. Daher steht auch in den Ländern, in denen die Beschlussfähigkeit von Verfassungs wegen nicht ausdrücklich vermutet wird, die Beschlussfähigkeit unabhängig von der tatsächlichen Anwesenheitsziffer unwiderlegbar fest, soweit nicht der Sitzungsvorstand das Gegenteil konstatiert oder eine Anzweiflung übergangen hat[139].

6. Reformansätze

An Kritik am geschilderten Rechtszustand und Vorschlägen zu seiner Reform hat es nicht gefehlt. Davon ausgehend, dass eine stärkere Präsenz der Abgeordneten im Sitzungssaal wünschenswert sei, hat sich 1976 eine vom Bundestag eingesetzte Enquête-Kommission Verfassungsreform dafür ausgesprochen, dass die Regel der Geschäftsordnung, wonach der Bundestag nur bei Anwesenheit einer Mehrheit der Mitglieder beschlussfähig ist, regelmäßig Anwendung finden und der Bundestagspräsident bei Schlussabstimmungen über Gesetze die Beschlussfähigkeit von Amts wegen feststellen solle[140]. Dem ist in einem Sondervotum zu Recht entgegengehalten worden, dass die im wesentlichen im Vorfeld von Plenarabstimmungen geleistete politische Sacharbeit erheblich an Qualität einbüßen würde, wenn die Abgeordneten zu weitgehender Präsenz im Plenum angehalten würden[141]. Der von der Enquête-Kommission gemachte Vorschlag hat sich denn auch nicht durchsetzen können, ebenso wie der Vorschlag[142], im Hinblick auf die Beschlussfähigkeit zwischen wichtigen und unbedeutenden Gesetzen zu unterscheiden. Rechtsförmlich festgelegt, würde eine solche Differenzierung nicht unerhebliche Abgrenzungsstreitigkeiten hervorrufen. Die überkommene Beschlussfähigkeitsregelung,

---

138 So *J.-D. Kühne*, a. a. O., S. 34 (41).

139 Ebenso im Ergebnis *H. Lemmer*, in: G. Pfennig / M. J. Neumann, Verfassung von Berlin, Art. 43 Rn. 1; *H. Krüger*, DÖV 1952, S. 249 (253 f.); wohl auch *W. Rupp v. Brünneck / G. Konow*, in: G. A. Zinn / E. Stein, Verfassung des Landes Hessen, Art. 87 Anm. 1; *K. Wedemeyer*, in: B. Thiele / J. Pirsch / K. Wedemeyer, Die Verfassung des Landes Mecklenburg-Vorpommern, Art. 32 Rn. 3.

140 Schlußbericht der Enquête-Kommission Verfassungsreform, BT- Drs. 7 / 5924, S. 85.

141 Sondervotum der Abgeordneten Arndt, Engelhard und Klein, ebd., S. 85 ff.

142 *N. Achterberg*, Parlamentsrecht, S. 635.

die der Sache nach auf eine solche Differenzierung angelegt ist, aber die Entscheidung der Beurteilung der einzelnen Abgeordneten überlässt, erscheint daher nach wie vor als die Lösung, die unter den gegebenen Umständen die vorzugswürdigste ist. Maßnahmen zur Förderung einer hohen Beteiligung an Abstimmungen, wie sie die jüngst im Bundestag eingeführte Plenar-Kernzeitdebatte mit anschließender Beschlussfassung eine darstellt[143], sind dabei keineswegs ausgeschlossen.

Eine grundlegende Reform könnte daher allenfalls darauf abzielen, das Plenum zu entlasten und gesetzgebende Befugnisse auf Ausschüsse zu übertragen. Das Plenum würde danach in der Regel nur über grundlegende und weittragende Gesetze entscheiden, während es Sache der jeweiligen Fachausschüsse wäre, die zahllosen weniger wichtigen Gesetze zu beschließen, von deren Inhalt ohnehin nur eine kleine Zahl von Ausschussexperten Kenntnis hat. Dabei müsste dem Plenum freilich das Recht vorbehalten sein, die Entscheidung über eine an die Ausschüsse delegierte Vorlage jederzeit wieder an sich zu reißen. Ein solches Modell wird in Italien seit längerer Zeit praktiziert[144]. Vorschläge zur Übertragung von Gesetzgebungsbefugnissen auf Ausschüsse liegen auch in Deutschland auf dem Tisch[145], bedürften allerdings genauerer Prüfung. Dabei wären insbesondere die praktischen Erfahrungen zu berücksichtigen, die in Italien mit gesetzgebenden Ausschüssen gemacht worden sind. Grundsätzliche verfassungsrechtliche Einwände in dem Sinn, dass die Ewigkeitsgarantie (Art. 79 III GG) eine Delegation von Gesetzgebung auf Ausschüsse verbieten würde, bestehen nicht. Erforderlich wäre aber in jedem Fall eine Verfassungsänderung[146].

II. Die Regelmehrheit

1. Die Vorschriften

Die Mehrheit, die für das Zustandekommen von Beschlüssen des Parlaments regelmäßig erforderlich ist, sofern keine Sonderregelungen vorhanden sind, ist nach den deutschen Verfassungen entweder – so drücken sich das Grundgesetz und viele Landesverfassungen aus – die (einfache) Mehrheit der abgegebenen Stimmen oder – das ist die Sprache einer Reihe anderer Landesverfassungen – die (einfache) Stimmenmehrheit oder auch – so sagt es die hessische Verfassung – die Mehrheit

---

143 Zu Begriff und Sinn der Plenar-Kernzeit sowie der in diesem Zusammenhang neu eingeführten Vorschrift des § 45 IV GOBT siehe *H. G. Ritzel / J. Bücker / H. J. Schreiner,* Handbuch für die parlamentarische Praxis, GOBT, § 45 Anm. IV 1.

144 Vgl. dazu *R. v. Lucius,* AöR Bd. 97 (1972), S. 568 (570 ff.), und aus jüngerer Zeit *H. Grub,* Die Parlamentsausschüsse in den Kammern des italienischen Parlaments und ihre Funktionen im Gesetzgebungsverfahren, S. 227 ff.

145 Siehe zu älteren Vorschlägen *R. v. Lucius,* a. a. O., S. 568 (579 ff.). Ein neueres Modell findet sich bei *M. Freytag,* Möglichkeiten und Grenzen einer Parlamentsreform für den Deutschen Bundestag, S. 159 ff.

146 Vgl. *M. Freytag,* a. a. O., S. 168 ff.; *R. v. Lucius,* a. a. O., S. 568 (582 ff.).

der auf Ja oder Nein lautenden Stimmen[147]. Die Regelmehrheit ist demgemäß nach allen Verfassungen eine einfache, nicht etwa eine Zweidrittel- oder Dreiviertelmehrheit, und ihr Bezugspunkt sind durchweg die Stimmen, also nicht die im Sitzungssaal Anwesenden oder die Mitglieder des Parlaments.

2. Die Verfassungstradition

Die Entscheidung der heute geltenden Verfassungen für eine einfache Mehrheit und die Bezugnahme auf die Stimmen entspricht der deutschen Parlamentsrechtstradition, wie sie sich im 19. Jahrhundert beispielhaft in den Mehrheitsvorschriften der preußischen Verfassung von 1850 und der Reichsverfassung von 1871 und 1919 manifestiert hat. So hieß es in Art. 80 S. 2 der Verfassung des monarchischen Preußen, dass jede der beiden Parlamentskammern ihre Beschlüsse nach absoluter Stimmenmehrheit fasse. Ganz ähnlich bestimmte Art. 28 S. 1 der Bismarckschen Reichsverfassung, dass der Reichstag nach absoluter Stimmenmehrheit beschließe. Als selbstverständlich galt insofern, dass die vom Begriff der Stimmenmehrheit in Bezug genommenen Stimmen nicht die sämtlicher Mitglieder seien, sondern nur die abgegebenen Stimmen, so dass sich ein Fernbleiben von der Abstimmung nicht negativ auf das Erreichen der erforderlichen Mehrheit auswirken konnte[148]. Demgegenüber wurde als durchaus zweifelhaft angesehen, wie Stimmenthaltungen zu behandeln seien. Sollten sie zu den für die Mehrheit maßgeblichen Stimmen zählen und somit wie eine Ablehnung gewertet werden oder waren sie keine Stimmen, mit der Folge, dass sie ebenso wenig wie die Nichtbeteiligungen das Erreichen der erforderlichen Mehrheit verhindern konnten? H.L. und Parlamentsbrauch[149] gingen dahin, Stimmenthaltungen bei der Berechnung der Mehrheit nicht einzurechnen, hielten also allein das Verhältnis der Ja- zu den Nein-Stimmen für maßgeblich. Von dieser Praxis wichen allerdings die Vorschriften bestimmter Landesparlamente ab. So regelten die Geschäftsordnungen einiger Landtage, in denen Stimmenthaltungen verboten waren, dass eine dennoch vorkommende Enthaltung als Verneinung der Frage zu zählen sei[150], wie dies auch nach einer Reihe von Landesvorschriften, welche die Mehrheit der anwesenden Abgeordneten forderten[151], nahe lag. In Anbetracht des im allgemei-

---

147 Art. 42 II 1 GG; Art. 33 II 1 LV BW; Art. 23 I LV Bayern; Art. 43 II 1; Art. 90 S. 1 LV Bremen; Art. 19 LV Hbg.; Art. 88 S. 1 LV Hessen; Art. 32 I 1 LV MV; Art. 21 IV 1 LV Nds.; Art. 44 II LV NW; Art. 88 II 1 LV Rhld.-Pfalz; Art. 74 II 1 LV Saarl.; Art. 48 III 1 LV Sachsen; Art. 51 I 1 LV LSA; Art. 16 I 1 LV Schl.-H.; Art. 61 II 1 LV Thür.

148 Vgl. *M. v. Seydel,* Commentar zur Verfassungs-Urkunde für das Deutsche Reich, Art. 28 Anm. I.

149 Vgl. *K. Perels,* Das autonome Reichstagsrecht, S. 75 Fn. 412; *A. Plate,* Die Geschäftsordnung des Preußischen Abgeordnetenhauses, § 58 Anm. 4; *M. v. Seydel,* a. a. O., Art. 28 Anm. I.

150 § 31 S. 3 GOLT Sachsen-Meiningen; § 106 S. 5 GOLT Schwarzburg-Sondershausen; § 72 S. 3 GO 1. Kammer und § 65 IV 2 GO 2. Kammer Württ.

nen Üblichen mussten diese Regeln als Ausnahmen erscheinen, welche die Mehrheitsbildung u.U. erheblich erschweren konnten.

Solche Ausnahmen fielen in der Weimarer Zeit weg. Die unter republikanischen Vorzeichen entstandenen Verfassungen entschieden sich durchweg für das Prinzip der Stimmenmehrheit[152], das entsprechend der überkommenen Praxis im allgemeinen so aufgefasst wurde, dass Stimmenthaltungen und selbstverständlich auch Nichtbeteiligungen bei der Mehrheitsberechnung nicht zu berücksichtigen seien[153]. Im Landtag von Württemberg wurden Stimmenthaltungen freilich anders behandelt, obgleich die württembergische Landesverfassung ebenso wie die anderen deutschen Verfassungen die Stimmenmehrheit zur Regelmehrheit erklärt hatte. Unter Billigung des Staatsgerichtshofs für das Deutsche Reich, der dies als mit der verfassungsrechtlichen Entscheidung für eine Stimmenmehrheit als vereinbar ansah[154], und mit Blick darauf, dass sich im Landtag der Brauch herausgebildet hatte, von der Stimmenthaltung im Sinne einer milden Form des „Nein" Gebrauch zu machen, setzte die Geschäftsordnung des württembergischen Parlaments ihre Tradition fort, Enthaltungen als Nein zu zählen[155]. Anders als früher bestimmte aber nun die Geschäftsordnung, dass Abgeordnete, welche die Abstimmung „verweigerten", bei der Berechnung der Mehrheit nicht mitgezählt werden sollten[156]. Der Sache nach konnten sich nunmehr also auch hier Abgeordnete der Stimme enthalten, ohne als die Frage verneinend angesehen zu werden.

Angesichts der seit längerem hervorgetretenen Bevorzugung der Stimmen als Bezugspunkt der Regelmehrheit erscheint es folgerichtig, dass sich die nach 1945 beschlossenen deutschen Verfassungen überwiegend in diesem Sinne entschieden. Einzig und allein die Bremische Verfassung von 1947 entschloss sich in Art. 90 dazu, zur Beschlussfassung der Bürgerschaft die einfache Stimmenmehrheit der in der Versammlung Anwesenden zu erfordern. Hintergrund der Einführung der Anwesenheitsmehrheit als Regelmehrheit war die Sorge, dass Anträge bei vielen Enthaltungen nur von einer geringen Zahl von zustimmenden Abgeordneten getragen werden könnten. In diesen Fällen sollte das Zustandekommen eines Be-

---

151 Art. 32 I GOG Bayern; Art. 160 LV Oldenburg; Art. 27 I 2 LV Sch.-Lippe; § 68 LV Schwarzburg-Sondershausen; § 62 II 1 LV Waldeck-Pyrmont.

152 Vgl. Art. 32 I 2 WRV; § 12 S. 2 LV Anhalt; § 48 I 2 LV Baden; Art. 27 I 2 LV Braunschw.; § 29 LV Bremen; Art. 18 S. 1 LV Hbg.; Art. 30 II LV Hessen; Art. 12 I LV Lippe; Art. 35 LV Lübeck; § 35 S. 1 LV M.-Schwerin; § 18 S. 2 LV M.-Strelitz; § 60 I 1 LV Oldenburg; Art. 22 I LV Preußen; Art. 14 I 1 LV Sachsen; § 12 S. 1 LV Sch.-Lippe; § 14 S. 3 LV Thür.; § 19 I 2 LV Württ.

153 Vgl. etwa *H. Breiholdt,* AöR Bd. 43 (1926), S. 289 (297), und *J. Hatschek / P. Kurtzig,* Deutsches und preußisches Staatsrecht, Zweiter Band, S. 74, sowie von den zahlreichen Geschäftsordnungsbestimmungen, die dies nunmehr ausdrücklich festhielten, § 100 IV GORT.

154 StGH, RGZ 128, Anh. 3, S. 46 (62 f.).

155 § 76 III GOLT Württ. Kein Sinn für die Funktion von zweierlei Nein aber bei *K. G. Schneider,* Die Abstimmung unter Berücksichtigung der verschiedenen Mehrheitsbegriffe, S. 55.

156 § 76 IV GOLT Württ.

schlusses verhindert werden[157]. Angesichts der auch in der Bundesrepublik starken Unitarisierungstendenz mit erstaunlicher Beharrungskraft ausgestattet, konnte sich diese Ausnahme bis 1996 erhalten. Seitdem ist das Bekenntnis der deutschen Verfassungen zu einer einfachen Mehrheit mit dem Bezugspunkt der Stimmen einhellig.

3. Der Inhalt der Regelmehrheit

a) Die Bedeutung von Nichtbeteiligungen

Abgesehen davon, dass keine qualifizierte Mehrheit erfordert wird, ist es jedenfalls Inhalt dieser Entscheidung, dass Nichtbeteiligungen bei der Mehrheitsberechnung nicht zu berücksichtigen sind. Nichtbeteiligungen wirken sich nicht wie Nein-Stimmen aus, wie es der Fall wäre, wenn sie mit einzurechnen wären, sondern sind auf die Mehrheitsbildung ohne Einfluss. Das ist im Falle der Verfassungen, welche die Mehrheit der abgegebenen Stimmen fordern, besonders deutlich, weil die der Abstimmung fernbleibenden Abgeordneten auch bei weitester Auslegung keine Stimme abgeben. Dagegen würde der Wortlaut der die Stimmenmehrheit verlangenden Verfassungen auch eine andere Deutung zulassen. Denn Stimmen haben neben den Anwesenden gleichfalls diejenigen Parlamentarier, die nicht zur Abstimmung erscheinen. Eine Berücksichtigung von Nichtbeteiligungen würde aber die Beschlussfassung in einer Weise erschweren, welche zur traditionell flexiblen Beschlussfähigkeitsregelung in unüberwindbaren Gegensatz stünde. Die vom Begriff der Stimmenmehrheit in Bezug genommenen Stimmen können daher nur die abgegebenen Stimmen sein, so dass ein Fernbleiben von der Abstimmung nicht erfasst wird. Die Regelmehrheit ist also nach allen Verfassungen die Abstimmungsmehrheit. Nichtbeteiligungen sind demnach allenfalls im Hinblick auf die Beschlussfähigkeitsregelung relevant. In deren Rahmen können sie – ihrer regelmäßig temporären Natur entsprechend – zum Aufschub eines Beschlusses führen. Da sie sich auf das Erreichen der erforderlichen Mehrheit neutral auswirken, können sie aber nicht das endgültig Scheitern eines Antrags herbeiführen.

b) Die Rolle von Stimmenthaltungen

Eine andere Frage ist es, ob auch Stimmenthaltungen bei der Mehrheitsberechnung außer acht zu lassen sind, so dass sie das Zustandekommen eines Beschlusses in keinem Falle hindern können. Die Bezeichnung von Stimmenthaltungen scheint darauf hinzudeuten, dass sie für die Mehrheitsbildung irrelevant sind. Stimmenthaltungen, so könnte man meinen, zählen nicht zu den abgegebenen Stimmen als

---

157 Vgl. *T. Spitta*, Kommentar zur bremischen Verfassung von 1947, Art. 90.

dem Bezugspunkt der Regelmehrheit[158]. Mit Blick darauf, dass diejenigen, die sich der Stimme enthalten, im Gegensatz zu den Abwesenden zumindest ihren Willen bekunden, an der Abstimmung teilzunehmen, ließe sich aber ebenso gut vertreten, dass Stimmenthaltungen abgegebene Stimmen sind und die Regelmehrheit somit ein Überwiegen der Ja-Stimmen über die Nein-Stimmen einschließlich der Stimmenthaltungen erfordert[159]. Der Wortlaut der Abstimmungsmehrheit ist demnach für zweierlei Deutungen offen[160]. Daraus lässt sich aber nicht schließen, dass die Verfassungen die Behandlung von Stimmenthaltungen selbst nicht geregelt und damit den Geschäftsordnungen überlassen hätten[161]. Da die Verfassungen in parlamentarischen Mehrheitsvorschriften auch ansonsten den Bezugspunkt bestimmen, ist nämlich nicht anzunehmen, dass sie die für die gewöhnliche Beschlussfassung des Parlaments grundlegende Frage der Berechnung der Regelmehrheit offengelassen haben sollten.

Für eine verfassungsrechtlich gebotene Berücksichtigung von Stimmenthaltungen mit der Folge, dass diese sich wie Gegenstimmen auswirken und das Zustandekommen von Beschlüssen verhindern können, spricht insofern, dass die Legitimation von Parlamentsbeschlüssen gestärkt würde, weil die Gefahr einer falschen Entscheidung der Volksvertreter mit der Zahl der Stimmenthaltungen steigt[162]. Entgegen einer häufig vertretenen Ansicht[163] ist daher der Umstand als solcher, dass diejenigen, die sich der Stimme enthalten, regelmäßig ihre Unentschiedenheit bekunden wollen, kein Argument gegen die Relevanz von Stimmenthaltungen. Auch wenn es richtig ist, dass Stimmenthaltungen zumeist keine Ablehnung bedeuten[164], erscheint es dennoch nicht als ausgeschlossen, dass die Regelmehrheit um einer hohen Legitimation von Parlamentsbeschlüssen willen so ausgestaltet ist, dass Stimmenthaltungen die Wirkung einer Nein-Stimme besitzen. Das gilt umso mehr, als individuelle Rechtspositionen der sich der Stimme Enthaltenden es keinesfalls verbieten, Stimmenthaltungen bei der Mehrheitsberechnung zu berücksichtigen. Denn die durch Art. 38 I 2 GG gewährleistete Mandatsfreiheit garantiert den Abgeordneten nicht, dass ihre Stimmenthaltungen auf das Ergebnis einer Abstimmung ohne Einfluss bleiben. So wie die Mandatsfreiheit allgemein aufgefasst wird, schützt sie nicht mehr und nicht weniger als die Entschließungsfreiheit der Volksvertreter[165]. Diese aber würde durch eine die Berücksichtigung von Stimm-

---

158 In diesem Sinne etwa *H. Schmitt,* Das legislative Votum, S. 69 f.; *K. G. Schneider,* Die Abstimmung unter Berücksichtigung der verschiedenen Mehrheitsbegriffe, S. 50 f.

159 So beispielsweise *N. Achterberg / M. Schulte,* in: H. v. Mangoldt / F. Klein / C. Starck, GG, Art. 42 Rn. 38; *W. Jellinek,* VVDStRL Bd. 8 (1950), S. 3 (7).

160 Ebenso *C. Lambrecht,* Die Stimmenthaltung bei Abstimmungen, S. 55, und wohl auch *K. Schweiger,* in: H. Nawiawsky, Die Verfassung des Freistaates Bayern, Art. 23 Rn. 3.

161 So jedoch *C. Lambrecht,* a. a. O., S. 54 f.

162 S.o. A. III. 1.

163 Vgl. *N. Achterberg / M. Schulte,* a. a. O., Art. 42 II Rn. 38; *W. Jellinek,* a. a. O., S. 3 (7); *M. Morlok,* in: H. Dreier, GG, Art. 42 Rn. 34.

164 Anders jedoch *L. A. Versteyl,* in: I. v. Münch / P. Kunig, GG^5, Art. 42 Rn. 21.

enthaltungen fordernde Mehrheitsregel nicht berührt. Zwar würde die Wirkung von Stimmenthaltungen als Gegenstimmen den Druck auf die Abgeordneten, sich inhaltlich zu entscheiden, erhöhen. Dennoch bliebe es aber den Parlamentariern überlassen, ob sie in der Sache zu einem Entschluss kommen oder sich unentschieden zeigen. Ein von Art. 38 I 2 GG grundsätzlich verbotener Entscheidungszwang wäre mit einer Mehrheitsregel, die Stimmenthaltungen praktisch den Wert von Ablehnungen beimisst, nicht verbunden[166].

Dem für eine Berücksichtigung von Stimmenthaltungen streitendem Interesse an einer hohen Legitimation von Parlamentsbeschlüssen steht freilich das Interesse an einer effektiven Parlamentsarbeit entgegen, dem am ehesten Rechnung getragen würde, wenn Stimmenthaltungen das Zustandekommen von Beschlüssen unter keinen Umständen hindern könnten. Dieses Interesse an der Wirksamkeit des Parlaments ist angesichts des hohen Entscheidungsbedarfs des Staates von hohem Gewicht. Sinn und Zweck der Regelmehrheit würden daher nur dann auf eine Einbeziehung von Stimmenthaltungen hindeuten, wenn dies zur Wahrung einer hinreichenden Legitimation von Parlamentsbeschlüssen zwingend erforderlich wäre. Das ist aber nicht der Fall. Zwar ist es bei einer Nichtberücksichtigung von Stimmenthaltungen theoretisch möglich, dass ein Antrag auch bei Enthaltung der meisten Parlamentarier angenommen wird. Ein solches Horrorszenario besitzt jedoch angesichts der tatsächlich sehr fest gefügten parlamentarischen Abstimmungsverhältnisse nur wenig Realitätsgehalt. Eine große Zahl von Enthaltungen wenn nicht gar geschlossene Enthaltung ist im Parlament allenfalls auf Seiten derjenigen Fraktionen anzutreffen, die den zur Abstimmung stehenden Antrag nicht gestellt haben. Auf Seiten der Fraktionen, von denen der den Gegenstand der Beschlussfassung bildende Antrag ausgegangen ist, wird es regelmäßig nur wenige Enthaltungen geben. Ein Antrag, für den mehr Ja- als Nein-Stimmen abgegeben werden, wird daher – selbst wenn es zu mehr oder weniger vielen Enthaltungen gekommen ist – in der Regel eine ausreichende Unterstützung beim Gesamtparlament gefunden haben. Die gewöhnliche Beschlussfassung durch Berücksichtigung von Stimmenthaltungen zu erschweren, erscheint deshalb nicht notwendig, zumal dies auch das durch Art. 38 I 2 GG gewährleisteten Prinzip der Chancengleichheit der Abgeordneten[167] beeinträchtigen würde. Wären Stimmenthaltungen zu berücksichtigen, würden nämlich die Gegner eines Antrags insofern bevorzugt, als die Unentschiedenen ihrer Seite zugeschlagen würden. Sinn und

---

165 Vgl. *H. H. Klein,* in: J. Isensee / P. Kirchhof, HdbStR, Bd. II, § 41 Rn. 12 ff.; *M. Morlok,* a. a. O., Art. 38 Rn. 136 ff.; *H.-P. Schneider,* in: Alternativkommentar, GG², Art. 38 Rn. 29 ff.

166 Unzutreffend daher SächsOVG, SächsVBl. 1995, S. 66 (67), das zugunsten einer Auslegung von Art. 42 II 1 GG im Sinne der Nichtberücksichtigung von Stimmenthaltungen maßgeblich anführt, dass nach Art. 38 I 2 GG kein Abgeordneter gezwungen werden könne, eine Entscheidung zu treffen. Von einem durch die Miteinbeziehung von Stimmenthaltungen ausgeübten Entscheidungszwang geht aber offensichtlich auch *L. A. Versteyl,* a. a. O., Art. 42 Rn. 21, aus.

167 Dazu *M. Morlok,* a. a. O., Art. 38 Rn. 152 ff.

Zweck der Regelmehrheit widerraten also einer Einbeziehung von Stimmenthaltungen.

Auch die geschichtliche Entwicklung des Begriffs der Stimmenmehrheit, in deren Verlauf Stimmenthaltungen überwiegend als irrelevant angesehen wurden, spricht dafür, Stimmenthaltungen bei der Mehrheitsberechnung außer acht zu lassen. Stimmenthaltungen sind daher keine abgegebenen Stimmen im Sinne der Abstimmungsmehrheit. Zum Erreichen der Regelmehrheit ist mithin nach allen Verfassungen nicht mehr und nicht weniger erforderlich, als dass die Ja- die Nein-Stimmen überwiegen[168].

III. Besondere Vorschriften

1. Einführung

Die in besonderen Fällen vorgesehenen Ausnahmen von den allgemeinen Regeln über Quorum und Mehrheit zielen entweder darauf ab, die Beschlussfassung des Parlaments zu erleichtern, oder sie zu erschweren. Da die allgemeinen Regeln schon äußerst minimale Anforderungen an Quorum und Mehrheit stellen, sind die Beschlussfassung weiter erleichternde Vorschriften eher selten und betreffen praktisch fast nur Wahlen, bei denen mitunter anstelle der absoluten die relative Mehrheit der abgegebenen Stimmen entscheidet und derjenige als gewählt gilt, der die meisten Stimmen erhalten hat. Nichtbeteiligung und Enthaltung haben hier keine andere Bedeutung als nach der Regelmehrheit. Das Gros der Ausnahmen von den allgemeinen Regeln ist darauf gerichtet, die Beschlussfassung zu erschweren. Der Form der Abweichung nach lassen sich prinzipiell zwei Arten von Qualifikationen unterscheiden, die jedoch häufig miteinander kombiniert werden. Eine Form der Erschwerung besteht darin, dass anstelle der einfachen eine Zweidrittel-, Dreiviertel- oder sonstwie qualifizierte Mehrheit der abgegebenen Stimmen gefordert wird. Der Stellenwert von Nichtbeteiligungen und Enthaltungen wird dadurch nicht berührt. Die andere Art und Weise der Erschwerung liegt darin, anstelle der Mehrheit der abgegebenen Stimmen die Mehrheit der Anwesenden bzw. der Mitglieder zu verlangen oder die Beschlussfähigkeitsziffer zu verändern. Nichtbeteiligung bzw.

---

168 Für die alleinige Maßgeblichkeit des Verhältnisses von Ja- und Nein-Stimmen auch h.L. und Praxis: vgl. zum Bundestag *H. H. Klein,* in: T. Maunz / G. Dürig, GG, Art. 42 Rn. 18; *M. Morlok,* a. a. O., Art. 42 Rn. 34; zu den Landesparlamenten etwa *A. Dickersbach,* in: G. Geller / K. Kleinrahm, Die Verfassung des Landes Nordrhein-Westfalen, Art. 44 Anm. 2 c) cc); *F. Edinger,* in: C. Grimm / P. Caesar, Verfassung für Rheinland-Pfalz, Art. 88 Rn. 10; *P. Feuchte,* in: ders., Verfassung des Landes Baden-Württemberg, Art. 33 Rn. 16; *J. Linck,* in: ders. / S. Jutzi / J. Hopfe, Die Verfassung des Freistaats Thüringen, Art. 61 Rn. 5; *K. Schweiger,* a. a. O., Art. 23 Rn. 3; *E.R. Zivier,* Verfassung und Verwaltung von Berlin, S. 142; anders aber *L. A. Versteyl,* a. a. O., Art. 42 Rn. 21, der Stimmenthaltungen berücksichtigt sehen will; für eine Zählung von Enthaltungen als Nein-Stimmen gleichfalls *A. Reich,* Verfassung des Landes Sachsen-Anhalt, Art. 51 Rn. 1.

Stimmenthaltung erhalten dadurch eine besondere Bedeutung, die sich noch steigert, wenn anstelle einer einfachen Mehrheit die Zustimmung eines größeren Bruchteils gefordert wird (doppelt qualifizierte Mehrheit).

2. Anwesenheits- und Mitgliedermehrheit

Wird die Mehrheit der Anwesenden gefordert (Anwesenheitsmehrheit), kommt es entscheidend auf das Ausmaß der Zustimmung bei den im Zeitpunkt der Abstimmung im Sitzungssaal präsenten Abgeordneten an. Da auch diejenigen Abgeordneten, die sich der Stimme enthalten, zu den Anwesenden zählen, wirken sich danach Stimmenthaltungen wie Nein-Stimmen aus, können also anders als bei der Abstimmungsmehrheit das Zustandekommen eines Beschlusses u.U. verhindern. Nichtbeteiligungen haben hingegen auch hier keinen Einfluss auf die Mehrheitsbildung. Anwesenheitsmehrheiten gehen freilich nicht selten mit besonderen Quoren einher, nach denen für die Beschlussfähigkeit des Hauses die Anwesenheit von Zweidritteln oder Dreivierteln der Mitglieder erforderlich ist. Da die Einhaltung der speziellen Beschlussfähigkeitsziffern – anders als die der Regelbeschlussfähigkeit – auch nicht vermutet wird[169], kann es dann trotz Maßgeblichkeit der Mehrheit der Anwesenden dazu kommen, dass ein Beschluss infolge der Nichtbeteiligung von Parlamentariern nicht gefasst wird. Weit verbreitet ist die Rechtsfigur der Anwesenheitsmehrheit, evtl. gekoppelt mit einer erhöhten Beschlussfähigkeitsziffer, allerdings keineswegs. Weitaus häufiger zu finden sind Vorschriften, welche die Beschlussfassung dadurch erschweren, dass sie die Majorität auf die Gesamtheit der Mitglieder des Parlaments beziehen.

Entscheidet die Mehrheit der Mitglieder (Mitgliedermehrheit), so ist die gesetzliche Mitgliederzahl die maßgebliche Bezugsgröße (vgl. Art. 121 GG). Die gesetzliche Mitgliederzahl berechnet sich grundsätzlich nach der Festlegung im Bundeswahlgesetz bzw. den entsprechenden landesrechtlichen Regeln. Hinzuzurechnen sind eventuelle Überhangmandate, abzuziehen hingegen Sitze, die dauerhaft oder vorübergehend vakant sind. Bleibt ein Abgeordneter einer Sitzung fern, ändert dies selbstverständlich nichts an seiner Mitgliedschaft[170]. Deshalb wirken sich bei der Mitgliedermehrheit nicht nur die Enthaltungen, sondern auch die Nichtbeteiligungen im Ergebnis wie Gegenstimmen aus und können dementsprechend dazu führen, dass die erforderliche Mehrheit für einen Beschluss fehlt.

Wenn eine qualifizierte Anwesenheits- oder Mitgliedermehrheit verlangt wird, können die sich wie Gegenstimmen auswirkenden Enthaltungen bzw. Nichtbeteiligungen in noch größerem Umfang als bei einer einfachen Anwesenheits- oder Mit-

---

169 Vgl. *K. Braun,* Verfassung des Landes Baden-Württemberg, Art. 33 Rn. 39; *K. David,* Verfassung der Freien und Hansestadt Hamburg, Art. 20 Rn. 9.

170 Vgl. *W. Jellinek,* FS H. Kraus, S. 88 (90 ff.); *C. Schulze,* in: M. Sachs, GG, Art. 121 Rn. 3 ff.

gliedermehrheit zu einem Scheitern des Beschlusses führen. Gegenüber einer einfachen Anwesenheits- oder Mitgliedermehrheit ist die Beschlussfassung also auch im Hinblick auf mögliche Enthaltungen bzw. Nichtbeteiligungen weiter erschwert.

3. Das Ziel der besonderen Vorschriften

Ziel der von den allgemeinen Regeln abweichenden Ansprüche an Beteiligung und Stimmabgabe ist es, die Legitimation bestimmter vom Parlament zu treffender Entscheidungen zu stärken. Davon ausgehend, dass die Wahrscheinlichkeit eines richtigen Beschlusses mit der Zahl der Beteiligten und Stimmabgaben steigt, soll das Verlangen nach einer breiten Mehrheit bzw. hohen Beteiligungsquote dafür sorgen, dass einzelne Entscheidungen mit hervorgehobener Bedeutung für das politische Leben nur fallen, sofern die Wahrscheinlichkeit ihrer Richtigkeit besonders groß ist. Viele der besonderen Vorschriften lassen sich daneben auch darauf zurückführen, dass eine relative Stabilität erreicht werden soll, indem die Beschlussfassung erschwert wird. Beständigkeit gilt insofern als ein Wert an sich, hinter dem das im politischen Tagesgeschäft dominierende Interesse an einer einfachen Beschlussfassung zurücktreten muss.

4. Fälle der Geltung besonderer Vorschriften

Die Entscheidungen, die solchen besonderen Anforderungen unterworfen sind, reichen je nach Parlament von der Abstimmung über den Ausschluss der Öffentlichkeit von der Parlamentssitzungen über die Wahl des Regierungschefs, das Vertrauens- bzw. Misstrauensvotum gegenüber diesem, die Entscheidung über eine Parlamentsauflösung oder Verfassungsänderung bis hin zur Beschlussfassung über die Anklage von Richtern, Regierungsmitgliedern oder anderen hohen Amtswaltern. Die praktisch wichtigsten Fälle sind die Wahl des Regierungschefs sowie Beschlüsse auf Verfassungsrevision.

a) Wahl des Regierungschefs

Voraussetzung für die Wahl zum Regierungschef ist nach den meisten Landesverfassungen das Erreichen einer Mehrheit der Mitglieder des Parlaments[171]. Auf diese Weise kann nur derjenige gewählt werden, der über eine breite Mehrheit bei allen Abgeordneten des Parlaments verfügt. Ausgeschlossen ist damit, dass ein Kandidat infolge Abwesenheit von Abgeordneten von einer bloßen Zufallsmehr-

---

171 Art. 46 I 1 LV BW; Art. 83 I 1 LV Brbg.; Art. 101 I 1 LV Hessen; Art. 42 I LV MV; Art. 29 I LV Nds.; Art. 52 I LV NW; Art. 98 II 1 LV Rhld.-Pfalz; Art. 87 I 1 LV Saarl.; Art. 60 I LV Sachsen; Art. 26 III Schl.-H.

heit gewählt wird. Vor allem aber kann danach nicht Regierungschef werden, wer zwar mehr Ja- als Nein-Stimmen auf sich vereinigen kann, jedoch aufgrund von Enthaltungen nicht die Mehrheit bei der Gesamtheit der Parlamentsangehörigen zu erlangen vermag. Stimmenthaltung kommt hier einer Ablehnung gleich. Das ist in einigen Bundesländern anders, in denen zur Wahl des Regierungschefs mit der Mehrheit der abgegebenen Stimmen nicht mehr als die Regelmehrheit erforderlich ist oder zumindest im dritten Wahlgang diese Mehrheit genügt[172]. Hier eröffnet sich Abgeordneten, die einen Kandidaten weder unterstützen noch ablehnen wollen, die Möglichkeit der „Duldung", indem sie Enthaltung üben (sog. Tolerierungsmodell)[173]. Vorteil einer solchen Regelung ist zweifelsohne, dass die Regierungsbildung erleichtert wird. Kein Zweifel besteht aber auch darüber, dass ein nicht mit der Mehrheit der Mitglieder gewählter Regierungschef nur über eine eingeschränkte Legitimationsbasis verfügt, die es als fraglich erscheinen lässt, ob ein stabiles Regieren möglich sein wird. Deshalb begnügt sich die Mehrheit der Landesverfassungen bei der Wahl des Regierungschefs nicht mit der Regelmehrheit, sondern verlangt die Unterstützung der Majorität der Abgeordneten. Auch das Grundgesetz lässt erkennen, dass es einem nicht mit der Mehrheit der Mitglieder gewählten Regierungschef skeptisch gegenüber steht. Zwar sieht es vor, dass nach zwei an der Mitgliedermehrheit gescheiterten Wahlgängen im dritten Anlauf derjenige zum Bundeskanzler gewählt ist, der die meisten Stimmen auf sich vereinigen kann. Hat der Gewählte aber die Mehrheit der Mitglieder verfehlt, so muss ihn der Bundespräsident nicht unbedingt ernennen, sondern kann stattdessen auch den Bundestag auflösen (Art. 63 II – IV GG).

b) Verfassungsänderungen

Bei Beschlüssen über Verfassungsänderungen gelten im allgemeinen nochmals erhöhte Anforderungen. So verlangt die Mehrzahl der Verfassungen einschließlich des Grundgesetzes für eine Verfassungsänderung, dass mindestens Zweidrittel der Mitglieder des Parlaments zustimmen[174]. Von den vier Landesverfassungen, die eine davon abweichende Entscheidung getroffen haben, verbinden zwei die Forderung nach einer mehr oder minder qualifizierten Mehrheit mit der Voraussetzung

---

172 Vgl. Art. 23 I und Art. 44 LV Bayern; Art. 56 I LV Berlin; Art. 65 II LV LSA; Art. 70 III LV Thür.

173 Zum Problem, ob eine Fraktion, deren Mitglieder die Regierung in diesem Sinne tolerieren, der Opposition im verfassungsrechtlichen Sinne zuzurechnen ist und dementsprechend bei der finanziellen Ausstattung den vorgesehenen Oppositionszuschlag beanspruchen kann, vgl. LVerfG LSA, LVerfGE 6, 281 ff. Allgemein zum Oppositionsbegriff *R. Poscher,* AöR Bd. 122 (1997), S. 444 (457 ff.).

174 Art. 79 II GG; Art. 75 II 1 LV Bayern; Art. 100 S. 1 LV Berlin; Art. 79 S. 2 LV Brbg.; Art. 56 II LV MV; Art. 46 III 1 LV Nds.; Art. 69 I 2 LV NW; Art. 129 I LV Rhld.-Pfalz; Art. 101 I 2 LV Saarl.; Art. 74 II LV Sachsen; Art. 78 II LV LSA; Art. 40 II LV Schl.-H.; Art. 83 II 1 LV Thür.

einer hohen Beteiligungsquote[175]. Nur die Verfassungen Bremens und Hessens begnügen sich bei Verfassungsänderungen mit einer einfachen Mehrheit der Mitglieder, weil Verfassungsänderungen nach ihnen schon dadurch besonders erschwert sind, dass sie der Bestätigung durch Volksentscheid bedürfen[176]. Hintergrund der mehr oder minder gesteigerten Ansprüche an Beteiligung und Stimmabgabe bei Verfassungsänderungen ist das Bestreben, Beschlüssen auf Verfassungsrevision eine ihrer besonderen Tragweite entsprechende Legitimation zu verleihen, die sich von der parlamentarischer Alltagsentscheidungen deutlich abhebt. Zugleich soll dadurch verhindert werden, dass die Verfassung infolge allzu häufiger Änderungen ihren Charakter als dauerhafte, verlässliche Rahmenordnung verliert[177].

5. Vergleich zwischen Parlament und Volk

Kennzeichen der genannten wie auch anderer parlamentarischer Sonderregeln ist, dass sie deutlich höhere Ansprüche an die Beschlussfassung der Volksvertretung stellen, als es im allgemeinen die Regeln tun, die bei Volksentscheiden in entsprechenden Fällen zur Anwendung kommen. Besonders auffällig ist die Diskrepanz auf dem Gebiet der Verfassungsänderungen, wo dem gängigen parlamentarischen Erfordernis einer Mehrheit von Zweidritteln der Mitglieder überwiegend die plebiszitäre Voraussetzung einer bloßen Zustimmung der Mehrheit der Stimmberechtigten gegenübersteht. Nicht zu übersehen ist auch, dass bei einem Volksentscheid über eine Parlamentsauflösung regelmäßig ein erheblich geringerer Prozentsatz der Stimmberechtigten zustimmen muss als es bei einem parlamentarischen Auflösungsbeschluss der Fall ist. Differenzen dieser Art können als systematische Fehler erscheinen[178], verweisen aber auf nicht zu ignorierende Unterschiede in der Mobilisierungsfähigkeit der Abstimmungskörper. Aller Erfahrung nach bleibt auch bei wichtigen Volksentscheiden ein größerer Prozentsatz der Aktivbürger aus Desinteresse zu Hause. Schon die Zustimmung einer Mehrheit der Stimmberechtigten ist deshalb im Rahmen von Plebisziten nur sehr schwer zu erreichen. Dagegen vermag sich das Parlament nahezu vollzählig zu versammeln, wenn eine besonders bedeutende Frage zur Abstimmung steht. In der Volksvertretung lassen sich daher größere Mehrheiten bis hin zu einer Zweidrittel-Mitgliedermehrheit durchaus zustandebringen.

---

175 Art. 64 II LV BW; Art. 51 S. 2 LV Hbg.

176 Art. 125 III Bremen (mit Einschränkung in Art. 125 IV); Art. 123 II LV Hessen.

177 S.o. Kapitel 2, Abschnitt 1, B. II. 2.

178 Kritik an unterschiedlichen Mehrheitserfordernissen bei parlamentarischen und plebiszitären Verfassungsänderungen schon bei *C. Schmitt*, Legalität und Legitimität, S. 62 f.

Abschnitt 2

Bundesrat

A. Stimmpflicht

Bundesratsmitglieder zeichnen sich gegenüber Bundestagsabgeordneten dadurch aus, dass sie eine Doppelstellung innehaben. Zum einen stehen sie als Angehörige eines Bundesorgans in einer juristischen Beziehung zum Bund. Zum anderen stehen sie, die sich aus den Regierungen der einzelnen Länder rekrutieren, in einem Rechtsverhältnis zum entsendenden Land. Hinsichtlich der Pflichten von Bundesratsmitgliedern im Zusammenhang mit Wahlen und Abstimmungen ist also zwischen dem Bundes- und dem Landesrecht zu unterscheiden.

Das Bundesrecht in Gestalt des Grundgesetzes verleiht den Mitglieder des Bundesrates die Fähigkeit, für den Bund zu handeln und das Gesamtvolk zu verpflichten. Es setzt daher bei ihnen – wie bei Bundestagsabgeordneten und anderen Mitgliedern von Bundesorganen auch – voraus, dass sie sich bei ihren Entscheidungen vom Wohl des Gesamtstaates leiten lassen. Das schließt die Geltendmachung länderspezifischer Anliegen nicht aus, soweit diese als Teil der gesamtstaatlichen Interessen begreifbar sind[179]. Die Bundesratsmitglieder sind aber nicht Vertreter der Interessen der Länder, weswegen es dem Bundesrecht bei Wahlen und Abstimmungen des Bundesrates auch nicht gleichgültig sein kann, wie hoch die Zahl der Voten ausfällt. Nach den Gesetzen der Wahrscheinlichkeit ist grundsätzlich umso eher eine den Interessen aller entsprechende Entscheidung zu erwarten, je mehr Stimmen abgegeben werden, gibt es also einen positiven Zusammenhang zwischen der Stimmbeteiligung und der Legitimation von Bundesratsbeschlüssen. Deshalb besteht aus der Sicht des Bundesrechts ein erhebliches Interesse an einer möglichst vollständigen Stimmabgabe im Bundesrat.

Mit Blick darauf liegt es nahe, dass die Bundesratsmitglieder kraft Bundesrechts einer Verpflichtung unterliegen, an Wahlen und Abstimmungen der Länderkammer teilzunehmen, auch wenn eine solche Verpflichtung weder im Grundgesetz noch in der Geschäftsordnung des Bundesrates explizit normiert ist. Anders als etwa im Bundestag ist die Ausübung des Stimmrechts im Bundesrat allerdings kein höchstpersönliches Amt. Bundesratsmitglieder können sich vertreten lassen (vgl. Art. 51 I 2 und III 2 GG). Die Abgabe aller Stimmen eines Landes durch einen Stimmführer ist die Regel. Eine bundesrechtliche Pflicht von Mitgliedern zur Anwesenheit bei Wahlen und Abstimmungen des Bundesrates lässt sich deswegen nicht begründen[180]. Dem Bundesrecht lässt sich jedoch entnehmen, dass Bundesratsmitglieder ggf. für ihre Vertretung sorgen müssen[181].

---

179 Vgl. *T. Maunz*, in: Bundesrat (Hg.), Der Bundesrat als Verfassungsorgan und politische Kraft, S. 195 (196).

180 Ebenso *T. Maunz*, a. a. O., S. 195 (208); *K. Reuter*, Praxishandbuch Bundesrat, S. 250; a. A. *K. Stern*, Das Staatsrecht der Bundesrepublik Deutschland, Bd. II, § 27 VI 3 c).

Eine darüber hinausgehende bundesrechtliche Pflicht zur Abgabe einer Stimme besteht nicht. Weder das Grundgesetz noch die Geschäftsordnung des Bundesrates verbieten es Bundesratsmitgliedern, sich der Stimme zu enthalten[182]. Bedeutsam ist dies vor allem für Koalitionsregierungen, die sich bei der Instruktion von Bundesratsmitgliedern nicht auf ein Ja oder Nein einigen können. Eine Weisung an die Bundesratsmitglieder, entsprechend den Kräfteverhältnissen in der Landesregierung abzustimmen, scheitert an Art. 51 III 2 GG, der vorschreibt, dass die Stimmen eines Landes nur einheitlich abgegeben werden können. Dem daraus resultierenden Dilemma können Koalitionsregierungen entgehen, indem sie im Bundesrat mit Enthaltung stimmen lassen. Die Einheit, die das Grundgesetz von den Bundesratsmitgliedern eines Landes verlangt, ist also ausschließlich formaler Natur. Eine inhaltliche Einheit im Sinne einer Entscheidung mit Ja oder Nein wird nicht verlangt. Koalitionsvereinbarungen auf Länderebene besitzen daher regelmäßig eine sog. Bundesratsklausel, der zufolge sich das Land bei unüberwindbaren Meinungsverschiedenheiten in der Landesregierung der Stimme enthält[183].

Von den bundesrechtlichen Festlegungen sind die Anforderungen zu unterscheiden, die das Landesrecht an die Stimmabgabe im Bundesrat stellt. Eine generelle Norm, welche die Bundesratsmitglieder zur Mitwirkung an Entscheidungen des Bundesrates anhalten würde, existiert in keinem Land. Bundesratsmitglieder können jedoch im Einzelfall durch Weisung der Landesregierung dazu verpflichtet werden, persönlich an der Abstimmung im Bundesrat teilzunehmen und ihre Stimme im bejahenden oder verneinenden Sinn abzugeben[184].

B. Quoren und Mehrheiten

Zur Beschlussfähigkeit des Bundesrates ist nach § 28 I GOBR erforderlich, dass die Mehrzahl seiner Stimmen vertreten ist, wobei die Stimmen eines Landes als vertreten gelten, sofern mindestens ein ordentliches oder stellvertretendes Bundesratsmitglied des Landes anwesend ist[185]. Anders als im Bundestag und den Landesparlamenten hat der Präsident die Beschlussfähigkeit von Amts wegen festzustellen. Bei Beschlussunfähigkeit hat der Präsident die Sitzung aufzuheben (§ 28 II

---

181 Vgl. *K. Reuter*, a. a. O., S. 250, der eine solche Verpflichtung jedoch aus dem Landesrecht folgert.

182 Siehe *T. Maunz*, a. a. O., S. 195 (208).

183 Zur Zulässigkeit einer solchen Vorabfestlegung durch Koalitionsvereinbarung vgl. *W.-R. Bandorf*, ZRP 1977, S. 81 ff.; *H. Bauer*, in: H. Dreier, GG, Art. 51 Rn. 24; *D. Posser*, in: E. Benda / W. Maihofer / H.-J. Vogel (Hg.), HdbVerfR, § 24 Rn. 71 ff.; *H. de Wall*, in: Berliner Kommentar, GG, Art. 51 Rn. 29.

184 Vgl. *K. Reuter*, a. a. O., S. 250 f.

185 Vgl. *K. Reuter*, Praxishandbuch Bundesrat, S. 500.

GOBR). Die Bedeutung dieser Vorschriften in der Praxis tendiert gegen Null, weil die Länder fast immer vollständig vertreten sind[186].

Große praktische Relevanz hat hingegen die Regel des Art. 52 III 1 GG, wonach der Bundesrat seine Beschlüsse mit mindestens der Mehrheit „seiner Stimmen" fasst. Die Bezugnahme auf die Gesamtstimmenzahl des Bundesrates und nicht auf die abgegebenen Stimmen bedeutet, dass im Gegensatz zum Bundestag und zu den Landesparlamenten zur Beschlussfassung des Bundesrates im Regelfall eine Mitgliedermehrheit erforderlich ist. Nichtbeteiligungen und vor allem Stimmenthaltungen sind also bei der Mehrheitsberechnung mit einzubeziehen und wirken sich wie Nein-Stimmen aus[187]. Die Mehrheitsbildung im Bundesrat wird dadurch erheblich erschwert. Bei Zustimmungsgesetzen kann es wegen der Neigung von Koalitionsregierungen, sich im Falle nicht ausräumbarer Meinungsverschiedenheiten der Stimme zu enthalten, zu einer Blockade des Bundesrates kommen, auch wenn die Zahl der Zustimmenden die der Ablehnenden übersteigt. Dem Willen der sich enthaltenden Bundesratsmitglieder entspricht dies in der Regel nicht. Im Falle eines Koalitionsstreites haben Landesregierungen zumeist ein Interesse daran, dass sich ihre Enthaltung neutral auswirkt. Die vom Grundgesetz vorgesehene Mehrheitsregel bereitet also nicht unerhebliche Probleme[188]. Teilweise wird daher gefordert, die Vorschrift zu überdenken[189].

Für eine Beibehaltung der Regelung des Grundgesetzes kann aber angeführt werden, dass es sich bei dem Bundesrat um ein relativ kleines Gremium handelt, das zwar aus einer Vielzahl von Mitgliedern (gegenwärtig sind es 69) besteht, in dem jedoch wegen des Zwangs zur ländereinheitlichen Stimmabgabe nur wenige Stimmeinheiten (zur Zeit 16) vertreten sind. In kleineren Kollegien kommt einer hohen Stimmbeteiligung im allgemeinen eine stärkere Bedeutung als in größeren Kollegien zu, weil der durch eine Steigerung der Stimmenzahl erreichbare Zuwachs an Richtigkeitswahrscheinlichkeit bei wenigen Abstimmenden besonders hoch ist[190]. Das lässt es als folgerichtig erscheinen, im Bundesrat höhere Anforderungen an die Mehrheitsbildung zu stellen als im Bundestag, zumal diese auch dem föderativen Anliegen Rechnung tragen, die berechtigten Interessen möglichst vieler Länder zu berücksichtigen[191]. Der Tradition entspricht es allerdings nicht,

---

186 Vgl. *K. Reuter*, a. a. O., S. 503.

187 Vgl. *H. Bauer*, in: H. Dreier, GG, Art. 52 Rn. 18; *S. Korioth*, in: H. v. Mangoldt/F. Klein/C. Starck, GG, Art. 52 Rn. 12; *H. de Wall*, in: Berliner Kommentar, GG, Art. 52 Rn. 19; a.A. noch *H. v. Mangoldt*, GG, Art. 52 Anm. 5.

188 Zum Versuch, den mit einer Enthaltung verbundenen Schwierigkeiten durch Vereinbarung eines Losverfahren auszuweichen, siehe die unterschiedlichen Beurteilungen von *S. Jutzi*, ZRP 1996, S. 380 ff.; *S. Korioth*, a. a. O., Art. 51 Rn. 24; *H. Maurer*, Staatsrecht I, § 16 Rn. 21; *H. de Wall*, a. a. O., Art. 51 Rn. 30; *R. Zuck*, NJW 1997, S. 297.

189 *M. Sachs*, VVDStRL Bd. 58 (1999), S. 39 (76); ebenso *H. Maurer*, a. a. O., § 7 Rn. 61.

190 S.o. Kapitel 2, Abschnitt 1, A. V. 2.

191 Betonung des föderativen Moments von Art. 52 III 1 GG auch bei *J. Jekewitz*, in: Alternativkommentar, GG[3], Art. 52 Rn. 5.

Enthaltungen und Nichtbeteiligungen bei der Mehrheitsberechnung mit einzubeziehen. Um eine Verschleppung der Beschlussfassung zu verhindern[192], bestimmte Art. 7 III 2 RV 1871 für den Bundesrat des Kaiserreichs, dass nicht vertretene oder nicht instruierte Stimmen nicht gezählt werden sollten. Ebenso begnügte sich später Art. 66 IV WRV, der für das Zustandekommen von Reichsratsbeschlüssen die einfache Mehrheit der Abstimmenden erforderlich erklärte, mit einem Überwiegen der Ja- über die Nein-Stimmen.

192 Vgl. *A. Vogels*, Die staatsrechtliche Stellung der Bundesratsbevollmächtigten, S. 21 ff.

Kapitel 4

Vollziehende Gewalt

Abschnitt 1

Verwaltungsausschüsse

A. Stimmpflicht

I. Rechtsgrundlagen

1. Einführung

Eine wie auch immer ausgestaltete explizite Pflicht der Mitglieder von Verwaltungsausschüssen, sich an Wahlen und Abstimmungen ihres Ausschusses zu beteiligen und ihre Stimme abzugeben (Stimmpflicht), ist weder dem Verwaltungsverfahrensgesetz des Bundes noch den Verwaltungsverfahrensgesetzen der Länder bekannt. Die Verwaltungsverfahrensgesetze enthalten zwar in den §§ 89 ff. eine Reihe von Regeln über das Verfahren vor Verwaltungsausschüssen, die nicht nur für Verwaltungsverfahren im Sinne der Verwaltungsverfahrensgesetze gelten, sondern über ihren eigentlichen Anwendungsbereich (vgl. § 88 VwVfG) hinaus in Verwaltungsgremien als allgemeine Rechtsgrundsätze Anwendung finden, sofern spezialgesetzlich nichts anderes geregelt ist[1]. Die Vorschriften der §§ 89 ff. VwVfG beschränken sich aber auf Bestimmungen über den Vorsitz in Ausschüssen, die Beschlussfähigkeit sowie die Mehrheit. Auch die zahlreichen in anderen Gesetzen enthaltenen Regelungen über die Beschlussfassung in einzelnen Ausschüssen gehen zumeist nicht über ähnliche Vorschriften hinaus. Teilnahmepflichten und Stimmenthaltungsverbote kommen zwar bisweilen in Fachgesetzen vor[2], sind jedoch nur so vereinzelt zu finden, dass sie an der Regel, dass eine ausdrückliche Stimmpflicht nicht existiert, nichts ändern können.

---

1 Vgl. *H. J. Bonk/D. Kallerhoff,* in : P. Stelkens/H. J. Bonk/M. Sachs, VwVfG, § 88 Rn. 15; *T. Groß,* Das Kollegialprinzip in der Verwaltungsorganisation, S. 281.

2 Siehe etwa die in § 52 I GemO LSA verankerte Verpflichtung von Gemeinderatsmitgliedern, an Abstimmungen teilzunehmen, und das Verbot von Stimmenthaltungen im Gemeinderat nach Art. 48 I 2 GemO Bayern.

Dennoch besteht allgemein Einigkeit darüber, dass Mitglieder von Ausschüssen nur bei Vorliegen tatsächlicher Hinderungsgründe einer Sitzung fernbleiben dürfen, sie also grundsätzlich verpflichtet sind, Ausschussberatungen beizuwohnen und sich an Wahlen und Abstimmungen zu beteiligen[3]. Eine weitergehende generelle Pflicht zur Abgabe einer Stimme, d. h. ein Verbot von Stimmenthaltungen, wird hingegen von der h.L. unter Verweis auf das Fehlen einschlägiger Vorschriften abgelehnt[4]. Nach ihrer Auffassung besitzen die Mitglieder von Ausschüssen mangels expliziten Verbots im allgemeinen das uneingeschränkte Recht, sich bei Wahlen und Abstimmungen zu enthalten. Unzulässig sein sollen Stimmenthaltungen allerdings ausnahmsweise, sofern der Zweck und die Zusammensetzung des Ausschusses dies nahe legen, insbesondere wenn das Verfahren vor einem Ausschuss besonders förmlich ausgestaltet ist. Als solche Ausnahmen werden von der h.L. insbesondere die Fälle angesehen, in denen die Rechtsprechung trotz Fehlens eines ausdrücklichen Verbots Stimmenthaltungen untersagt hat. Die Rechtsprechung hat bislang immer wieder Stimmenthaltungen in einzelnen Kollegialorganen wie der Bundesprüfstelle für jugendgefährdende Schriften[5], den Verwaltungsgremien der Filmförderungsanstalt[6], Prüfungsausschüssen und anderen Gremien zur Leistungsbewertung[7] sowie Widerspruchsausschüssen bei der Hauptfürsorgestelle[8] für unzulässig erklärt, jedoch abgesehen von einem vereinzelt gebliebenen Urteil des Verwaltungsgerichts Berlin[9] keine generelle Regel des Inhalts aufgestellt, dass Stimmenthaltungen in Verwaltungsausschüssen verboten sind. Dafür, dass Stimmenthaltungen in Verwaltungsausschüssen allgemein nicht erlaubt sind, tritt freilich eine in der Literatur durchaus verbreitete Auffassung ein. Aus ihrer Sicht entspricht der grundsätzlichen Pflicht zur Beteiligung an der Beschlussfassung eine strikte Pflicht zur Abgabe einer Stimme[10].

---

3 Vgl. *P. Dagtoglou,* Kollegialorgane und Kollegialakte der Verwaltung, S. 109; für ehrenamtliche Ausschussangehörige *H. J. Bonk / D. Kallerhoff,* a. a. O., § 83 Rn. 4; *H.-G. Henneke,* in: H.-J. Knack, VwVfG, § 83 Rn. 3; speziell in Bezug auf Mitglieder von Prüfungsgremien *N. Niehues,* Schul- und Prüfungsrecht, Band 2, Rn. 265, für Personalräte BVerwGE 49, 271 (274), und hinsichtlich der Mitglieder des Verwaltungsrates des NDR BVerwGE 54, 29 (38); zu Gemeinderatsmitgliedern vgl. *K. Waechter,* Kommunalrecht, Rn. 350, sowie *G. Wurzel,* Gemeinderat als Parlament ?, S. 66 ff.; zu Verwaltungsräten von Sparkassen siehe *M. Völter,* Aufgaben und Pflichten von Verwaltungsräten, S. 88.

4 Vgl. *H. J. Bonk / D. Kallerhoff,* a. a. O., § 91 Rn. 5; *H. Borgs,* in: H. Meyer / H. Borgs-Maciejewski, VwVfG, § 91 Rn. 5; *H.-G. Henneke,* in: H.-J. Knack, VwVfG, § 90 Rn. 6; *F. O. Kopp / U. Ramsauer,* a. a. O., § 91 Rn. 4; *C. H. Ule / H. W. Laubinger,* Verwaltungsverfahrensrecht, § 14 Rn. 12 und § 38 Rn. 2.

5 BVerwGE 28, 63 (66 f.).

6 VG Berlin, DÖV 1973, S. 317 (319).

7 OVG Berlin, OVGE 15, 87 (89); OVG Münster, WissR 1981, S. 268 (269); OVG Saarlouis, KMK-HSchR 1988, S. 316; OVG Schleswig, NVwZ-RR 1996, S. 443.

8 VGH Kassel, ESVGH 44, 42 f.

9 VG Berlin, a. a. O., S. 319.

10 Vgl. *P. Dagtoglou,* a. a. O., S. 139; *C. Greipl,* Art. 19 IV GG und Entscheidungen von unabhängigen Sachverständigenausschüssen, S. 188; *H. Heilmann,* BayVBl. 1984, S. 196

Begründbar wäre eine solche weitreichende Stimmpflicht nur, wenn sich trotz Fehlens expliziter Pflichtregelungen eine Rechtsgrundlage für eine Verpflichtung von Ausschussmitgliedern zum Votum finden ließe. Aber auch die h.L. sieht sich mit der Frage nach der Rechtsgrundlage konfrontiert, soweit sie von einer Pflicht zur Beteiligung an Wahlen und Abstimmungen ausgeht und darüber hinaus Stimmenthaltungen in bestimmten Fällen für unzulässig hält. Zu denken ist insofern an zweierlei: Einmal könnte sich eine mehr oder minder weitgehende Stimmpflicht möglicherweise auf eine Analogie zu Vorschriften des gerichtlichen Verfahrens stützen. Zum anderen könnte es geschriebene oder ungeschriebene Rechtssätze geben, welche die Zulässigkeit von Enthaltungen und Nichtbeteiligungen bei Wahlen und Abstimmungen von Verwaltungsausschüssen in der einen oder anderen Weise implizit beschränken.

2. Analogie zu den Prozessgesetzen

Das weitgehende Fehlen gesetzlicher Regelungen war lange Zeit Kennzeichen des Allgemeinen Verwaltungsrechts. Seit dem Erlass der Verwaltungsverfahrensgesetze sind zwar die allgemeinen Regeln des Verwaltungsrechts in weiten Teilen kodifiziert. Nach wie vor weisen aber die verwaltungsrechtlichen Vorschriften erhebliche weiße Stellen auf, zu deren Ausfüllung die Methode der Analogie zu den Bestimmungen anderer Rechtsgebiete einen wichtigen Beitrag leistet. Als Gesetz mit einem großen Fundus von analogiefähigen Paragraphen kann namentlich das BGB gelten[11]. Aber auch die Prozessgesetze enthalten viele Vorschriften, die zur Lückenfüllung im Verwaltungsrecht herangezogen werden können. Als besonders interessant erscheinen in diesem Zusammenhang die prozessrechtlichen Regeln über das Verfahren vor Kollegialgerichten, wie sie vor allem in den §§ 192 ff. GVG niedergelegt sind. Sie sind teilweise detaillierter als die Vorschriften der Verwaltungsverfahrensgesetze über die Beschlussfassung in Verwaltungsausschüssen; zugleich hat es den Anschein, als ob die Beratung und Abstimmung in Kollegialgerichten zumindest in einigen Punkten der Vorgehensweise in Verwaltungsausschüssen ähnlich sein könnten. Deshalb werden die Vorschriften der Prozessgesetze zu den Regeln gezählt, die eventuell auf das Verfahren vor Verwaltungsausschüssen entsprechend angewendet werden können[12]. Die Tatsache, dass das Verfahren der Mehrzahl der Verwaltungsausschüsse primär dem Landesrecht unterliegt, während das Prozessrecht weitgehend Bundesrecht ist, stellt dabei kein Hin-

---

(201); früher schon für ein Verbot von Stimmenthaltungen in der Verwaltung *G. Jellinek*, System der subjektiven öffentlichen Rechte, S. 342; vermittelnd *T. Groß*, a. a. O., S. 290 f., der von der Unzulässigkeit von Stimmenthaltungen ausgeht, davon aber pluralistische Gremien ausnehmen will.

11 Vgl. dazu nunmehr umfassend *H. de Wall*, Die Anwendbarkeit privatrechtlicher Vorschriften im Verwaltungsrecht, S. 109 ff.

12 Vgl. *F. O. Kopp / U. Ramsauer*, VwVfG, § 88 Rn. 1.

dernis dar. Denn bundesrechtliche Regeln können auch in Bereichen analog angewandt werden, für welche die Länder die Gesetzgebungskompetenz haben[13].

Für eine Analogie in Frage kommt besonders die Regel des § 195 GVG, der zufolge kein Richter oder Schöffe die Abstimmung über eine Frage verweigern darf, weil er bei der Abstimmung über eine vorhergegangene Frage in der Minderheit geblieben ist. Analog angewandt, könnte diese Vorschrift eine Verpflichtung der Mitglieder von Verwaltungsausschüssen begründen, bei Wahlen und Abstimmungen ihre Stimme abzugeben. Die Befürworter eines generellen Verbotes von Stimmenthaltungen in Verwaltungsgremien stützen ihren Standpunkt denn auch nicht selten auf eine Analogie zu § 195 GVG. Ihrer Auffassung nach sind die Abstimmung in Verwaltungsausschüssen und kollegial besetzten gerichtlichen Spruchkörpern allgemein in einer Weise vergleichbar, dass die Regel des § 195 GVG auf jede Art von Verwaltungsgremien übertragbar ist[14]. Die h.L. indes lehnt es ab, für Mitglieder von Verwaltungsgremien generell dasselbe wie für Richter gelten zu lassen. Soweit sie Stimmenthaltungen in justizförmigen bzw. förmlichen Verfahren für unzulässig hält[15], bedient sie sich aber offenbar auch der Methode der Analogie zu gerichtlichen Vorschriften, wie aus dem Verweis auf die Entscheidung des Bundesverwaltungsgerichts zu Stimmenthaltungen in der Bundesprüfstelle für jugendgefährdende Schriften[16] hervorgeht, das maßgeblich auf die Grundsätze der Prozessgesetze zurückgegriffen hatte, um das Verbot von Stimmenthaltungen in der Bundesprüfstelle zu begründen[17].

Voraussetzung einer Analogie zu prozessrechtlichen Bestimmungen ist allerdings nicht zuletzt, dass die verwaltungsrechtlichen Vorschriften eine Lücke aufweisen, sei diese nun dem Gesetzgeber bewusst gewesen oder nicht[18]. Das bedeutet, dass eine entsprechende Anwendung von Gerichtsverfassungsvorschriften dann ausgeschlossen ist, wenn es einen – geschriebenen oder ungeschriebenen – verwaltungsrechtlichen Rechtssatz gibt, der die Frage der Stimmpflicht von Ausschussmitgliedern unmittelbar regelt. Als ein solcher direkt geltender Rechtssatz ist vor allem das Stimmrecht der Mitglieder von Verwaltungsausschüssen in Betracht zu ziehen.

---

13 Näher dazu *H. de Wall*, a. a. O., S. 107 f.

14 Vgl. *P. Dagtoglou*, Kollegialorgane und Kollegialakte der Verwaltung, S. 139.

15 Vgl. *H. J. Bonk / D. Kallerhoff*, in: P. Stelkens / H. J. Bonk / M. Sachs, VwVfG, § 91 Rn. 5; *H.-G. Henneke*, in: H.-J. Knack, VwVfG, § 90 Rn. 6; *F. O. Kopp / U. Ramsauer*, VwVfG, § 91 Rn. 4; *C. H. Ule / H. W. Laubinger*, Verwaltungsverfahrensrecht, § 38 Rn. 2.

16 BVerwGE 28, 63 (66).

17 Nur der Diktion nach abweichend *C. H. Ule / H. W. Laubinger*, a. a. O., § 38 Rn. 2, die zwar eine Analogie zu § 195 GVG ablehnen, aber § 195 GVG bei förmlichen Verwaltungsverfahren aus der Natur der Sache heraus für anwendbar halten.

18 Zur Problematik bewusster Regelungslücken im Verwaltungsrecht vgl. *H. de Wall*, a. a. O., S. 82 ff.

3. Das Stimmrecht

Ebenso wie die Mehrzahl der anderen Mitgliedschaftsrechte ist auch das Stimmrecht der Angehörigen von Verwaltungsgremien im Regelfall weder expressiv verbis geregelt noch in anderen geschriebenen Vorschriften enthalten. Vorschriften von der Art des § 9 V 2 KDVG, der mit Blick auf die Ausschüsse für Kriegsdienstverweigerung bestimmt, dass die Mitglieder gleiches Stimmrecht haben, sind die Ausnahme. Beschlussfähigkeits- und Mehrheitsregeln wie die §§ 90 ff. VwVfG weisen den Mitgliedern von Verwaltungsausschüssen selbst kein Stimmrecht zu, sondern bauen auf einer solchen Zuweisung auf, indem sie bestimmen, wie aus den Einzelwillen der Stimmberechtigten der Gesamtwille des Ausschusses gebildet wird. Insofern setzen sie aber als selbstverständlich voraus, dass ein ungeschriebener Rechtssatz des Inhalts besteht, dass den Mitgliedern von Verwaltungsausschüssen grundsätzlich ein Stimmrecht zukommt. Dabei machen Regelungen wie § 90 I VwVfG zwar deutlich, dass auch Mitglieder von Ausschüssen denkbar sind, die über kein Stimmrecht verfügen. Sofern jedoch nicht ausdrücklich bestimmt ist, dass einzelne Mitglieder lediglich eine beratende Stimme besitzen[19], ist nach dem Grundsatz der Gleichbehandlung davon auszugehen, dass alle Mitglieder eines Ausschusses bei Wahlen und Abstimmungen stimmberechtigt sind[20].

Inhaltlich bedeutet das Stimmrecht jedenfalls, dass sich sein Inhaber an Wahlen und Abstimmungen beteiligen und dabei seine Stimme abgeben darf. Da es sich bei dem Stimmrecht um eine Berechtigung handelt, die ihrem Inhaber nicht als Privatmann zusteht, sondern die er als staatliche Kompetenz im Auftrag wahrnimmt, wird dieses Recht der Mitglieder von Verwaltungsausschüssen jedoch nicht selten als eine Befugnis aufgefasst, die der Berechtigte nicht nur ausüben darf, sondern in der Regel auch ausüben muss[21], so dass Stimmrecht zugleich Stimmpflicht ist. Wäre das richtig, wären die Mitglieder von Verwaltungsausschüssen also kraft des Stimmrechts als ungeschriebenen Rechtssatz verpflichtet, sich an Wahlen und Abstimmungen zu beteiligen und dabei ihre Stimme abzugeben. Nichtbeteiligung wie Enthaltung von Stimmberechtigten erschienen dann als zumindest im Grundsatz unzulässig, wobei freilich die Einzelheiten der Stimmpflicht der Konkretisierung bedürften.

Als Stimmpflicht begreifen ließe sich das Stimmrecht freilich nur, sofern es sich um ein im Sinne des Gemeinwohls auszuübendes Recht handeln würde. Stünde es nämlich im Belieben der Stimmberechtigten, wie sie von ihrer Befugnis Gebrauch machen, so könnten ihnen auch in der Frage, ob sie ihr Recht auszuüben haben, keine Vorschriften gemacht werden.

---

19 Beispiel dafür: § 29 I und II SchulG LSA in Bezug auf Schulkonferenzen.

20 Vgl. *H. Borgs*, in: H. Meyer / H. Borgs-Maciejewski, VwVfG, § 88 Rn. 4.

21 In diesem Sinne etwa *P. Dagtoglou*, Kollegialorgane und Kollegialakte der Verwaltung, S. 139, mit der Bemerkung, die Stimme sei in Verwaltungsgremien eine Zuständigkeit, die das Mitglied des Kollegialorgans wahrnehmen müsse, ohne sich der Verantwortung zu entziehen. Ähnlich *G. Jellinek*, System der subjektiven öffentlichen Rechte, S. 342.

II. Die Gemeinwohlverpflichtung von Ausschussmitgliedern

Da weder das Demokratie- noch das Republikprinzip die Staatsgewalt an ein allgemeines Gemeinwohlziel binden[22], sind die Mitglieder von Verwaltungsausschüssen nach dem Grundgesetz und den meisten Landesverfassungen nicht von Verfassungs wegen verpflichtet, ihr Stimmrecht im Interesse des Gemeinwohls auszuüben. Manchmal schreiben allerdings einfachgesetzliche Regelungen einzelnen Verwaltungsausschüssen und damit auch ihren Mitgliedern mehr oder weniger detailliert vor, wie sie in bestimmten Angelegenheiten zu entscheiden haben. So geben etwa die §§ 85 ff. BauGB den Enteignungsausschüssen nach § 104 II BauGB in Teilen relativ präzise vor, unter welchen Voraussetzungen eine Baulandenteignung zulässig ist, binden aber gleichzeitig die Enteignung ganz allgemein daran, dass das Wohl der Allgemeinheit sie erfordert (§ 87 I BauGB). Gleichgültig, ob der Gesetzgeber nun im einzelnen festlegt, nach welchem Maßstab ein Ausschuss zu entscheiden hat, und damit die Belange der Allgemeinheit konkretisiert, oder sich mit einem generalklauselartigen Verweis auf das öffentliche Interesse begnügt, handelt es sich in jedem Falle darum, dass die Legislative durch ihre rechtlichen Vorgaben das Gemeinwohl für den zuständigen Verwaltungsausschuss verbindlich macht. Die Stimmberechtigten werden dadurch einer Bindung an ein vom Gesetzgeber vorgegebenes Gemeinwohl unterworfen. Zwar ist die Steuerungskraft von gesetzlichen Tatbeständen nicht erst in jüngster Zeit kritisch hinterfragt und besonders für sog. unbestimmte Rechtsbegriffe wie „öffentliches Interesse" oder „Unbescholtenheit" geltend gemacht worden, dass ihr Inhalt und Umfang objektiv gar nicht feststellbar sei, sondern zwangsläufig ausschließlich von der subjektiven Anschauung des zuständigen Organs abhänge[23]. Solche Einwände haben jedoch nur auf rechtstheoretischer, nicht aber auf rechtsdogmatischer Ebene Gewicht. Wenn der Gesetzgeber etwa sagt, dass eine bestimmte Genehmigung erteilt werden muss, wenn es dem öffentlichen Interesse entspricht, so verbindet er damit den Anspruch, das Handeln der Verwaltung vollständig zu determinieren. Wäre der Gesetzgeber der Ansicht, ein solcher Tatbestand könne die Verwaltung nicht binden, wäre nicht einzusehen, warum er ihn überhaupt normiert hat. Sind die Bedingungen des Verwaltungshandelns tatbestandlich normiert, kann es daher in einem konkreten Fall immer nur eine richtige Antwort auf die Frage geben, ob der Tatbestand erfüllt ist[24]. Der Idee nach ist demgemäß in allen Fällen, in denen der Gesetzgeber

---

[22] S.o. Kapitel 2, Abschnitt 1, A. IV. 1.

[23] Vgl. *H. Kelsen*, Hauptprobleme der Staatsrechtslehre, S. 503 ff.

[24] Vgl. *M. Sachs*, in: P. Stelkens / H. J. Bonk / M. Sachs, VwVfG, § 40 Rn. 147, und *R. Alexy*, JZ 1986, S. 701 (715), dieser freilich mit etwas abweichender Begründung (Prinzip der einzig richtigen Antwort als regulative Idee). Unzutreffend daher BVerwGE 39, 197 (203), mit zustimmender Anmerkung von *O. Bachof*, JZ 1972, S. 208 ff., soweit es die Vorstellung, bei der Anwendung des Begriffs der Eignung zur Jugendgefährdung in § 1 I GjS sei nur eine richtige Lösung möglich, als „Fiktion" ablehnt (zur berechtigten Kritik an dieser Entscheidung siehe im einzelnen *F. Ossenbühl*, DÖV 1972, S. 401 ff.).

einen gesetzlichen Tatbestand vorgibt, ein Belieben der Mitglieder von Verwaltungsausschüssen ausgeschlossen.

Bei nicht wenigen Ausschüssen verzichtet der Gesetzgeber aber auf solche Vorschriften und stellt die Entscheidung in das Ermessen des Gremiums oder räumt ihm bei der Anwendung der gesetzlichen Tatbestände einen Beurteilungsspielraum ein, so dass die Ausschussmitglieder in dem, was sie tun, grundsätzlich frei sind[25]. Solche Entscheidungsspielräume genießen besonders pluralistisch besetzte Kollegien, deren Mitglieder von bestimmten Interessengruppen entsandt werden. Auch in diesen Fällen sind die Stimmberechtigten aber nicht Interessenvertreter, sondern haben den Auftrag, die Belange der Allgemeinheit wahrzunehmen[26]. Soweit die einschlägigen gesetzlichen Vorschriften die Entscheidung in das Ermessen der Ausschussmitglieder stellen, können die Stimmberechtigten zwar grundsätzlich frei zwischen verschiedenen Möglichkeiten der Entscheidung wählen[27]. Ermessen bedeutet für die Verwaltung aber nicht, dass sie nach Belieben handeln dürfte. Vielmehr muss sie ihr Ermessen pflichtgemäß ausüben[28], also bestimmte rechtliche Schranken beachten, zu denen unter anderem die Verpflichtung auf den Zweck des Gesetzes zählt (vgl. § 40 VwVfG). Jenseits dieser Grenzen ist die Verwaltung bei Ermessen zwar frei; die bloße Unzweckmäßigkeit führt nicht zur Rechtswidrigkeit[29]. Dies gilt jedoch nur im Außenverhältnis zum Bürger. Kraft Dienstrechts obliegt nämlich den Beamten die rechtliche Verpflichtung, ihre Aufgaben unparteiisch und gerecht zu erfüllen und bei ihrer Amtsführung auf das Wohl der Allgemeinheit Bedacht zu nehmen (vgl. § 52 I 2 BBG, § 35 I 2 BRRG und die entsprechenden Regelungen der Landesbeamtengesetze). Die in der Verwaltung ehrenamtlich Tätigen haben nach § 83 I VwVfG ihre Tätigkeit gewissenhaft und unparteiisch auszuüben, also nach ihrer Überzeugung vom Gemeinwohl[30]. Im Innenverhältnis ist also das Verhalten der Verwaltung auch bei Ermessen strikt gebunden[31]. Selbst wenn die Mitglieder eines Verwaltungsaus-

---

25 Vgl. *T. Groß*, Das Kollegialprinzip in der Verwaltungsorganisation, S. 324 ff.; *H. J. Wolff / O. Bachof / R. Stober*, Verwaltungsrecht, Band 1, § 31 Rn. 23; aus der Fülle der Rspr. siehe beispielsweise zu den Sortenausschüssen des Bundessortenamtes BVerwGE 62, 330 (337 ff.), zum Börsenvorstand BVerwGE 72, 195 (200 f.), zur Bundesprüfstelle für jugendgefährdende Schriften BVerfGE 83, 130 (148), und BVerwGE 91, 211 (213 ff.), zur Filmförderungsanstalt OVG Berlin, NJW 1988, S. 365 (366), zu Landesmedienanstalten VGH München, NJW 1997, S. 1385 (1386), sowie zur Filmbewertungsstelle VGH Kassel, NJW 1998, S. 1426 (1427 f.).

26 Siehe *T. Groß*, a. a. O., S. 53 f.; für die Mitglieder von Aufsichtsgremien im öffentlich-rechtlichen Rundfunk besonders BVerfGE 83, 238 (333 f.).

27 Vgl. BVerwGE 62, 230 (241); BVerwG, DÖV 1982, 409 (410); *H. Maurer*, Allgemeines Verwaltungsrecht, § 7 Rn. 6.

28 Vgl. BVerfGE 18, 353 (363); 49, 168 (184).

29 Vgl. *H. J. Wolff / O. Bachof*, Verwaltungsrecht I, § 31 II c) 3.

30 *H. J. Bonk / D. Kallerhoff*, in: P. Stelkens / H. J. Bonk / M. Sachs, VwVfG, § 83 Rn. 3 ff.; *F.O. Kopp / U. Ramsauer*, VwVfG, § 83 Rn. 4.

31 Zutreffend die diesbezüglichen Hinweise bei *H. H. Lohmann*, Die Zweckmäßigkeit der Ermessensausübung als verwaltungsrechtliches Rechtsprinzip, S. 33 f., und *B. Drews / G.*

schusses nach Ermessen abstimmen dürfen, unterliegen sie demnach einer klaren Gemeinwohlbindung.

Ebenso verhält es sich in den Fällen, in denen die Stimmberechtigten bei der Anwendung der gesetzlichen Tatbestände einen Beurteilungsspielraum haben. Ist der Verwaltung eine derartige Einschätzungsprärogative eingeräumt, kann sie nämlich schon allein deshalb nicht nach Belieben entscheiden, weil sie ungeachtet ihres Beurteilungsspielraums bestimmte überprüfbare Schranken wie den Zweck der Beurteilungsermächtigung beachten muss[32]. Jenseits dieser Schranken ist die Verwaltung zwar frei in ihrer Einschätzung. Diese Freiheit ist jedoch keine Freiheit, nach Belieben zu urteilen, sondern die Freiheit, selbst über die Auslegung des gesetzlichen Tatbestandes zu entscheiden. Die zwischen Justiz und Verwaltung schwebende Kompetenzfrage, wer die Interpretationshoheit über das Gesetz hat, entscheidet der Beurteilungsspielraum zugunsten der Verwaltung[33]. Er entbindet die Verwaltung nicht von der durch den gesetzlichen Tatbestand konstituierten Gemeinwohlbindung. Als Korrelat zu ihrer Befugnis, die Allgemeinheit zu verpflichten, sind die Mitglieder von Verwaltungsausschüssen bei Wahlen und Abstimmungen demnach stets daran gebunden, das Gemeinwohl zu beachten.

Daraus folgt nicht zwangsläufig, dass die Ausschussmitglieder auch verpflichtet sind, an Wahlen und Abstimmungen teilzunehmen und dabei ihre Stimme abzugeben. Gäbe es allerdings ein Interesse der Allgemeinheit, dass die Stimmberechtigten möglichst von ihrem Recht Gebrauch machen, könnte eine Stimmpflicht Kehrseite des Stimmrechts sein.

III. Das Interesse an einem Votum

1. Der Sinn des Kollegialprinzips

Vertraut der Gesetzgeber die Erledigung bestimmter Verwaltungsangelegenheiten nicht einem monokratisch struktuierten Organ an, sondern setzt dazu einen Ausschuss ein, so verbindet er damit in der Regel die Erwartung, dass die kollektive Entscheidungsfindung die Wahrscheinlichkeit einer im Sinne des Gemeinwohls richtigen Entscheidung steigert. Anders wäre kaum zu erklären, warum der Gesetzgeber den regelmäßig höheren Aufwand von Kollegial- im Vergleich zu Einzelentscheidungen in Kauf nehmen sollte. Ein wesentlicher Grund für die Hoffnung, dass die Entscheidungen von Ausschüssen besser ausfallen als die von Einzelpersonen, ist die gemeinsame Diskussion, die der kollegialen Beschlussfassung zumeist vor-

---

Wacke / *K. Vogel* / *W. Martens*, Gefahrenabwehr, S. 373 ff. Etwas anders das Konzept von *R. Uerpmann*, Das öffentliche Interesse, S. 227 ff.

32 Dazu zusammenfassend *F.O. Kopp* / *U. Ramsauer*, a. a. O., § 40 Rn. 82 ff.

33 Betonung des kompetentiellen Aspekts auch bei *R. Uerpmann*, a. a. O., S. 229.

ausgeht. Die Lebenserfahrung lehrt, dass eine Einzelperson mit wachsender Komplexität eines Sachverhaltes zunehmend in Gefahr gerät, das eine oder andere zu übersehen. Beschäftigen sich mehrere Personen mit derselben Sache, können sie sich bei der Sammlung der relevanten Aspekte in idealer Weise ergänzen, indem sie sich wechselseitig auf Umstände aufmerksam machen, welche der jeweils andere außer acht gelassen hatte. Die kollegiale Beratung erhöht daher die Chance der Berücksichtigung aller bei der Entscheidung zu beachtenden Gesichtspunkte. Daneben steigert die Diskussion in einem Ausschuss auch die Wahrscheinlichkeit gründlicher Abwägung der entscheidungserheblichen Gesichtspunkte. Denn die kollektive Erörterung einer Angelegenheit bietet allen Mitgliedern die Möglichkeit, die eigene Meinung zu erläutern und entgegengesetzte Auffassungen zu kritisieren. Schon die Darlegung der eigenen Position wie auch die daran von den anderen eventuell geübte Kritik zwingen die Angehörigen von Ausschüssen dazu, sich der eigenen Argumente zu vergewissern und ihre Überzeugungskraft zu prüfen. In der Literatur zum Kollegialprinzip in der Verwaltung wird der Wert der gemeinsamen Diskussion denn auch zu Recht betont[34].

Die Vorteile des Kollegialprinzips erschöpfen sich aber nicht in der gemeinsamen Diskussion. Neben dieser ist die Beschlussfassung durch mehrere das zweite zentrale Element kollegialer Entscheidungsfindung und trägt als solches nach den Vorstellungen des Gesetzgebers ebenso dazu bei, der Ausschussarbeit eine besondere Qualität zu sichern.

Eine Grundlage für diese gesetzgeberische Erwartung lässt sich in der von Condorcet aufgezeigten Beziehung zwischen der Zahl derjenigen, die über eine Sache entscheiden, und der Wahrscheinlichkeit einer richtigen Entscheidung finden. Danach wächst die Wahrscheinlichkeit eines korrekten Entschlusses mit der Zahl der an der Entscheidung Beteiligten und nähert sich dem optimalen Wert 1, sofern nur die Wahrscheinlichkeit einer richtigen Entscheidung der einzelnen größer als 0,5 ist, sie also eher richtig als falsch entscheiden[35]. Geht man davon aus, dass die an einer Entscheidung Teilnehmenden ausreichend informiert sein sollten, um individuell mit größerer Wahrscheinlichkeit richtig als falsch zu entscheiden, so folgt daraus, dass bei einer Entscheidung durch mehrere eher zu vermuten ist, dass sie richtig ausfällt, als bei der Entschließung eines einzelnen. Setzt der Gesetzgeber anstelle eines Individuums einen Ausschuss ein, um über bestimmte Angelegenheiten der Verwaltung zu befinden, so will er sich diesen Vorteil kollektiver Entscheidung zunutzen machen. Zunutzen machen will er sich aber auch in vielen Fällen die Möglichkeit, die Qualität von Entscheidungen dadurch zu steigern, dass er Vertreter einzelner gesellschaftlicher Gruppen zu einem Interessenausgleich kom-

---

34 Vgl. *P. Dagtoglou*, Kollegialorgane und Kollegialakte der Verwaltung, S. 22; *E. Forsthoff*, Lehrbuch des Verwaltungsrechts, Erster Band, S. 445; *T. Groß*, Das Kollegialprinzip in der Verwaltungsorganisation, S. 205; *R. Herzog*, Allgemeine Staatslehre, S. 193 f.; *H. Sodan*, Kollegiale Funktionsträger als Verfassungsproblem, S. 49; *W. Thieme*, Verwaltungslehre, S. 268.

35 S.o. Kapitel 2, Abschnitt 1, A. V. 2.

men lässt[36]. Beispiel dafür ist die Bundesprüfstelle für jugendgefährdende Schriften, von deren überwiegend pluralistischen Besetzung mit vier Mitgliedern aus Kreisen von Kunst, Literatur, Buchhandel und Verlegerschaft, ebenso vielen Mitgliedern aus der freien und der öffentlichen Jugendhilfe, der Lehrerschaft und den Religionsgemeinschaften sowie vier staatlichen Mitgliedern (vgl. § 9 II 1 GjS) sich der Gesetzgeber offensichtlich besonders adäquate Resultate verspricht.

2. Die Bedeutung der Stimmbeteiligung

Vor dem geschilderten Hintergrund wird deutlich, dass aus Sicht des Gesetzgebers die Wahrscheinlichkeit einer richtigen Entscheidung eines Verwaltungsausschusses am höchsten ist, wenn alle Stimmberechtigten an der Abstimmung teilnehmen und ihre Stimme abgeben. Zwar ist es auch bei unvollständiger Stimmabgabe möglich, dass ein Kollegium zu einem richtigen Ergebnis gelangt. Da anzunehmen ist, dass die Wahrscheinlichkeit einer richtigen Entscheidung mit der Zahl der Abstimmenden ansteigt, geht der Gesetzgeber jedoch davon aus, dass es das Beste ist, wenn sämtliche Stimmberechtigte ihr Votum abgeben. Dafür spricht umso mehr, als mit Nichtbeteiligungen oder Enthaltungen immer die Gefahr verbunden ist, dass sie aus mehr oder weniger zufälligen Gründen in größerem Maße bei den Vertretern eines Standpunktes vorkommen als bei den Vertretern der entgegengesetzten Auffassung. Dieses Risiko ungleicher Verteilung von Gründen für ein Nichtvotum verschärft die Gefahr mangelnder Repräsentativität noch, die von Nichtbeteiligungen oder Enthaltungen ausgeht. Besonders augenscheinlich ist die Suboptimalität unvollständiger Stimmabgabe in Verwaltungsgremien mit pluralistischer Besetzung. Durch die Bestimmung, wer wie viele Stimmberechtigte in den jeweiligen Ausschuss entsenden darf, hat der Gesetzgeber hier eine Entscheidung über das Kräfteverhältnis zwischen verschiedenen Gemeinwohlinterpreten getroffen, die am ehesten gewahrt bleibt, wenn sich alle Stimmberechtigten bei der Beschlussfassung durch ein Votum beteiligen.

Eine Stimmabgabe möglichst aller Stimmberechtigter ist dabei nicht zuletzt deshalb besonders wichtig, weil es sich bei Verwaltungsausschüssen regelmäßig um Gremien handelt, die der Zahl ihrer Mitglieder nach als sehr klein bis klein zu bezeichnen sind. Nach den genannten Grundsätzen der Wahrscheinlichkeitsrechnung ist der mit einer Erhöhung der Zahl der Abstimmenden verbundene Zuwachs an Richtigkeitswahrscheinlichkeit im Anfangsbereich besonders groß und flacht dann zusehends ab[37]. Daraus folgt, dass eine hohe Beteiligungsquote bei Kollegien mit wenigen Mitgliedern grundsätzlich von größerer Bedeutung ist als bei Stimmkörpern mit vielen Stimmberechtigten. Sinn und Zweck der Verwendung von Verwal-

---

36 Vgl. *H.-W. Canenbley,* Die Zweckmäßigkeit der Verwendung von Ausschüssen in der Verwaltung, S. 64 ff.; *G. Püttner,* Verwaltungslehre, S. 152; *H. Sodan,* a. a. O., S. 51 ff.; *W. Thieme,* a. a. O., S. 268; *H. J. Wolff / O. Bachof,* Verwaltungsrecht II, § 75 III e).

37 S.o. Kapitel 2, Abschnitt 1, A. V. 2.

tungsausschüssen offenbaren also ein erhebliches Interesse an einer möglichst kompletten Stimmabgabe, das noch dadurch bestätigt wird, dass der Gesetzgeber die Beschlussfähigkeit von Verwaltungsgremien regelmäßig von der Beteiligung einer bestimmten Mindestzahl von Stimmberechtigten abhängig macht (vgl. § 90 I VwVfG).

Fraglich kann allerdings sein, ob es auch dann wichtig ist, dass Ausschussmitglieder möglichst von ihrem Recht Gebrauch machen, wenn sie sich von Ersatzmitgliedern vertreten lassen können. Springt ein Ersatzmitglied für ein reguläres Mitglied ein, führt nämlich das Nichtvotum des vorrangig stimmberechtigten Mitgliedes nicht zu einem Qualitätsverlust. Abgesehen davon, dass sich eine Stellvertretung insbesondere bei kurzfristiger, nicht absehbarer Nichtteilnahme bzw. Enthaltung schwierig gestaltet, kann es aber viele Gründe in der Person des Stellvertreters geben, die es diesem unmöglich machen mögen, den Platz des regulären Mitgliedes einzunehmen. Auch wenn Stellvertreter vorgesehen sind, kann also die Nichtteilnahme eines Mitgliedes dazu führen, dass weniger Mitglieder stimmen, als stimmberechtigt sind, so dass die Wahrscheinlichkeit einer richtigen Entscheidung sinkt.

Ist es also einsichtig, dass die Möglichkeit der Stellvertretung nichts daran ändert, dass Stimmberechtigte am besten abstimmen sollten, so mag ein Interesse an einer möglichst vollständigen Stimmabgabe aber zweifelhaft sein, wenn die Stimmberechtigten nicht gleichzeitig, sondern nacheinander abstimmen, und nach dem Votum eines Teils der Mitglieder das Erreichen oder Nichterreichen der erforderlichen Mehrheit bereits festzustehen scheint. Warum, so könnte man fragen, sollte es in diesem Falle wünschenswert sein, dass auch der verbleibende Teil der Ausschussmitglieder noch ein Votum abgibt, da es doch anscheinend für das Ergebnis gleichgültig ist? Auszuschließen ist es allerdings nie, dass einzelne Voten sich im nachhinein als ungültig herausstellen und es entgegen dem Anschein in der Abstimmung sehr wohl auf alle Voten ankommt. Schon um „Reservestimmen" zu haben, ist stets ein Ziel, dass möglichst alle Stimmberechtigten votieren. Im übrigen ist es für die Autorität von Beschlüssen und ihre Kontrolle keineswegs ohne Bedeutung, mit welcher Mehrheit sie zustande gekommen sind. Ist ein Beschluss von allen Mitgliedern oder zumindest einer großen Mehrheit von ihnen gebilligt worden, kann dies bei der Öffentlichkeit und den konkret Betroffenen für eine hohe Akzeptanz des Spruchs sorgen. Deutlich zutage getretene Opposition gegen eine Entscheidung, die sich u.U. sogar in einem entsprechenden Minderheitsvotum artikuliert haben mag[38], kann hingegen ein Zeichen für die Öffentlichkeit und die Verfahrensbeteiligten sein, dass eine Kontrolle angezeigt ist. Nichtvoten sind daher den konkurrierenden Zielen von Rechtsfrieden und fortschreitender Rechtserkenntnis gleichermaßen abträglich und sollten selbst dann vermieden werden, wenn es

---

38 Zur Möglichkeit des Minderheitsvotums in der Verwaltung vgl. *I. Berggreen,* Die „dissenting opinion" in der Verwaltung, passim; *T. Groß,* Das Kollegialprinzip in der Verwaltungsorganisation, S. 302 f.

für das eigentliche Ergebnis einer Ausschussabstimmung nicht auf alle Voten anzukommen scheint. In Verwaltungsgremien besteht ein ausnahmsloses Interesse daran, dass Stimmberechtigte nach Möglichkeit an Wahlen und Abstimmungen teilnehmen und dabei ihre Stimme abgeben.

3. Der Konflikt mit dem Interesse an einer Enthaltung oder Nichtbeteiligung

Dem Interesse an einem Votum kann freilich im Einzelfall das mehr oder weniger berechtigte Interesse von Stimmberechtigten gegenüberstehen, sich nicht an der Abstimmung zu beteiligen oder sich der Stimme zu enthalten. Erforderlich ist also eine Abwägung zwischen den Belangen der Allgemeinheit, die für eine Stimmabgabe streiten, und den Gründen, die ein Mitglied eines Verwaltungsausschuss dazu bewegen mögen, von einem Votum abzusehen. Gäbe es einen Rechtssatz, der den Angehörigen von Verwaltungsgremien verbürgen würde, frei über ihre Teilnahme an der Abstimmung und ihre Stimmabgabe zu entscheiden, wäre diese Abwägung alleine Sache der Stimmberechtigten. Für eine Stimmpflicht wäre dann kein Raum. Würde es aber an einer solchen Freiheitsgarantie fehlen, so könnte angesichts des erheblichen Interesses an einer möglichst vollständigen Stimmabgabe sehr wohl eine Stimmpflicht bestehen. Fraglich ist deshalb, ob den Mitgliedern von Verwaltungsausschüssen gesetzlich gewährleistet ist, dass sie frei über das „Ob" einer Teilnahme und einer Stimmabgabe entscheiden können.

IV. Die Abstimmungsfreiheit von Ausschussmitgliedern

1. Verfassungsrecht

Wie noch näher auszuführen sein wird[39], haben zur Mitwirkung an einer Kollegialentscheidung berufenen Richter keine Freiheit in Bezug darauf, ob sie an der Abstimmung teilnehmen und dabei ihre Stimme abgeben wollen. Um der Rechtssicherheit willen und um jegliche Möglichkeit der Manipulation von vorneherein auszuschließen, verlangt nämlich das Recht auf den gesetzlichen Richter (Art. 101 I 2 GG), dass für alle denkbaren Streitfälle nach objektiven Kriterien in einem Rechtssatz vorherbestimmt ist, wer sie entscheiden wird. Ein vergleichbarer Verfassungsgrundsatz existiert im Bereich der Verwaltung nicht. Zwar wird aus dem Rechtsstaatsprinzip des Art. 20 III GG vielfach abgeleitet, dass die sachliche und örtliche Zuständigkeit von Behörden gesetzlich zu regeln ist[40]. So wie sich das Verwaltungsorganisationsrecht in Deutschland entwickelt hat, ist es jedoch aner-

39 S.u. Kapitel 5, Abschnitt 1, B.

40 Vgl. *C. H. Ule / H. W. Laubinger*, Verwaltungsverfahrensrecht, § 10 Rn. 15 m. w. N.

kanntermaßen kein Gebot der Rechtsstaatlichkeit, darüber hinaus in einem Rechtssatz die in der zuständigen Behörde entscheidenden Einzelpersonen im voraus und nach objektiven Grundsätzen zu bestimmen, um so schon der abstrakten Gefahr von Manipulationen vorzubeugen und Rechtssicherheit herzustellen. Rechtsstaatlich ist es ausreichend, konkreten Gefahren für die Objektivität der Verwaltung durch entsprechende Vorkehrungen wie etwa den Ausschluss befangener Entscheidungsträger (§ 20 I VwVfG) zu begegnen. Dies wird gewöhnlich mit der Formel umschrieben, dass es kein Recht auf den gesetzlichen Verwaltungsbeamten gibt[41]. Für Verwaltungsausschüsse lässt es sich dahin wenden, dass ein Recht auf das gesetzliche Mitglied nicht existiert. Geradezu von Verfassungs wegen ausgeschlossen ist es daher nicht, dass die Mitglieder von Verwaltungsgremien in der Entscheidung über das „Ob" ihrer Teilnahme und Stimmabgabe bei Wahlen und Abstimmungen frei sind.

Andererseits gibt es auch keine Verfassungsgrundsätze, die den Mitgliedern von Verwaltungsausschüssen eine entsprechende Freiheit verbriefen würden. Parlamentsabgeordnete haben als Teil ihrer allgemeinen Mandatsfreiheit nach Art. 38 I 2 GG und den entsprechenden Bestimmungen der Länder das verfassungsrechtlich gesicherte Recht, dass sie frei darüber entscheiden können, ob sie an einer Wahl oder Abstimmung teilnehmen und dabei eine Stimme abgeben wollen oder nicht[42]. Mustert man das Grundgesetz und die Landesverfassungen durch, wird man feststellen müssen, dass Mitgliedern von Verwaltungsausschüssen im allgemeinen eine vergleichbare Unabhängigkeit nicht gewährt wird. Verfassungsrechtlich verfügen sie weder über das generelle Recht, ihr Mandat frei ausüben zu können, noch wird ihnen speziell garantiert, selbst darüber zu befinden, ob sie an allfälligen Wahlen und Abstimmungen mit einem Votum teilnehmen wollen[43].

2. *Einfaches Gesetzesrecht*

Diese verfassungsrechtlich eher schwach ausgestaltete Position findet sich in einer einfachgesetzlichen Rechtsstellung reflektiert, die den Mitgliedern von Verwaltungsgremien nur sehr bedingt Freiheiten verbürgt. Zwar entbinden die meisten Fachgesetze die Angehörigen von Verwaltungsausschüssen mehr oder minder von Weisungen[44]. Eine darüber hinausgehende Bestimmung, wonach die Mitglieder

---

41 Vgl. *H. J. Bonk / H. Schmitz,* in: P. Stelkens / H. J. Bonk / M. Sachs, VwVfG, § 3 Rn. 5; *R. Mußgnug,* Das Recht auf den gesetzlichen Verwaltungsbeamten ?, S. 31; speziell für Prüfungen BVerwGE 30, 172 (178 ff.); OVG Münster, OVGE 44, 38 (43); *P. Guhl,* Prüfungen im Rechtsstaat, S. 186; *J. Pietzcker,* Verfassungsrechtliche Anforderungen an die Ausgestaltung staatlicher Prüfungen, S. 129 ff.; gewisse Einschränkungen allerdings bei *F. O. Kopp / U. Ramsauer,* VwVfG, § 90 Rn. 5.

42 S.o. Kapitel 3, Abschnitt 1, A. IV. 3.

43 Zur besonderen verfassungsrechtlichen Rechtsstellung von Gemeinderatsmitgliedern vgl. aber BVerfG, NVwZ 1989, S. 46; BayVerfGH, BayVBl. 1984, S. 621 (622 f.); *J. A. Frowein,* DÖV 1976, S. 44 (45); *E. Hien,* BayVBl. 1984, S. 203.

nur ihrem Gewissen unterworfen sind, also in der Ausübung ihres Mandats nicht nur gegenüber der Ministerialverwaltung frei sind, enthalten die einfachgesetzlichen Vorschriften jedoch im allgemeinen nicht. Das hat seinen Grund darin, dass es keine allgemeine Vermutung gibt, dass die Stimmberechtigten von Verwaltungsausschüssen besser als andere Instanzen beurteilen können, was richtig ist. Besondere Kompetenz wird von Verwaltungsgremien nur bei der Entscheidung bestimmter materieller Fragen vermutet. Insoweit genießen sie häufig wegen ihrer speziellen, im Gerichtsverfahren nicht reproduzierbaren Zusammensetzung einen Beurteilungs- oder Ermessensspielraum[45]. Eine besondere Annahme, dass die Mitglieder von Verwaltungsgremien in Sachen des Verfahrens kompetenter als andere sind, ist den einschlägigen Gesetzen dagegen nicht zu entnehmen, auch wenn sie den von ihnen eingesetzten Ausschüssen nicht selten das Recht verleihen, sich eine Geschäftsordnung zu geben[46]. Denn eine Geschäftsordnung ist schon deshalb notwendig, weil der Gesetzgeber nicht jede Verfahrensfrage vorausschauend regeln kann. Den nicht unerheblichen inhaltlichen Freiräumen der Mitglieder von Verwaltungsausschüssen entspricht also grundsätzlich keine Garantie, das Verfahren selbst bestimmen zu können. Dem gemäß gibt es auch keine Veranlassung anzunehmen, dass die Mitglieder von Verwaltungsausschüssen selbst darüber entscheiden dürfen, ob sie an einer Abstimmung teilnehmen und dabei ihre Stimme abgeben wollen.

Vielmehr spricht die den Mitgliedern von Verwaltungsgremien eingeräumte inhaltliche Abstimmungsfreiheit besonders dafür, dass sie hinsichtlich des „Ob" eines Votums keine Freiheit besitzen. In der Literatur ist allgemein anerkannt, dass eine strikte Verfahrensbindung die Voraussetzung dafür ist, dass Verwaltungsausschüsse inhaltlich freier entscheiden können als monokratisch struktierte Organe. Die verkürzten Möglichkeiten, den Beschluss eines Verwaltungsgremiums materiell überprüfen zu lassen, machen eine strenge Verfahrenskontrolle notwendig[47]. Insofern ist es im Ansatz völlig zutreffend, dass das VG Berlin in einem Urteil zur Zulässigkeit von Stimmenthaltungen in den Verwaltungsgremien der Filmförderungsanstalt herausgestellt hat, dass nur bei verantwortlicher Entscheidung der Stimmberechtigten eine Beurteilungsermächtigung gerechtfertigt ist[48]. Gerade weil die Stimmberechtigten in den meisten Verwaltungsgremien weitgehende in-

44 Vgl. *H. Borgs,* in: H. Meyer / H. Borgs-Maciejewski, VwVfG, § 88 Rn. 16; *C. P. Fichtmüller,* AöR Bd. 91 (1966), S. 297 (310 ff.); *P. Füßlein,* Ministerialfreie Verwaltung, S. 138 ff.; *D. Haas,* VerwArch. Bd. 49 (1958), S. 14 (21 ff.); *M. Roller,* Weisungsfreie Ausschüsse in der Verwaltung und Ministerverantwortlichkeit, S. 30 ff.

45 Vgl. *T. Groß,* Das Kollegialprinzip in der Verwaltungsorganisation, S. 324 ff.

46 Vgl. dazu *H. Borgs,* a. a. O., § 88 Rn. 21. Beispiel für eine gesetzliche Ermächtigung zum Erlass einer Geschäftsordnung: § 75 V 1 LMedienG Bad.-Württ. für den Medienrat der Landesanstalt für Kommunikation.

47 Vgl. *H.-H. Trute,* in: E. Schmidt-Aßmann / W. Hoffmann-Riem (Hg.), Verwaltungsorganisationsrecht als Steuerungsressource, S. 249 (261); *H. J. Wolff / O. Bachof / R. Stober,* Verwaltungsrecht, Band 1, § 31 Rn. 23.

48 VG Berlin, DÖV 1973, S. 317 (319); zustimmend *K.-U. Meyn,* JA 1980, S. 327 (331).

haltliche Entscheidungsspielräume besitzen, kann es ihnen verfahrensrechtlich nicht freigestellt sein, ob sie an der Beschlussfassung teilnehmen und dabei ihre Stimme abgeben. Die Freiheit von Parlamentariern, eigenständig die Entscheidung über eine Teilnahme und Stimmabgabe bei Wahlen und Abstimmungen zu treffen, besitzen sie nicht.

V. Die Grundrechte von Ausschussmitgliedern

Wenn es auch den Mitgliedern von Verwaltungsausschüssen nicht garantiert ist, autonom über das „Ob" eines Votums zu entscheiden, so ergeben sich doch im Hinblick auf das mögliche Interesse von Stimmberechtigten, kein Votum abzugeben, Bedenken gegen das Bestehen einer Stimmpflicht. In nicht wenigen Fällen mögen nämlich Mitglieder von Verwaltungsausschüssen wichtige Gründe persönlicher oder amtlicher Art haben, einer Abstimmung fernzubleiben bzw. sich bei ihr der Stimme zu enthalten.

Diese Gründe können u.U. sogar verfassungsrechtlich abgesichert sein, denn als Amtswalter verfügen die Stimmberechtigten über eigene Grundrechte. Weder verzichtet derjenige, der ein öffentliches Amt übernimmt, mit der Übernahme des Amtes auf seine Grundrechte in diesem Bereich, noch gibt es Normen, die Amtswaltern in Bezug auf ihre Amtsführung die Grundrechtsfähigkeit absprechen[49]. Grundrechtlich gewährleistet ist das Verhalten von Amtswaltern allerdings nur, soweit es dem Schutzbereich der Grundrechte unterfällt. Insofern ist zu beachten, dass sich der Schutzbereich der Grundrechte nicht auf staatliche Funktionen erstreckt, weil der Staat Adressat, nicht Träger der Grundrechte ist. Grundrechte schützen die Amtswalter daher nicht, soweit sie in ihrer amtlichen Eigenschaft berührt sind. Geschützt sind sie aber in dem Maße, in dem sie persönlich betroffen sind.

Eine aus dem Stimmrecht abgeleitete Stimmpflicht würde die Mitglieder von Verwaltungsausschüssen zwar nicht direkt tangieren, weil das Stimmrecht ein dem Amtsrecht zugehöriger Rechtssatz ist, der sich als solcher nicht an die Person des Amtsinhabers richtet, sondern die Rechtsstellung des Amtes beschreibt[50]. Die sog. Amtsführungspflicht, die für Beamte aus dem Beamtenrecht[51] und für Ehrenamtliche aus § 83 I VwVfG folgt, verpflichtet jedoch die Ausschussmitglieder persönlich, alle an das ihnen zugewiesene Amt gerichteten Rechtssätze zu beachten, würde also eine amtliche Stimmpflicht auf die Stimmberechtigten als Amtswalter

49 Zutreffend *W. Pauly,* Anfechtbarkeit und Verbindlichkeit von Weisungen in der Bundesauftragsverwaltung, S. 202 Fn. 82 und S. 205 m. w. N.

50 Über die Unterscheidung von Amt und Amtswalter siehe *H. J. Wolff / O. Bachof,* Verwaltungsrecht II, § 73 I und III.

51 § 52 I 2 und § 54 S. 2 BBG, § 35 I 2 und § 36 S. 2 BRRG sowie die entsprechenden landesrechtlichen Vorschriften.

überleiten[52]. Diese wären als Individuen dazu gehalten, etwas Bestimmtes zu tun, nämlich abzustimmen. Wie jede andere Amtspflicht auch[53] würde eine Stimmpflicht die Stimmberechtigten deshalb zumindest in ihrem Grundrecht aus Art. 2 I GG berühren.

Dagegen ist nicht anzunehmen, dass eine Stimmpflicht Ausschussmitglieder in ihrem aus Art. 5 I GG abgeleiteten Recht, keine Meinung äußern zu müssen (sog. negative Meinungsfreiheit), beeinträchtigen könnte, auch wenn die Rechtsprechung[54] für Gemeinderatsmitglieder anders geurteilt hat. Die Voten von Ausschussmitgliedern sind amtliche Stellungnahmen, die als solche dem Staat, nicht den Stimmberechtigten als Individualpersonen zugerechnet werden. Sie stellen keine privaten Meinungsäußerungen dar, die allein dem Schutzbereich des Art. 5 I GG unterfallen. Gewährleistet aber das Grundrecht der Meinungsfreiheit nicht die Befugnis der Ausschussmitglieder, ihre Stimme abzugeben, so schützt es konsequenterweise auch nicht das Recht, von einer Stimmabgabe abzusehen. Daher verbliebe es bei dem Eingriff in Art. 2 I GG, soweit die Stimmberechtigten aus amtlichen Gründen ein Interesse daran haben sollten, sich an einer Abstimmung nicht zu beteiligen oder sich der Stimme zu enthalten. Das amtliche Interesse an einem Nichtvotum wird durch Grundrechte nicht geschützt. Soweit die Stimmberechtigten aber spezielle persönliche Gründe für eine Nichtbeteiligung oder Enthaltung geltend zu machen imstande sein sollten, könnte eine Stimmpflicht sie auch in anderen Grundrechten als der allgemeinen Handlungsfreiheit beeinträchtigen.

Substantielle Einwände gegen eine Stimmpflicht lassen daraus freilich nicht herleiten. Der mit einer Stimmpflicht stets verbundene Eingriff in die allgemeine Handlungsfreiheit der Ausschussmitglieder wäre im Hinblick auf das erhebliche Interesse an einer möglichst vollständigen Stimmabgabe ohne weiteres gerechtfertigt. Soweit im Einzelfall tatsächlich wichtige, durch spezielle Grundrechte abgesicherte oder auch nicht abgesicherte Gründe für ein Nichtvotum bestehen sollten, müssten diese nicht außen vorbleiben, sondern könnten durch Ausnahmen von der Stimmpflicht berücksichtigt werden.

---

52 Zur Amtsführungspflicht vgl. *W. Pauly*, a. a. O., S. 203; *H. H. Rupp*, Grundfragen der heutigen Verwaltungsrechtslehre, S. 54 f.; *F. E. Schnapp*, Amtsrecht und Beamtenrecht, S. 132 ff.

53 *W. Pauly*, a. a. O., S. 203 ff.; *F. E. Schnapp*, a. a. O., S. 157; enger jedoch *W.-R. Schenke*, in: Bonner Kommmentar, GG, Art. 19 IV Rn. 201; *E. Schmidt-Aßmann*, in: T. Maunz/G. Dürig, GG, Art. 19 IV Rn. 89.

54 BayVerfGH, BayVBl. 1984, S. 621 (623), mit insoweit ablehnender Anmerkung von *J. Hofmann*, BayVBl. 1984, S. 747 (749).

VI. Das Stimmrecht als Stimmpflicht

1. Stimmpflicht und Entschuldigungsgründe

Nötigen also auch die Gründe, die es für eine Nichtbeteiligung oder Enthaltung geben mag, nicht dazu, eine Stimmpflicht für ausgeschlossen zu halten, so spricht angesichts des erheblichen Interesses an einer möglichst vollständigen Stimmabgabe alles dafür, dass das Stimmrecht der Mitglieder von Verwaltungsausschüssen neben einer Befugnis auch eine Verpflichtung enthält. Kraft des Stimmrechts als ungeschriebenen Rechtssatz haben die Angehörigen von Verwaltungsgremien die Aufgabe, an Wahlen und Abstimmungen teilzunehmen und dabei ihre Stimme abzugeben. Ausnahmen davon können zulässig sein. Mit Blick darauf, dass eine möglichst vollständige Stimmabgabe angesichts der im Regelfall geringen Größe von Verwaltungsausschüssen von hoher Bedeutung ist[55], ist aber ein strenger Maßstab anzulegen. Befreit von der Stimmpflicht sind nur Mitglieder, die einen wichtigen Grund für ein Nichtvotum haben. Ein wichtiger Grund liegt dabei vor, wenn es kein milderes Mittel zur Erreichung des mit der Stimmverweigerung angestrebten Zwecks gibt, diese also notwendig ist, und der Zweck des Nichtvotums als so bedeutend erscheint, dass das erhebliche Interesse an einer Stimmabgabe dahinter zurücktreten muss. Sind diese Voraussetzungen gegeben, darf ein Mitglied von einem Votum absehen. So wie die Stimmpflicht ausgestaltet ist, zwingt sie also nicht in jedem Falle zur Stimmabgabe. Sollte es sich freilich erweisen, dass für Nichtbeteiligungen oder Enthaltungen keine wichtigen Gründe zu finden sind, würde sie insoweit ein striktes Verbot beinhalten.

Einzuschätzen, ob ein wichtiger Grund für ein Absehen vom Votum vorliegt, ist zwar zunächst Sache der Stimmberechtigten. Ein unüberprüfbarer Spielraum eigener Beurteilung kommt den Stimmberechtigten jedoch nicht zu[56]. Wie aus dem zu ihrer Mandatsfreiheit Gesagten hervorgeht, gibt es keine Ursache anzunehmen, dass den Mitgliedern von Verwaltungsausschüssen die Entscheidung über eine Teilnahme und Stimmabgabe grundsätzlich freigestellt ist. Ebenso spricht nichts dafür, dass die demzufolge bestehende Stimmpflicht durch eingeschränkte Kontrollmöglichkeiten aufgeweicht sein soll.

2. Die Zulässigkeit von Nichtbeteiligungen

Die Motive für ein Fernbleiben von Stimmberechtigten bei Wahlen oder Abstimmungen sind vielfältig, lassen sich aber im wesentlichen danach unterscheiden, inwieweit sie der Arbeit des Ausschusses entstammen (Meinungsverschieden-

---

55 S.o. III. 2.

56 Ebenso die Rechtsprechung und Literatur zur Auslegung kommunalrechtlicher Mitwirkungspflichten: VGH Mannheim, NVwZ-RR 1997, S. 181 (182); *B. Wiegand/M. Grimberg*, GemO LSA, § 52 Rn. 2; *E. Hien*, BayVBl. 1984, S. 203 (206).

heiten über die Sachbehandlung u.ä.) oder mit der Tätigkeit des Gremiums nichts zu tun haben (Krankheit u.ä.). Erstere sind in der Regel keine wichtigen Gründe. Kommt es etwa im Ausschuss zu rechtlichen oder politischen Auseinandersetzungen über die Behandlung einer Angelegenheit, so rechtfertigen diese es nicht, die Sitzungen aus Protest zu boykottieren, um so den Vorsitzenden des Ausschusses oder den Ausschuss im Ganzen zu einem bestimmten Verhalten zu zwingen[57]. Der Stimmberechtigte kann sich in diesem Fall nicht auf die Meinungsfreiheit des Art. 5 I GG berufen, weil er durch die Nichtbeteiligung ersichtlich keine private Meinung kundtut, wie sie von Art. 5 I GG geschützt wird, sondern seine amtliche Position in der Auseinandersetzung mit anderen Ausschussmitgliedern zu stärken sucht[58]. In einer solchen Auseinandersetzung ist das Fernbleiben von der Abstimmung kein zulässiges Mittel des Kampfes. Denn den Stimmberechtigten stehen genügend Möglichkeiten zur Verfügung, Meinungsverschiedenheiten anderweitig und ohne Beeinträchtigung der Arbeit des Ausschusses auszutragen. Aus diesem Grunde berechtigt auch die Absicht deutlich zu machen, dass der von der Mehrheit ins Auge gefasste Beschluss unvertretbar sei, nicht zu einem Abstimmungsboykott[59]. Schließlich ist das Ziel, durch Herbeiführung der Beschlussunfähigkeit krankheits- oder anderweitig bedingte „Zufallsmehrheiten" zu verhindern, ebenso wenig ein wichtiger Grund, der eine Absenz als zulässig erscheinen lassen könnte[60]. Denn mit der Festlegung einer Beschlussfähigkeitsziffer hat der Gesetzgeber eine Abwägung zwischen dem Interesse am Zustandekommen eines Beschlusses und dem Interesse an der Vermeidung von Zufallsmehrheiten vorgenommen, die allgemein verbindlich ist und nicht durch gezielte Nichtbeteiligungen unterlaufen werden darf.

Außerhalb der Ausschussarbeit liegende Umstände können es dagegen nicht selten erlauben, der kollegialen Beschlussfassung fernzubleiben. Wichtige Gründe für eine Nichtbeteiligung aus diesem Bereich sind beispielsweise Krankheit, dringende berufliche bzw. familiäre Verpflichtungen, Urlaub oder auch ein nicht vorhersehbarer Verkehrsstau. Nichtbeteiligungen aus diesen überwiegend persönlichen Motiven müssen nicht zuletzt mit Blick auf spezielle Grundrechte der Stimmberechtigten aus Art. 2 II 1 GG, Art. 6 I GG oder Art. 12 I GG für zulässig erachtet werden. Nicht nur zulässig, sondern sogar geboten ist eine Nichtteilnahme schließlich in dem Fall, dass zwischen der Ausschussarbeit und dem persönlichen Bereich ein Zusammenhang dergestalt besteht, dass das Mitglied als befangen erscheint. Befangene Mitglieder sind nach § 20 I VwVfG ausgeschlossen, sofern es sich nicht um eine Wahl zu einer ehrenamtlichen Tätigkeit oder die Abberufung eines ehrenamtlich Tätigen handelt (§ 20 II VwVfG)[61]. Als Ergebnis kann daher festgestellt

---

57 Vgl. für den Gemeinderat BayVGH, DVBl. 1980, S. 63 (65); VGH Mannheim, a. a. O., S. 181 (183).

58 Vgl. aber für das Kommunalrecht BayVGH, a. a. O., S. 63 (64), der den Abstimmungsboykott eines Gemeinderats dem Schutzbereich der Meinungsfreiheit unterstellt.

59 A.A. BVerwGE 54, 29 (45) für den Verwaltungsrat des NDR.

60 Anders in Bezug auf den Verwaltungsrat des NDR BVerwGE 54, 29 (45).

werden, dass es für Nichtbeteiligungen wichtige Gründe geben kann, so dass sie trotz bestehender Stimmpflicht in gewissem Maße erlaubt sind. Ein Fernbleiben von der Abstimmung ist nicht schlechthin verboten, die Stimmpflicht in diesem Bereich nicht strikt ausgestaltet.

3. Die Zulässigkeit von Stimmenthaltungen

a) Die Bewertung der Gründe für Stimmenthaltungen

Die Gründe für Stimmenthaltungen sind vergleichsweise überschaubar und liegen im Gegensatz zu den Gründen für Nichtbeteiligungen kaum im privaten Bereich. Zumeist haben Enthaltungen direkt mit der Ausschussarbeit zu tun und beruhen auf Konflikten der Stimmberechtigten mit ihren eigenen Überzeugungen, auf dem Gefühl mangelnder Fachkenntnis bzw. Information oder auf Schwierigkeiten, sich zu entscheiden. Daneben können Stimmenthaltungen aber auch Loyalitätserwägungen geschuldet sein, Protest ausdrücken oder auf Bequemlichkeit zurückzuführen sein. Selbstverständlich ist dabei, dass Bequemlichkeit kein wichtiger Grund ist, um sich der Stimme zu enthalten. Weniger von selbst versteht sich dies für die anderen angeführten Motive.

aa) Überzeugung

Wahlen und Abstimmungen in Verwaltungsgremien können in vielfältiger Weise zu Konflikten der Ausschussmitglieder mit ihren eigenen Überzeugungen führen. Denkbar ist beispielsweise, dass ein Mitglied in einer Frage überstimmt worden ist und anschließend über eine Folgefrage zu entscheiden ist, dass dem Ausschuss ein Vorschlag vorliegt, der nach Ansicht eines Stimmberechtigten nicht der schlechteste, aber auch nicht der beste Weg zur Lösung einer Angelegenheit ist, oder dass einem Mitglied bei einer Wahl alle Kandidaten als ungeeignet erscheinen. Vorstellbar ist auch, dass einzelne Sach- bzw. Personalfragen so verbunden werden, dass über sie nur im „Paket" entschieden werden kann, und der Ausschussangehörige einen Teil der Gesamtlösung befürwortet, einen anderen Teil jedoch ablehnt. Konflikte dieser Art lösen Ausschussmitglieder nicht selten, indem sie unter Berufung auf ihr „Gewissen" eine Entscheidung verweigern und sich der Stimme enthalten.

Entgegen einer verbreiteten Anschauung handelt es sich bei dem insoweit zur Rechtfertigung herangezogenen „Gewissen" aber nicht um das Gewissen, das Gegenstand des Schutzes aus Art. 4 I GG ist. Unter Gewissen i.S.v. Art. 4 I GG ist ein real erfahrbares seelisches Phänomen zu verstehen, dessen Forderungen, Mahnungen und Warnungen für den Menschen unmittelbar evidente Gebote unbedingten

---

61 Zum Hintergrund dieser Ausnahme siehe *N. Kazele*, Interessenkollisionen und Befangenheit im Verwaltungsrecht, S. 205 ff.; *F. O. Kopp / U. Ramsauer*, VwVfG, § 20 Rn. 44.

Sollens sind und seine sittliche Persönlichkeit konstituieren[62]. Geschützt wird also ein Ausschnitt der persönlichen moralischen Ansichten eines Menschen. Enthalten sich Ausschussmitglieder der Stimme, weil sie eine Entscheidung in Gegensatz zu ihrem „Gewissen" bringen würde, so berufen sie sich nicht auf ihre persönlichen sittlichen Auffassungen, sondern auf ihre dienstlichen Überzeugungen als Amtswalter, die juristisch gesehen solche des Staates sind. Das Recht, ihre Stimme zu verweigern, nehmen die Ausschussangehörigen nicht aus Gründen ihres privaten Gewissens in Anspruch. Vielmehr ist es ihr Amtsgewissen, das sie zur Stimmenthaltung veranlasst.

Ob das Amtsgewissen von Ausschussmitgliedern in den genannten Fällen eine Stimmenthaltung rechtfertigt, ist äußerst zweifelhaft. So ist es zwar verständlich, dass sich derjenige, der in einer Präjudizialfrage unterlegen ist, bei der Abstimmung über die Anschlussfrage am liebsten der Stimme enthalten möchte. Nicht ohne Grund bestimmten jedoch schon preußische Verwaltungsvorschriften zu Beginn des 19. Jahrhunderts, dass sich der überstimmte Verwaltungsbeamte bei der Abstimmung über eine Folgefrage nicht der Stimme enthalten dürfe[63]. Hat die Ausschussmehrheit die Vorfrage in einem bestimmten Sinne entschieden, so spricht für die Richtigkeit ihrer Auffassung eine höhere Vermutung als für die Richtigkeit der Position der Minderheit. Unter der Voraussetzung, dass die einzelnen Stimmberechtigten eher richtig als falsch entscheiden, ist es grundsätzlich wahrscheinlicher, dass sich die Minorität geirrt hat, als dass die Majorität einem Irrtum erlegen ist. Deshalb ist der Mehrheitsbeschluss für alle verbindlich. Intellektueller Souveränität entspricht es, die Entscheidung der Mehrheit zu akzeptieren und die Angelegenheit auf der Grundlage ihrer Auffassung zu Ende zu denken. Außerhalb des laufenden Verfahrens mag das in der Minderheit gebliebene Mitglied weiterhin seine eigenen Überzeugungen vertreten. Im Rahmen der Ausschussarbeit ist es aber von ihm zu erwarten, dass es sich der Bindung an den Mehrheitsbeschluss nicht durch Stimmenthaltung entzieht.

Nichts anderes gilt für denjenigen, dem ein bestimmter Vorschlag nur als suboptimal erscheint oder dem bei einer Wahl alle Kandidaten nicht gefallen. Zwar muss es für Ausschussmitglieder ein Ideal sein, die nach der eigenen Auffassung beste Lösung durchzusetzen. Ist aber der Königsweg nicht mehrheitsfähig oder stehen die Wunschkandidaten nicht zur Wahl, ist es immer noch besser, das kleinere Übel zu wählen als sich der Entscheidung gänzlich fernzuhalten.

Zuletzt ist auch kein Grund dafür vorhanden, dass sich ein Ausschussmitglied, das einen Teil einer Vorlage ablehnt, einem anderen aber zustimmt, der Stimme enthalten sollte. Inwieweit es zulässig ist, mehrere Sach- oder Personalfragen im „Paket" zur Abstimmung zu stellen, ist problematisch. Zeitgründe dürften insoweit nicht ausreichend sein. Denkbar ist es jedoch, dass die einzelnen Fragen sachlich derart zusammenhängen, dass über sie sinnvollerweise nur als Ganzes entschieden

62 BVerfGE 12, 45 (54).

63 Vgl. dazu *A. Zacke*, Ueber Beschlussfassung in Versammlungen und Collegien, S. 42.

werden kann. In diesem Fall ist es aber den Stimmberechtigen zuzumuten, sich zu entscheiden, welcher Teil der Vorlage ihnen wichtiger ist, und dementsprechend mit Ja oder Nein zu stimmen[64].

bb) Mangelnde Fachkenntnis bzw. Information

Verwaltungsausschüsse sind häufiger in Teilen, zuweilen auch vollständig mit Mitgliedern besetzt, die über keine speziellen Fachkenntnisse zur Beurteilung der Fragen verfügen, die vom Ausschuss zu entscheiden sind, oder die dem Ausschuss übertragenen Aufgaben unterscheiden sich so sehr, dass stets nur ein Teil der Mitglieder einschlägige Fachkenntnisse in die Beratung einbringen kann. Bei von mangelnder Fachkenntnis betroffenen Ausschussmitgliedern kann sich leicht das Gefühl einstellen, zu keiner verantwortlichen Entscheidung in der Lage zu sein, so dass es ihnen als das Beste erscheinen mag, sich der Stimme zu enthalten. Besteht etwa der Fachbereichsrat einer Hochschule aus Mitgliedern verschiedener Fachrichtungen, weil in dem Fachbereich mehrere Disziplinen zusammengefasst sind, und ist über die Habilitation eines Kandidaten einer Fachrichtung zu entscheiden, so mögen die Mitglieder der anderen Fachrichtungen bei der Abstimmung über den Habilitationsantrag mangels spezieller Fachqualifikation eine starke Neigung verspüren, sich der Stimme zu enthalten.

So erklärbar diese Neigung auch sein mag, so wenig ist sie aber gut begründet. Viele Fragen sind zwar nicht ohne besonderen Fachverstand zu beurteilen. Auf der Grundlage entsprechender Gutachten von sachverständigen Mitgliedern oder externen Experten[65] können gleichwohl auch fachlich nicht einschlägig qualifizierte Ausschussmitglieder aufgrund ihrer allgemeinen Fähigkeiten zur Einschätzung von Sachverhalten eine verantwortliche Entscheidung treffen. Setzt der Gesetzgeber fachlich nicht speziell qualifizierte Einzelne dazu ein, in einem Ausschuss als stimmberechtigte Mitglieder über bestimmte Sachfragen zu entscheiden, will er sich ihrer allgemeinen Beurteilungskompetenz bedienen. Daher widerspräche es dem gesetzgeberischen Willen, würden sich diese Mitglieder unter Hinweis auf ihre mangelnde fachliche Qualifikation der Stimme enthalten[66].

Oft ist es allerdings nicht das Gefühl mangelnder Fachkenntnis, sondern der Eindruck, nicht hinreichend über den konkret zu entscheidenden Fall informiert zu sein, der Ausschussmitglieder in die Stimmenthaltung treibt. Eine Enthaltung scheint in diesen Fällen eine gewisse Berechtigung zu haben, weil ohne genügende Information eine verantwortliche Entscheidung nur schwer möglich ist. Würde man Enthaltungen bei angenommenen Informationsdefiziten zulassen, bliebe je-

---

64 Ebenso im Ergebnis für Gemeinderatsmitglieder VGH München, NVwZ 1985, S. 845.

65 Zu Verfahrenspflichten, bei mangelnder Sachqualifikation von Ausschussmitgliedern Fachgutachten einzuholen, und zu dem Grad der Verbindlichkeit solcher Gutachten vgl. BVerwGE 95, 237 (243 ff.).

66 Vgl. OVG Münster, WissR 1981, S. 268 (269).

doch außer acht, dass sich ein Ausschussmitglied entweder darum bemühen kann, ad hoc Aufklärung zu erlangen, oder wenn dies nicht möglich ist, einen Antrag auf Vertagung der Angelegenheit stellen kann. Weist der Ausschuss die Bemühungen um weitere Aufklärung oder Vertagung zurück, weil er den Sachverhalt für nicht weiter aufklärbar bzw. ausreichend aufgeklärt hält oder wegen drohender Schäden eine sofortige Entscheidung für notwendig erachtet, ist die Sache aufgrund des Ausschussbeschlusses als entscheidungsreif anzusehen. Das Mitglied muss dann auf der Grundlage des bestehenden Sach- und Streitstandes entscheiden und darf sich der Bindungswirkung der Mehrheitsentscheidung nicht durch Stimmenthaltung in der Sache entziehen[67]. Die Behauptung, unzureichend informiert zu sein, berechtigt also nicht zur Stimmenthaltung[68].

cc) Bewertungsunsicherheit

Von Ausschussmitgliedern, die sich unzureichend qualifiziert oder schlecht unterrichtet fühlen und deshalb der Stimme enthalten, sind die Ausschussmitglieder zu unterscheiden, die sich angesichts der Schwierigkeiten der Materie nicht imstande sehen, zu einer abschließenden Bewertung zu gelangen. Sie verfügen über die erreichbaren Fachkenntnisse und Informationen, können sich jedoch angesichts des Für und Wider nicht zu einer Entscheidung durchringen. Solche Entscheidungsnot dürfte nicht wenigen Ausschussmitgliedern gelegentlich begegnen. Ein wichtiger Grund für eine Enthaltung ist sie allerdings nicht. Schließlich werden Ausschüsse gerade dazu eingesetzt, Entscheidungen zu treffen, die diffizile Abwägungen erfordern. Der Mitwirkung daran dürfen sich Ausschussmitglieder nicht wegen Bewertungsunsicherheiten verweigern. Es kann von ihnen verlangt werden, dass sie zu einem Ratschluss kommen.

dd) Loyalitätserwägungen, Protest

Konfliktscheu und Kompromissneigung gelten als Erscheinungen, die in Ausschüssen durchaus häufiger zu beobachten sind[69]. In der Tat kann der von der kollegialen Zusammenarbeit ausgehende Konsens- und Konformitätsdruck dazu führen, dass Ausschussmitglieder es in streitigen Fragen vorziehen, eigene Bedenken zurückzustellen und den Kompromiss zu suchen, als es auf einen Konflikt ankommen zu lassen. Stimmenthaltungen sind in diesem Kontext ein Mittel, anderen Mitgliedern entgegenzukommen, ohne gleich wider die eigene Überzeugung abzustimmen. Selbst wenn der Stimmberechtigte durch eine solche Enthaltung keine

---

67 S.o. aa).

68 In demselben Sinne für Gemeinderatsmitglieder BayVerfGH, BayVBl. 1984, S. 621 (623); *E. Hien*, BayVBl. 1984, S. 203 (206).

69 Vgl. *P. Dagtoglou*, Kollegialorgane und Kollegialakte der Verwaltung, S. 25; *G. Püttner*, Verwaltungslehre, S. 153; *H. J. Wolff / O. Bachof*, Verwaltungsrecht II, § 75 e).

Position einnimmt, die seinen eigenen Ansichten diametral entgegengesetzt ist, verrät er aber seine eigene Überzeugung aufgrund von Loyalitätserwägungen, die in einem sachlichen Entscheidungsprozess nichts zu suchen haben. Überlegungen derlei Art vermögen eine Stimmenthaltung nicht zu rechtfertigen.

Mitunter ist es freilich nicht Konfliktscheu, sondern das Gegenteil, das Ausschussmitglieder veranlasst, sich der Stimme zu enthalten. Stimmenthaltung kann auch ein Mittel sein, Protest auszudrücken. Genauso wenig wie Protest ein guter Grund für eine Nichtbeteiligung ist[70], ist er aber auch ein guter Grund für eine Enthaltung. Ausschussmitglieder haben genügend Möglichkeiten, auf andere Art und Weise und ohne Beeinträchtigung der Ausschussarbeit zu protestieren. Die Absicht, Protest auszudrücken, erlaubt keine Enthaltung[71].

ee) Das Fehlen rechtfertigender Gründe

Die Umstände, auf die sich Angehörige von Verwaltungsausschüssen üblicherweise stützen, rechtfertigen also keine Stimmenthaltung. Sonstige anerkennenswerte Motive, die eine Enthaltung als zulässig erscheinen lassen könnten, sind nicht ersichtlich. Soweit Mitglieder von Verwaltungsgremien Wahlen und Abstimmungen fernbleiben, mögen sie dies aus wichtigen Gründen dürfen. Wichtige Gründe dafür, dass anwesende Mitglieder sich bei der Beschlussfassung der Stimme enthalten können sollten, gibt es aber nach alledem nicht.

Dem mag man entgegenhalten, dass für Mitglieder von Verwaltungsausschüssen nichts anderes gelten könne als für Parlamentsabgeordnete, die allem Anschein nach gute Gründe für die von ihnen geübte Praxis der Stimmenthaltung haben. Die Situationen in Parlamenten und Verwaltungsausschüssen unterscheiden sich jedoch erheblich. Stimmenthaltungen sind in Parlamenten häufig auf einen Konflikt einzelner Abgeordneter mit ihrer Fraktion zurückzuführen. Soweit Abgeordnete sich in einem solchen Konflikt der Stimme enthalten, machen sie von einem Recht Gebrauch, das sich aus ihrer verfassungsrechtlich anerkannten Zwitterstellung als Exponent ihrer Partei und Persönlichkeit ableitet[72]. Eine vergleichbare Doppelrolle ist Mitgliedern von Verwaltungsausschüssen nicht zugewiesen. Vor allem aber handelt es sich bei Volksvertretungen um relativ große Kollegien mit bis zu mehreren hundert Mitgliedern. Da die Wichtigkeit einer möglichst vollständigen Stimmabgabe grundsätzlich mit der Größe von Gremien abnimmt[73], sind bei Parlamenten nicht dieselben strengen Maßstäbe an die Rechtfertigung von Stimmenthaltungen anzulegen wie bei Verwaltungsausschüssen, die nach ihrer Mitgliederzahl im Normalfall zu den kleinen Kollegien zählen. Halten sich Enthaltungen in Maßen, sind

70 Vgl. oben.

71 Vgl. VGH München, NVwZ 1985, S. 845; *E. Hien*, BayVBl. 1984, S. 203 (206), für den Gemeinderat.

72 S.o. Kapitel 3, Abschnitt 1, A. V. 2.

73 S.o. Kapitel 2, Abschnitt 1, A. V. 2.

sie der Qualität von Parlamentsbeschlüssen nur wenig abträglich. Demgegenüber kann die Richtigkeitswahrscheinlichkeit von Beschlüssen in Verwaltungsausschüssen erheblich unter Enthaltungen leiden. Dem Bedürfnis nach Entlastung durch Stimmenthaltung mag deshalb in Volksvertretungen Rechnung getragen werden können. Im Bereich der Verwaltung ist dafür grundsätzlich kein Raum. Mangels wichtiger Gründe, die eine Ausnahme von der Stimmpflicht erlauben könnten, sind Stimmenthaltungen in Verwaltungsausschüssen unzulässig. Allerdings werfen die nicht unerheblichen Unterschiede zwischen den in der Verwaltung vorkommenden Gremien die Frage auf, ob dieses Verbot allgemein gilt, oder gewissen Beschränkungen unterworfen ist.

b) Die Reichweite des Verbots von Stimmenthaltungen

aa) Beschränkung auf Ausschüsse, die vollständig besetzt sein müssen?

Wie später noch näher auszuführen sein wird[74], ergeben sich aus § 90 I VwVfG und entsprechenden fachgesetzlichen Regelungen unterschiedliche Anforderungen an die Beschlussfähigkeit von Verwaltungsausschüssen. Manche Ausschüsse sind nur bei Anwesenheit aller stimmberechtigten Mitglieder beschlussfähig. Andere Ausschüsse können auch dann Entscheidungen treffen, wenn einzelne stimmberechtigte Mitglieder abwesend sind, weil zu ihrer Beschlussfähigkeit nicht mehr als die Anwesenheit einer einfachen oder qualifizierten Mehrheit erforderlich ist. Aus der Verschiedenheit der für Verwaltungsausschüsse geltenden Beteiligungsquoren ist in der Literatur vereinzelt geschlossen worden, dass auch die Zulässigkeit von Stimmenthaltungen in solchen Gremien nicht einheitlich beurteilt werden könne. Stimmenthaltungen seien nur dann verboten, wenn die Zahl der an einer Entscheidung mitwirkenden Mitglieder gesetzlich festgelegt sei[75]. Stimmenthaltungen sollen also zulässig sein, sofern zur Beschlussfähigkeit nicht die vollständige Anwesenheit aller stimmberechtigten Mitglieder erforderlich ist. Eine solche Differenzierung hat auf den ersten Blick viel für sich. Ist zur Beschlussfähigkeit eine vollständige Besetzung gefordert, ist offensichtlich, dass der Gesetzgeber auf ein Votum aller Stimmberechtigter Wert legt. Reicht zur Beschlussfähigkeit hingegen eine geringere Beteiligung, scheint es entbehrlich zu sein, dass alle ihre Stimme abgeben, so dass Stimmenthaltungen erlaubt sein könnten.

Dennoch haben Beschlussfähigkeitsregeln der zuletzt genannten Art die Rechtsprechung bislang noch in keinem der entschiedenen Fälle daran gehindert, Stimmenthaltungen für unzulässig zu erklären[76]. Tatsächlich wäre es auch verfehlt, das Verbot von Stimmenthaltungen auf Verwaltungsausschüsse zu beschränken, bei de-

---

74 S.u. B. I.

75 *H. J. Wolff / O. Bachof,* Verwaltungsrecht II, § 73 IV b).

76 Vgl. BVerwGE 28, 63 (66 f.); VG Berlin, DÖV 1973, S. 317 (319); OVG Münster, WissR 1981, S. 268; VGH Kassel, ESVGH 44, 42; OVG Schleswig, NVwZ-RR 1996, S. 443.

nen vollzählige Anwesenheit zur Beschlussfassung erforderlich ist. Nach dem bereits Dargelegten ist es aus Sicht des Gesetzgebers am besten, wenn alle Stimmberechtigten sich an Wahlen und Abstimmungen beteiligen und dabei ihre Stimme abgeben. Allerdings kann es wichtige Gründe dafür geben, dass einzelne Mitglieder der Abstimmung fernbleiben. Um zu verhindern, dass solche Absenzen nicht stets dazu führen, dass Ausschussentscheidungen aufgeschoben werden müssen, sieht der Gesetzgeber bei manchen Gremien vor, dass sie bereits dann beschlussfähig sind, wenn mindestens die einfache oder die qualifizierte Mehrheit der Stimmberechtigten anwesend ist. Für Stimmenthaltungen sind – anders als für Nichtbeteiligungen – keine wichtigen Gründe denkbar. Deshalb lässt sich aus einer Beschlussfähigkeitsregel, die aus Gründen der Verwaltungseffizienz Abwesenheiten in gewissem Maße zulässt, nicht herleiten, dass Stimmenthaltungen zulässig sind[77]. Vielmehr ist es mit Blick auf das gesetzgeberische Ziel einer möglichst vollständigen Stimmabgabe auch unter Geltung einer solchen Beschlussfähigkeitsregel geboten, dass die anwesenden Mitglieder von ihrem Stimmrecht Gebrauch machen. Die Unzulässigkeit von Stimmenthaltungen beschränkt sich nicht auf Verwaltungsgremien, die vollständig besetzt sein müssen.

bb) Beschränkung auf förmliche bzw. justizförmige Verfahren?

Das förmliche Verfahren nach §§ 63 ff. VwVfG ist ein besonderes Verwaltungsverfahren, das nur bei ausdrücklicher Anordnung stattfindet (§ 63 I VwVfG), und sich von dem allgemeinen Verwaltungsverfahren (§§ 9 ff. VwVfG) durch strengere Formvorschriften unterscheidet. Zu diesen Vorschriften, die das förmliche Verfahren dem Verfahren vor Gerichten in vielerlei Hinsicht annähern, zählen u. a. besondere Bestimmungen zur Mitwirkung von Zeugen und Sachverständigen, zur Anhörung von Beteiligten, zum Erfordernis einer mündlichen Verhandlung, zur Form der Entscheidung sowie zum Verfahren vor Ausschüssen (vgl. §§ 65–71 VwVfG). Ausschüsse, welche nach den §§ 63 ff. VwVfG verfahren, sind beispielsweise die Ausschüsse und Kammern für Kriegsdienstverweigerer (§ 10 II und § 18 I 2 Hs. 2 KDVG), die Sorten- und Widerspruchsausschüsse in den Verfahren nach dem SaatgutVG (§ 41 SaatgutVG) sowie die Prüfabteilungen und Widerspruchsausschüsse in den Verfahren nach dem SortenschutzG (§ 21 SortenschutzG). Besondere Bedeutung hat das förmliche Verfahren nach §§ 63 ff. VwVfG allerdings nicht erlangt, denn seine Geltung ist nur selten angeordnet[78]. Neben den genannten Ausschüssen gibt es jedoch eine Reihe von Ausschüssen, deren Verfahren aufgrund spezialgesetzlicher Vorschriften vergleichbar stark formalisiert ist wie das förmliche Verfahren nach den §§ 63 ff. VwVfG. Solche Ausschüsse sind namentlich die Bundesprüfstelle für jugendgefährdende Schriften (vgl. §§ 12 GjS), die Ausschüsse im Baulandenteignungsverfahren (vgl. §§ 104 ff. BauGB), die Beschlusskammern

[77] Zutreffend VGH Kassel, a. a. O., S. 42 (43).

[78] Vgl. *F. O. Kopp / U. Ramsauer,* VwVfG, § 63 Rn. 9.

der Regulierungsbehörde für Post und Telekommunikation (vgl. §§ 73 ff. TKG) und des Kartellamtes (vgl. §§ 54 ff. GWB) sowie in der Regel auch Prüfungsgremien. Ihr Verfahren wird auch als förmliches Verfahren im weiteren Sinn bezeichnet[79] und ist ebenso wie das förmliche Verfahren im engeren Sinn dem Gerichtsprozess ähnlich[80].

Aufgrund ihrer Justizförmigkeit ist es für Verwaltungsausschüsse mit förmlichen Verwaltungsverfahren im engeren oder weiteren Sinn allgemein anerkannt, dass Stimmenthaltungen ebenso wie in Kollegialgerichten verboten sind. Entgegen der h.L.[81] gibt es freilich keinen Grund, Stimmenthaltungen in Verwaltungsausschüssen allgemein für erlaubt zu halten und ihre Unzulässigkeit auf justizähnliche Gremien zu beschränken. Zwar erfordern förmliche Verwaltungsverfahren besonderen Aufwand, weshalb sie nach den gesetzlichen Bestimmungen nicht die Regelform des Verwaltungsverfahrens darstellen, sondern als Ausnahme speziell angeordnet werden müssen. Betrachtet man die Formvorschriften im einzelnen, wird man jedoch leicht feststellen, dass der in förmlichen Verwaltungsverfahren getriebene besondere Aufwand im wesentlichen ein „äußerer" ist: Beteiligten ist Gelegenheit zur Mitwirkung an Beweiserhebungen zu geben (§ 66 II VwVfG), eine mündlichen Verhandlung hat stattzufinden (§ 67 I VwVfG), bei der Beratung und Abstimmung dürfen nur Ausschussmitglieder zugegen sein, die an der mündlichen Verhandlung teilgenommen haben, während Externe regelmässig nicht zugelassen sind, und die Abstimmungsergebnisse sind festzuhalten (§ 71 II VwVfG). Demgegenüber bedeutet ein Verbot von Stimmenthaltungen hauptsächlich einen „inneren" Aufwand: Das Ausschussmitglied darf sich nicht seinem Gefühl der Unentschlossenheit hingeben, sondern muss sich zu einer Entscheidung durchringen. Das ist etwas, was weder besondere Kosten verursacht, noch Ausschussbeschlüsse substantiell verzögern kann. Aus dem Grad der Formalisierung des Ausschussverfahrens lassen sich daher keine Rückschlüsse auf die Zulässigkeit von Stimmenthaltungen ziehen. Das Ausschussverfahren mag justizähnlich sein oder nicht, in jedem Fall besteht ein derart erhebliches Interesse an einer möglichst vollständigen Stimmabgabe, dass Stimmenthaltungen verboten sind.

cc) Beschränkung auf professionell besetzte Ausschüsse?

Unterschiede zwischen Verwaltungsausschüssen sind nicht nur in ihrem Verfahren, sondern auch in ihrer personellen Besetzung auffällig. Manche Ausschüsse sind ausschließlich oder überwiegend mit haupt- oder nebenamtlichen Verwal-

---

79 *F. O. Kopp / U. Ramsauer,* a. a. O., § 63 Rn. 10.

80 Vgl. BVerwGE 28, 63 (66 f.); *H. J. Bonk / D. Kallerhoff,* in: P. Stelkens / H. J. Bonk / M. Sachs, VwVfG, § 91 Rn. 5; *B. Kerkhoff,* in: Beck'scher TKG-Kommentar, § 73 Rn. 17; *K. Schmidt,* in: U. Immenga / E.-J. Mestmäcker, GWB, § 54 Rn. 7.

81 Vgl. *H. J. Bonk / D. Kallerhoff,* a. a. O., § 91 Rn. 5; *H.-G. Henneke,* in: H.-J. Knack, VwVfG, § 90 Rn. 6; *F. O. Kopp / U. Ramsauer,* a. a. O., § 91 Rn. 4; *C. H. Ule / H. W. Laubinger,* Verwaltungsverfahrensrecht, § 14 Rn. 12 und § 38 Rn. 2.

tungsangehörigen besetzt. Sie werden häufig als professionelle Gremien bezeichnet. Eine Vielzahl von Ausschüssen besteht hingegen ausschließlich oder überwiegend aus ehrenamtlichen Mitgliedern, die in der Regel nicht als Sachverständige in den Ausschuss gewählt worden sind, sondern als Vertreter bestimmter gesellschaftlicher Gruppen. Ausschüsse dieser Art lassen sich dem Typus des pluralistischen Gremiums zuordnen[82]. Aus der Sicht einiger sind diese Unterschiede auch für die Frage der Zulässigkeit von Stimmenthaltungen von Bedeutung. So wird gegen ein allgemeines Verbot von Stimmenthaltungen in Verwaltungsausschüssen geltend gemacht, dass für ehrenamtlich Tätige eine Rechtspflicht zur Entscheidung nicht ohne weiteres angenommen werden könne[83]. Andere plädieren dafür, pluralistische Gremien von der Stimmpflicht auszunehmen[84].

Dabei bleibt allerdings weitgehend unklar, warum sich die Unzulässigkeit von Stimmenthaltungen auf professionelle Gremien beschränken sollte. Allenfalls wird zugunsten einer Freistellung pluralistischer Ausschüsse angeführt, dass sich die in solchen Ausschüssen zu berücksichtigenden vielfältigen Gesichtspunkte und Meinungen nicht immer auf eine klare Ja-Nein-Alternative reduzieren lassen könnten, weshalb es gute Gründe geben könne, beiden in einer Schlussabstimmung gegenübergestellten Alternativen nicht zuzustimmen[85]. Darin, dass eine Vielzahl von Aspekten und Auffassungen einzubeziehen ist, unterscheiden sich jedoch professionelle und pluralistische Ausschüsse nicht voneinander. In beiden Typen von Gremien kann sich ein Mitglied damit konfrontiert sehen, über einen Vorschlag abstimmen zu müssen, dem er weder gänzlich ablehnend noch vorbehaltsfrei gegenüber steht. Wenn aber im allgemeinen von Ausschussmitgliedern verlangt werden kann, dass sie sich mit Ja oder Nein entscheiden, so trifft dies auch auf ehrenamtlich Tätige zu. Das Ehrenamt hat nichts Spezifisches, das eine Entscheidungspflicht als unzumutbar erscheinen lassen würde. Zwar ist bei ehrenamtlich Tätigen die Gefahr besonders groß, dass sie sich mangels Information bzw. einschlägiger Fachkenntnisse überfordert fühlen. Solche Defizite lassen sich jedoch ausgleichen und sind daher – ebenso wie ansonsten auch[86] – kein guter Grund für eine Enthaltung. Wichtige Gründe für eine Stimmenthaltung von ehrenamtlichen Tätigen gibt es daher nicht.

Ganz im Gegenteil spricht der gesetzgeberische Zweck pluralistischer Gremien, Angehörige einzelner gesellschaftlicher Gruppen ihre unterschiedlichen Sichtweisen und Erfahrungshorizonte einbringen zu lassen, sogar besonders dafür, dass von ehrenamtlichen Mitgliedern erwartet wird, dass sie sich entscheiden[87]. Völlig zu

---

82 Vgl. statt vieler die Einteilung bei *T. Groß*, Das Kollegialprinzip in der Verwaltungsorganisation, S. 61 ff., der allerdings mit dem kooperativen Typus noch eine dritte Art von Gremien zu erkennen vermeint.

83 *H.-G. Henneke*, in: H.-J. Knack, VwVfG, § 90 Rn. 6.

84 *T. Groß*, a. a. O., S. 291.

85 *T. Groß*, a. a. O., S. 291.

86 S.o. 3. a) bb).

87 Zutreffend VGH Kassel, ESVGH 44, 42 f.

Recht hat sich denn auch das Bundesverwaltungsgericht in seiner Entscheidung zur Unzulässigkeit von Stimmenthaltungen in der Bundesprüfstelle für jugendgefährdende Schriften nicht von der pluralistischen Zusammensetzung der Bundesprüfstelle beeindrucken lassen[88]. Stimmenthaltungen sind nicht nur in professionellen, sondern gleichermaßen in pluralistischen Gremien unzulässig. Dies wird in den Fällen noch unterstrichen, in denen Ämterzwang besteht. Denn es wäre eine seltsame Rechtsordnung, die Einzelne zur Übernahme von Ehrenämtern verpflichtet, ihnen aber im Hinblick auf die Ausübung des Amtes das Recht zur Passivität zugesteht[89].

dd) Ausnahmen für mit Parlamentariern besetzte Ausschüsse?

Im Bereich der Verwaltung sind Ausschüsse nicht selten, deren Mitglieder z. T. aus Parlamentsabgeordneten bestehen. Mit Blick darauf, dass Stimmenthaltungen in der Volksvertretung zulässig sind, stellt sich bei diesen Ausschüssen die Frage, ob die parlamentarischen Mitglieder und aus Gründen der Gleichbehandlung auch die anderen Ausschussangehörigen ausnahmsweise das Recht haben, sich der Stimme zu enthalten. Dafür scheint zu sprechen, dass die parlamentarischen Mitglieder gerade wegen ihrer Abgeordneteneigenschaft in das jeweilige Verwaltungsgremium berufen werden. Deshalb könnte man meinen, dass sie im Zweifel auch dort keinem Entscheidungszwang unterliegen[90]. Dagegen ist jedoch anzuführen, dass die verfassungsrechtlich durch Art. 38 I 1 GG und die entsprechenden Bestimmungen der Landesverfassungen geschützte Freiheit des Mandats, die den Abgeordneten im Parlament garantiert, sich nicht entscheiden zu müssen, sich nicht auf die Tätigkeit in Verwaltungsausschüssen erstreckt. Abgeordnete werden in Verwaltungsausschüssen nicht als Abgeordnete tätig, sondern als Angehörige eines Verwaltungsausschusses mit den für Mitglieder eines solchen Ausschusses üblichen Rechten und Pflichten. Als solche verfügen sie bei der Entscheidung über das „Ob“ eines Votums über keinerlei Freiheit, sondern müssen mit Rücksicht auf die geringe Größe, die Verwaltungsausschüsse gegenüber Parlamenten auszeichnet, ihre Stimme abgeben. Mit Parlamentariern besetzte Verwaltungsausschüsse sind von der Stimmpflicht nicht ausgenommen.

ee) Ausnahmen für große Ausschüsse?

Bei Verwaltungsausschüssen handelt es sich zumeist um kleinere Kollegien, die aus nicht mehr als einem Dutzend von Mitgliedern bestehen. Viele Gremien im administrativen Bereich haben gar nur drei, vier oder fünf Mitglieder. Es gibt jedoch

---

88 Vgl. BVerwGE 28, 63 (66 f.).

89 Zum Zusammenhang von Ämterzwang und Teilnahmepflicht siehe aus kommunalrechtlicher Sicht BayVGH, DVBl. 1980, S. 63 (64); VGH Mannheim, NVwZ-RR 1997, S. 181 (182). Vgl. auch BayVerfGH, BayVBl. 1984, S. 621 (623).

90 Vgl. SächsOVG, SächsVBl. 1995, S. 66 (68), zu einem Richterwahlausschuss.

auch größere Verwaltungsausschüsse, denen zwanzig, dreißig oder mehr Mitglieder angehören. Das Verbot von Stimmenthaltungen in der Verwaltung beruht wesentlich auf der Erwägung, dass es in Verwaltungsausschüssen wegen ihrer regelmäßig geringen Größe im allgemeinen besonders wichtig ist, dass die einzelnen Stimmberechtigten von ihrem Recht Gebrauch machen. In größeren Ausschüssen kommt der Stimmabgabe der Einzelnen nicht diese hohe Bedeutung zu. Deshalb ist in Verwaltungsausschüssen mit mehr als einem Dutzend Mitgliedern eine Ausnahme vom Stimmenthaltungsverbot in Betracht zu ziehen.

Im Falle von Kollegien mit unterschiedlicher Mitgliederzahl steht eine Differenzierung nach Größe allerdings im Widerspruch zu Bestrebungen nach einer einheitlichen Regelung. Beispiel dafür sind die Gemeinderäte, die in kleinen Gemeinden oft nur wenige Mitglieder haben, während sich ihre Mitgliederzahl in Großstädten ohne weiteres der von Landesparlamenten annähern kann. Die Gemeindeordnungen haben sich überwiegend dafür entschieden, Stimmenthaltungen in Gemeinderäten einheitlich zuzulassen[91], obwohl dies bei kleineren Gemeinderäten nicht unproblematisch ist. In Bayern hingegen ist der Gesetzgeber den Weg eines für alle Gemeinderäte geltenden Stimmenthaltungsverbotes gegangen[92], das sich auf die Tatsache stützen kann, dass es sich bei der Mehrzahl der bayerischen Gemeinderäte um kleine Gremien mit vergleichsweise wenigen Mitgliedern handelt[93].

c) Zusammenfassung

Das Verbot von Stimmenthaltungen gilt demnach ohne Rücksicht auf Unterschiede in den Beschlussfähigkeitsregeln, im Grad der Förmlichkeit des Verfahrens und der personellen Besetzung von Verwaltungsgremien. Stimmenthaltungen sind ferner auch dann nicht erlaubt, wenn die Möglichkeit der Stellvertretung vorgesehen ist oder es nach dem Verlauf der Abstimmung nicht auf alle Voten anzukommen scheint, weil in Ausschüssen stets ein erhebliches Interesse an einer möglichst vollständigen Stimmabgabe besteht[94]. Entgegen der h.L. sind also Stimmenthaltungen in Verwaltungsausschüssen grundsätzlich unzulässig. Exemtionen von diesem Verbot können zwar in besonderen Rechtsbestimmungen ausdrücklich festgeschrieben sein[95], sich implizit aus anderen Vorschriften ergeben oder aus dem besonderen Sinn und Zweck des Stimmrechts zu folgern sein, was besonders im Falle größerer Gremien mit mehr als einem Dutzend Mitgliedern nahe liegt. Fehlt es

---

91 Vgl. *A. Gern*, Deutsches Kommunalrecht, Rn. 495.

92 Vgl. Art. 48 I 2 GemO Bayern.

93 Vgl. BayVerfGH, BayVBl. 1984, S. 621 (623); skeptisch gegenüber dem Größenargument freilich *J. Hofmann*, BayVBl. 1984, S. 747 (748 f.).

94 S.o. III. 2.

95 Exempel einer solchen Freistellung im Schulrecht in BVerwG, DVBl. 1961, S. 205 (206).

aber an zureichenden Anhaltspunkten für eine ausnahmsweise Befreiung, gilt die Regel, dass die Stimmberechtigten verpflichtet sind, ihre Stimme abzugeben.

VII. Folgen von Verstößen gegen die Stimmpflicht

Im Hinblick auf die Folgen von Verstößen gegen die Stimmpflicht ist zu unterscheiden zwischen persönlichen Sanktionen gegenüber säumigen Ausschussmitgliedern und den Auswirkungen auf die Rechtmäßigkeit und Gültigkeit von Beschlüssen bzw. der auf ihrer Grundlage ergangenen Akte.

1. Persönliche Sanktionen

Verletzt ein beamtetes Ausschussmitglied schuldhaft die ihm obliegende Stimmpflicht, so handelt es sich nach den Beamtengesetzen um ein Dienstvergehen[96]. Die Verfolgung von Dienstvergehen ist in den Disziplinarordnungen geregelt. Danach können Dienstvergehen verschiedene Disziplinarmaßnahmen nach sich ziehen, zu denen an erster Stelle der Verweis, die Geldbuße und die Gehaltskürzung zählen[97]. Für das beamtete Ausschussmitglied ist also die Stimmpflicht persönlich sanktioniert. Vorsätzliche oder grob fahrlässige Verletzungen der Stimmpflicht können überdies zu einem Schadensersatzanspruch des Dienstherrn führen[98]. Auch angestellte Ausschussmitglieder müssen nach den arbeitsrechtlichen Bestimmungen mit persönlichen Konsequenzen rechnen, wenn sie schuldhaft ihrer Stimmverpflichtung nicht nachkommen.

Vergleichbare Folgen hat ein ehrenamtliches Ausschussmitglied nicht zu gewärtigen. Nach den allgemeinen Vorschriften über die ehrenamtliche Betätigung in Verwaltungsverfahren begeht lediglich eine Ordnungswidrigkeit, die mit einer Geldbuße geahndet werden kann, wer sich trotz einer entsprechenden Verpflichtung weigert, eine ehrenamtliche Tätigkeit zu übernehmen oder eine solche Tätigkeit ohne anerkennenswerten Grund niederlegt (§ 87 VwVfG). Die Verletzung anderer Pflichten durch Ehrenamtliche hat nach dem VwVfG keine persönlichen Konsequenzen, weil der Gesetzgeber der Auffassung war, dass Sanktionen mit dem Wesen der ehrenamtlichen Tätigkeit nicht in Einklang stehen würden und auch die Bereitschaft zu ehrenamtlicher Betätigung ernstlich in Frage stellen könnten[99]. Mangels Rechtsgrundlage haften ehrenamtlich Tätige auch nicht ohne weiteres für Schäden, die infolge eines schuldhaften Pflichtenverstoßes entste-

96 § 77 I 1 BBG, § 45 I 1 BRRG und die entsprechenden beamtenrechtlichen Regelungen der Länder.

97 § 5 I BDO und die Landesdisziplinarordnungen.

98 § 78 I 1 BBG, § 46 I 1 BRRG und die Landesbeamtengesetze.

99 Vgl. BT-Drs. 7/910, S. 94.

hen[100]. Gegenüber ehrenamtlichen Ausschussmitgliedern, die ihre Stimmpflicht verletzen, besteht allenfalls die Möglichkeit der Abberufung, wenn die Pflicht gröblich verletzt wurde (§ 86 S. 2 Nr. 1 VwVfG). Im allgemeinen ist die Stimmpflicht ehrenamtlicher Ausschussmitglieder also nicht sanktionsbewehrt. Spezielle Vorschriften sehen jedoch bisweilen persönliche Sanktionen vor[101].

2. *Auswirkungen auf Beschlüsse*

a) Grundsätzliches

Bestehen für das Verfahren vor einem Ausschuss bestimmte Vorschriften, so muss ein Verstoß gegen eine dieser Bestimmungen nicht zwangsläufig zur Rechtswidrigkeit des vom Ausschuss gefällten Beschlusses führen, sondern kann mit Rücksicht auf das Interesse am Zustandekommen von Beschlüssen auch unbeachtlich sein. Die betreffende Verfahrensbestimmung erweist sich in diesem Falle als eine bloße Ordnungsvorschrift, die zwar Beachtung verlangt hätte, deren Nichtbefolgung jedoch ohne rechtliche Auswirkungen auf das Beschlussresultat ist. Jedenfalls dann, wenn eine Verfahrensvorschrift auf Gesetz beruht und ihre Missachtung geeignet ist, das Verfahrensergebnis zu verfälschen, ist allerdings im Hinblick auf das Interesse an einer möglichst richtigen Entscheidung des Ausschusses im Zweifel davon auszugehen, dass der Verfahrensfehler erheblich ist und zur Rechtswidrigkeit des Beschlusses führt[102]. Die Stimmpflicht der Mitglieder von Verwaltungsausschüssen ist gesetzlich festgelegt und ihre Verletzung kann nach dem bereits Ausgeführten die Qualität von Beschlüssen erheblich beeinträchtigen. Soweit nicht der Gesetzgeber aufgrund besonderer Schwierigkeiten etwas anderes ausdrücklich angeordnet hat, ist daher anzunehmen, dass Verstöße gegen die Stimmpflicht grundsätzlich beachtlich sein sollen.

b) Die Erheblichkeit von Nichtbeteiligungen

Es liegt allerdings auf der Hand, dass im Hinblick auf die Verpflichtung zur Beteiligung an der Abstimmung besondere Schwierigkeiten bestehen. Die vielfältigen Anreize für ein Fernbleiben, die unzureichende Überprüfbarkeit der Gründe für ein

---

100 Vgl. BVerwGE 101, 50 (53 ff.); *H. de Wall,* Die Anwendbarkeit privatrechtlicher Vorschriften im Verwaltungsrecht, S. 344 ff. und 350; für eine Analogie zu § 78 I 2 BBG und § 46 I BRRG allerdings *F. O. Kopp / U. Ramsauer,* VwVfG, § 83 Rn. 12 m. w. N.

101 Vgl. etwa Art. 48 II GemO Bayern, wonach gegen Gemeinderatsmitglieder, die sich ohne hinreichende Entschuldigung ihrer Stimmpflicht entziehen, ein Ordnungsgeld verhängt werden kann.

102 Vgl. *T. Groß,* Das Kollegialprinzip in der Verwaltungsorganisation, S. 312; *H. Hill,* Das fehlerhafte Verfahren und seine Folgen im Verwaltungsrecht, S. 395; *F. Hufen,* Fehler im Verwaltungsverfahren, Rn. 505.

Fehlen, der Umstand, dass ein Wegbleiben jedenfalls bei Ehrenamtlichen keinerlei persönliche Sanktionen nach sich ziehen kann, sowie die Möglichkeiten, sich über das Vorhandensein eines wichtigen Grundes für eine Nichtbeteiligung zu irren, – all dies macht die Pflicht zur Teilnahme in nicht unbeträchtlichen Maße für Verstöße anfällig. Hinzu kommt, dass es für den Vorsitzenden häufig nicht ersichtlich ist, ob ein Mitglied aus berechtigten Gründen abwesend ist oder nicht.

Auch mit Blick auf diese Schwierigkeiten ist in § 90 I VwVfG bestimmt, dass Ausschüsse beschlussfähig sind, wenn mehr als die Hälfte, mindestens aber drei der stimmberechtigten Mitglieder anwesend sind, und finden sich in vielen Spezialgesetzen ähnliche Regelungen, nach denen ein Ausschuss bei Anwesenheit einer bestimmten Anzahl von Stimmberechtigten beschlussfähig ist. Das bedeutet, dass Ausschüsse ohne Rücksicht auf die Berechtigung von Nichtbeteiligungen Beschlüsse fassen können, sofern nur die erforderliche Zahl von stimmberechtigten Mitgliedern präsent ist. Zwar haben die genannten Regelungen der Beschlussfähigkeit ihren Ausgangspunkt darin, dass es wichtige Gründe für ein Fernbleiben von der Abstimmung geben kann, und lässt ihr Wortlaut auch die Deutung zu, dass die Anwesenheit der festgelegten Mindestanzahl von Stimmberechtigten nur eine notwendige, nicht aber eine hinreichende Bedingung der Beschlussfähigkeit ist. In Anbetracht der besonderen Schwierigkeiten bei der Einhaltung der Teilnahmepflicht spricht jedoch alles dafür, dass der Gesetzgeber mit den genannten Vorschriften auch zum Ausdruck bringen wollte, dass es für die Rechtmäßigkeit von Beschlüssen nicht auf die Entschuldbarkeit von Nichtbeteiligungen ankommt, sondern allein auf die Einhaltung der festgelegten Mindestanwesenheitsziffer. Anderes könnte nur gelten, wenn es ein Recht auf das gesetzliche Mitglied gäbe. Ein solches Recht existiert jedoch – wie bereits ausgeführt – nicht[103]. In der Regel sind daher Verstöße gegen die Teilnahmepflicht als solche unbeachtlich für die Rechtmäßigkeit von Beschlüssen[104]. Vor Verletzungen der Teilnahmepflicht, welche die Repräsentativität der Ausschussentscheidung erheblich bedrohen, besteht dadurch Schutz, dass zur Beschlussfähigkeit die gesetzlich festgelegte Mindestzahl von Stimmberechtigten anwesend sein muss.

Dabei ist es durchaus nicht ausgeschlossen, dass die Beschlussfähigkeitsregel die Berechtigung von Nichtbeteiligungen zur Voraussetzung der Rechtmäßigkeit von Beschlüssen macht. Beispiel dafür ist die Regel des § 25 II JaPO Bayern, wonach einer der Universitätsprüfer im ersten juristischen Staatsexamen der mündlichen Prüfung fernbleiben kann, soweit dringende andere Verpflichtungen bestehen. Ebenso kann die Auslegung einer Beschlussfähigkeitsregel ergeben, dass es ausnahmsweise darauf ankommen soll, dass eine Nichtbeteiligung entschuldigt war[105]. Ist dies nicht der Fall, ist freilich davon auszugehen, dass die Verletzung

---

103 S.o. IV. 1.

104 Vgl. auch BVerwGE 100, 19 (22).

105 Vgl. BVerwG, NJW 1989, S. 412, zur Beschlussfähigkeit der Bundesprüfstelle für jugendgefährdende Schriften nach § 9 III GjS.

der Teilnahmepflicht als solche irrelevant ist. Dies gilt erst recht, sofern sich an Stelle des regulären Mitgliedes ein Stellvertreter beteiligt hat. Denn in diesem Falle ist das Interesse an einer möglichst vollständigen Stimmabgabe offensichtlich nicht tangiert, die Unrechtmäßigkeit der Nichtbeteiligung des ordentliches Mitgliedes also ganz augenscheinlich unerheblich[106]. Bedeutsam sind Verletzungen der Teilnahmepflicht allerdings bei konkreten Manipulationen[107].

c) Die Beachtlichkeit von Stimmenthaltungen

Anders als bei Nichtbeteiligungen liegt es bei Stimmenthaltungen. Zwar ist auch das Verbot von Stimmenthaltungen persönlich nicht erzwingbar. Der Anreiz, trotz Anwesenheit auf ein Votum zu verzichten, ist jedoch vergleichsweise gering. Zudem sieht sich das Mitglied nicht vor die schwierige Aufgabe gestellt, zwischen erlaubten und unerlaubten Nichtvotum zu unterscheiden, weil Stimmenthaltungen im Gegensatz zu Nichtbeteiligungen in der Regel unzulässig sind. Und schließlich hat der Ausschussvorsitzende auch gegenüber im Sitzungssaal anwesenden Mitgliedern ganz andere Möglichkeiten, sie zur Abgabe einer Stimme anzuhalten, als das bei abwesenden Stimmberechtigten der Fall ist. Daher gibt es keine den Beschlussfähigkeitsregeln entsprechende Vorschriften, welche das Verbot von Stimmenthaltungen überlagern und Verstöße für unbeachtlich erklären würden, solange nur eine bestimmte Zahl von Stimmberechtigten ihr Votum abgegeben hat. Nach allgemeinen Grundsätzen ist deswegen davon auszugehen, dass unzulässige Stimmenthaltungen die Rechtswidrigkeit von Beschlüssen zur Folge haben können. Daran hat auch die Rechtsprechung bislang nicht gezweifelt[108]. Erheblich sind unzulässige Stimmenthaltungen allerdings nur, soweit sie nicht durch Stellvertreter ausgeglichen worden sind und es nach den Mehrheitsverhältnissen auf die nicht abgegebenen Stimmen ankam[109].

Waren Stimmenthaltungen in diesem Sinne relevant, sind entsprechende Beschlüsse und eventuell auf ihrer Grundlage ergangene Akte rechtswidrig und anfechtbar. Allein wegen des Verfahrensmangels des Verstoßes gegen die Stimm-

---

106 Anders gleichwohl für die Ehrenkommission einer Hochschule OVG Greifswald, NJ 1995, S. 219 (222), und allgemein für pluralistische Gremien *T. Groß*, Das Kollegialprinzip in der Verwaltungsorganisation, S. 313 f., die in der falschen Handhabung von Stellvertretungsregeln einen beachtlichen Verfahrensfehler sehen. In diese Richtung auch *W. Grabendorff / C. Windscheid / W. Ilbertz / U. Widmaier*, BPersVG, § 34 Rn. 26.

107 Siehe OLG Köln, NVwZ 1994, S. 410 (412).

108 Vgl. BVerwGE 28, 63 (66 f.); VG Berlin, DÖV 1973, S. 317 (319); OVG Münster, WissR 1981, S. 268;VGH Kassel, ESVGH 44, 42; OVG Schleswig, NVwZ-RR 1996, S. 443; für die Unbeachtlichkeit eines Verstoßes gegen das Stimmenthaltungsverbot in Art. 48 I 2 GemO Bayern gleichwohl *M. Bauer / T. Böhle / C. Masson / R. Samper*, Bayerische Kommunalgesetze, Art. 48 GemO Bayern Rn. 5, sowie *J. Widtmann / W. Grasser / E. Glaser*, GemO Bayern, Art. 48 Rn. 5.

109 Vgl. OVG Schleswig, a. a. O., S. 443.

pflicht kann die Aufhebung freilich nicht beansprucht werden, wenn offensichtlich ist, dass die Verletzung die Entscheidung in der Sache nicht beeinflusst hat (§ 46 VwVfG). In den seltenen Fällen gebundener Ausschussentscheidungen können Betroffene also nicht unter Verweis auf die Unzulässigkeit von Stimmenthaltungen eine Beseitigung erreichen. Soweit aber Ausschüsse – wie regelmäßig – bei ihren Entscheidungen über einen Ermessens- bzw. Beurteilungsspielraum verfügen, haben Verstöße gegen das Enthaltungsverbot bei Erheblichkeit zur Konsequenz, dass die Aufhebung beansprucht werden kann.

3. Stimmpflicht und Geheimheit der Abstimmung

Der Hergang von Beratung und Abstimmung in Verwaltungsausschüssen ist im allgemeinen nicht geheim. Sind aber die Mitglieder eines Ausschusses diesbezüglich zur Verschwiegenheit verpflichtet, wie es bei den Mitgliedern der Bundesprüfstelle für jugendgefährdende Schriften der Fall ist (§ 8 I 2 DVO GjS), stellt sich die Frage, inwieweit mögliche Verletzungen der Stimmpflicht bei der Beschlussfassung zum Gegenstand nachfolgender Verwaltungs- und Gerichtsverfahren gemacht werden können. Denn das Beratungs- und Abstimmungsgeheimnis verbietet es Mitgliedern jedenfalls im Grundsatz, die seinem Schutz unterliegenden Vorgänge zu offenbaren, weshalb über sie auch kein Beweis erhoben werden kann. Tatsächlich ist der Wortlaut der einschlägigen Vorschriften in der Regel so weit gefasst, dass nicht nur das „Wie" der Abstimmung, sondern auch das „Ob" der Abstimmung, also zumindest auch das Vorkommen von Stimmenthaltungen dem Schweigegebot unterworfen zu sein scheint.

Teleologische Überlegungen sprechen freilich gegen ein solches weites Verständnis. Zweck des Beratungs- und Abstimmungsgeheimnisses ist es, den Mitgliedern eine von äußerem Druck unbeeinflusste sachliche Meinungsbildung und Meinungsäußerung zu ermöglichen und zu verhindern, dass Meinungsverschiedenheiten unter den Mitgliedern durch ihr Offenbarwerden die Autorität des Mehrheitsbeschlusses beeinträchtigen. Wer sich der Stimme enthält, äußert gerade keine Meinung in der Sache. Deshalb sind Stimmenthaltungen nicht nur regelmäßig verboten, sondern unterliegt auch die Frage, ob sich jemand der Stimme enthalten hat, nicht dem Schutzbereich des Abstimmungsgeheimnisses. Erst recht unterfällt nicht der Verschwiegenheit, ob jemand bei der Abstimmung präsent war oder nicht. Vielmehr ist nach § 93 S. 2 Nr. 2 VwVfG stets im Sitzungsprotokoll festzuhalten, welche Ausschussmitglieder anwesend waren. Das Beratungs- und Abstimmungsgeheimnis steht also der Berücksichtigung von Verletzungen der Stimmpflicht nicht im Wege. Soweit es zur Feststellung der Erheblichkeit von Stimmenthaltungen erforderlich ist, die Stimmenverhältnisse im Ausschuss zu ermitteln, ist dies zwar nicht ohne Eingriff in das Abstimmungsgeheimnis möglich. In Bezug auf das richterliche Abstimmungsgeheimnis ist jedoch inzwischen weitgehend anerkannt, dass es in Rechtsmittel- und Amtshaftungsverfahren hinter dem Interesse an der Aufdeckung von Gesetzeswidrigkeiten zurücktreten muss[110]. Nichts anderes gilt bei wertender Abwägung für das Abstimmungsgeheimnis von Verwaltungsausschüssen in Gerichtsverfahren, in denen es um die Rechtmäßigkeit von Ausschussbeschlüssen geht.

Besteht kein Beratungs- und Abstimmungsgeheimnis, sondern wird – wie häufig bei Wahlen und anderen Personalentscheidungen – verdeckt abgestimmt[111], ist ohnehin nur die Abstimmungshandlung im engeren Sinn geheim, so dass sich nicht feststellen lässt, wer welche Stimme abgegeben hat. Das Ergebnis der Abstimmung einschließlich des Vorkommens von Stimmenthaltungen ist für alle offen. Problematisch ist allein, ob Stimmberechtigte zu der Frage, ob sie sich der Stimme enthalten haben, befragt werden können, wenn im nachhinein Streit über das Ergebnis entsteht. Da das „Ob" der Stimmabgabe nicht von der Unabhängigkeit der Mitglieder umfasst wird, ist dies zu bejahen[112].

B. Quoren und Mehrheiten

I. Beschlussfähigkeit

1. Die Grundregel des § 90 I VwVfG

Die Anforderungen, die an die Beteiligung von Mitgliedern an Wahlen und Abstimmungen in Verwaltungsausschüssen zu stellen sind, haben die Verwaltungsverfahrensgesetze in § 90 I 1 mit einer Vorschrift geregelt, die als allgemeiner Rechtsgrundsatz auch außerhalb von Verwaltungsverfahren Anwendung findet, sofern spezialgesetzlich nichts anderes geregelt ist. Nach dieser Vorschrift sind Ausschüsse beschlussfähig, wenn alle Mitglieder geladen und mehr als die Hälfte, mindestens aber drei der stimmberechtigten Mitglieder anwesend sind, wobei als anwesend diejenigen Mitglieder gelten, die sich im Sitzungsraum befinden und nicht nach § 20, § 21 oder § 71 III VwVfG von der Beratung und Abstimmung ausgeschlossen sind[113], unabhängig davon, ob sie sich der Stimme enthalten oder

110 Vgl. *O. R. Kissel*, GVG, § 193 Rn. 10 ff.; *K. Schäfer / T. Wickern*, in: E. Löwe / W. Rosenberg, StPO, § 193 GVG Rn. 50 ff.; *G. Schmidt-Räntsch / J. Schmidt-Räntsch*, DRiG, § 43 Rn. 7 ff.

111 Zur umstrittenen Zulässigkeit anonymer Stimmabgabe bei Sachentscheiden siehe einerseits *H. J. Bonk / D. Kallerhoff*, in: P. Stelkens / H. J. Bonk / M. Sachs, VwVfG, § 91 Rn. 3; *H. Borgs*, in: H. Meyer / H. Borgs-Maciejewski, § 91 Rn. 1; andererseits *H.-G. Henneke*, in: H.-J. Knack, § 91 Rn. 3; VG Berlin, DÖV 1973, S. 317 (319); OVG Münster, WissR 1996, S. 185 (194).

112 Vgl. auch *N. Achterberg*, Die parlamentarische Verhandlung, S. 112, mit der Bemerkung, geheime Wahl verbiete nur, das „Wie", nicht aber, das „Ob" der Abstimmung offenzulegen. Zu den Grenzen der Beweiserhebung beim Verdacht der Wahlfälschung siehe BVerwGE 49, 75 (76 ff.).

113 *H. J. Bonk / D. Kallerhoff*, in: P. Stelkens / H. J. Bonk / M. Sachs, VwVfG, § 90 Rn. 8; *H. Borgs*, in: H. Meyer / H. Borgs-Maciejewski, VwVfG, § 90 Rn. 4.

nicht[114]. Das bedeutet, dass Ausschüsse nur bei Teilnahme einer mehr oder minder großen Zahl von Stimmberechtigten Beschlüsse fassen können, es aber andererseits in den meisten Fällen nicht erforderlich ist, dass sämtliche Ausschussmitglieder an der Abstimmung teilnehmen. Damit trägt die Regelung der Erkenntnis Rechnung, dass es für die Legitimation von Beschlüssen von wesentlicher Bedeutung ist, dass sich eine ausreichende Anzahl von Stimmberechtigten an der Abstimmung beteiligt, weil die Wahrscheinlichkeit einer richtigen Entscheidung grundsätzlich von der Zahl der Abstimmenden abhängig ist. Zugleich berücksichtigt sie aber auch, dass es mehr oder minder gute Gründe für Stimmberechtigte geben kann, sich nicht an der Abstimmung zu beteiligen, und daher die Effektivität der Arbeit von Ausschüssen unter Umständen leiden könnte, wenn stets das Optimum einer vollständigen Besetzung erforderlich wäre, damit Ausschüsse Beschlüsse fassen können. Die Regelung hat zwar zur Folge, dass die Zahl derjenigen, die in einem Ausschuss entscheiden, von Fall zu Fall schwanken kann. Es ist aber weder eine Forderung des Rechtsstaatsgebots (Art. 20 III GG), dass die Zahl der über eine Angelegenheit Entscheidenden im voraus feststeht, noch verschließt sich der Gleichheitssatz (Art. 3 I GG) der Erkenntnis, dass es aus verwaltungstechnischen Gründen nicht immer möglich ist, dass Ausschüsse in gleicher Besetzung entscheiden[115].

Die Höhe des für die Beschlussfähigkeit zu erfordernden Quorums hängt freilich ganz erheblich von der Größe des Ausschusses ab. Denn die Wahrscheinlichkeitsrechnung lehrt, dass die Bedeutung eines hohen Prozentsatzes an Beteiligung bei kleinen Kollegien besonders wichtig ist und mit der Größe der Kollegien sinkt, weil die Beziehung zwischen der Zahl der Abstimmenden und der Wahrscheinlichkeit einer richtigen Entscheidung in einer Asymptote verläuft[116]. Zugleich liegt es auf der Hand, dass eine hohe Beteiligung tendenziell umso leichter zu erreichen ist, je kleiner ein Kollegium ist.

Deshalb löst die allgemeine Regel des § 90 I 1 VwVfG den Zielkonflikt zwischen Legitimation und Effizienz der Arbeit von Ausschüssen entgegen mancher verkürzenden Umschreibung[117] auch nicht durch einen pauschalen hälftigen Kompromiss, der darin läge, zur Beschlussfähigkeit von Ausschüssen die Anwesenheit „der Hälfte" der Stimmberechtigten zu verlangen, sondern stellt mit der Forderung nach der Anwesenheit von „mehr als der Hälfte" der stimmberechtigten Mitglieder

114 *D. Grünewald,* in: K. Obermayer, VwVfG, § 90 Rn. 13; *H.-G. Henneke,* in: H.-J. Knack, VwVfG, § 90 Rn. 6; *F. O. Kopp / U. Ramsauer,* VwVfG, § 90 Rn. 4.

115 Verfassungsrechtlich begründete Bedenken gegen eine variable Zahl von Entscheidenden, wie sie vor allem im Prüfungsrecht erhoben worden sind (so bei *P. Guhl,* Prüfungen im Rechtsstaat, S. 184 f.; VG Münster, NVwZ-RR 1992, S. 77 [78]), sind denn auch stets von der obergerichtlichen Rechtsprechung zurückgewiesen worden (vgl. BVerwGE 16, 154 [155 f.]; BVerwG, NVwZ 1992, S. 1199 [1200]).

116 S.o. III. 2. Vgl. insofern auch BVerwGE 54, 29 (39), mit zutreffendem Hinweis auf die besondere Wichtigkeit möglichst großer Teilnahme bei kleineren Gremien.

117 Etwa bei *F. O. Kopp / U. Ramsauer,* a. a. O., § 90 Rn. 4.

sorgsam differenzierte, nach der Mitgliederzahl der Ausschüsse abgestufte Anforderungen an die Beteiligung auf, die durch das nur vordergründig dem Mehrheitsprinzip geschuldete Mindestquorum von drei Anwesenden abgerundet werden. Die danach geltenden Beteiligungsbedingungen nähern sich zwar mit zunehmender Größe von Verwaltungsausschüssen dem, was bei einer auf die Anwesenheit der Hälfte abstellenden Beschlussfähigkeitsregelung verlangt worden wäre, liegen aber bei der üblichen geringen Größe von Verwaltungsausschüssen in der Mehrzahl der Fälle nicht unerheblich darüber und können bei den häufig vorkommenden sehr kleinen Gremien sogar Vollzähligkeit oder annähernde Vollzähligkeit verlangen. So müssen die Mitglieder dreigliedriger Ausschüsse im allgemeinen vollzählig versammelt sein, um eine Entscheidung treffen zu können. Bei Ausschüssen mit mehr als drei Mitgliedern ist eine vollständige Besetzung zwar nicht erforderlich. Bei ihnen reicht die Anwesenheit eines Bruchteils, das sich mit der Größe der Ausschüsse verkleinert. Dieses Bruchteil ist allerdings bei kleineren Ausschüssen noch relativ hoch. So gilt für Ausschüsse, die mit vier Stimmberechtigten besetzt sind, dass sie nur bei Anwesenheit von mindestens drei Mitgliedern beschlussfähig sind, muss also eine Dreiviertelmehrheit zugegen sein. Besteht ein Ausschuss aus sechs Stimmberechtigten, ist die Anwesenheit von vier Stimmberechtigten, also nicht weniger als einer Zweidrittelmehrheit erforderlich. Und Ausschüsse mit acht Mitgliedern bedürfen zu ihrer Beschlussfähigkeit der Anwesenheit von fünf Mitgliedern, d. h. immerhin noch einer Fünfachtelmehrheit.

2. Spezialgesetzliche Sonderregeln

Abweichungen von der Beschlussfähigkeitsregel des § 90 I 1 VwVfG bedürfen besonderer Normierung. So stellen Spezialgesetze bisweilen strengere Anforderungen an die Beschlussfähigkeit eines bestimmten Ausschusses, indem sie die Anwesenheit einer Zweidrittel- bzw. Dreiviertelmehrheit oder gar eine vollständige Besetzung fordern, obwohl es sich um einen größeren Ausschuss handelt. Grund hierfür kann sein, dass der Gesetzgeber auf die Fachkenntnis bestimmter Ausschussmitglieder besonderen Wert legt oder ihm im Falle pluralistischer besetzter Gremien aus Gründen des Proporzes eine hohe Anwesenheitsrate besonders wichtig ist, während er gleichzeitig – etwa wegen der Möglichkeit der Stellvertretung oder einer nur geringen Sitzungsdichte – weniger als üblich befürchten muss, dass die Beschlussfassung durch das Fernbleiben von Mitgliedern verzögert werden kann[118]. In manchen Fällen sind die Voraussetzungen der Beschlussfähigkeit auch in der Weise verschärft, dass Nichtbeteiligungen nur bei tatsächlichen Vorliegen einer Verhinderung unschädlich sind[119]. Mildere Beschlussfähigkeitsregeln oder

118 Zur Möglichkeit der Nachwahl durch ein anderes Gremium als einem weiteren Grund strikterer Anforderungen siehe VGH Mannheim, ZUM 1996, S. 819 (822).

119 Siehe dazu bereits oben A. VII. 2 b).

gar der Verzicht auf jegliches Beteiligungsquorum sind vor allem in der funktionalen Selbstverwaltung zu finden[120].

3. Beschlussfähigkeit im schriftlichen Verfahren

Ausschüsse treffen ihre Entscheidungen im Regelfall in einer gemeinsamen Sitzung (vgl. u. a. § 89 VwVfG). Nach § 90 I 2 VwVfG können Beschlüsse aber auch im schriftlichen Verfahren gefasst werden, wenn kein Mitglied widerspricht. In diesem Fall ist die Beschlussfähigkeitsregel des § 90 I 1 VwVfG nicht direkt anwendbar. Sie ist, wie aus der Bezugnahme auf die Anwesenden hervorgeht, auf den Normalfall der Beschlussfassung in gemeinsamer Sitzung zugeschnitten. Die Beteiligung einer ausreichenden Anzahl von Stimmberechtigten ist jedoch auch im schriftlichen Verfahren Voraussetzung dafür, dass ein Beschluss dem Ausschuss als Ganzen zugerechnet werden kann. Die bloße Möglichkeit der Teilnahme reicht nicht aus. § 90 I 1 VwVfG ist daher sinngemäß auf das schriftliche Verfahren anwendbar[121]. An die Stelle der Anwesenheit tritt insofern die Mitwirkung am schriftlichen Verfahren. Die Mitwirkung setzt dabei voraus, dass das Mitglied ausdrücklich gegenüber dem Vorsitzenden erklärt, welchen Willen es in Bezug auf den Beschlussgegenstand hat. Diese Willensäußerung kann in Zustimmung oder Ablehnung bestehen, bei ausnahmsweiser Zulässigkeit auch in Enthaltung. Wer zur Vorlage schweigt, beteiligt sich dagegen nicht an der Abstimmung[122].

4. Notbeschlussfähigkeit

Die sog. Not- oder Hilfsbeschlussfähigkeit nach § 90 II VwVfG ermöglicht es Ausschüssen, über Vorlagen, deren Verhandlung bereits einmal wegen Beschlussunfähigkeit zurückgestellt worden ist, im zweiten Anlauf ohne Rücksicht auf die Zahl der anwesenden Mitglieder zu beschließen, sofern die Mitglieder bei der Ladung auf diese Möglichkeit hingewiesen wurden. Ziel der Regelung, nach der im äußersten Fall auch ein Mitglied allein zu entscheiden vermag[123], ist es zu vermei-

---

120 Vgl. etwa § 48 II Hs. 3 des Wasserverbandsgesetzes v. 20. Februar 1991 (BGBl. I, S. 405); *W. E. Feuerich / A. Braun*, BRAO, § 88 Rn. 8; *G. Honig*, HwO, § 62 Rn. 4.

121 Vgl. *H. Borgs*, in: H. Meyer / H. Borgs-Maciejewski, VwVfG, § 90 Rn. 9; *F. O. Kopp / U. Ramsauer*, VwVfG, § 90 Rn. 12. Zur parallelen Anwendung der Beschlussfähigkeitsregel des § 24 I GOBReg. im Umlaufverfahren der Bundesregierung siehe BVerfGE 91, 148 (169 ff.) mit zustimmender Anmerkung von *V. Epping*, DÖV 1995, S. 719 (722 f.); anders noch BVerwGE 89, 121 (127 ff.).

122 Vgl. *F. O. Kopp / U. Ramsauer*, a. a. O., § 90 Rn. 12; BVerfGE 91, 148 (169 ff.).

123 *H. Borgs*, in: H. Meyer / H. Borgs-Maciejewski, VwVfG, § 90 Rn. 11; *H. J. Bonk / D. Kallerhoff*, in: P. Stelkens / H. J. Bonk / M. Sachs, VwVfG, § 90 Rn. 13; *F. O. Kopp / U. Ramsauer*, VwVfG, § 90 Rn. 17; abweichend *H.-G. Henneke*, in: H.-J. Knack, VwVfG, § 90 Rn. 5, der die Anwesenheit von mindestens 3 Stimmberechtigten fordert.

den, dass Mitglieder eines Ausschusses durch Nichterscheinen zu den Sitzungen eine Beschlussfassung über längere Zeit hinweg verhindern können[124]. Wenn auch die Notbeschlussfähigkeit danach vor allem dazu dient, Ausschüsse vor der Obstruktion durch eine mutwillig fernbleibende Minderheit zu bewahren, hängt sie aber nicht davon ab, dass die Beschlussunfähigkeit beim ersten Termin pflichtwidrig herbeigeführt wurde[125]. Ebenso wie für die reguläre Beschlussfähigkeit nach § 90 I 1 VwVfG kommt es für die Hilfsbeschlussfähigkeit gemäß § 90 II VwVfG nicht auf die Motive der Ferngebliebenen an. Ein anderes Modell wäre zwar denkbar. So hat das Bundesverwaltungsgericht in einer Entscheidung zum Verwaltungsrat des NDR in lückenfüllender Auslegung des entsprechenden Staatsvertrages eine Regelung entwickelt, nach welcher der Verwaltungsrat trotz Unterschreitung des regulären Quorums notbeschlussfähig sein soll, wenn Mitglieder des Verwaltungsrates pflichtwidrig dessen Beschlussunfähigkeit herbeigeführt haben[126]. Nicht zuletzt wegen der unzureichenden Überprüfbarkeit der Gründe für ein Nichterscheinen wäre eine solche Regelung jedoch kaum praktikabel[127]. Das Bundesverwaltungsgericht hat sich denn auch in dem von ihm entschiedenen Fall dazu genötigt gesehen, die Pflichtwidrigkeit des Verhaltens von Mitgliedern im Grundsatz zu vermuten, wenn der Verwaltungsrat zuvor dreimal vergeblich einberufen wurde. Schwierigkeiten derlei Art vermeidet die Vorschrift des § 90 II VwVfG von vorneherein, indem sie für die Hilfsbeschlussfähigkeit nicht mehr und nicht weniger als eine einmalige Zurückstellung wegen Beschlussunfähigkeit und eine Ladung zum zweiten Termin mit entsprechendem Hinweis fordert – beides formelle Voraussetzungen, deren Einhaltung einfach zu überprüfen ist.

5. Feststellung und Folgen der Beschlussunfähigkeit

Ist die zur Beschlussfähigkeit erforderliche Anzahl von Stimmberechtigten nicht zur Sitzung erschienen oder wird ein Ausschuss im Verlaufe seiner Sitzung beschlussunfähig, weil sich Mitglieder nicht nur vorübergehend entfernen, so hat der Vorsitzende die Beschlussunfähigkeit von Amts wegen festzustellen und die Sitzung abzubrechen. Anders als im Parlamentsrecht wird die Beschlussfähigkeit nicht solange vermutet, bis sie angezweifelt und das Fehlen des notwendigen Quorums positiv festgestellt worden ist[128]. Verwaltungsausschüsse sind üblicherweise

124 BT-Drs. 7/910, S. 95.

125 Vgl. *W. Hoffmann-Riem*, NJW 1978, S. 393 (397), zu vergleichbaren spezialgesetzlichen Regelungen.

126 BVerwGE 54, 29 (37 ff.).

127 Vgl. *W. Hoffmann-Riem*, a. a. O., S. 393 (395 und 397).

128 *H. Borgs*, in: H. Meyer/H. Borgs-Maciejewski, VwVfG, § 90 Rn. 4 f.; *H. J. Bonk/D. Kallerhoff*, in: P. Stelkens/H. J. Bonk/M. Sachs, VwVfG, § 90 Rn. 4 und 7; *C. H. Ule/H. W. Laubinger*, Verwaltungsverfahrensrecht, § 14 Rn. 9. Zu teilweise abweichenden Regeln im Kommunalrecht vgl. *A. Gern*, Deutsches Kommunalrecht, Rn. 481 ff., zu solchen im Kammerrecht siehe *G. Frentzel/E. Jäkel/W. Junge/H.-W. Hinz/J. Möllering*, IHKG, § 4 Rn. 24 f.

wegen ihrer geringen Mitgliederzahl darauf angelegt, dass möglichst alle Mitglieder in gemeinsamer Sitzung über die Angelegenheiten des Ausschusses entscheiden, wenn auch Beschlüsse im Einzelfall durch Unterausschüsse vorbereitet werden können. Die Größe von Verwaltungsausschüssen erlaubt es auch, jederzeit ohne Probleme zu überschauen, ob ausreichend Mitglieder anwesend sind. Die strikte Einhaltung der Beschlussfähigkeitsregel ist daher bei ihnen im Normalfall ebenso unentbehrlich wie einfach zu gewährleisten. Beweisschwierigkeiten wird dadurch weitgehend vorgebeugt, dass die Namen der Anwesenden in das Protokoll der Sitzung aufzunehmen sind (§ 93 S. 2 Nr. 2 VwVfG)[129]. Ein trotz Beschlussunfähigkeit gefasster Beschluss ist unwirksam[130]. Ergeht jedoch auf der Grundlage eines solchen Beschlusses ein Verwaltungsakt, so ist dieser nicht nichtig, sondern anfechtbar (§ 44 III Nr. 3 VwVfG).

II. Mehrheiten

1. Abstimmungsmehrheit als Regelfall

a) Die allgemeine Vorschrift des § 91 S. 1 VwVfG

Sofern Spezialgesetze nichts anderes bestimmen, werden Beschlüsse von Verwaltungsausschüssen nach der auch außerhalb von Verwaltungsverfahren als allgemeinen Rechtsgrundsatz geltenden Vorschrift des § 91 S. 1 VwVfG mit Stimmenmehrheit gefasst. Im Regelfall bedürfen Ausschussbeschlüsse danach weder der Einstimmigkeit noch einer qualifizierten Mehrheit. Andererseits reicht eine relative Mehrheit nicht aus. Erforderlich ist nicht mehr und nicht weniger als die einfache absolute Mehrheit[131]. Dabei muss die Mehrheit nicht die Mehrheit der stimmberechtigten Mitglieder ausmachen. Wie zutreffend herausgestellt worden ist, haben zwar auch abwesende Mitglieder Stimmen[132]. Wäre zur Beschlussfassung eine Mehrheit der Stimmberechtigten erforderlich, würden Nichtbeteiligungen aber wie Nein-Stimmen wirken und könnten zur Ablehnung von Anträgen führen, obwohl § 90 I 1 VwVfG lediglich bei dreigliedrigen Ausschüssen die Anwesenheit aller Stimmberechtigten verlangt. Mit Blick darauf kann der Begriff der Stimmenmehrheit in § 91 S. 1 VwVfG nur so verstanden werden, dass die Mehrheit der abgegebenen Stimmen gemeint ist. Daher ist anerkannt, dass Nichtbeteiligungen bei der Berechnung der Stimmenmehrheit nach § 91 S. 1 VwVfG außer Acht zu lassen sind[133].

---

129 Vgl. *H. Borgs*, a. a. O., § 90 Rn. 5.

130 *D. Grünewald*, in: K. Obermayer, VwVfG, § 90 Rn. 24; *C. H. Ule / H. W. Laubinger*, a. a. O., § 14 Rn. 9; a.A. (nur Anfechtbarkeit) *H. Borgs*, a. a. O., § 90 Rn. 7.

131 *H. J. Bonk / D. Kallerhoff*, in: P. Stelkens / H. J. Bonk / M. Sachs, VwVfG, § 91 Rn. 5; *H. Borgs*, in: H. Meyer / H. Borgs-Maciejewski, VwVfG, § 91 Rn. 1 und 3; *F. O. Kopp / U. Ramsauer*, VwVfG, § 91 Rn. 3.

132 *H. Borgs*, a. a. O., § 91 Rn. 2.

Umstritten ist hingegen die Bedeutung von Stimmenthaltungen. Die h. L. betrachtet sie nicht als abgegebene Stimmen und plädiert dafür, sie gleich den Nichtbeteiligungen bei der Mehrheitsberechnung nicht mitzuzählen[134]. Ein Antrag wäre danach angenommen, wenn er mehr Ja- als Nein-Stimmen erhielte. Stimmenthaltungen würden sich also weder für noch gegen Anträge auswirken, sondern wären in ihren Folgen neutral. Teilweise wird aber auch vertreten, dass Stimmenthaltungen sehr wohl abgegebene Stimmen darstellten und im Rahmen der Mehrheit nach § 91 S. 1 VwVfG zu berücksichtigen seien[135]. Das würde bedeuten, dass Beschlüsse zu ihrem Zustandekommen einer Mehrheit der Ja-Stimmen über die Nein-Stimmen einschließlich der Enthaltungen bedürften. Eventuelle Enthaltungen müssten durch die Zustimmung anderer „aufgewogen" werden[136] und würden im Ergebnis einer Ablehnung gleichkommen.

Gegen ein Verständnis von Stimmenthaltungen als abgegebene Stimmen streitet sicherlich ihre Bezeichnung. Mit Blick darauf, dass diejenigen, die sich der Stimme enthalten, durch ihre Anwesenheit an der Abstimmung teilnehmen, ließen sich Stimmenthaltungen aber durchaus auch als abgegebene Stimmen begreifen. Der Wortlaut der Vorschrift ist daher offen für beide Auslegungen[137].

Aus teleologischer Sicht scheint für eine Berücksichtigung von Stimmenthaltungen zu sprechen, dass Ausschussbeschlüsse besser legitimiert wären, wenn die Ja-Stimmen nicht nur die Nein-Stimmen, sondern auch die Enthaltungen überwiegen müssten. Dem Bedürfnis nach einer ausreichenden Legitimation von Entscheidungen tragen die Verwaltungsgesetze aber bereits dadurch Rechnung, dass sie Stimmenthaltungen in der Regel für unzulässig erklären[138]. Die Beschlussfassung würde ohne Not erschwert, müssten ausnahmsweise zulässige Enthaltungen wie Nein-Stimmen gezählt werden. Mit Sinn und Zweck der Regelung steht es deswegen am besten in Einklang, wenn man sie so versteht, dass Stimmenthaltungen außer acht zu bleiben haben.

In dieselbe Richtung deutet auch die Entstehungsgeschichte von § 91 S. 1 VwVfG. Wie aus den Materialien zum Entwurf des Verwaltungsverfahrensgesetzes hervorgeht, die darauf verweisen, dass die Regelung zahlreiche Vorbilder habe[139], wollte der Gesetzgeber nämlich mit § 91 S. 1 VwVfG an die Vielzahl von Vor-

---

133 *H. Borgs*, a. a. O., § 91 Rn. 2; *F. O. Kopp / U. Ramsauer*, a. a. O., § 91 Rn. 3; *C. H. Ule / H. W. Laubinger*, Verwaltungsverfahrensrecht, § 14 Rn. 12.

134 *H. Borgs*, a. a. O., § 91 Rn. 5; *T. Groß*, Das Kollegialprinzip in der Verwaltungsorganisation, S. 291; *D. Grünewald*, in: K. Obermayer, VwVfG, § 91 Rn. 2; *H.-G. Henneke*, in: H.-J. Knack, VwVfG, § 90 Rn. 6 und § 91 Rn. 5; *C. H. Ule / H. W. Laubinger*, a. a. O., § 14 Rn. 12.

135 *H. J. Bonk / D. Kallerhoff*, a. a. O., § 91 Rn. 5.

136 Vgl. *W. Pauly*, SächsVBl. 1996, S. 101 (103).

137 Vgl. BVerwGE 102, 163 (166).

138 S.o. A. VI. 3.

139 BT-Drs. 7 / 910, S. 95.

schriften im deutschen Rechtsraum anknüpfen, die eine Stimmenmehrheit zur Voraussetzung für das Zustandekommen von Beschlüssen eines Kollegiums machen. So wie sich der Begriff der Stimmenmehrheit in diesem Rechtsraum entwickelt hat, bezeichnet er traditionell eine Mehrheit der Ja- über die Nein-Stimmen unter Ausschluss der Stimmenthaltungen[140]. In diesem Sinne werden nicht zuletzt auch die Mehrheitsvorschriften des § 4 S. 2 Wahlprüfungsgesetz und des § 4 III 2 Heimarbeitsgesetz verstanden, auf die der Gesetzgeber in den Materialien explizit Bezug genommen hat[141]. Dafür, dass Stimmenthaltungen im Rahmen der Stimmenmehrheit in § 91 S. 1 VwVfG nicht zu berücksichtigen sind, sprechen also nicht nur die besseren teleologischen Argumente, sondern auch entstehungsgeschichtliche Erwägungen. Stimmenthaltungen sind deshalb keine Stimmen im Sinne der Stimmenmehrheit, die nach § 91 S. 1 VwVfG zur Beschlussfassung von Verwaltungsausschüssen erforderlich ist. Nach der Vorschrift des § 91 S. 1 VwVfG treffen Ausschüsse ihre Entscheidungen im Regelfall mit der Mehrheit der auf Ja oder Nein lautenden Stimmen.

b) Spezialgesetzliche Abstimmungsmehrheiten

Für die Auslegung spezialgesetzlicher Bestimmungen, welche für das Zustandekommen von Beschlüssen die Stimmenmehrheit oder die Mehrheit der abgegebenen Stimmen fordern, gelten keine anderen Grundsätze. Sofern nicht explizit anderes bestimmt ist[142], sind sie mit Blick auf die Regelungstradition im Zweifel so zu interpretieren, dass Stimmenthaltungen bei der Mehrheitsberechnung außer acht bleiben. Dabei ist jedoch zu beachten, dass Stimmenthaltungen im Regelfall verboten sind, also der Frage der Auswirkungen von Stimmenthaltungen auf die Mehrheit die Frage vorgängig ist, ob Enthaltungen überhaupt erlaubt sind. Deshalb ist es kaum überzeugend, dass das Bundesverwaltungsgericht[143] in einer neueren Entscheidung zu Stimmenthaltungen in einem Staatsanwaltschaftsberufungsausschuss die einschlägige Vorschrift, die eine Zweidrittelmehrheit der abgegebenen Stimmen forderte, entgegen der Auffassung des Sächsischen Oberverwaltungsgerichts[144] so auslegte, dass Stimmenthaltungen zu den abgegebenen Stimmen zählten. Das Bedürfnis nach hinreichender Legitimation der Entscheidung des Berufungsausschusses, welches das Bundesverwaltungsgericht zu Recht gegenüber dem Sächsischen Oberverwaltungsgericht hervorgehoben hat[145], legte es vielmehr

140 Vgl. *H. J. Wolff / O. Bachof,* Verwaltungsrecht II, § 73 IV b) und § 75 III d) 3.

141 Zu § 4 III 2 HeimarbG vgl. *W. Maus / K. Schmidt,* Heimarbeitsgesetz, § 4 Rn. 45; zu § 4 S. 2 WahlprüfG siehe den Gegenschluss aus § 10 III WahlprüfG.

142 Wie etwa in § 37 I 2 BPersVG für Personalräte.

143 BVerwGE 102, 163 (165 ff.).

144 SächsOVG, SächsVBl. 1995, S. 66 (67 ff.).

145 BVerwGE 102, 163 (166); zuvor schon skeptisch gegenüber dem vom SächsOVG eingenommenen Standpunkt *W. Pauly,* SächsVBl. 1996, S. 101 (103).

nahe, dass Stimmenthaltungen entsprechend der allgemeinen Regel untersagt waren, so dass sich die Frage nach der Berücksichtigung von Stimmenthaltungen bei der Mehrheitsberechnung in Wahrheit nicht stellte.

c) Sonderfälle der Anwendung

Wenn auch Stimmenthaltungen nach § 91 S. 1 VwVfG und entsprechenden Mehrheitsvorschriften im Regelfall nicht den Wert einer Gegenstimme haben, kann es allerdings in bestimmten Fällen in analoger Anwendung von § 133 BGB geboten sein, Stimmenthaltungen dennoch als Nein zu zählen. Stimmenthaltungen lassen sich als verwaltungsrechtliche Willenserklärungen begreifen[146], für deren Auslegung grundsätzlich die Vorschrift des § 133 BGB über die Auslegung von privatrechtlichen Willenserklärungen entsprechend herangezogen werden kann[147]. Das bedeutet, dass der wirkliche Wille und nicht der buchstäbliche Ausdruck derjenigen maßgeblich ist, die sich der Stimme enthalten. Dieser Wille geht im Regelfall dahin, Unentschiedenheit zu bekunden, was den Wertungen des § 91 S. 1 VwVfG und anderer Mehrheitsvorschriften entspricht. Doch kann es vorkommen, dass Mitglieder aufgrund einer fehlerhaften Instruktion über die Mehrheitsregel o.ä. irrtümlich davon ausgehen, dass Stimmenthaltungen wie eine Ablehnung wirken und deshalb nicht aus Unentschiedenheit, sondern um eine Ablehnung auszudrücken mit Enthaltung stimmen. Lässt sich dies sicher nachweisen, sind Stimmenthaltungen analog § 133 BGB im Sinne eines Neins auszulegen, ist ihnen also der Wert von Gegenstimmen beizumessen, obwohl die Mehrheitsregel sie eigentlich außer acht lässt[148]. Bestehen allerdings Zweifel daran, dass Mitglieder wirklich mit ihrer Stimmenthaltung verneinen wollten, ist eine entsprechende Wertung nicht möglich. In diesem Fall bleibt es bei der Nichtberücksichtigung von Stimmenthaltungen. Der Beschluss ist aber wegen eines Verfahrensfehlers aufzuheben, wenn nicht auszuschließen ist, dass Mitglieder sich über den Erklärungswert ihrer Stimmenthaltungen geirrt haben und ihr Irrtum nach den Mehrheitsverhältnissen wesentlich sein konnte[149]. Denn im Gegensatz zur Rechtslage in Parlamenten ist in Verwaltungsausschüssen eine korrekte Willensbildung der Mehrheit Voraussetzung der Rechtmäßigkeit von Beschlüssen, auch wenn die Motive von Stimmberechtigten im Nachhinein nur schwer überprüfbar sind[150].

---

146 Zur Kategorie der verwaltungsrechtlichen Willenserklärung vgl. *W. Kluth,* NVwZ 1990, S. 608 ff.; *H. de Wall,* Die Anwendbarkeit privatrechtlicher Vorschriften im Verwaltungsrecht, S. 109 ff.

147 Siehe dazu *W. Kluth,* a. a. O., S. 608 (610); *H. de Wall,* a. a. O., S. 132 ff.

148 Vgl. OVG Münster, WissR 1981, S. 268 (269 f.); übersehen von SächsOVG, SächsVBl. 1995, S. 66 (69).

149 Vgl. SächsOVG, a. a. O., S. 66 (69).

150 Vgl. BVerfG, NVwZ 1995, S. 469 (470), zur überzeugungswidrigen Stimmabgabe in einem Prüfungsausschuss. Zu auf § 214 III 2 BauGB beruhenden Einschränkungen der Überprüfung von Mängeln im Abwägungsvorgang bei der Aufstellung von Bebauungsplänen

2. *Anwesenheitsmehrheiten*

Abweichend von § 91 S. 1 VwVfG ist in Spezialgesetzen bisweilen bestimmt, dass Ausschüsse ihre Beschlüsse mit der Mehrheit der Anwesenden fassen. Außer Frage steht unter Geltung solcher Regeln, dass Nichtbeteiligungen irrelevant sind. Auf die abwesenden Mitglieder kommt es nicht an. Fraglich ist aber, inwieweit Stimmenthaltungen zu berücksichtigen sind. Zwar spricht der Wortlaut der Vorschriften mit großer Deutlichkeit für eine Einbeziehung. Mitglieder, die sich der Stimme enthalten, sind anwesend. Andererseits könnte sich der Sinn des Verweises auf die Anwesenden auf die Klarstellung beschränken, dass abwesende Mitglieder keine Rolle spielen, also keine Mehrheit der stimmberechtigten Mitglieder erforderlich ist. Die Bezugnahme auf die Anwesenden hätte dann nicht den Zweck, Stimmenthaltungen den Wert von Nein-Stimmen beizumessen. Stimmenthaltungen hätten ebenso wie im Rahmen von § 91 S. 1 VwVfG außer acht zu bleiben, würden sich also neutral auswirken. In diesem Sinne hat etwa der Bundesgerichtshof[151] die Vorschrift des § 32 I 3 BGB interpretiert, wonach bei der Beschlussfassung im Verein die Mehrheit der erschienenen Mitglieder entscheidet. Trotz des Wortlauts der Vorschrift komme es allein auf das Verhältnis der Ja- zu den Nein-Stimmen an, weil bei einer Wertung als Gegenstimme der objektive Erklärungswert der Stimmenthaltungen, die Unentschiedenheit bekunden sollten, verfälscht würde.

Gleichzeitig hat der Bundesgerichtshof jedoch konzediert, dass es in anderen Bereichen Fälle geben könne, in denen es erwünscht sei, eine Stimmenthaltung wie eine Ablehnung zu behandeln. So liegt es bei Verwaltungsausschüssen. In Gremien der Verwaltung kommt der Mitwirkung der einzelnen Stimmberechtigten in der Regel eine hohe Bedeutung zu[152]. Im Verwaltungsrecht sind Anwesenheitsmehrheitsregeln daher entsprechend ihrem Wortlaut im Zweifel so auszulegen, dass die Zahl der Zustimmungen die der Ablehnungen und Enthaltungen übersteigen muss, Enthaltungen sich also wie eine Gegenstimme auswirken[153]. In Abweichung von der allgemeinen Regel ist Stimmenthaltung dann zwar zulässig, setzt aber jedenfalls bei Beschlüssen mit möglicher Außenwirkung gegenüber dem Bürger voraus, dass sich der Stimmberechtigte sachlich zu einer Ablehnung entschieden hat[154]. Denn bei gegenüber dem Bürger wirksam gewordenen Beschlüssen ist in Verwaltungsausschüssen – anders als in Parlamenten – eine nochmalige Entscheidung über denselben Sachverhalt grundsätzlich ausgeschlossen. Ausschuss-

---

durch den Gemeinderat siehe BVerwGE 64, 33 (36 ff.), sowie *M. Morlok*, Die Folgen von Verfahrensfehlern am Beispiel von kommunalen Satzungen, S. 178 f.

151 BGHZ 83, 35 ff.

152 S.o. A. III. 2.

153 So auch im Ergebnis *T. Groß*, Das Kollegialprinzip in der Verwaltungsorganisation, S. 291. Zur entsprechenden Auslegung von § 9 III BJagdG, der für Beschlüsse von Jagdgenossenschaftsversammlungen eine Mehrheit der anwesenden und vertretenen Jagdgenossen verlangt, siehe BVerwG, BayVBl. 1984, S. 760.

154 Vgl. auch BVerwGE 102, 163 (166).

entscheidungen sind zwar nicht unverrückbar[155]. Der Ausschuss kann aber seine eigenen Entscheidungen nur in den für die Beschlussfassung allgemein geltenden Formen wieder aufheben und ist dazu im Falle einer Ablehnung wegen Enthaltungen auch keineswegs verpflichtet. Wird die Ablehnung dann außenwirksam, ist sie grundsätzlich bindend und kann nicht mehr ohne weiteres aufgehoben werden (vgl. §§ 48 ff. VwVfG). Im Gegensatz zur Rechtslage in Volksvertretungen ist es deshalb in Verwaltungsausschüssen unter Geltung einer Anwesenheitsmehrheitsregel im allgemeinen nicht hinnehmbar, dass ein Antrag aus Unentschiedenheit der Ablehnung verfällt.

Verstößt ein Mitglied gegen den durch die Mehrheitsregel begründeten Entscheidungszwang, so führt dies bei Erheblichkeit dazu, dass der Beschluss rechtswidrig und anfechtbar ist, auch wenn der Fehler äußerlich nicht sichtbar ist und allein die Motivation des Stimmberechtigten betrifft. Denn Motivfehler bei der Entscheidung sind in Verwaltungsausschüssen keineswegs unerheblich[156]. Dabei ist allerdings zu beachten, dass die Rechtsordnung grundsätzlich davon ausgeht, dass Ausschussmitglieder nach bestem Wissen und Gewissen ihr Mandat ausfüllen. Fehlt es an gegenteiligen Anhaltspunkten, spricht deshalb eine Vermutung für eine ordnungsgemäße Stimmabgabe[157]. Eine Aufhebung kommt daher nur dann in Betracht, wenn es konkrete Aussagen oder Indizien gibt, die einen Verstoß gegen die Entscheidungspflicht zumindest möglich erscheinen lassen.

3. Mitgliedermehrheiten

Eine zweite mitunter anzutreffende Form der Abweichung von § 91 S. 1 VwVfG stellen Regeln dar, nach denen die Mehrheit der stimmberechtigten Mitglieder entscheidet. Die Besonderheit solcher Vorschriften besteht darin, dass sie sich nicht nur die Einbeziehung der Enthaltungen, sondern auch die Berücksichtigung der Nichtbeteiligungen verlangen, so dass sich ein Fernbleiben von der Abstimmung ebenso wie eine Enthaltung im Ergebnis wie eine Gegenstimme auswirkt. Die Legitimation von Beschlüssen wird dadurch jedenfalls bei größeren Gremien deutlich gestärkt, denn nach den Grundregeln der §§ 90 I 1 und 91 S. 1 VwVfG können Ausschüsse u.U. mit einer Mehrheit entscheiden, die gerade einmal mehr als ein Viertel der Mitglieder umfassen muss.

Die Kehrseite der erschwerten Anforderungen an die Beschlussfassung ist freilich die Möglichkeit eines Scheiterns eines Antrags infolge von Nichtbeteiligungen. Bleiben Mitglieder der Abstimmung fern, weil sie krank oder aus anderen Gründen verhindert sind, kann dies bei knappen Mehrheitsverhältnissen dazu führen, dass ein Antrag abgelehnt wird. Das ist bei Ausschussbeschlüssen in korpora-

155 Näher *F. O. Kopp / U. Ramsauer,* VwVfG, § 91 Rn. 10.

156 S.o. 1. c).

157 Vgl. BVerwGE 90, 104 (107).

tionsrechtlichen Fragen unbedenklich, ist aber im Rahmen von Entscheidungen mit Außenwirkung gegenüber dem Bürger äußerst problematisch, weil die Ablehnung eines Antrags durch einen Ausschuss in der Regel endgültig ist[158]. Es geht nicht an, dass ein Antrag daran endgültig scheitern können soll, dass einzelne Mitglieder krank sind oder dergleichen mehr. Mit der Zweckbestimmung von Ausschüssen ist es nicht vereinbar, dass über das Wohl und Wehe eines Antrages Umstände mitbestimmen, die mit der Sache nichts zu tun haben. Soweit sie dazu führen können, dass Bürgern eine Begünstigung vorenthalten wird, verstoßen Mitgliedermehrheitsregeln daher gegen Grundrechte und sind verfassungswidrig. So hat das Oberverwaltungsgericht Münster völlig zu Recht die Bestimmung der Habilitationsordnung einer Fakultät, nach der für die Fortsetzung eines Habilitationsverfahrens die Zustimmung von mindestens zwei Dritteln der Stimmberechtigten erforderlich sein sollte, wegen Unvereinbarkeit mit dem Grundrecht der Berufsfreiheit (Art. 12 I GG) verworfen[159]. Ebenso steht es mit der Filmfreiheit (Art. 5 I 2 GG) nicht im Einklang, über Anträge auf Filmförderung eine Vergabekommission mit Mitgliedermehrheit entscheiden zu lassen, wie es § 8 VII FFG vorsieht, und verletzt es die Rundfunkfreiheit (Art. 5 I 2 GG), dass § 55 III Nr. 1 MedienG LSA für eine Reihe von gegenüber Rundfunkveranstaltern zu treffenden Entscheidungen die Mehrheit der Mitglieder der Versammlung der Landesmedienanstalt für maßgeblich erklärt. Unbedenklich sind Mitgliedermehrheiten bei außenwirksamen Beschlüssen nur, wenn zur Beschlussfähigkeit die vollzählige Anwesenheit aller stimmberechtigten Mitglieder verlangt wird. In diesem Falle ist es aber recht eigentlich überflüssig, eine Mitgliedermehrheit zu fordern und würde auch eine Anwesenheitsmehrheit reichen.

4. Keine Besonderheiten bei Wahlen

Abweichend von § 91 S. 1 VwVfG sieht § 92 II 1 VwVfG vor, dass vorbehaltlich spezieller Vorschriften gewählt ist, wer von den abgegebenen Stimmen die meisten erhalten hat. Ebenso wie bei Abstimmungen sind danach im Regelfall auch bei Wahlen Nichtbeteiligungen und Stimmenthaltungen bei der Mehrheitsberechnung irrelevant und können den Erfolg eines Kandidaten nicht verhindern[160]. Besondere Bedingungen gelten nur insofern, als ein Bewerber schon dann gewählt ist, wenn er eine relative Mehrheit auf sich zu vereinigen vermag.

---

158 S.o. 2.

159 Vgl. OVG Münster, WissR 1996, S. 185 (195).

160 Vgl. *H. J. Bonk / D. Kallerhoff,* in: P. Stelkens / H. J. Bonk / M. Sachs, VwVfG, § 92 Rn. 4; *D. Grünewald,* in: K. Obermayer, VwVfG, § 92 Rn. 7. Zur Vereinbarkeit der Nichtberücksichtigung ungültiger Wahlstimmen mit dem Demokratieprinzip vgl. BVerwG, NVwZ 1993, S. 378 (379).

Abschnitt 2

Regierungen

A. Stimmpflicht

Genauso wie das Recht anderer Kollegialorgane hält sich auch das für die Bundesregierung und die einzelnen Landesregierungen geltende Recht mit ausdrücklichen Aussagen zu Pflichten der Stimmberechtigten bei Wahlen und Abstimmungen weitgehend zurück. Verfassungsregeln über die Regierung beschränken sich zumeist auf einige grundlegende Strukturbestimmungen. Regierungsgeschäftsordnungen sprechen nur selten von Pflichten von Regierungsmitgliedern. Nicht zuletzt angesichts der im Grundgesetz und den Landesverfassungen enthaltenen Bestimmungen über den Amtseid von Regierungsmitgliedern steht jedoch außer Frage, dass von Regierungsmitgliedern stets, also auch bei der Stimmabgabe im Regierungskollegium, erwartet wird, sich am Gemeinwohl zu orientieren. Nach den Grundsätzen der Wahrscheinlichkeitsrechnung ist die Wahrscheinlichkeit einer gemeinwohlgemäßen Entscheidung des Regierungskollegiums umso höher, je mehr seiner Mitglieder an der Beschlussfassung mitwirken, vorausgesetzt, dass sich die einzelnen Mitglieder eher richtig als falsch entschließen. Es besteht also ein erhebliches Interesse daran, dass sich die Stimmberechtigten möglichst an Wahlen und Abstimmungen des Kollegiums beteiligen und dabei ihre Stimme abgeben. Diesem Interesse steht – anders als in Parlamenten – keine verfassungsrechtlich verbürgte Freiheit des Mandats gegenüber, die es den Mitgliedern verbürgen würde, selbst über das „Ob“ einer Mitwirkung zu befinden.

Ebenso wie bei Verwaltungsausschüssen spricht daher auch bei Regierungskollegien alles dafür, das Stimmrecht der Mitglieder im Sinne einer Zuständigkeit zu verstehen, der sich die Einzelnen nicht durch grundloses Fernbleiben entziehen dürfen. Regierungsmitglieder trifft also bei Wahlen und Abstimmungen kraft ihres Stimmrechts eine grundsätzliche Verpflichtung zur Teilnahme, die in manchen Geschäftsordnungen durch eine explizit normierte Anwesenheitspflicht bestätigt wird[161]. Dieser Teilnahmepflicht entspricht überwiegend keine Pflicht zur Abgabe einer Stimme, die es den Einzelnen untersagen würde, sich der Stimme zu enthalten. In den meisten Regierungen sind Enthaltungen zulässig[162]. In nicht weniger als fünf Landesregierungen sind Enthaltungen allerdings ausdrücklich verboten[163]. Damit haben Regierungsmitglieder in der Mehrzahl der Regierungen neben Ja und

161 § 7 IV 1 GOSReg. Bayern; § 14 I GOSen. Hbg.; § 7 III 1 GOLReg. Saarl.

162 Vgl. nur *A. Dickersbach,* in: G. Geller / K. Kleinrahm, Verfassung des Landes Nordrhein-Westfalen, Art. 54 Rn. 2b; *H. Neumann,* Die Verfassung der Freien Hansestadt Bremen, Art. 117 Rn. 4; *A. Süsterhenn / H. Schäfer,* Kommentar der Verfassung für Rheinland-Pfalz, Art. 105 Anm. 2.

163 Art. 54 S. 4 LV Bayern; § 19 II 1 GOLReg. Brbg.; Art. 39 II 2 LV Nds.; § 16 S. 4 GOLReg. LSA; § 22 II 1 GOLReg. Schl.-H.

Nein eine weitere Option, die besonders bei Konflikten mit der Majorität Bedeutung erlangen kann. Selbstverständlich ist diese Möglichkeit allerdings nicht, wie die teilweise bestehenden Enthaltungsverbote zeigen. Denn gerade bei Landesregierungen handelt es sich oftmals um kleine Kollegien mit geringer Mitgliederzahl, in denen der Stimmabgabe der Einzelnen eine gesteigerte Bedeutung zukommt.

B. Quoren und Mehrheiten

I. Beschlussfähigkeit

Eine bestimmte Mindestbeteiligungsquote als Voraussetzung der Beschlussfähigkeit der Regierung sehen weder das Grundgesetz noch die meisten Landesverfassungen vor. Nur die Verfassung Bayerns enthält eine ausdrückliche Regelung über die Beschlussfähigkeit der Regierung, nach der für die Beschlussfassung im Kollegium die Anwesenheit der Mehrheit der Mitglieder erforderlich ist[164]. Das bedeutet freilich nicht, dass es den Verfassungen mehrheitlich einerlei ist, wie viele Mitglieder sich bei Regierungsbeschlüssen beteiligen. Ist eine Entscheidung dem Regierungskollegium und nicht einem einzelnen Regierungsmitglied übertragen, sollen der Entscheidung – wie das Bundesverfassungsgericht in einem Urteil zur Beschlussfähigkeit der Bundesregierung zutreffend herausgestellt hat – die Vorzüge zukommen, die mit einer kollegialen Beschlussfassung verbunden werden[165]. Zu diesen Vorzügen gehört namentlich, dass die Abstimmung durch mehrere im Regelfall die Wahrscheinlichkeit eines richtigen Ergebnisses steigert. Mit Blick darauf kann eine Entscheidung dem Regierungskollegium als Ganzem nur zugerechnet werden, wenn sich eine ausreichende Zahl von Mitgliedern am Verfahren beteiligt. Die bloße Möglichkeit der Mitwirkung der einzelnen Stimmberechtigten reicht nicht aus. Ein nicht zu niedrig anzusetzendes Quorum gehört zu den letztlich im Demokratieprinzip (Art. 20 II GG) wurzelnden verfassungsrechtlichen Voraussetzungen für eine Beschlussfassung der Regierung[166]. Dem tragen die meisten Geschäftsordnungen dadurch Rechnung, dass sie für die Beschlussfähigkeit der Regierung die Anwesenheit der Hälfte bzw. der Mehrheit der Mitglieder fordern[167]. Wird ausnahmsweise nicht in gemeinsamer Sitzung, sondern in einem

---

164 Art. 54 S. 3 LV Bayern.

165 Vgl. BVerfGE 91, 148 (166).

166 Vgl. BVerfGE 91, 148 (166 f.), das sich freilich in seiner Entscheidung allein auf Art. 80 I 1 GG stützt; zum Demokratieprinzip als Grundlage siehe *V. Epping*, DÖV 1995, S. 719 (720). Anders als das Bundesverfassungsgericht noch BVerwGE 89, 121 (128), mit ablehnender Anmerkung von *V. Epping*, NJW 1992, S. 2605 (2607).

167 § 24 I GOBReg.; § 14 VI GOSen. Berlin; § 18 I 2 GOLReg. Brbg.; § 18 I GOLReg. Hessen; § 11 I GOLReg. MV; § 16 I 1 GOLReg. Nds.; § 19 I 2 GOLReg. NW; § 7 IV 1 GOLReg. Saarl.; § 16 S. 1 GOLReg. LSA; § 21 I GOSReg. Sachsen; § 21 I GOLReg. Schl.-H.;

Umlaufverfahren beschlossen, bedeutet dies, dass mindestens bzw. mehr als die Hälfte der Mitglieder ihren Willen, am Beschluss mitzuwirken, durch Zustimmung, Ablehnung oder Enthaltung bekunden muss[168].

II. Mehrheiten

Die Mehrheit, die zur Beschlussfassung in der Regierung erforderlich ist, ist fast durchweg die einfache Stimmenmehrheit[169]. Mit Stimmenmehrheit ist üblicherweise gemeint, dass die Zahl der Zustimmenden die der Ablehnenden überwiegen muss. Stimmenthaltungen werden als unentschiedene Voten nicht mitgezählt[170]. Ausnahmen von diesem Grundsatz, die einer besseren Legitimation von Regierungsbeschlüssen dienen und insofern eine Verwandtschaft zu den in manchen Ländern geltenden Stimmenthaltungsverboten haben, gelten in Baden-Württemberg, nach dessen Verfassung Beschlüsse mit der Mehrheit der anwesenden Regierungsmitglieder gefasst werden, sowie in Thüringen, wo Stimmenthaltung ausdrücklich als Ablehnung gilt[171]. Dadurch, dass sich Enthaltungen wie Gegenstimmen auswirken, sehen sich die Regierungsmitglieder hier einem Druck zur inhaltlichen Entscheidung ausgesetzt, der von dem Entscheidungszwang eines Stimmenthaltungsverbotes nicht weit entfernt ist. Als Verneinung des Antrags gelten Enthaltungen auch in zwei Landesregierungen, deren Geschäftsordnungen Enthaltungen verbieten[172].

---

§ 16 I 1 GGO Thür. Problematisch ist allerdings die entsprechende Beschlussfähigkeitsregel des § 14 III 1 GOSen. Hbg., die als bloße Soll-Vorschrift ausgestaltet ist. Verfassungswidrig ist das Fehlen einer Regierungsgeschäftsordnung in Baden-Württemberg, vgl. *A. Katz*, in: P. Feuchte (Hg.), Verfassung des Landes Baden-Württemberg, Art. 49 Rn. 26.

168 Vgl. BVerfGE 91, 148 (169 ff.); gegenläufig noch BVerwGE 89, 121 (127 ff.). Siehe bereits oben Abschnitt 1, B. I. 3.

169 § 24 II 1 GOBReg.; Art. 54 S. 1 LV Bayern; § 14 VI 2 GOSen. Berlin; Art. 90 I 2 LV Brbg.; Art. 117 I 1 LV Bremen; Art. 42 II 1 Hs. 1 LV Hbg.; § 18 II 1 GOLReg. Hessen; Art. 46 III 1 LV MV; § 16 I 2 GOLReg. Nds.; § 19 II 1 GOLReg. NW; § 7 IV 3 GOLReg. Saarl.; § 21 I 1 GOSReg. Sachsen; § 16 S. 2 LReg. LSA; § 22 I 1 GOLReg. Schl.-H.; § 16 II 1 GGO Thür.

170 Vgl. BVerwGE 89, 121 (128); *V. Epping*, DÖV 1995, S. 719 (721).

171 Art. 49 III LV BW; § 21 II 3 GOSReg. Sachsen.

172 § 19 II 2 GOLReg. Brbg.; § 22 II 2 GOLReg. Schl.-H.

Kapitel 5

Rechtsprechung

Abschnitt 1

Stimmpflicht

A. Einführung

Ob Richter an Kollegialgerichten verpflichtet sind, an Abstimmungen über die ihnen zugewiesenen Angelegenheiten teilzunehmen und dabei eine Stimme abzugeben, also eine richterliche Stimmpflicht besteht, ist keine Frage, welche die Lehre vom Prozessrecht übermäßig beschäftigt oder gar in einen Streit verwickelt hätte. Es entspricht allgemeiner Auffassung, dass zur Mitwirkung an einer Sache berufene Richter vorbehaltlich etwaiger Hinderungsgründe bei Sitzungen anwesend sein müssen, sich mithin an Abstimmungen zu beteiligen haben[1]. Ebenso besteht Einigkeit darüber, dass anwesende Richter sich nicht der Stimme enthalten dürfen, sondern verpflichtet sind, die Abstimmungsfragen mit Ja oder Nein zu beantworten[2]. Dabei ist eine richterliche Stimmpflicht im allgemeinen nur für den speziellen Fall ausdrücklich geregelt, dass ein Richter in einer Vorfrage in der Minderheit geblieben ist und über eine Folgefrage abgestimmt wird. Für diesen Fall bestimmt die kraft entsprechender Verweisungsvorschriften[3] in allen Gerichtsbar-

---

[1] Vgl. *W. Fürst / O. Mühl / H. Arndt,* Richtergesetz, § 46 Rn. 18; *H. Diemer,* in: Karlsruher Kommentar, StPO, § 194 GVG Rn. 3; *O. R. Kissel,* GVG, § 194 Rn. 2; *K. Redeker / H.-J. v. Oertzen / M. Redeker / P. Kothe,* VwGO, § 55 Rn. 16; *J. Meyer-Ladewig,* SGG, § 19 Rn. 4; *G. Schmidt-Räntsch / J. Schmidt-Räntsch,* DRiG, § 45 Rn. 13; *K. Schreiber,* in: B. Wieczorek / R. A. Schütze, ZPO, § 194 GVG Rn. 5; *G. Ulsamer,* in: T. Maunz / B. Schmidt-Bleibtreu / F. Klein / G. Ulsamer, BVerfGG, § 15 Rn. 11; *J. Ziekow,* in: Nomos-Kommentar, VwGO, § 19 Rn. 17; *K.-G. Zierlein,* in: D. C. Umbach / T. Clemens, BVerfGG, § 15 Rn. 22.

[2] Vgl. BVerwGE 28, 63 (66); *H. Diemer,* a. a. O., § 194 GVG Rn. 3; *O. Katholnigg,* Strafgerichtsverfassungsrecht, § 195 GVG Rn. 1; *O. R. Kissel,* GVG, § 194 Rn. 4; *C. Meissner,* in: F. Schoch / E. Schmidt-Aßmann / R. Pietzner, VwGO, § 55 Rn. 66; *J. Meyer-Ladewig,* a. a. O., § 61 Rn. 9b; *K. Schäfer / T. Wickern,* in: E. Löwe / W. Rosenberg, StPO, § 195 GVG Rn. 1; *E. Schmidt,* Lehrkommentar, StPO, § 195 GVG Anm. 1; *K. Schreiber,* a. a. O., § 195 GVG Rn. 1; *W. Spindler,* in: Hübschmann / Hepp / Spitaler, AO, § 52 FGO Rn. 99; *M. Wolf,* in: Münchener Kommentar, ZPO, § 195 GVG Rn. 1 f.; *K.-G. Zierlein,* a. a. O., § 15 Rn. 46; anders noch für ehrenamtliche Richter *B. Wieczorek,* ZPO, § 195 GVG Anm. B.

[3] § 9 II ArbGG, § 17 BVerfGG, § 52 FGO, § 61 SGG, § 55 VwGO.

keiten anwendbare Vorschrift des § 195 GVG, dass der Richter nicht deshalb die Abstimmung verweigern darf, weil er in der Präjudizialfrage überstimmt worden ist. Im übrigen gibt es kaum Vorschriften, die explizit anordnen würden, dass Richter einer Verpflichtung zur Abstimmung unterliegen. Weder die Regelungen des Gerichtsverfassungsgesetzes noch die der meisten anderen Prozessgesetze treffen direkte Aussagen über eine entsprechende allgemeine Obligation. Lediglich die Verfassungsgerichtsgesetze einiger Länder erklären ausdrücklich, dass Stimmenthaltungen generell unzulässig sind[4]. Eine richterliche Stimmpflicht, wie sie einhellig angenommen wird, könnte jedoch aus dem Stimmrecht folgen, das den zur Mitwirkung eingesetzten Richtern eines kollegialen Spruchkörpers bei Abstimmungen zusteht.

B. Richterliches Stimmrecht und Stimmpflicht

I. Rechtsgrundlagen des richterlichen Stimmrechts

Das richterliche Stimmrecht ist eine Befugnis, die vom Gesetz nur in Ausnahmefällen ausdrücklich erwähnt wird (vgl. § 30 I und § 105 II GVG). In vielerlei Vorschriften, angefangen von den Bestimmungen über die erforderliche Mehrheit (z. B. § 196 I GVG) bis hin zur Regelung über die Reihenfolge bei der Abstimmung (z. B. § 197 GVG), setzen die Prozessgesetze jedoch als selbstverständlich voraus, dass die zur Beteiligung berufenen Richter eines kollegialen Spruchkörpers sämtliche stimmberechtigt sind, seien sie Berufsrichter oder ehrenamtlichen Richter. Von daher kann kein Zweifel daran bestehen, dass Richter ganz allgemein kraft eines ungeschriebenen Rechtssatzes das Recht haben, an Abstimmungen teilzunehmen und dabei ihre Stimme abzugeben, sofern diese Angelegenheiten betreffen, an derer Erledigung sie nach der Geschäftsverteilung mitwirken. Sind Richter danach stimmberechtigt, so bedeutet dies primär ein Dürfen, also die Fähigkeit zur Abstimmung. Da es sich bei dem Stimmrecht um eine Kompetenz handelt, welche die Richter als Teil der Staatsgewalt in Namen des Volkes wahrnehmen, könnte diese Befugnis aber auch ein Müssen einschließen, mit der Folge, dass Richter sich nicht ohne gute Gründe der Abstimmung entziehen dürften.

II. Die Gemeinwohlverpflichtung der Richter

Für eine Auslegung des Stimmrechts in dem Sinne, dass die Richter nicht frei darüber entscheiden können, ob sie abstimmen, spricht zweifelsohne, dass es auch nicht im Belieben von Richtern steht, wie sie abstimmen. Richter entscheiden ge-

---

4 Art. 24 II 4 VerfGHG Bayern; § 28 II 4 VerfGG Brbg.; § 13 II 3 StGHG Bremen; § 26 II 4 LVerfGG MV; § 25 II 4 VerfGHG NW.

mäß Art. 20 III und Art. 97 I GG nach Gesetz und Recht, in denen das Gemeinwohl für sie verbindlich konkretisiert ist. Soweit die Gesetze den Richtern ausnahmsweise gewisse Entscheidungsspielräume lassen, wie es etwa bei der Strafzumessung der Fall ist, ändert dies nichts daran, dass die Richter als Teil der Staatsgewalt zumindest kraft dienstrechtlicher Vorschriften vollständig an das Gemeinwohl gebunden sind (vgl. § 46 DRiG i.V.m. § 52 I 2 BBG und die entsprechenden Regelungen der Landesrichtergesetze). Ehrenamtliche Richter, die von bestimmten gesellschaftlichen Gruppen ausgewählt werden, sind davon nicht ausgenommen. Sie sind nicht Repräsentanten der Interessen der gesellschaftlichen Gruppe, die sie entsandt haben, sondern wie alle anderen Richter auch Vertreter des Gesetzes (vgl. § 45 III DRiG)[5]. Richterlicher Auftrag ist es stets, im Sinne der Gesetze richtige Entscheidungen zu treffen.

III. Sinn und Zweck kollegialer Abstimmung

Setzt der Gesetzgeber anstelle eines einzelnen Richters mehrere Richter dazu ein, in bestimmte Angelegenheiten Recht zu sprechen (Kollegialprinzip), so verbindet er damit die Erwartung, dass die Richter zusammen besser diesen Auftrag erfüllen können, als sie als einzelne dazu imstande wären. Diese Erwartung kann sich auf die Erkenntnis stützen, dass eine Vielzahl von Richtern eher in der Lage ist, das Prozessgeschehen zu überblicken, alle Einzelheiten einer Zeugenvernehmung wahrzunehmen (viele Augen sehen mehr als zwei) und sich die verschiedenen Gesichtspunkte zu merken. Für sie spricht zugleich, dass die gemeinsame Diskussion des Für und Wider im Kollegium die Wahrscheinlichkeit erhöht, dass sich die richtige Auffassung durchsetzt. In der Literatur zum Kollegialprinzip in der Rechtsprechung wird der Wert kollegialer Verhandlung und Beratung denn auch gebührend herausgestellt[6].

Vernachlässigt wird im allgemeinen aber der Beitrag, den die auf Verhandlung und Beratung folgende kollektive Abstimmung zu leisten vermag. Dabei zeigt die Wahrscheinlichkeitsrechnung, dass die Entscheidung durch mehrere von erheblicher Bedeutung für die erhöhte Richtigkeitschance kollegialer Rechtsprechung ist. Geht man nämlich davon aus, dass Entscheidungsträger mit größerer Wahrscheinlichkeit richtig als falsch entscheiden, so steigt die Wahrscheinlichkeit eines kor-

---

5 Vgl. *J. Albers*, in: A. Baumbach / W. Lauterbach / J. Albers / P. Hartmann, ZPO, § 45 DRiG Rn. 1.

6 Vgl. etwa *K. Binding*, Strafrechtliche und strafprozessuale Abhandlungen II, S. 3 (109); *A. Hamann*, VerwArch. Bd. 83 (1992), S. 201 (202); *H. H. Koch / H.-P. Steinmetz*, DÖV 1981, S. 50 (53); *E. Schilken*, Gerichtsverfassungsrecht, Rn. 362; *J. Schmidt*, in: Zehn Jahre Verwaltungsgerichtsordnung, S. 85 (90 f.); *H. Schnellenbach*, FS C.-F. Menger, S. 341 (346); *A. Voßkuhle*, Rechtsschutz gegen den Richter, S. 293 ff.; *M. Wolf*, Gerichtsverfassungsrecht aller Verfahrenszweige, S. 135. Klassisch zu den Vorzügen kollegialer Beratung *A. v. Feuerbach*, Betrachtungen über die Oeffentlichkeit und Mündlichkeit der Gerechtigkeitspflege, S. 125.

rekten Spruches mit der Zahl der Entscheidenden. Zwar nimmt die Richtigkeitschance immer weniger zu, je mehr man die Zahl der Entscheidungsträger erhöht. Im Anfangsbereich steigt die Richtigkeitswahrscheinlichkeit jedoch mit jedem Mehr an Entscheidenden vergleichsweise rapide[7]. Da es sich bei Richterkollegien um kleine Gremien handelt, kann der Ausfall eines oder mehrerer Richter daher die vom Gesetzgeber erhoffte Qualität kollegialer Entscheidungen erheblich beeinträchtigen. Dies gilt umso mehr, als viele kollegiale Spruchkörper nicht durchweg mit Berufsrichtern besetzt sind, sondern sich nach einem bestimmten Schlüssel aus Berufs- und ehrenamtlichen Richtern zusammensetzen. Der vom Gesetzgeber gewollte Proporz zwischen den verschiedenen Richtern würde durch das Nichtvotum von Richtern beträchtlich gestört. Schließlich ist auch zu bedenken, dass die Zahl der zur Entscheidung berufenen Richter in der Regel den Instanzenzug berücksichtigt, so dass die Entscheidung eines Gerichtes unterer Instanz von einem Gericht höherer Instanz überprüft wird, das über mindestens ebenso viele Richter verfügt. Könnten Richter von Gerichten höherer Instanz ohne weiteres auf eine Abstimmung verzichten, könnte dies ihre Legitimation im Verhältnis zu den Untergerichten erheblich schwächen. Die Gefahren, die nach alledem von einem Nichtvotum einzelner Richter ausgehen, sind zwar in gewissen Maße durch den Einsatz von Stellvertretern beherrschbar. In nicht wenigen Fällen ist jedoch aus praktischen Gründen oder wegen verfahrensrechtlicher Hindernisse (vgl. § 226 StPO, § 309 ZPO) eine Stellvertretung nicht möglich. Sinn und Zweck des Kollegialprinzips in der Rechtsprechung streiten daher dafür, dass zur Entscheidung berufene Richter ihre Stimme möglichst abgeben.

IV. Das Prinzip des gesetzlichen Richters

Zugunsten einer Stimmpflicht lässt sich aber auch das in Art. 101 I 2 GG verankerte Verbot der Entziehung des gesetzlichen Richters anführen. Der Möglichkeit von Manipulationen in der Rechtsprechung sucht das Gebot des gesetzlichen Richters mit der Forderung zu begegnen, dass Gesetz und Geschäftsverteilungsplan nach möglichst eindeutigen und objektiv feststellbaren Kriterien festlegen, wer im Einzelfall als Richter Recht spricht. Art. 101 I 2 GG setzt somit einen Bestand von Rechtssätzen voraus, die für jeden denkbaren Streitfall im voraus den Richter bezeichnen, der zur Entscheidung zuständig ist[8]. Stünde es den zur Mitwirkung herangezogenen Richtern eines Kollegialgerichtes frei, ob sie an der Abstimmung teilnehmen und ihre Stimme abgeben, wäre nicht objektiv vorherbestimmt, wer über anhängige Verfahren entscheidet. Art. 101 I 2 GG entspricht es deswegen, das richterliche Stimmrecht als eine Muss-Kompetenz zu verstehen,

---

[7] S.o. Kapitel 2, Abschnitt 1, A. V. 2.

[8] Vgl. BVerfGE 19, 52 (59 f.); 95, 322 (327 ff.); *K. A. Bettermann,* in: ders. / H. C. Nipperdey / U. Scheuner (Hg.), Die Grundrechte, Dritter Band, 2. Halbband, S. 523 (556 ff.); *E. Schilken,* a. a. O., Rn. 301 ff.; *H. Schulze-Fielitz,* in: H. Dreier, GG, Art. 101 Rn. 18 ff.

die ein Nichtvotum nur bei Vorliegen eines objektiv feststellbaren guten Grundes erlaubt.

V. Die Unabhängigkeit und die Grundrechte der Richter

Auf der anderen Seite verbürgt Art. 97 I GG den Richtern sachliche Unabhängigkeit. Berufsrichtern wie ehrenamtlichen Richtern ist danach das Recht gewährleistet, frei von Weisungen anderer tätig werden zu können. Weisungen entfalten nicht nur keine Bindung gegenüber Richtern, sondern sind auch unzulässig[9]. Von daher ist es nicht a priori ausgeschlossen, dass Art. 97 I GG den Richtern die Freiheit garantiert, ohne Einflussnahme durch das Gesetz selbst darüber entscheiden zu können, inwieweit sie an Abstimmungen über ihnen zugewiesene Angelegenheiten teilnehmen und dabei ihre Stimme abgeben. Für eine solche Freiheit würden auch die Grundrechte von Richtern sprechen. Eine richterliche Stimmpflicht würde zwar nicht in das durch Art. 5 I GG geschützte Recht von Richtern, keine Meinung zu äußern (negative Meinungsfreiheit), eingreifen. Denn ebenso wie der Richter bei der Verkündung des Urteils nicht von seiner Meinungsfreiheit Gebrauch macht, weil er das Urteil im Namen des Volkes spricht und nicht in seinem eigenen Namen[10], erklärt der Richter auch bei der vorangehenden Abstimmung keine private Meinung, wie sie von Art. 5 I GG ausschließlich geschützt wird, sondern gibt eine amtliche Erklärung ab, die in letzter Konsequenz dem Staat zugerechnet wird. Eine Stimmpflicht von Richtern würde diese jedoch zumindest in ihrem Grundrecht der allgemeinen Handlungsfreiheit (Art. 2 I GG) und eventuell auch in anderen Grundrechten betreffen, weil sie kraft der Amtsführungspflicht[11] persönlich gezwungen wären, etwas zu tun, nämlich abzustimmen[12].

Solche Erwägungen sind jedoch nicht geeignet, am Bestehen einer Stimmpflicht von Richtern zweifeln zu lassen. Der mit einer Stimmpflicht verbundene Eingriff in die Grundrechte von Richtern ist angesichts der Bedeutung einer möglichst vollständigen Stimmabgabe für die Qualität von Kollegialentscheidungen ohne weiteres zu rechtfertigen. Guten Gründen für ein Absehen vom Votum kann durch Ausnahmen von der Stimmpflicht Rechnung getragen werden. Inwieweit Art. 97 I GG Richtern überhaupt Unabhängigkeit von der Legislative verbürgt, ist äußerst fraglich, weil es gerade Aufgabe von Richtern ist, nach den Gesetzen Recht zu sprechen und sie daher den Gesetzen unterworfen sind, wie es Art. 97 I GG selbst

---

9 Siehe BVerfGE 3, 214 (224); *S. Detterbeck,* in: M. Sachs, GG, Art. 97 Rn. 11; *H. Schulze-Fielitz,* a. a. O., Art. 97 Rn. 19.

10 Vgl. *W. Pauly,* Anfechtbarkeit und Verbindlichkeit von Weisungen in der Bundesauftragsverwaltung, S. 204.

11 § 46 DRiG i.V.m. § 52 I 2 und § 54 S. 2 BBG sowie die entsprechenden Regelungen der Landesrichtergesetze.

12 Vgl. die Ausführungen zu den Grundrechten der Angehörigen von Verwaltungsausschüssen (oben Kapitel 4, Abschnitt 1, A. V.).

sagt[13]. In jedem Fall schließt es aber das Gebot des gesetzlichen Richters nach Art. 101 I 2 GG aus, die Vorschrift des Art. 97 I GG so zu verstehen, dass sie den Richtern ein Recht darauf einräumt, über das „Ob" eines Votums entscheiden zu können, ohne Rücksicht auf Gesetze nehmen zu müssen. Anders als die Unabhängigkeit von Volksvertretern bedeutet die richterliche Unabhängigkeit nicht Freiheit von gesetzlichen Abstimmungszwang[14]. Denn die Forderung nach einer rechtssatzmäßigen Vorherbestimmung der entscheidenden Richter zählt zum uneingeschränkten Kernbestand des Rechts auf den gesetzlichen Richter, wie es durch Art. 101 I 2 GG garantiert wird. Völlig zu Recht hat das Bundesverfassungsgericht daher in einer älteren Entscheidung. ausgesprochen, dass es mit dem verfassungsrechtlichen Verbot der Entziehung des gesetzlichen Richters nicht vereinbar wäre, wenn ein zur Entscheidung berufener Richter nach dem Gesetz auch dann der Abstimmung fernbleiben dürfte, wenn er objektiv gesehen nicht verhindert ist[15]. Ebenso würde es einen Verstoß gegen Art. 101 I 2 GG darstellen, wenn ein zur Mitwirkung herangezogener Richter sich bei der Abstimmung nach seinem Belieben der Stimme enthalten könnte[16].

VI. Prozessgesetzliche Hinweise

Eine Reihe von gesetzlichen Vorschriften lässt denn auch erkennen, dass zur Entscheidung berufene Richter nicht ohne weiteres bei einer Abstimmung abwesend sein oder sich der Stimme enthalten dürfen. So drohen die Prozessgesetze ehrenamtlichen Richtern, die sich ohne genügende Entschuldigung nicht rechtzeitig zu den Sitzungen einfinden, häufig ein Ordnungsgeld und die Auferlegung der verursachten Kosten an, setzen also eine Teilnahmepflicht der betreffenden Richter voraus[17]. Solche Bestimmungen existieren zwar nicht für alle ehrenamtlichen Richter in den verschiedenen Gerichtsbarkeiten und schon gar nicht für Berufsrichter. Es ist jedoch kein Grund ersichtlich, warum für diese nicht dasselbe gelten sollte, wie für die Richter, für die das klar Gesetz erkennen lässt, dass sie einer Anwesenheitspflicht unterworfen sind. Nicht weniger deutlich als die Aussage der Prozessgesetze zur Teilnahmepflicht von Richtern ist der Hinweis des § 195 GVG auf die richterliche Verpflichtung, bei einer Abstimmung mit Ja oder Nein zu antworten. Nach § 195 GVG ist es zwar unmittelbar nur verboten, dass ein Richter,

---

[13] Dazu mit unterschiedlichen Akzentuierungen *S. Detterbeck,* a. a. O., Art. 97 Rn. 12; *R. Herzog,* in: T. Maunz / G. Dürig, GG, Art. 97 Rn. 13 ff.; *H. Schulze-Fielitz,* a. a. O., Art. 97 Rn. 21 ff.

[14] Vgl. BayVerfGH, BayVBl. 1984, S. 621 (623).

[15] BVerfGE 19, 52 (59 ff.); zustimmend *R. Herzog,* in: T. Maunz / G. Dürig, GG, Art. 101 Rn. 56.

[16] Vgl. *K. Schreiber,* in: B. Wieczorek / R. A. Schütze, ZPO, § 195 GVG Rn. 1; *M. Wolf,* in: Münchener Kommentar, ZPO, § 195 GVG Rn. 1.

[17] § 28 ArbGG, § 30 FGO, § 56 I GVG, § 21 SGG, 33 I VwGO.

der in einer Frage in der Minderheit geblieben ist, deshalb bei der weiteren Abstimmung seine Stimme verweigert. Die Vorschrift würde aber keinen Sinn ergeben, stünde es ansonsten im Belieben von Richtern, ob sie ihre Stimme abgegeben oder nicht. Dass Richter zumindest im Grundsatz gehalten sind, sich zu entscheiden, ist ihr ohne jeden Zweifel zu entnehmen.

VII. Stimmpflicht und Entschuldigungsgründe

Nach den vorhergehenden Ausführungen spricht alles dafür, das richterliche Stimmrecht so zu verstehen, dass es eine Stimmpflicht beinhaltet. Zur Entscheidung berufene Richter müssen grundsätzlich von ihrem Stimmrecht Gebrauch machen. Allerdings kann ein Absehen vom Votum in Ausnahmefällen zulässig sein[18]. Mit Blick auf die hohe Bedeutung des Amtes und des Rechts auf den gesetzlichen Richter (Art. 101 I 2 GG) sind aber an das Vorliegen eines Ausnahmegrundes strenge Anforderungen zu stellen[19]. Von der Stimmpflicht befreit ist der Richter nur, sofern ein wichtiger Grund dies zwingend erfordert.

1. Die Zulässigkeit von Nichtbeteiligungen

Auch bei Beachtung der strengen Anforderungen an die richterliche Teilnahme bei Sitzungen gibt es eine Reihe von Situationen, in denen ein Fernbleiben von der Abstimmung objektiv gerechtfertigt ist. Solche Hinderungsgründe sind etwa Krankheit[20], Urlaub[21] sowie Befangenheit. Verhindert ist der Richter zwar nicht, wenn er beispielsweise bloß den Wunsch hat, nicht kurzfristig zu Sitzungen herangezogen zu werden[22], nicht mit einem anderen Richter am Richtertisch Platz nehmen will, dessen Verhalten oder Äußerungen in der Vergangenheit er ablehnt[23], oder seinem Beratungsbedarf nicht entsprochen wird[24]. Erlaubt ist eine Nichtteilnahme aber auch bei unabsehbaren Verkehrsproblemen[25], anderen wichtigen

18 Siehe speziell für Schöffen § 54 I GVG.

19 Vgl. BGHSt 28, 61 (66); OLG Karlsruhe, JR 1996, S. 127 f.

20 Vgl. BFH, NVwZ-RR 1990, S. 334 (335); BGH, MDR 1977, S. 330 (331); BVerwG, Buchholz 310 § 30 VwGO Nr. 3; *J. Ziekow,* in: Nomos-Kommentar, VwGO, § 30 Rn. 12.

21 Vgl. BGH, MDR 1977, S. 330 (331); BVerwG, Buchholz 310 § 30 VwGO Nr. 4; *O. R. Kissel,* GVG, § 21e Rn. 144.

22 BVerwGE 44, 215 (219).

23 Vgl. OLG Karlsruhe, a. a. O., S. 127 ff., mit insoweit zustimmender Anmerkung von *E. Foth,* S. 129 (130); *A. Wacke,* NJW 1995, S. 1199 f.

24 Zutreffend *P. Stelkens,* in: F. Schoch / E. Schmidt-Aßmann / R. Pietzner, VwGO, § 33 Rn. 4, für die Verwaltungsgerichtsbarkeit; a.A. für Schöffen LG Münster, NJW 1993, S. 1088 (1089); *O. R. Kissel,* a. a. O., § 56 Rn. 6.

25 *O. R. Kissel,* a. a. O., § 54 Rn. 3; *J. Ziekow,* a. a. O., § 30 Rn. 12.

Dienstgeschäften[26], zwingender beruflicher Notwendigkeit[27], dringender familiärer Inanspruchnahme[28] oder sonstigen Verpflichtungen, denen bei wertender Abwägung der Vorrang zukommt. Nichtbeteiligungen können also zulässig sein, wenn auch zur Entscheidung berufene Richter im Regelfall verpflichtet sind, an der Abstimmung teilzunehmen.

2. *Die Zulässigkeit von Stimmenthaltungen*

Eine andere Frage ist es, ob es auch wichtige Gründe für eine Stimmenthaltung gibt. Nach § 195 GVG ist es jedenfalls kein zureichender Grund für eine Enthaltung, dass der Richter bei der Abstimmung über eine Präjudizialfrage in der Minderheit geblieben ist. Der Richter muss die Mehrheitsmeinung akzeptieren, darf also z. B. bei Ablehnung seines Votums für eine vorsätzliche Tötung nicht die Abstimmung über die Frage der fahrlässigen Tötung verweigern[29]. Das ist ein Standpunkt, der in der Vergangenheit nicht immer unangefochten war, weshalb die österreichische Strafprozessordnung noch heute bestimmt, dass es Strafrichtern, die den Anklagten wegen einer ihm zur Last gelegten strafbaren Handlung nicht schuldig gefunden haben, bei der Abstimmung über die Strafe freisteht, sich der Stimme zu enthalten[30]. Die Auffassung, dass sich der überstimmte Votant in jedem Fall auf den Boden der Mehrheit stellen muss, entspricht aber der Entwicklung des deutschen Prozessrechts[31]. Nach Inkrafttreten des Grundgesetzes sind zwar Bedenken gegen die Vereinbarkeit von § 195 GVG mit der Gewissenfreiheit des Art. 4 I GG erhoben worden[32]. Derlei Einwände haben sich jedoch zu Recht nicht durchgesetzt[33]. Denn das Grundrecht der Gewissensfreiheit schützt nur das private Gewissen des Richters, nicht aber seine amtlichen Überzeugungen, um die es bei der Abstimmung im Kollegialgericht allein geht. Der Konflikt mit diesen Überzeugungen ist nach der Wertung des § 195 GVG kein zureichender Grund für eine Enthaltung des überstimmten Richters.

---

26 *M. Wolf,* in: Münchener Kommentar, ZPO, § 21e GVG Rn. 42.

27 Vgl. BGH, NJW 1967, S. 165; BVerwG, NVwZ 1986, S. 1010 (1011); *K. Schäfer,* in: E. Löwe / W. Rosenberg, StPO, § 54 GVG Rn. 6a f.; *J. Ziekow,* a. a. O., § 30 Rn. 13.

28 Vgl. BGH, NStZ 1982, S. 476; *H. Geiger,* in: E. Eyermann, VwGO, § 30 Rn. 5.

29 RGSt 59, 83 (84).

30 § 22 S. 4 StPO. Die Stimmen der sich Enthaltenden sind dabei so zu zählen, als ob sie der für den Angeklagten günstigsten unter den von den übrigen Stimmführern ausgesprochenen Meinungen beigetreten wären (§ 22 S. 5 StPO).

31 Zur Vorgeschichte des § 195 GVG siehe *A. Zacke,* Ueber Beschlussfassung in Versammlungen und Collegien, S. 42 f.

32 Vgl. *K. Peters,* Strafprozeß, § 17 IV 3 und § 53 I 2 a) cc).

33 Vgl. *O. Katholnigg,* Strafgerichtsverfassungsrecht, § 195 GVG Rn. 1; *K. Schäfer / T. Wickern,* in: E. Löwe / W. Rosenberg, StPO, § 195 GVG Rn. 2; *E. Schmidt,* Lehrkommentar, StPO, § 195 GVG Rn. 2.

Ebenso wenig hat der Richter aber auch ansonsten hinreichende Veranlassung für eine Enthaltung. Andere mögliche Überzeugungskonflikte, das Gefühl mangelnder Fachkenntnis bzw. Information, Bewertungsunsicherheiten oder was sonst noch zugunsten einer Enthaltung angeführt werden könnte – all dies sind keine Gründe, die angesichts des hohen Interesses an einer Stimmabgabe eine Enthaltung rechtfertigen könnten. Insoweit gilt nichts anderes als in Verwaltungsausschüssen[34]. Dies war dem Gesetzgeber offensichtlich so selbstverständlich, dass er eine grundsätzliche Bestimmung hierüber nicht für notwendig gehalten hat, sondern nur den Sonderfall des überstimmten Richters ausdrücklich geregelt hat[35]. § 195 GVG lässt daher nur den Schluss zu, dass Stimmenthaltungen von Richtern im Rahmen der rechtsprechenden Tätigkeit strikt verboten sind. Das richterliche Stimmrecht verpflichtet unbedingt zu einer Entscheidung mit Ja oder Nein. Das gilt nicht nur für Berufsrichter, sondern auch für ehrenamtliche Richter[36]. Ihre Stellung weist keine Besonderheiten auf, die es rechtfertigen würden, bei ihnen Ausnahmen zuzulassen[37]. § 195 GVG erstreckt daher die Abstimmungspflicht ausdrücklich auf Schöffen. Im Einklang mit der Regel, dass ehrenamtliche Richter grundsätzlich die gleichen Rechte und Pflichten wie Berufsrichter haben[38], sind entsprechend auch andere ehrenamtliche Richter verpflichtet, eine Stimme abzugeben.

C. Folgen von Stimmpflichtverletzungen

I. Persönliche Folgen

Verstößt ein Berufsrichter schuldhaft gegen die Stimmpflicht, begeht er ein Dienstvergehen, das einen Verweis, eine Geldbuße oder andere Disziplinarmaßnahmen nach sich ziehen kann[39]. Ehrenamtlichen Richtern, die sich schuldhaft ihrer Dienstleistungspflicht entziehen, drohen die Gesetze zumeist die Verhängung

---

34 S.o. Kapitel 4, Abschnitt 1, A. 3.

35 BVerwGE 28, 63, 66.

36 Vgl. *O. R. Kissel,* GVG, § 192 Rn. 1; *F. O. Kopp / W.-R. Schenke,* VwGO, § 55 Rn. 12; *G. Schiffmann,* Die Bedeutung der ehrenamtlichen Richter bei Gerichten der allgemeinen Verwaltungsgerichtsbarkeit, S. 81; *K. Schreiber,* in: B. Wieczorek / R. A. Schütze, § 195 GVG Rn. 1; *P. Stelkens,* in: F. Schoch / E. Schmidt-Aßmann / R. Pietzner, VwGO, § 19 Rn. 5; *M. Wolf,* in: Münchener Kommentar, ZPO, § 195 GVG Rn. 1; *J. Ziekow,* in: Nomos-Kommentar, VwGO, § 19 Rn. 17; anders jedoch noch *B. Wieczorek,* ZPO, § 195 GVG Anm. 1.

37 Vgl. auch die ausführlichen Bemerkungen zur Rechtsstellung Ehrenamtlicher in der Verwaltung in Kapitel 4, A. VI. 3. b) cc).

38 Vgl. § 16 FGO, § 30 I GVG, § 112 GVG, § 19 I SGG, § 19 VwGO; *F. O. Kopp / W.-R. Schenke,* VwGO, § 19 Rn. 3; *P. Stelkens,* in: F. Schoch / E. Schmidt-Aßmann / R. Pietzner, VwGO, § 19 Rn. 5.

39 Vgl. §§ 63 ff. DRiG i. V. m. § 5 BDO sowie die entsprechenden landesrechtlichen Vorschriften.

eines Ordnungsgeldes und die Auferlegung der verursachten Kosten an[40]. Die Stimmpflicht ist also weitgehend persönlich sanktioniert.

II. Auswirkungen auf den Bestand von Gerichtsentscheidungen

Verletzungen der Stimmpflicht berühren nicht die Wirksamkeit von Gerichtsentscheidungen. Erstinstanzliche Urteile können aber mit der Berufung angefochten werden, soweit nicht eine Berufung nach dem jeweiligen Verfahrensrecht ausgeschlossen ist. Die Folgen von Verletzungen der Stimmpflicht für die Revisibilität von Urteilen bestimmen sich maßgeblich nach den entsprechenden Vorschriften der einzelnen Prozessgesetze. Voraussetzung für den Erfolg einer Revision ist danach grundsätzlich, dass das angefochtene Urteil auf der Verletzung von Rechtsvorschriften beruht, die der Beurteilung des Revisionsgerichtes unterliegen[41]. War das erkennende Gericht nicht vorschriftsmäßig besetzt, wird die Kausalität des Verfahrensfehlers allerdings unwiderleglich vermutet, ist die Revision also stets begründet[42]. Nicht vorschriftsmäßig besetzt ist das Gericht insbesondere, wenn zur Entscheidung berufene Richter zu Unrecht ferngeblieben sind[43]. Anders als in Verwaltungsausschüssen sind Verletzungen der Teilnahmepflicht in Kollegialgerichten grundsätzlich relevant, weil die richtige Zusammensetzung des Gerichts im Hinblick auf das Gebot des gesetzlichen Richters von hoher Bedeutung ist. Ein Verstoß gegen die Beteiligungspflicht ist deshalb auch bei Stellvertretung erheblich. Vor allem aber kommt es nicht darauf an, ob die Nichtbeteiligung bei der Abstimmung nach den Stimmverhältnissen entscheidend war. Denn es ist nicht auszuschließen, dass die Beratung bei Anwesenheit des eigentlich zur Entscheidung berufenen Richters anders ausgefallen wäre. Unzulässige Nichtbeteiligungen sind grundsätzlich ein absoluter Revisionsgrund.

Fraglich ist jedoch, ob auch Verstöße gegen die Pflicht zur Abgabe einer Stimme dazu führen, dass das Gericht im Sinne der revisionsrechtlichen Vorschriften falsch besetzt ist, also Stimmenthaltungen ohne Rücksicht auf die konkreten Stimmverhältnisse die Revision zu begründen vermögen. Denn der zur Entscheidung berufene Richter ist in diesem Falle physisch präsent. In der Rechtsprechung ist freilich mittlerweile anerkannt, dass auch eine erhebliche geistige Abwesenheit eines Richters als Fall der falschen Besetzung des Gerichts anzusehen ist[44]. Paradebeispiel

---

40 Vgl. § 28 ArbGG, § 30 FGO, § 56 I GVG, § 21 SGG, § 33 I VwGO. Zu Sanktionen gegenüber säumigen Handelsrichtern siehe *W. Fürst / O. Mühl / H. Arndt*, Richtergesetz, § 45 Rn. 14.

41 Vgl. § 118 I FGO, § 337 I StPO, § 137 I VwGO, § 545 ZPO.

42 § 119 Nr. 1 FGO, § 338 Nr. 1 StPO, § 138 Nr. 1 VwGO, § 547 Nr. 1 ZPO.

43 Siehe etwa BFH, NVwZ-RR 1990, S. 334 f.; BVerwG, NJW 1986, S. 1010 f.; *F. O. Kopp / W.-R. Schenke*, VwGO, § 138 Rn. 5.

44 Vgl. BGH, NJW 1962, S. 2212; BGHSt 18, 51 (55); BGH, NStZ 1982, S. 41; BVerwG, NJW 1986, S. 2721; bahnbrechend RGSt 60, 63 (64); anders noch RGSt 22, 106 (107 f.), und

dafür ist der Richter, der während der Verhandlung über längere Zeit schläft. Dem ist der sich der Stimme enthaltende Richter gleichzustellen, weil es möglich ist, dass sich der Richter bei korrekter Motivation so in die Beratung eingebracht hätte, dass ihr Ergebnis anders ausgefallen wäre. Unter Stimmenthaltung einzelner Richter ergangene Urteile sind mit dem absoluten Revisionsgrund der nicht vorschriftsmäßigen Besetzung des Gerichts behaftet[45].

Mit Blick darauf, dass Art. 101 I 2 GG nur bei Willkür verletzt ist[46], führt allerdings nicht jede falsche Anwendung von Zuständigkeitsvorschriften dazu, dass das Gericht im Sinne der revisionsrechtlichen Regeln falsch besetzt ist. Ein bloßer error in procedendo ist unbeachtlich, weil das Verbot der Entziehung des gesetzlichen Richters nicht vor Irrtum, sondern vor Manipulationen schützen will. Ist aber eine vorsätzliche Fehlbesetzung nachzuweisen oder sind die Besetzungsregeln objektiv grob fehlerhaft angewendet worden, liegt ein Revisionsgrund vor[47]. Verletzungen der Teilnahmepflicht sind daher nur beachtlich, soweit der Begriff der Verhinderung verkannt worden ist[48]. Bestehen keine besonderen Anhaltspunkte für eine Nachprüfung, kann auch davon ausgegangen werden, dass die tatsächlichen Angaben des Richters zum Grund seines Fernbleibens zutreffen[49]. Verstöße gegen die Pflicht zur Abgabe einer Stimme haben dagegen stets zur Folge, dass das Gericht falsch besetzt ist, weil Stimmenthaltungen klar und eindeutig ohne Ausnahme verboten sind, die Fehlerhaftigkeit einer Stimmverweigerung also in jedem Falle offensichtlich ist.

III. Stimmpflicht und Abstimmungsgeheimnis

Problematisch ist allerdings, inwieweit das Beratungs- und Abstimmungsgeheimnis einer Berücksichtigung von Verletzungen der richterlichen Stimmpflicht entgegensteht. Obwohl liberale Prozessrechtler wie A. v. Feuerbach nicht zuletzt aus der Befürchtung heraus, Richter könnten ansonsten versucht sein, sich ihrer Stimmpflicht entziehen, dafür plädiert hatten, die Abstimmung in richterlichen

---

heute *C. Roxin,* Strafverfahrensrecht, § 44 Rn. 32. Vgl. dazu auch *H. Rüping,* Das Strafverfahren, Rn. 394 und 654.

45 Ebenso im Ergebnis *O. R. Kissel,* GVG, § 195 Rn. 2; *K. Schreiber,* in: B. Wieczorek / R. A. Schütze, ZPO, § 195 GVG Rn. 2; *W. Spindler,* in: Hübschmann / Hepp / Spitaler, AO, § 52 FGO Rn. 99; *M. Wolf,* in: Münchener Kommentar, ZPO, § 195 GVG Rn. 3.

46 Vgl. BVerfGE 3, 359 (364 f.); 19, 38 (42 f.); 15, 245 (247 f.); 23, 288 (320); 54, 100 (115 f.); 82, 286 (299); *C. Degenhart,* in: M. Sachs, GG, Art. 101 Rn. 18 ff.; *H. Schulze-Fielitz,* in: H. Dreier, GG, Art. 101 Rn. 59 ff.

47 Vgl. BGHSt 25, 66 (71); BGHZ 126, 63 (70 f.); BVerwGE 20, 39 (41 f.); BVerwG, Buchholz 310, § 54 VwGO Nr. 51; *J. Kuckein,* in: Karlsruher Kommentar, StPO, § 338 Rn. 19; *K. Redeker / H.-J. v. Oertzen / M. Redeker / P. Kothe,* VwGO, § 138 Rn. 3.

48 *O. R. Kissel,* a. a. O., § 21e Rn. 147.

49 BFH, NVwZ-RR 1990, S. 334 (335); BGH, NStZ 1982, S. 476; BVerwGE 13, 147 (148); 44, 215 (216); BVerwG, NVwZ 1986, S. 1010 (1011).

Kollegien öffentlich zu halten[50], hat sich das Gerichtsverfassungsgesetz in § 193 dafür entschieden, nicht nur die Beratung, sondern auch die eigentliche Beschlussfassung von Kollegialgerichten unter Ausschluss der Öffentlichkeit stattfinden zu lassen. Komplementär dazu verpflichten § 43 und § 45 I 2 DRiG alle Richter, über den Hergang bei der Beratung und Abstimmung zu schweigen. Der weite Wortlaut dieser Vorschriften legt es nahe, dass Richter zumindest auch über etwaige Stimmenthaltungen Stillschweigen zu bewahren haben. Der Zweck des Abstimmungsgeheimnisses, also die Wahrung der Unabhängigkeit und Autorität des Gerichts[51], erfordert es freilich nicht, das Abstimmungsgeheimnis über das „Wie" der Abstimmung hinaus auch auf deren „Ob" zu beziehen[52]. Wie aus den Prozessvorschriften hervorgeht, gehört die Bezeichnung der an der Entscheidung beteiligten Richter vielmehr zum notwendigen Inhalt von Urteilen[53]. Schon seinem Schutzbereich nach hindert das Abstimmungsgeheimnis daher nicht die Berücksichtigung von Verstößen gegen die richterliche Stimmpflicht[54]. Ohnehin ist es inzwischen weitgehend anerkannt, dass das Abstimmungsgeheimnis bei der Untersuchung von Gesetzesverstößen im Rahmen von Straf-, Disziplinar-, Rechtsmittel- oder Amtshaftungsverfahren zurückstehen muss, also Rechtswidrigkeiten im Verfahren der Beschlussfassung nicht zu decken vermag[55].

Abschnitt 2

Quoren und Mehrheiten

A. Das Prinzip der gesetzlichen Mitgliederzahl

Die Größe der verschiedenen gerichtlichen Spruchkörper wird in den Vorschriften der Prozessgesetze bestimmt. Die gesetzlich festgelegte Anzahl von Richtern ist für die Gerichte in dem Sinne verbindlich, dass ihre Zahl weder über- noch un-

---

50 Vgl. *A. v. Feuerbach,* Betrachtungen über die Oeffentlichkeit und Mündlichkeit der Gerechtigkeitspflege, S. 130 ff., insbesondere S. 133.

51 Vgl. *K. Schäfer / T. Wickern,* in: E. Löwe / W. Rosenberg, StPO, § 193 GVG Rn. 40 f.; *G. Schmidt-Räntsch / J. Schmidt-Räntsch,* DRiG, § 43 Rn. 3; kritisch zur Wahrung der Unabhängigkeit als Motiv des Beratungs- und Abstimmungsgeheimnisses *M. Wolf,* Gerichtsverfassungsrecht aller Verfahrenszweige, S. 169.

52 Vgl. die Ausführungen zum Abstimmungsgeheimnis in Verwaltungsgremien in Kapitel 4, Abschnitt 1, A. VII. 3.

53 § 105 II Nr. 2 FGO, § 136 I Nr. 2 SGG, § 117 II Nr. 2 VwGO, § 313 I Nr. 2 ZPO. Näher *M. Kilian,* in: Nomos-Kommentar, VwGO, § 117 Rn. 71.

54 Vgl. auch *O. R. Kissel,* GVG, § 193 Rn. 4.

55 Vgl. *O. R. Kissel,* a. a. O., § 193 Rn. 10 ff.; *K. Schäfer / T. Wickern,* a. a. O., § 193 GVG Rn. 50 ff.; *G. Schmidt-Räntsch / J. Schmidt-Räntsch,* a. a. O., § 43 Rn. 7 ff.; teilweise zurückhaltend noch die Rechtsprechung des Reichsgerichts (vgl. auf der einen Seite RGSt 60, 295 [296], und RGZ 89, 13 [16 f.], auf der anderen Seite RGSt 61, 217 [218 ff.], und RGSt 67, 279 [280]).

terschritten werden darf. Das ergibt sich aus § 192 I GVG, wonach bei Entscheidungen Richter nur in der gesetzlich bestimmten Anzahl mitwirken dürfen. Nach dieser Vorschrift ist es nicht allein verboten, dass sich mehr Richter an der Entscheidung beteiligen, als gesetzlich vorgesehen ist, sondern stellt die gesetzlich festgelegte Anzahl von Richtern zugleich auch die Mindestzahl von Richtern dar, die an Entscheidungen mitwirken müssen. Die Vorschrift lässt sich zwar auch im Sinne einer bloßen Obergrenze lesen. Aus den Materialien geht aber hervor, dass das Prinzip der Mitwirkung der gesetzlich bestimmten Anzahl selbstverständlich auch zum Inhalt haben sollte, dass so viele Richter mitzuwirken haben, als gesetzlich vorgesehen sind[56]. Gerichte können Beschlüsse also nur unter vollständiger Beteiligung aller berufenen Richter fassen[57]. Fehlt auch nur ein Richter und ist er nicht erreichbar, muss entweder sein Stellvertreter herangezogen werden oder die Angelegenheit vertagt werden. Wird dieses Prinzip missachtet und wirken weniger Richter als gesetzlich festgelegt mit, liegt der absolute Revisionsgrund der falschen Besetzung des Gerichts vor.

Hintergrund des Grundsatzes, dass alle zur Entscheidung berufenen Richter mitwirken müssen, ist das hohe Interesse an einer vollständigen Abstimmung richterlicher Spruchkörper. Bei Kollegialgerichten handelt es sich häufig um sehr kleine Gremien mit lediglich drei Mitgliedern, so dass die Nichtmitwirkung auch nur eines Richters nach den Gesetzen der Wahrscheinlichkeitsrechnung die erhoffte Qualität der Entscheidung in erheblichem Maße gefährden kann. Zwar gibt es auch größere Kollegialgerichte, bei denen das Fehlen eines Einzelnen nicht in demselben hohen Maße als schädlich empfunden werden müsste. Hat ein Spruchkörper eine größere Anzahl von Richtern, beruht dies allerdings in der Regel auf einer besonderen Bedeutung oder Schwierigkeit der zu entscheidenden Fälle bzw. auf dem Instanzenzug. So urteilen die Kammern von Verwaltungsgerichten nicht zuletzt deswegen in der Besetzung von fünf Richtern (§ 5 III 1 VwGO), weil ihre Urteile häufig Richtliniencharakter für die Verwaltung besitzen und vorausgegangene Entscheidungen der Verwaltung so gut wie immer von einzelnen oder auch mehreren spezialisierten Beamten erlassen worden sind[58]. Schwurgerichte bestehen deshalb aus fünf Richtern (§ 76 I 1 GVG), weil die bei ihnen angeklagten Delikte besonders schwer wiegen (vgl. § 74 II GVG). Und im Falle der Zivilsenate des BGH liegt die Besetzung mit fünf Richtern (§ 139 I GVG) in der hohen Bedeutung der Streitsachen sowie dem Status des BGH als obersten deutschen Zivilgericht begründet. Wären diese größeren Kollegien auch bei Abwesenheit einzelner Richter beschlussfähig, wäre ihrer im Vergleich zu kleineren Kollegien herausgehobenen Stellung nicht hinreichend Rechnung getragen. Es entspricht daher der gesetzli-

---

56 Vgl. *C. Hahn*, Die gesamten Materialien zu den Reichs-Justizgesetzen, Band 1, Abteilung 1, S. 178.

57 Vgl. *O. R. Kissel*, GVG, § 192 Rn. 2; *C. Meissner*, in: F. Schoch / E. Schmidt-Aßmann / R. Pietzner, VwGO, § 55 Rn. 64; *K. Schreiber*, in: B. Wieczorek / R. A. Schütze, ZPO, § 192 GVG Rn. 2.

58 Vgl. *H. Schnellenbach*, FS C.-F. Menger, S. 341 (346 f.).

chen Systematik der Spruchkörpergrößen, dass auch größere Richterkollegien nur bei vollständiger Beteiligung aller zur Entscheidung berufener Richter Beschlüsse fassen können. Zugleich wird dadurch gewährleistet, dass an Abstimmungen über vergleichbare Fälle stets dieselbe Zahl von Richtern beteiligt ist, die Zahl der bei der Entscheidung anwesenden Richter also nicht aufgrund der Nichtmitwirkung einzelner Richter schwanken kann.

B. Ausnahmen vom Grundsatz der gesetzlichen Mitgliederzahl

Ausnahmen vom Prinzip der vollständigen Besetzung finden sich im Bereich der Verfassungsrechtsprechung. So sind die Senate des Bundesverfassungsgerichtes nach § 15 II 1 BVerfGG bei Anwesenheit von sechs von acht Richtern beschlussfähig. Das Plenum des Bundesverfassungsgerichts kann gemäß § 16 II BVerfGG Beschlüsse fassen, wenn von jedem Senat zwei Drittel seiner Richter anwesend sind. Ähnliche Quoren gelten für manche Landesverfassungsgerichte[59]. Angesichts ihrer vergleichsweise großen Mitgliederzahl erscheint die Mitwirkung aller zur Entscheidung berufener Richter bei Verfassungsgerichten eher verzichtbar als bei anderen Gerichten. Zugleich ist wegen der hohen Zahl von Richtern die Wahrscheinlichkeit, dass der eine oder andere Richter fehlt, besonders groß. Müssten stets alle zur Mitwirkung herangezogenen Richter anwesend sein, könnte darunter die Effektivität der Rechtsprechung leiden. Das gilt im besonderen Maße für das Bundesverfassungsgericht, bei dem eine Vertretung von Mitgliedern des einen Senats durch Richter des anderen Senats aus Gründen des berufsrichterlichen und föderalen Proporzes und zur Vermeidung von „Zufallsmehrheiten" grundsätzlich ausgeschlossen ist[60]. Eingeschränkt trifft dies aber auch auf die Landesverfassungsgerichte zu, obwohl ihre Mitglieder regelmäßig Stellvertreter haben. Denn stellvertretende Mitglieder können ebenso wie ordentliche Mitglieder aus den verschiedensten Gründen verhindert bzw. kurzfristig nicht erreichbar sein.

Verfassungsrechtliche Bedenken gegen solche Beschlussfähigkeitsregeln, wie sie im Schrifttum gelegentlich vorgebracht geworden sind[61], greifen daher nicht durch. Zwar entspricht es grundsätzlich dem Anliegen des Gleichheitssatzes (Art. 3

---

59 Vgl. Art. 4 VI 2 VerfGHG Bayern; § 11 I VerfGHG Berlin; § 10 III VerfGG Hbg.; § 9 II StaatsGHG Nds.; § 8 II 1 VerfGHG Sachsen; § 13 II LVerfGG LSA. Auch nach § 8 VerfGG Brbg. und § 7 III VerfGHG NW ist zur Beschlussfähigkeit nicht die Anwesenheit aller zur Mitwirkung berufener Richter erforderlich. Entscheidungen können nach § 28 I 1 VerfGG Brbg. und § 25 I 1 VerfGHG NW aber nur unter Mitwirkung aller Richter getroffen werden.

60 Vgl. *T. Maunz,* in: ders. / B. Schmidt-Bleibtreu / F. Klein / G. Ulsamer, BVerfGG, § 2 Rn. 4; *K.-G. Zierlein,* in: D. C. Umbach / T. Clemens, BVerfGG, § 15 Rn. 19 Fn. 60. Zu Ausnahmen siehe § 15 II 2 und § 19 IV BVerfGG.

61 Vgl. *G. Barbey,* in: J. Isensee / P. Kirchhof, HdbStR Bd. III, § 74 Rn. 52 m. Fn. 132; *K. A. Bettermann,* AöR Bd. 94 (1969), S. 262 (309 f.).

I GG), gleiche Fälle durch die gleiche Zahl von Richtern entscheiden zu lassen. Die Erhaltung der Funktionsfähigkeit der Rechtsprechung rechtfertigt es jedoch, dass die Zahl der Richter variieren kann, zumal sich die Schwankungen nach den hoch angesetzten Quoren der Verfassungsgerichte in engen Grenzen halten. Erst recht verbietet es das Prinzip des gesetzlichen Richters (Art. 101 I 2 GG) nicht, dass die Zahl der an einer Entscheidung mitwirkenden Richter von Fall zu Fall infolge einer Verhinderung oder Nichterreichbarkeit verschieden sein kann. Art. 101 I 2 GG verlangt nur, dass die Person der zur Entscheidung im Einzelfall berufenen Richter auf Grund von allgemeinen Regeln im voraus so eindeutig wie möglich feststeht. Die Vorschrift fordert hingegen nicht, dass auch die Zahl der erkennenden Richter stets unverändert bleibt, solange nur klar ist, dass jeder zur Entscheidung berufene Richter, der nicht verhindert oder unerreichbar ist, mitwirken muss. Denn unter dieser Bedingung ist bei einer variablen Zahl von Richtern die Gefahr, dass ein Richter willkürlich fernbleibt, ebenso groß oder gering wie bei einer feststehenden Zahl von Richtern[62]. Verfassungsrichter sind wie andere Richter auch kraft ihres Stimmrechts verpflichtet, an Entscheidungen teilzunehmen, sofern sie nicht verhindert sind[63], dürfen also selbst dann nicht ohne weiteres fehlen, wenn das Gericht auch ohne ihre Anwesenheit beschlussfähig wäre. Die im Bereich der Verfassungsrechtsprechung vorzufindenden Ausnahmen vom Prinzip der Mitwirkung der gesetzlichen Mitgliederzahl sind daher auch unter dem Gesichtpunkt von Art. 101 I 2 GG unbedenklich[64].

Dem Anliegen einer erleichterten Beschlussfassung entspricht es, dass die verfassungsgerichtlichen Vorschriften sich für Entscheidungen grundsätzlich mit der Mehrheit der mitwirkenden bzw. anwesenden Mitglieder begnügen, sofern sie zur Beschlussfassung nicht die Anwesenheit aller Richter fordern[65]. Besondere Vorschriften sind damit nicht ausgeschlossen. So fordert § 15 III 1 BVerfGG in Verfahren über die Verwirkung von Grundrechten, die Verfassungswidrigkeit von Parteien und die Anklage des Bundespräsidenten bzw. eines Richters zu einer dem Antragsgegner nachteiligen Entscheidung eine Mehrheit von zwei Dritteln der Mitglieder des zuständigen Senats. Dadurch wird sichergestellt, dass für den Betroffenen nachteilige Entscheidungen mit einer der Gewichtigkeit des Vorwurfs entsprechenden Legitimation fallen. Andererseits hat die Bezugnahme auf die Gesamtheit der stimmberechtigten Mitglieder zur Folge, dass das Fehlen eines Richters bei der Abstimmung zum endgültigen Scheitern des Antrags führen kann.

---

62 Zutreffend BVerfGE 19, 52 (61 f.); *R. Herzog*, in: T. Maunz / G. Dürig, GG, Art. 101 Rn. 56; *T. Roth*, Das Grundrecht auf den gesetzlichen Richter, S. 230.

63 S.o. Abschnitt 1, B. VII. 1.

64 Ebenso zu § 15 II 1 BVerfGG *T. Roth*, a. a. O., S. 230; *G. Ulsamer*, in: T. Maunz / B. Schmidt-Bleibtreu / F. Klein / G. Ulsamer, BVerfGG, § 15 Rn. 11; *K.-G. Zierlein*, a. a. O., § 15 Rn. 19 mit Fn. 59.

65 Vgl. § 15 III 2 BVerfGG; Art. 4 VI 4 VerfGHG Bayern; § 11 II 1 VerfGHG Berlin; § 10 I 1 VerfGG Hbg.; § 9 III 1 StaatsGHG Nds.; § 8 III 2 VerfGHG Sachsen; § 13 III 1 LVerfGG LSA.

Kapitel 6

Enthaltung und Nichtbeteiligung bei staatlichen Wahlen und Abstimmungen

Abschnitt 1

Die einzelnen Regeln in der Zusammenschau

Nach dem Ergebnis der vorstehenden Kapitel enthalten die für das Volk und die besonderen Organe von Gesetzgebung, vollziehender Gewalt und Rechtsprechung geltenden Regeln höchst unterschiedliche Vorschriften über die Behandlung von Enthaltungen und Nichtbeteiligungen.

Bei Wahlen und Abstimmungen des Volkes ist es den Stimmberechtigten im allgemeinen freigestellt, ob sie teilnehmen und ihre Stimme abgeben. Zwar gehen die Gesetze davon aus, dass auf moralischer Ebene eine Stimmpflicht besteht, doch normieren sie selbst keine entsprechende Verpflichtung. Schon gar nicht halten sie die Aktivbürger durch die Androhung persönlicher Sanktionen dazu an, von ihrem Stimmrecht Gebrauch zu machen. Das Zustandekommen von Wahlen ist nirgends an das Erreichen einer bestimmten Mindestbeteiligung gebunden. Volks- und Bürgerentscheide kommen hingegen in der Regel nur zustande, wenn die Mehrheit einem bestimmten Prozentsatz aller Stimmberechtigten entspricht, der zumeist bei 25% liegt. Bisweilen reicht es allerdings, dass die Abstimmungsfrage von der Mehrheit der Abstimmenden bejaht wird. Für den Erfolg verfassungsändernder Plebiszite ist im allgemeinen die Zustimmung der Mehrheit der Stimmberechtigten erforderlich. Manche Landesverfassungen begnügen sich aber auch bei Verfassungsänderungen mit der Mehrheit der Abstimmenden.

Im Bereich der Legislative steht es den Abgeordneten des Bundestags und der Landesparlamente von Verfassungs wegen offen, Wahlen und Abstimmungen fernzubleiben bzw. sich dabei der Stimme zu enthalten, sofern sie dies mit ihrer Überzeugung vereinbaren können. Ihre Mandatsfreiheit erleidet insoweit eine Einschränkung, als die Geschäftsordnungen regelmäßig eine grundsätzliche Verpflichtung zur Teilnahme an Sitzungen normieren, deren Einhaltung allerdings nur sehr beschränkt überprüfbar und sanktioniert ist. Stimmenthaltungen sind auch nach Geschäftsordnungsrecht unumschränkt zulässig. Beschlussfähig sind die Volksvertretungen bei Anwesenheit von mehr als der Hälfte der Mitglieder, wobei freilich die Beschlussfähigkeit vermutet wird, solange sie nicht angezweifelt worden ist. Entscheidungen werden im Regelfall mit der Mehrheit der auf Ja oder Nein lautenden Stimmen getroffen, so dass Enthaltungen und Nichtbeteiligungen unbeachtlich sind. In besonderen Fällen wie etwa bei Verfassungsänderungen sind aber auch die nicht Mitwirkenden bei der Mehrheitsberechnung mit einzubeziehen, so dass sie das Zustandekommen einer Entscheidung hindern können. Sonderregeln gelten im Bundesrat, wo sich Enthaltungen und Nichtbeteiligungen stets wie Nein-Stimmen auswirken.

Auf dem Gebiet der Exekutive gilt für Verwaltungsausschüsse im allgemeinen der Satz, dass Stimmrecht Stimmpflicht ist. Mitglieder solcher Gremien sind demnach vorbehaltlich triftiger Entschuldigungsgründe rechtlich verpflichtet, sich an Wahlen und Abstimmungen zu beteiligen. Enthaltungen sind strikt verboten. Ausnahmen kommen jedoch insbesondere im Falle größerer Ausschüsse in Betracht. Verletzungen der Stimmpflicht können bei Beamten disziplinarische Konsequenzen haben, während ehrenamtlichen Ausschussmitgliedern keine persönlichen Sanktionen drohen. Hinsichtlich der Auswirkungen von Pflichtwidrigkeiten auf den Bestand von Entscheidungen ist zu unterscheiden: Unzulässige Stimmenthaltungen führen bei Erheblichkeit zur Anfechtbarkeit von Beschlüssen. Verstöße gegen die Teilnahmepflicht sind hingegen im allgemeinen unbeachtlich. Voraussetzung für die Beschlussfähigkeit von Verwaltungsausschüssen ist nach der Grundregel der Verwaltungsverfahrensgesetze, dass mehr als die Hälfte, mindestens aber drei der stimmberechtigten Mitglieder anwesend sind. Bei der Mehrheitsberechnung sind Enthaltungen und Nichtbeteiligungen – soweit zulässig – im Regelfall außer acht zu lassen. Für Regierungskollegien gelten insoweit andere Regeln, als Enthaltungen überwiegend zulässig sind, wenn auch in nicht wenigen Landesregierungen ein Enthaltungsverbot besteht.

Richter an Kollegialgerichten unterliegen einer Stimmpflicht und dürfen nur bei Vorliegen eines wichtigen Grundes bei Abstimmungen fehlen. Enthaltungen sind ihnen streng untersagt. Verstöße gegen die Stimmpflicht können bei ehrenamtlichen wie hauptamtlichen Richtern mit persönlichen Sanktionen geahndet werden und stellen im Falle der Willkür einen absoluten Revisionsgrund dar. Für die Entscheidungen richterlicher Kammern und Senate gilt fast ausnahmslos das Prinzip der gesetzlichen Mitgliederzahl, d. h. alle für die Angelegenheit zuständigen Richter müssen bei der Abstimmung mitwirken.

Abschnitt 2

Gemeinsamkeiten und Unterschiede

A. Die Grundkonflikte

Die Untersuchung der Grundlagen der verschiedenen Regeln hat gezeigt, dass das Ziel staatlicher Wahlen und Abstimmungen stets darin besteht, eine dem Gemeinwohl entsprechende Entscheidung zu finden. Die einschlägigen Vorschriften verpflichten die Mitglieder von Kollegialorganen zwar nur z.T. auf das öffentliche Interesse. Soweit sie keine solche Bindung anordnen, gehen sie jedoch davon aus, dass es die Pflicht der Stimmberechtigten ist, sich bei der Wahl bzw. Abstimmung am Gemeinwohl zu orientieren. Von der allgemeinen Verpflichtung zur Rücksichtnahme auf das Interesse aller ist das stimmberechtigte Volk nicht ausgenommen, weil es bei Wahlen und Sachentscheiden ebenso wie andere Stimmkörper für das Volk als der Gesamtheit der Deutschen handelt. Dementsprechend sind auch die gewählten Parlamentsabgeordneten nicht Vertreter der Interessen ihrer Wähler, sondern dazu berufen, sich bei ihrem Stimmverhalten vom Wohl des ganzen Volkes leiten zu lassen. Im Gemeinwohlzweck sind alle staatlichen Wahlen und Abstimmungen vereint.

Ebenso einheitlich beruhen die Vorschriften über die Stimmberechtigung in den verschiedenen Gremien auf der Erwartung, dass das einzelne Mitglied grundsätzlich eher eine dem Gemeinwohl entsprechende Entscheidung trifft, als dass es sich gemessen an den Interessen aller falsch entscheidet. Die Wahrscheinlichkeitsrechnung lehrt, dass unter dieser Annahme die Wahrscheinlichkeit eines richtigen Beschlusses der einzelnen Kollegien im allgemeinen mit der Zahl der Abstimmenden steigt. Das bedeutet, dass für eine richtige Entscheidung umso mehr Gewähr vorhanden ist, desto höher die Stimmbeteiligung ist. Am höchsten ist die Wahrscheinlichkeit einer gemeinwohlgemäßen Entscheidung bei einer Mitwirkung von 100% der Stimmberechtigten. Aus der Sicht der in den unterschiedlichen Bereichen geltenden Regeln ist es daher am besten, wenn sich bei Wahlen und Abstimmungen alle Stimmberechtigten beteiligen und ihre Stimme abgeben. Vollständigkeit der Voten ist ein allgemein gültiges Ziel.

Auf individueller Ebene würde diesem Ziel eine strikte Stimmpflicht entsprechen. Dem Interesse an einer Mitwirkung aller steht jedoch das mögliche Interesse der einzelnen Stimmberechtigten entgegen, der Abstimmung fernzubleiben bzw. sich der Stimme zu enthalten. Mitglieder von Kollegialorganen können aus den verschiedensten Gründen daran interessiert sein, nicht an der Entscheidung mitzuwirken. Je nachdem wie eine Stimmpflicht ausgestaltet ist, kollidiert sie also mehr oder weniger mit den individuellen Belangen der Stimmberechtigten.

Auf der Ebene der Quoren und Mehrheiten würde dem Ziel einer vollständigen Stimmabgabe am besten Rechnung getragen, wenn für das Zustandekommen von

Beschlüssen die Mitwirkung aller Stimmberechtigten erforderlich wäre. Neben dem Interesse an einer möglichst hohen Qualität von Entscheidungen gibt es aber auch ein Interesse an einer effektiven Arbeit von Kollegien. Ist die Mitwirkung einer bestimmten Quote der Stimmberechtigten erforderlich, können Nichtbeteiligungen oder Enthaltungen gegebenenfalls die Wirksamkeit der kollegialen Aktivität beeinträchtigen. Quoren und Mehrheiten stehen also in einem Konflikt zwischen dem Interesse an der Legitimation und dem Interesse am Zustandekommen von Wahlen und Abstimmungen.

B. Die Rolle der Mitgliederzahl

Die Konflikte zwischen dem Ziel einer möglichst hohen Mitwirkungsziffer einerseits und dem Interesse an einer Nichtmitwirkung bzw. dem Interesse am Zustandekommen von Entscheidungen andererseits stellen sich bei allen Wahlen und Abstimmungen. Sie stellen sich aber nicht in allen Kollegien in derselben Weise. Wie sich bei der Auseinandersetzung mit der Problematik gezeigt hat, hängt nämlich die Bedeutung einer hohen Mitwirkungsquote erheblich von der Größe des jeweiligen Gremiums ab. Der durch eine Steigerung der Zahl der Abstimmenden erzielbare Gewinn an Richtigkeitswahrscheinlichkeit flacht nach den Gesetzen der Wahrscheinlichkeitsrechnung im allgemeinen umso mehr ab, je größer die Zahl der Abstimmenden ist. Deswegen ist eine vollständige Stimmabgabe in Kollegien mit geringer Mitgliederzahl tendenziell besonders erstrebenswert, während in Gremien mit vielen Stimmberechtigten die Mitwirkung aller eher verzichtbar erscheint. Generell nimmt also die Wichtigkeit einer vollständigen Mitwirkung mit der Größe des Gremiums ab. Zugleich haben Mitglieder von Kollegialorganen erfahrungsgemäß umso mehr ein Interesse an einer Nichtmitwirkung, je größer die Zahl der Stimmberechtigten ist. Denn mit der Größe eines Gremiums vermindert sich tendenziell das Verantwortungsgefühl der Einzelnen. Ist die Zahl der Stimmberechtigten hoch, entsteht bei den einzelnen leicht der Eindruck, dass es auf ihre Stimme nicht ankommt. Hinzu tritt, dass eine soziale Kontrolle durch andere bei großen Gremien nur sehr schwer möglich ist. Im Falle kleiner Kollegien lässt die vergleichsweise geringe Mitgliederzahl bei den Stimmberechtigten eher das Gefühl aufkommen, dass die zu beratenden Angelegenheiten ihre Sache seien. Damit einher geht ein stärkerer Beteiligungsdruck durch die Anwesenheit der anderen. Grundsätzlich gilt daher, dass Mitglieder von Kollegialorganen sich umso schwerer mobilisieren lassen, je größer die Zahl der Stimmberechtigten ist.

Die Konsequenzen dieser Unterschiede für die Anforderungen an die Mitwirkung liegen auf der Hand. Ist die Zahl der Mitglieder groß, lässt die geringere Bedeutung einer hohen Mitwirkungsquote die Frage aufkommen, ob eine strenge Stimmpflicht notwendig ist. Da die Mobilisierung der Stimmberechtigten bei großen Gremien erhebliche Schwierigkeiten bereitet, ist zudem problematisch, ob eine strikte Stimmpflicht nicht dazu führen würde, dass nicht oder nur schlecht informierte Stimmberechtigte mitbeschließen. Der Qualität von Wahlen bzw. Abstimmungen wäre in diesem Falle nicht gedient. Deshalb ist bei hoher Mitgliederzahl der Sinn einer strengen Verpflichtung zur Teilnahme und Stimmabgabe äußerst fraglich. Wenn aber in großen Kollegien die erhebliche Gefahr besteht, dass ein Gutteil der Stimmberechtigten wegbleibt und gleichzeitig eine hohe Mitwirkungsquote mit Blick auf die geringere Bedeutung nicht unbedingt erforderlich erscheint, so spricht vieles dafür, auch die zahlenmäßigen Anforderungen an die Mitwirkung nicht zu hoch anzusetzen. Denn warum sollten anspruchsvolle Quoren und Mehrheiten ein Zustandekommen von Entscheidungen erschweren, wenn dies nicht zwingend notwendig ist?

Bei kleinen Gremien hingegen erscheint eine strenge Stimmpflicht wegen der hohen Bedeutung der Stimmabgabe eher als notwendig. Mit Blick auf die höhere Mobilisierbarkeit der Stimmberechtigten ist überdies die Gefahr, dass eine Stimmpflicht nicht den gewünschten Erfolg einer Verbesserung der Entscheidungsqualität hätte, als vergleichsweise gering einzuschätzen. Eine strikte Stimmpflicht ist daher im Falle kleiner Gremien angezeigt. Zugleich spricht die hohe Bedeutung der Stimmabgabe und die geringe Gefahr einer übermäßigen Erschwerung von Entscheidungen dafür, in Kollegien mit niedriger Mitgliederzahl ein verhältnismäßig hohes Mitwirkungsquorum festzusetzen. Von daher liegt es sehr nahe, dass sich die Regeln über die Behandlung von Enthaltungen und Nichtbeteiligungen grundsätzlich an der Größe der Kollegien ausrichten.

Tatsächlich variieren sowohl die Vorschriften über die Zulässigkeit von Enthaltungen und Nichtteilnahmen als auch die Quoren- und Mehrheitsregelungen wesentlich nach der Zahl derjenigen, die bei den verschiedenen Wahlen und Abstimmungen stimmberechtigt sind. Wie sich im Kapitel über das Volk gezeigt hat, können die Aktivbürger weitgehend frei darüber befinden, ob sie an Wahlen und Sachentscheiden teilnehmen und dabei ihre Stimme abgeben wollen. Eine strenge und persönlich sanktionierte Stimmpflicht erscheint aufgrund der hohen Zahl von Stimmberechtigten weder notwendig noch zweckmäßig. Genauso haben die Abgeordneten der vergleichsweise mitgliederstarken Parlamente das grundsätzliche Recht, Wahlen und Abstimmungen fernzubleiben oder sich der Stimme zu enthalten, das durch die Geschäftsordnung nur unwesentlich eingeschränkt wird. Der Stimme enthalten können sich im allgemeinen auch die Mitglieder von Regierungen, wenngleich die für eine Reihe von Landesregierungen geltenden Enthaltungsverbote anzeigen, dass die diesbezügliche Freiheit der Stimmberechtigten wegen der geringeren Größe von Regierungen keineswegs selbstverständlich ist.

In Verwaltungsausschüssen, die regelmäßig nur aus einer kleinen Zahl von Stimmberechtigten bestehen, herrscht demgegenüber ein relativ strenges Regime. Mitglieder von Verwaltungsausschüssen sind verpflichtet, an Wahlen und Abstimmungen teilzunehmen, sofern sie sich nicht hinreichend entschuldigen können.

Stimmenthaltungen sind wegen der hohen Bedeutung der Stimmabgabe im allgemeinen verboten, können allerdings ausnahmsweise – wie etwa in größeren Gremien – erlaubt sein. Beamte, die sich eines Verstoßes gegen die Stimmpflicht schuldig machen, müssen mit disziplinarischen Konsequenzen rechnen. Beschlüsse, die unter Verstoß gegen das Stimmenthaltungsverbot gefasst worden sind, sind im allgemeinen anfechtbar. Großzügige Freiheiten haben auch die Angehörigen von Kollegialgerichten nicht. Richter unterliegen wegen der niedrigen Größe von Spruchkörpern einer strengen Anwesenheitspflicht; der Stimme enthalten dürfen sie sich in keinem Falle. Verstöße gegen die Stimmpflicht können sowohl persönliche Sanktionen nach sich ziehen als auch die Revisibilität des Kollegialentscheides begründen.

Ähnlich zeichnet sich auf der Ebene der Quoren und Mehrheiten eine Differenzierung nach der Größe der Kollegien ab. Wahlen des Volkes sind gültig, ohne dass es auf die Zahl der abgegebenen Stimmen ankommen würde. Das gilt auch für Wahlen zu den Volksvertretungen auf Gemeindeebene, obwohl hier die Wahlbeteiligung häufiger eher gering ist. Für den Erfolg von Volks- bzw. Bürgerentscheiden ist zumeist nicht mehr als eine Mehrheit der Abstimmenden erforderlich, die ein Viertel der Stimmberechtigten beträgt. Nicht selten reicht auch die bloße Mehrheit der abgegebenen Stimmen. Im Kommunalrecht wird zunehmend darüber diskutiert, die vorgesehenen Quoren in Gemeinden und Kreisen mit hoher Einwohnerzahl abzusenken. Vergleichsweise niedrig sind gleichfalls die Voraussetzungen für das Zustandekommen verfassungsändernder Volksentscheide, die im Regelfall lediglich der Zustimmung der Mehrheit der Stimmberechtigten bedürfen, weil eine höhere Mehrheitsregel aufgrund der schlechten Mobilisierbarkeit des Volkes plebiszitäre Verfassungsänderungen nahezu unmöglich machen würde. Gemessen daran gelten in den Parlamenten um einiges anspruchsvollere Voraussetzungen: Zur Beschlussfähigkeit ist nicht nur bei Sachentscheiden, sondern auch bei Wahlen grundsätzlich erforderlich, dass mehr als die Hälfte der Abgeordneten anwesend ist. Vor allem aber kommen Verfassungsänderungen nach den meisten Verfassungen nur zustande, wenn sich eine Zweidrittelmehrheit der Stimmberechtigten für sie findet – eine Mehrheit, die im Parlament keineswegs unerreichbar ist, weil die Abgeordneten sich bei entsprechender Gewichtigkeit des Anlasses fast vollständig versammeln können.

Vergleicht man die für Verwaltungsausschüsse geltenden Regeln mit den für Parlamente in Kraft befindlichen Vorschriften, ergibt sich nochmals eine Steigerung. Zwar gilt auch für Verwaltungsausschüsse die Grundregel, dass zur Beschlussfähigkeit die Anwesenheit von mehr als der Hälfte der Stimmberechtigten erforderlich ist. Bei der üblicherweise kleinen Mitgliederzahl von Verwaltungsgremien führt jedoch die Bezugnahme auf die Mehrheit der Stimmberechtigten zu deutlich nach der Größe des Gremiums abgestuften Anforderungen an die Beteiligung, die erheblich über einem Quorum von 50% angesiedelt sind. So ist bei Ausschüssen mit acht Mitgliedern die Anwesenheit von fünf Mitgliedern, also einer Fünfachtelmehrheit erforderlich, bei Ausschüssen mit sechs Mitgliedern die Präsenz von vier

Mitgliedern, d. h. einer Zweidrittelmehrheit notwendig und bei Ausschüssen mit vier Mitgliedern die Anwesenheit von drei Mitgliedern, also einer Dreiviertelmehrheit Voraussetzung für die Beschlussfähigkeit. Besteht ein Verwaltungsausschuss aus drei Mitgliedern, ist gar nach der ausdrücklichen Regel der Verwaltungsverfahrensgesetze eine vollständige Besetzung gefordert. Deutlicher könnte die Rolle der Mitgliederzahl von Gremien für die Bedeutung einer hohen Beteiligungsziffer kaum zum Ausdruck kommen.

Diese Relation zeigt sich nicht zuletzt auch in dem für die Rechtsprechung geltenden Prinzip der gesetzlichen Mitgliederzahl. Aufgrund der geringen Spruchkörpergröße ist bei Gericht fast ausnahmslos die Mitwirkung aller zur Entscheidung berufener Richter erforderlich. Nur in Verfassungsgerichten mit ihrer vergleichsweise großen Zahl von Richtern ist es häufiger nicht notwendig, dass alle Mitglieder des Gerichts beteiligt werden.

C. Die Bedeutung anderer Gesichtspunkte

Neben der Größe des jeweiligen Gremiums spielen auch andere Faktoren wie die Bedeutung der Wahl oder Abstimmung sowie die Arbeitsweise des Kollegiums eine gewisse Rolle.

Die unterschiedliche Gewichtigkeit von Wahlen und Abstimmungen bietet insofern einen Anlass zur Differenzierung, als im allgemeinen umso mehr ein Interesse an einer hohen Legitimation von Entscheidungen besteht, je wichtiger diese sind. Zugleich sind die Stimmberechtigten regelmäßig auch umso mehr an einer Mitwirkung interessiert, je höher die Bedeutung einer Angelegenheit ist. In vielen Gremien gelten daher bei bestimmten besonders wichtigen Entscheidungen gesteigerte Anforderungen an die Mitwirkung. Beispiele für solche Sonderregelungen sind die relativ strengen Teilnahmepflichten, denen Parlamentsabgeordnete im Falle namentlicher Abstimmungen unterliegen, sowie die qualifizierten Quoren und Mehrheiten, die sowohl bei Volks- wie auch bei Parlamentsentscheiden über Verfassungsänderungen zu erfüllen sind. Nachweisbar ist eine Unterscheidung nach Bedeutung allerdings nur innerhalb der für ein Kollegium geltenden Regeln. Zwischen verschiedenen Gremien findet eine Differenzierung nach der Wichtigkeit von Entscheidungen regelmäßig nicht statt.

Die Arbeitsweise von Kollegien hat insofern Einfluss, als bei entsprechender Vorbereitung der Beschlussfassung u.U. geringere Anforderungen an die Mitwirkung bei der eigentlichen Abstimmung gestellt werden können. So können etwa im Parlament Beschlüsse aufgrund der sog. Beschlussfähigkeitsvermutung auch bei Anwesenheit nur weniger Abgeordneter zustande kommen, weil die vorherige Diskussion der Angelegenheiten in den Ausschüssen und Fraktionen im Regelfall verhindert, dass der Mehrheit der Abgeordneten zuwiderlaufende Beschlüsse gefasst werden.

Eher marginal ist die Bedeutung der personellen Besetzung von Gremien für die Anforderungen an die Mitwirkung. Zwar verfügen ehrenamtliche Mitglieder von Kollegialorganen über einen anderen persönlichen Hintergrund als berufsmäßige Mitglieder. Wie die gleichermaßen für ehrenamtliche wie für berufsmäßige Mitglieder geltende Stimmpflicht in Verwaltungsgremien und Kollegialgerichten belegt, vermag der unterschiedliche Hintergrund jedoch nicht die objektiven Sachgesetzlichkeiten zu überspielen, die sich aus der Größe eines Kollegiums ergeben. Einfluss hat die Herkunft der Stimmberechtigten nur insofern, als eine Stimmpflicht bei ehrenamtlichen Mitgliedern nicht zwingend persönlich sanktioniert sein muss.

Völlig bedeutungslos ist die Funktion der verschiedenen Gremien. Ein ursächlicher Zusammenhang zwischen der Zugehörigkeit zur gesetzgebenden, vollziehenden oder rechtsprechenden Gewalt und den Vorschriften über Stimmpflichten sowie Quoren und Mehrheiten ist nirgends erkennbar.

Abschnitt 3

Zusammenfassung

Entscheidend für die Ausgestaltung der Regeln über die Behandlung von Enthaltungen und Nichtbeteiligungen ist also die Größe der verschiedenen staatlichen Kollegien. Je geringer die Zahl der Mitglieder eines Gremiums ist, desto eher können diese nicht frei darüber entscheiden, ob sie an der Abstimmung teilnehmen und dabei ihre Stimme abgeben wollen, sondern unterliegen einer mehr oder minder streng ausgestalteten Stimmpflicht. Je kleiner ein Gremium ist, desto höher ist im Zweifel auch der Prozentsatz derjenigen, die an der Abstimmung mitwirken müssen, damit eine Entscheidung zustande kommen kann. Das Bild, das sich daraus ergibt, ist das von Anforderungen an die Mitwirkung, die grundsätzlich mit sinkender Mitgliederzahl steigen. Zwar sind Enthaltungen und Nichtbeteiligungen Erscheinungen, die bei allen staatlichen Wahlen und Abstimmungen auftreten. Vor allem mit Blick auf die unterschiedliche Größe der im staatlichen Bereich existierenden Kollegien können sie aber nicht überall gleich behandelt werden, sondern bedürfen differenzierter Einordnung. Die daraus folgende Vielfalt der Regeln mag auf den ersten Blick verwirrend erscheinen. Doch bei näherem Hinsehen folgt sie einer klaren Logik.

Literaturverzeichnis

Abmeier, Klaus: Die parlamentarischen Befugnisse des Abgeordneten des Deutschen Bundestages nach dem Grundgesetz, Berlin 1984.

Achterberg, Norbert: Die parlamentarische Verhandlung, Berlin 1979.

– Vertrauensfrage und Parlamentsauflösung, DVBl. 1983, S. 477.

– Parlamentsrecht, Tübingen 1984.

– Die Abstimmungsbefugnis des Abgeordneten bei Betroffenheit in eigener Sache, AöR Bd. 109 (1984), S. 505.

Affolter, Urs: Die rechtliche Stellung des Volkes in der Demokratie und der Begriff der politischen Rechte, Diss. Zürich 1948.

Alexy, Robert: Ermessensfehler, JZ 1986, S. 701.

Alternativkommentar, Grundgesetz, 2 Bde., 2. Auflage Neuwied 1989.

Alternativkommentar, Grundgesetz, hrsg. von Erhard Denninger u. a., 2 Bde., Loseblatt, 3. Auflage Neuwied u. a. 2001.

Anschütz, Gerhard: Die Verfassung des Deutschen Reichs vom 11. August 1919, 14. Auflage Berlin 1933.

von Arnim, Hans Herbert: Gemeinwohl und Gruppeninteressen, Frankfurt am Main 1977.

– Staatslehre der Bundesrepublik Deutschland, München 1984.

– Möglichkeiten unmittelbarer Demokratie auf Gemeindeebene, DÖV 1990, S. 85.

Arnold, Friedrich: Wahlpflicht und Stimmzwang, Diss. Tübingen 1929.

Aubert, Jean-François: Traité de droit constitutionnel suisse, Paris u. a. 1967.

Aymans, Winfried: Kollegium und kollegialer Akt im kanonischen Recht, München 1969.

Bachof, Otto: Anmerkung, JZ 1972, S. 208.

Badura, Peter: Grundpflichten als verfassungsrechtliche Dimension, DVBl. 1982, S. 861.

– Die Stellung des Abgeordneten nach dem Grundgesetz und den Abgeordnetengesetzen in Bund und Ländern, in: Hans-Peter Schneider / Wolfgang Zeh (Hg.), Parlamentsrecht und Parlamentspraxis, Berlin u. a. 1989, § 15.

– Verfassungsänderung, -wandel, -gewohnheitsrecht, in: Josef Isensee / Paul Kirchhof (Hg.), Handbuch des Staatsrechts, Bd. VII, Heidelberg 1992, § 160.

Bäumlin, Richard: Diskussionsbeitrag, VVDStRL Bd. 28 (1970), S. 146.

Baltzer, Johannes: Der Beschluß als rechtstechnisches Mittel organschaftlicher Funktion im Privatrecht, Köln u. a. 1965.

Bandorf, Wolf-Rüdiger: Das Stimmverhalten im Bundesrat als Gegenstand von Koalitionsvereinbarungen, ZRP 1977, S. 81.

Barbey, Günther: Der Status des Richters, in: Josef Isensee / Paul Kirchhof (Hg.), Handbuch des Staatsrechts, Bd. III, 2. Auflage Heidelberg 1996, § 74.

Bartelsberger, Richard: Das Verfassungsrecht der Länder in der gesamtstaatlichen Verfassungsordnung, in: Josef Isensee / Paul Kirchhof (Hg.), Handbuch des Staatsrechts, Bd. IV, 2. Auflage Heidelberg 1999, § 96.

Bauer, Martin / *Böhle,* Thomas / *Masson,* Christoph / *Samper,* Rudolf: Bayerische Kommunalgesetze, Loseblatt, München, Stand: 77. Erg.-Lfg. Januar 2002.

Baumbach, Adolf / *Lauterbach,* Wolfgang / *Albers,* Jan / *Hartmann,* Peter: Zivilprozeßordnung, 60. Auflage München 2002.

Beck'scher TKG-Kommentar, hrsg. von Wolfgang Büchner u. a., 2. Auflage München 2000.

Bentham, Jeremias: Tactik oder Theorie des Geschäftsganges in deliberirenden Volksständeversammlungen, Erlangen 1817.

Berggreen, Ingeborg: Die „dissenting opinion" in der Verwaltung, Berlin 1972.

Berliner Kommentar zum Grundgesetz, hrsg. von Karl Heinrich Friauf und Wolfram Höfling, Loseblatt, Berlin, Stand: 6. Erg.-Lfg. Juni 2002.

Berlit, Uwe: Soll das Volk abstimmen?, KritV Bd. 76 (1993), S. 318.

Besta, Enrico: Il Senato Veneziano, Venedig 1899.

Bettermann, Karl August: Die Unabhängigkeit der Gerichte und der gesetzliche Richter, in: ders. / Hans Carl Nipperdey / Ulrich Scheuner (Hg.), Die Grundrechte, Dritter Band, 2. Halbband, Berlin 1959.

– Der gesetzliche Richter in der Rechtsprechung des Bundesverfassungsgerichts, AöR Bd. 94 (1969), S. 263.

Binding, Karl: Die drei Grundfragen der Organisation der Strafgerichte, in: ders., Strafrechtliche und strafprozessuale Abhandlungen, Zweiter Band, München u. a. 1915, S. 3.

Bleckmann, Albert: Staatsrecht I – Staatsorganisationsrecht, Köln u. a. 1993.

– Vom Sinn und Zweck des Demokratieprinzips, Berlin 1998.

Bobbio, Norberto: Die Mehrheitsregel: Grenzen und Aporien, in: Guggenberger, Bernd / Offe, Claus (Hg.), An den Grenzen der Mehrheitsdemokratie, Opladen 1984, S. 108.

Böckenförde, Ernst-Wolfgang: Demokratie als Verfassungsprinzip, in: J. Isensee / P. Kirchhof (Hg.), Handbuch des Staatsrechts, Bd. I, 2. Auflage Heidelberg 1995, § 22.

– Demokratische Willensbildung und Repräsentation, in: Josef Isensee / Paul Kirchhof (Hg.), Handbuch des Staatsrechts, Bd. II, 2. Auflage Heidelberg 1998, § 30.

Bonner Kommentar zum Grundgesetz, hrsg. von Rudolf Dolzer und Klaus Vogel, 9 Bde., Loseblatt, Heidelberg, Stand: 100. Erg.-Lfg. Juni 2002.

Braun, Klaus: Verfassung des Landes Baden-Württemberg, Stuttgart u. a. 1984.

Braunias, Karl: Das parlamentarische Wahlrecht, II. Band, Berlin u. a. 1932.

Breiholdt, Hermann: Die Abstimmung im Reichstag, AöR Bd. 49 (1926), S. 289.

Bugiel, Karsten: Volkswille und repräsentative Entscheidung, Baden-Baden 1991.

Buschmann, Arno (Hg.): Kaiser und Reich, Teil I, 2. Auflage Baden-Baden 1994.

Bushart, Christoph: Verfassungsänderung in Bund und Ländern, München 1989.

Callies, Christian / *Ruffert,* Matthias (Hg.): Kommentar des Vertrages über die Europäische Union und des Vertrages zur Gründung der Europäischen Gemeinschaft – EUV / EGV –, Neuwied 1999.

Canenbley, Hans-Wilken: Die Zweckmäßigkeit der Verwendung von Ausschüssen in der Verwaltung, Köln u. a. 1968.

Carré de Malberg, Raymond: Contribution à la théorie générale de l'État, Band II, Paris 1922.

Marquis de Condorcet, Jean Antoine Nicolas Caritat: Essai sur l'application de l'analyse à la probabilité des décisions rendues à la pluralité des voix, Paris 1785.

Cot, Jean-Pierre / *Pellet,* Alain (Hg.): La Charte des Nations Unies, 2. Auflage Paris 1991.

Coutant, Paul: Le vote obligatoire, Diss. Paris 1898.

Dagtoglou, Prodromos: Kollegialorgane und Kollegialakte der Verwaltung, Stuttgart 1960.

von Danwitz, Thomas: Plebiszitäre Elemente in der staatlichen Willensbildung, DÖV 1992, S. 601.

David, Klaus: Verfassung der Freien und Hansestadt Hamburg, Stuttgart u. a. 1994.

Degenhart, Christoph: Direkte Demokratie in den Ländern – Impulse für das Grundgesetz?, Der Staat Bd. 31 (1992), S. 77.

– Volksgesetzgebungsverfahren und Verfassungsänderung nach der Verfassung des Freistaats Thüringen, ThürVBl. 2001, S. 201.

Demmler, Wolfgang: Der Abgeordnete im Parlament der Fraktionen, Berlin 1994.

Depenheuer, Otto: Bürgerverantwortung im demokratischen Verfassungsstaat, VVDStRL Bd. 55 (1996), S. 90.

Deutscher Bundestag / Bundesarchiv (Hg.): Der Parlamentarische Rat 1948 / 49, 12 Bde., Boppard am Rhein 1975 ff.

Drath, Martin: Das Wahlprüfungsrecht bei der Reichstagswahl, Berlin 1927.

Dreher, Eduard: Zum Fraktionszwang der Bundestagsabgeordneten, NJW 1950, S. 661.

Dreier, Horst: Das Majoritätsprinzip im demokratischen Verfassungsstaat, ZParl. Bd. 17 (1986), S. 94.

– Demokratische Repräsentation und vernünftiger Allgemeinwille, AöR Bd. 113 (1988), S. 450.

– Rechtslehre, Staatssoziologie und Demokratietheorie bei Hans Kelsen, 2. Auflage Baden-Baden 1990.

– (Hg.): Grundgesetz, 3 Bde., Tübingen 1996 ff.

– Landesverfassungsänderung durch quorenlosen Volksentscheid aus der Sicht des Grundgesetzes, BayVBl. 1999, S. 513.

Drews, Bill / *Wacke*, Gerhard / *Vogel*, Klaus / *Martens*, Wolfgang: Gefahrenabwehr, 9. Auflage Köln u. a. 1986.

Dustmann, Ulrike: Die Regelung von Bürgerbegehren und Bürgerentscheid in den Kommunalverfassungen der Flächenstaaten der Bundesrepublik Deutschland, Frankfurt am Main u. a. 2000.

Engelken, Klaas: Demokratische Legitimation bei Plebisziten auf staatlicher und kommunaler Ebene, DÖV 2000, S. 881.

Engler, Urs: Stimmbeteiligung und Demokratie, Bern u. a. 1973.

Epping, Volker: Die Willensbildung der Bundesregierung und das Einwendungsausschlußverfahren, NJW 1992, S. 2605.

– Die Willensbildung von Kollegialorganen, DÖV 1995, S. 719.

– Die Trennung von Amt und Mandat, DÖV 1999, S. 529.

Esmein, Adhémar: Éléments de droit constitutionnel français et comparé, 2. Auflage Paris 1899.

Eyermann, Erich: Verwaltungsgerichtsordnung, 11. Auflage München 2000.

Feuchte, Paul (Hg.): Verfassung des Landes Baden-Württemberg, Stuttgart u. a. 1987.

Ritter von Feuerbach, Anselm: Betrachtungen über die Oeffentlichkeit und Mündlichkeit der Gerechtigkeitspflege, Gießen 1821.

Feuerich, Wilhelm E. / *Braun*, Anton: Bundesrechtsanwaltsordnung, 4. Auflage München 1999.

Fichtmüller, Carl Peter: Die Zulässigkeit ministerialfreien Raums in der Bundesverwaltung, AöR Bd. 91 (1966), S. 297.

Fischer, Peter: Bemerkungen zur Stimmenthaltung bei Abstimmungen des Präsidiums, DRiZ 1978, S. 174.

Fleiner, Fritz: Schweizerisches Bundesstaatsrecht, Tübingen 1923.

Forsthoff, Ernst: Lehrbuch des Verwaltungsrechts, Erster Band, 10. Auflage München 1973.

Foth, Eberhard: Anmerkung, JR 1996, S. 129.

Frentzel, Gerhard / *Jäkel*, Ernst / *Junge*, Werner / *Hinz*, Hans-Werner / *Möllering, Jürgen:* Industrie- und Handelskammergesetz, 6. Auflage Köln 1999.

Frenz, Walter: Die Zugehörigkeit der demokratischen Teilhabe zur gesellschaftlichen Sphäre, Rechtstheorie Bd. 24 (1993), S. 513.

– Wahlrecht – Wahlpflicht?, ZRP 1994, S. 91.

Freytag, Michael: Möglichkeiten und Grenzen einer Parlamentsreform für den Deutschen Bundestag, Regensburg 1990.

Friesenhahn, Ernst: Der politische Eid, Bonn 1928, Nachdruck Darmstadt 1979.

– Parlament und Regierung im modernen Staat, VVDStRL Bd. 16 (1958), S. 9.

Frowein, Jochen Abr.: Das freie Mandat der Gemeindevertreter, DÖV 1976, S. 44.

Fürst, Walther / *Mühl*, Otto / *Arndt*, Horst: Richtergesetz, Berlin 1992.

Füßlein, Peter: Ministerialfreie Verwaltung, Diss. Bonn 1972.

Funk, Ottmar: Grenzen unmittelbarer Demokratie, Diss. Erlangen-Nürnberg 1999.

Gargas, S.: Die Wahlpflicht in den Niederlanden, AöR n.F. Bd. 17 (1929), S. 206.

Geffcken, Heinrich: Die Wahlpflicht, ZfP Bd. 2 (1909), S. 159.

Geitmann, Roland: Volksbegehren „Mehr Demokratie" in Baden-Württemberg, VBlBW 1998, S. 441.

Geller, Gregor / *Kleinrahm*, Kurt: Die Verfassung des Landes Nordrhein-Westfalen, Loseblatt, 3. Auflage, Stand: 2. Erg.-Lfg. 1994.

Gern, Alfons: Deutsches Kommunalrecht, 2. Auflage Baden-Baden 1997.

Giacometti, Zaccaria: Das Staatsrecht der schweizerischen Kantone, Zürich 1941.

von Gierke, Otto: Das Deutsche Genossenschaftsrecht, Dritter Band, Berlin 1881.

Giese, Friedrich: Die Verfassung des Deutschen Reichs, 8. Auflage Berlin 1931.

Goerlich, Helmut: Regelungslücke, normative Verdichtung und richterliche Normfindung – am Beispiel der Amtsenthebung eines regimebelasteten kommunalen Wahlbeamten, LKV 1998, S. 46.

Grabendorff, Walter / *Windscheid*, Clemens / *Ilbertz*, Wilhelm / *Widmaier*, Ulrich: Bundespersonalvertretungsgesetz, 9. Auflage Stuttgart 1999.

Granger, Gilles-Gaston: La mathématique sociale du Marquis de Condorcet, Paris 1956.

Greipl, Christian: Art. 19 IV GG und Entscheidungen von unabhängigen Sachverständigenausschüssen, Diss. Bonn 1988.

Grimm, Christoph / *Caesar*, Peter (Hg.): Verfassung für Rheinland-Pfalz, Baden-Baden 2001.

Gröschner, Rolf: Das Republikprinzip der Weimarer Reichsverfassung, in: Eberhard Eichenhofer (Hg.), 80 Jahre Weimarer Reichsverfassung – Was ist geblieben?, Tübingen 1999, S. 49.

Groß, Thomas: Das Kollegialprinzip in der Verwaltungsorganisation, Tübingen 1999.

Grub, Henning: Die Parlamentsausschüsse in den Kammern des italienischen Parlaments und ihre Funktion im Gesetzgebungsverfahren, Berlin 1996.

Grundlagen eines deutschen Wahlrechts, Bericht der vom Bundesministerium des Inneren eingesetzten Wahlrechtskommission, Bonn 1955.

Guhl, Peter: Prüfungen im Rechtsstaat, Bad Honnef 1978.

Gusy, Christoph: Das Mehrheitsprinzip im demokratischen Staat, AöR Bd. 106 (1981), S. 329.

Haas, Diether: Ausschüsse in der Verwaltung, VerwArch. Bd. 49 (1958), S. 14.

Häberle, Peter: Das Mehrheitsprinzip als Strukturelement der freiheitlich-demokratischen Grundordnung, JZ 1977, S. 241.

Haedrich, Martina: Die Grundpflichten in der Weimarer Reichsverfassung, Möglichkeiten ihrer Fortschreibung heute, in: Eberhard Eichenhofer (Hg.), 80 Jahre Weimarer Reichsverfassung – Was ist geblieben?, Tübingen 1999, S. 179.

Häfelin, Ulrich / *Haller*, Walter: Schweizerisches Bundesstaatsrecht, 4. Auflage Zürich 1998.

Hahn, Carl: Die gesamten Materialien zu den Reichs-Justizgesetzen, Band 1, Abteilung 1, 2. Auflage Berlin 1883, Neudruck Aalen 1983.

Hamann, Andreas: Das Kollegialprinzip und der „Einzelrichter" nach der 4. Novelle zur VwGO, VerwArch. Bd. 83 (1992), S. 201.

Hamann, Andreas / *Lenz*, Helmut: Das Grundgesetz für die Bundesrepublik Deutschland vom 23. Mai 1949, 3. Auflage Neuwied u. a. 1970.

Hatschek, Julius: Englisches Staatsrecht, I. Band, Tübingen 1905.

– Das Parlamentsrecht des Deutschen Reichs, Erster Teil, Berlin u. a. 1915, Nachdruck Berlin u. a. 1973.

Hatschek, Julius / *Kurtzig*, Paul: Deutsches und preußisches Staatsrecht, Zweiter Band, 2. Auflage Berlin 1930.

Haymann, Franz: Die Mehrheitsentscheidung, Festgabe für Rudolf Stammler, Berlin u. a. 1926, S. 395.

Heilfron, Ed. (Hg.): Die Deutsche Nationalversammlung im Jahre 1919, 9 Bde., Berlin o. J.

Heilmann, Hartmut: Verfassungswidrigkeit des Art. 48 Abs. 1 Satz 2 BayGO?, BayVBl. 1984, S. 196.

Hellermann, Johannes: Die sogenannte negative Seite der Freiheitsrechte, Berlin 1993.

Hencke, Astrid: Die Grundpflichten in den Landesverfassungen unter dem Grundgesetz, Diss. Würzburg 1989.

Henke, Wilhelm: Die Republik, in: Josef Isensee / Paul Kirchhof (Hg.), Handbuch des Staatsrechts, Bd. I, 2. Auflage Heidelberg 1995, § 21.

Henneke, Hans-Günter: Das richtige Maß von Unmittelbarkeit und Distanz bei kommunalen Bürgerbegehren und -entscheiden, ZG Bd. 11 (1996), S. 1.

Hennis, Wilhelm: Amtsgedanke und Demokratiebegriff, 2. Festgabe für Rudolf Smend, Tübingen 1962, S. 51.

Herdegen, Matthias: Strukturen und Institute des Verfassungsrechts der Länder, in: Josef Isensee / Paul Kirchhof (Hg.), Handbuch des Staatsrechts, Bd. IV, 2. Auflage Heidelberg 1999, § 97.

Hernekamp, Karl: Formen und Verfahren direkter Demokratie, Frankfurt am Main 1979.

Herzog, Roman: Allgemeine Staatslehre, Frankfurt am Main 1971.

Hesse, Konrad: Die verfassungsrechtliche Stellung der Parteien im modernen Staat, VVDStRL Bd. 17 (1959), S. 11.

– Grundzüge des Verfassungsrechts der Bundesrepublik Deutschland, 20. Auflage Heidelberg 1995.

Heun, Werner: Das Mehrheitsprinzip in der Demokratie, Berlin 1983.

Heußner, Hermann K.: Volksgesetzgebung in den USA und in Deutschland, Köln u. a. 1994.

Heyen, Erk Volkmar: Über Gewissen und Vertrauen des Abgeordneten, Der Staat Bd. 25 (1986), S. 35.

Hien, Eckart: Zum Stimmenthaltungsverbot in den Bayerischen Kommunalgesetzen, BayVBl. 1984, S. 203.

Hill, Hermann: Das fehlerhafte Verfahren und seine Folgen im Verwaltungsrecht, Heidelberg 1986.

Hoegner, Wilhelm: Lehrbuch des Bayerischen Verfassungsrechts, 1949, Nachdruck Goldbach 1995.

Hölscheidt, Sven: Die Praxis der Verfassungsverabschiedung und der Verfassungsänderung in der Bundesrepublik, ZParl. Bd. 26 (1995), S. 58.

Hoffmann-Riem, Wolfgang: Hilfsbeschlußfähigkeit von Kollegialorganen, NJW 1978, S. 393.

Hofmann, Hasso: Grundpflichten und Grundrechte, in: Josef Isensee / Paul Kirchhof (Hg.), Handbuch des Staatsrechts, Bd. V, 2. Auflage Heidelberg 2000, § 114.

Hofmann, Hasso / *Dreier,* Horst: Repräsentation, Mehrheitsprinzip und Minderheitenschutz, in: Hans-Peter Schneider / Wolfgang Zeh (Hg.), Parlamentsrecht und Parlamentspraxis, Berlin u. a. 1989, § 5.

Hofmann, Jochen: Anmerkung, BayVBl. 1984, S. 747.

Honig, Gerhart: Handwerksordnung, 2. Auflage München 1999.

Horn, Hans-Detlef: Mehrheit im Plebiszit, Der Staat Bd. 38 (1999), S. 399.

– Anmerkung, BayVBl. 1999, S. 727.

Huber, Peter M.: Die Vorgaben des Grundgesetzes für kommunale Bürgerbegehren und Bürgerentscheide, AöR Bd. 126 (2001), S. 165.

Hübschmann / Hepp / Spitaler, Abgabenordnung, Loseblatt, Köln, Stand: 169. Erg.-Lfg. Juli 2001.

Hufen, Friedhelm: Fehler im Verwaltungsverfahren, 3. Auflage Baden-Baden 1998.

Immenga, Ulrich / *Mestmäcker,* Ernst-Joachim (Hg.): Gesetz gegen Wettbewerbsbeschränkungen, 3. Auflage München 2001.

Isensee, Josef: Republik – Sinnpotential eines Begriffs, JZ 1981, S. 6.

– Die verdrängten Grundpflichten des Bürgers, DÖV 1982, S. 609.

– Das Volk als Grund der Verfassung, Opladen 1995.

– Gemeinwohl und Staatsaufgaben im Verfassungsstaat, in: ders. / Paul Kirchhof (Hg.), Handbuch des Staatsrechts, Bd. III, 2. Auflage Heidelberg 1996, § 57.

– Verfassungsreferendum mit einfacher Mehrheit, Heidelberg 1999.

– Grundrechtsvoraussetzungen und Verfassungserwartungen, in: ders. / Paul Kirchhof (Hg.), Handbuch des Staatsrechts, Bd. V, 2. Auflage Heidelberg 2000, § 115.

– Volksgesetzgebung – Vitalisierung oder Störung der parlamentarischen Demokratie?, DVBl. 2001, S. 1161.

Jarass, Hans-Dieter / *Pieroth,* Bodo: Grundgesetz, 6. Auflage München 2002.

Jellinek, Georg: System der subjektiven öffentlichen Rechte, 2. Auflage Tübingen 1905.

– Das Pluralwahlrecht und seine Wirkungen, Dresden 1905, in: ders., Das Recht der Minoritäten, Nachdruck hrsg. von Walter Pauly, Goldbach 1996.

– Besondere Staatslehre, in: ders., Ausgewählte Schriften und Reden, Zweiter Band, Berlin 1911, S. 153.

– Mirabeau und das demokratische Wahlrecht, in: ders., Ausgewählte Schriften und Reden, Zweiter Band, Berlin 1911, S. 82.

– Allgemeine Staatslehre, 3. Auflage 1913, Neudruck Kronberg 1976.

Jellinek, Walter: Das verfassungsändernde Reichsgesetz, in: Gerhard Anschütz / Richard Thoma (Hg.), Handbuch des deutschen Staatsrechts, Zweiter Band, Tübingen 1932, Nachdruck hrsg. von Walter Pauly, Tübingen 1998, S. 182.

– Kabinettsfrage und Gesetzgebungsnotstand nach dem Bonner Grundgesetz, VVDStRL Bd. 8 (1950), S. 3.

– Die gesetzliche Mitgliederzahl, Festschrift für Herbert Kraus, Kitzingen / Main 1954, S. 88.

Jestaedt, Matthias: Demokratieprinzip und Kondominialverwaltung, Berlin 1993.

Jürgens, Gunther: Direkte Demokratie in den Bundesländern, Stuttgart u. a. 1993.

Jung, Otmar: Die Landesverfassungsreferenden des Jahres 1994, LKV 1995, S. 319.

– Kommunale Direktdemokratie mit Argusaugen gesehen, BayVBl. 1998, S. 225.

– 50 Jahre verfassungswidrige Praxis der Volksgesetzgebung in Bayern?, BayVBl. 1999, S. 417.

– Aktuelle Probleme der direkten Demokratie in Deutschland, ZRP 2000, S. 440.

Jungheim, B.: Die Geschäftsordnung für den Reichstag, Berlin 1916.

Jutzi, Siegfried: Losentscheid im Gesetzgebungsverfahren, ZRP 1996, S. 380.

Kadel, Werner: Mindestwahlbeteiligung als demokratisches Legitimationserfordernis?, JR 1988, S. 54.

Kägi, Werner: Die Verfassung als rechtliche Grundordnung des Staates, Neudruck Zürich 1971.

Kaisenberg, Georg: Art. 125. Wahlfreiheit und Wahlgeheimnis, in: Hans Carl Nipperdey (Hg.), Die Grundrechte und Grundpflichten der Reichsverfassung, Zweiter Band, Berlin 1930, S. 161.

– Insbesondere: Die formelle Ordnung des Volksbegehrens und des Volksentscheides in Reich und Ländern, in: Gerhard Anschütz / Richard Thoma (Hg.), Handbuch des Deutschen Staatsrechts, Zweiter Band, Tübingen 1932, Nachdruck hrsg. von Walter Pauly, Tübingen 1998, S. 204.

Karlsruher Kommentar zur Strafprozeßordnung, hrsg. von Gerd Pfeiffer, 4. Auflage München 1999.

Katholnigg, Otto: Strafgerichtsverfassungsrecht, 3. Auflage Köln u. a. 1999.

Kazele, Norbert: Interessenkollisionen und Befangenheit im Verwaltungsrecht, Berlin 1990.

Kelsen, Hans: Kommentar zur österr. Reichsratswahlordnung, Wien 1907.

– Hauptprobleme der Staatsrechtslehre, 2. Auflage Tübingen 1923.

– Allgemeine Staatslehre, 1925, Nachdruck Wien 1993.

– Vom Wesen und Wert der Demokratie, 2. Auflage Tübingen 1929, 2. Neudruck Aalen 1981.

– Was ist Gerechtigkeit ?, 2. Auflage Wien 1975.

Graf Kielmansegg, Peter: Volkssouveränität, Stuttgart 1977.

Kimme, Johannes: Das Repräsentativsystem, Berlin 1988.

Kirchhof, Paul: Der allgemeine Gleichheitssatz, in: Josef Isensee / Paul Kirchhof (Hg.), Handbuch des Staatsrechts, Bd. V, 2. Auflage Heidelberg 2000, § 124.

Kissel, Otto Rudolf: Gerichtsverfassungsgesetz, 3. Auflage München 2001.

Klein, Hans Hugo: Demokratie und Selbstverwaltung, Festschrift für Ernst Forsthoff zum 70. Geburtstag, 2. Auflage München 1974, S. 165.

– Status des Abgeordneten, in: Josef Isensee / Paul Kirchhof (Hg.), Handbuch des Staatsrechts, Bd. II, 2. Auflage Heidelberg 1998, § 41.

Kluth, Winfried: Rechtsfragen der verwaltungsrechtlichen Willenserklärung, NVwZ 1990, S. 608.

Knack, Hans-Joachim: Verwaltungsverfahrengesetz, 7. Auflage Köln u. a. 2000.

Knemeyer, Franz-Ludwig: Direkte Demokratie und funktionsfähige kommunale Selbstverwaltung, DVBl. 1998, S. 113.

Koch, Horst Heinrich / *Steinmetz,* Hans-Peter: Gegen Einzelrichter im Verwaltungsprozeß, DÖV 1981, S. 50.

Köttgen, Arnold: Abgeordnete und Minister als Statusinhaber, Gedächtnisschrift Walter Jellinek, München 1955, S. 195.

Kopp, Ferdinand O. / *Ramsauer,* Ulrich: Verwaltungsverfahrensgesetz, 7. Auflage München 2000.

Kopp, Ferdinand O. / *Schenke,* Wolf-Rüdiger: Verwaltungsgerichtsordnung, 12. Auflage München 2000.

Krause, Peter: Freies Mandat und Kontrolle der Abgeordnetentätigkeit, DÖV 1974, S. 325.

– Verfassungsrechtliche Möglichkeiten unmittelbarer Demokratie, in: Josef Isensee / P. Kirchhof (Hg.), Handbuch des Staatsrechts, Bd. II, 2. Auflage Heidelberg 1998, § 39.

Kremer, Klemens: Präsenz im Plenum, Festschrift Werner Blischke, Berlin 1982, S. 9.

Kriele, Martin: Das demokratische Prinzip im Grundgesetz, VVDStRL Bd. 29 (1971), S. 46.

– Einführung in die Staatslehre, 5. Auflage Opladen 1994.

Krüger, Herbert: Allgemeine Staatslehre, 2. Auflage Stuttgart u. a. 1966.

– Verfassungsvoraussetzungen und Verfassungserwartungen, FS Ulrich Scheuner, Berlin 1973, S. 285.

Krüger, Hildegard: Anmerkung, DÖV 1952, 249.

Kühne, Jörg-Detlef: Die Abgeordnetenbestechung, Frankfurt 1971.

– Zur Typologie und verfassungsrechtlichen Einordnung von Volksabstimmungen – eine rechtsvergleichende Einführung, in: ders. / Friedrich Meißner (Hg.), Züge unmittelbarer Demokratie in der Gemeindeverfassung, Göttingen 1977, S. 17.

– Gerichtliche Überprüfung parlamentarischer Beschlußfähigkeit, ZParl. Bd. 9 (1978), S. 34.

– Volksvertretungen im monarchischen Konstitutionalismus, in: Hans-Peter Schneider / Wolfgang Zeh (Hg.), Parlamentsrecht und Parlamentspraxis, Berlin u. a. 1989, § 2.

Kunig, Philip: Das Rechtsstaatsprinzip, Tübingen 1986.

Laband, Paul: Die Wandlungen der deutschen Reichsverfassung, Dresden 1895.

– Die Reform des Wahlrechts in Belgien, DJZ 1900, S. 218.

– Das Staatsrecht des Deutschen Reichs, Erster Band, 5. Auflage Tübingen 1911.

Lachner, Stephanie / *Mittendorf,* Volker: Bürgerbegehren in Niedersachsen: wenig bürgerfreundlich, in: H. K. Heußner / O. Jung (Hg.), Mehr direkte Demokratie wagen, München 1999, S. 319.

Lambrecht, Christoph: Die Stimmenthaltung bei Abstimmungen und die Nein-Stimme bei Wahlen, Diss. Frankfurt am Main 1988.

Lang, Heinrich: Das Problem der Wahl- und Stimmpflicht, seine Lösung im geltenden Recht der europäischen Staaten und seine Grundlagen in der Bundesrepublik Deutschland, Diss. Freiburg i. Br. 1962.

Lege, Joachim: Verfassungsänderung oder Verfassungsinterpretation ?, DÖV 2000, S. 283.

Leibholz, Gerhard: Das Wesen der Repräsentation, 3. Auflage Berlin 1966.

– Der Strukturwandel in der modernen Demokratie, in: ders., Strukturprobleme der modernen Demokratie, Frankfurt am Main 1974, S. 78.

Liesegang, Helmuth: Zur verfassungsrechtlichen Problematik der Bundestagsauflösung, NJW 1983, S. 147.

Linck, Joachim / *Jutzi,* Siegfried / *Hopfe,* Jörg: Die Verfassung des Freistaates Thüringen, Stuttgart u. a. 1994.

Link, Christoph: Zeugen Jehovas und Körperschaftsstatus, ZevKR Bd. 43 (1998), S. 1.

Lohmann, Hans Henning: Die Zweckmäßigkeit der Ermessensausübung als verwaltungsrechtliches Rechtsprinzip, Berlin 1972.

Löwe / Rosenberg: Die Strafprozeßordnung und das Gerichtsverfassungsgesetz, 24. Auflage, 6 Bde., Berlin u. a. 1988 ff.

Löwer, Wolfgang: Rechtsprobleme der Stimmrechtszählung im Wissenschaftsrat, WissR 1996, S. 117.

Luchterhand, Otto: Grundpflichten als Verfassungsproblem in Deutschland, Berlin 1988.

von Lucius, Robert: Gesetzgebung durch Parlamentsausschüsse ?, AöR Bd. 97 (1972), S. 568.

von Mangoldt, Hans: Das Bonner Grundgesetz, Berlin u. a. 1953.

von Mangoldt, Hans / *Klein,* Friedrich: Das Bonner Grundgesetz, 3 Bde., 2. Auflage Berlin u. a. 1957 ff.

von Mangoldt, Hans / *Klein,* Friedrich / *Starck,* Christian: Das Bonner Grundgesetz, 3 Bde., 4. Auflage München 1999 ff.

Martens, Horst: Freies Mandat oder Fraktionsdisziplin ?, DVBl. 1965, S. 865.

Maunz, Theodor: Die Rechtsstellung der Mandatsträger im Bundesrat, in: Bundesrat (Hg.), Der Bundesrat als Verfassungsorgan und politische Kraft, Bad Honnef u. a. 1974, S. 195.

Maunz, Theodor / *Dürig,* Günter: Grundgesetz, 5 Bde., Loseblatt, München, Stand: 39. Erg.-Lfg. Juli 2001.

Maunz, Theodor / *Schmidt-Bleibtreu,* Bruno / *Klein,* Franz / *Ulsamer,* Gerhard: Bundesverfassungsgerichtsgesetz, Loseblatt, München, Stand: 20. Erg.-Lfg. Juni 2001.

Maurer, Hartmut: Verfassungsrecht, in: ders. / Reinhard Hendler (Hg.), Baden-Württembergisches Staats- und Verwaltungsrecht, Frankfurt am Main 1990, S. 27.

– Staatsrecht I, 2. Auflage München 2001.

– Allgemeines Verwaltungsrecht, 13. Auflage München 2000.

Maus, Wilhelm / *Schmidt,* Klaus: Heimarbeitsgesetz, 4. Auflage München 1998.

May, Thomas Erskine: The Law, Privileges, Proceedings and Usage of Parliament, hrsg. von T. Lonsdale Webster, 13. Auflage London 1924.

– The Law, Privileges, Proceedings and Usage of Parliament, hrsg. von Campion und T.G.B. Cocks, 15. Auflage London 1950.

Meder, Theodor: Die Verfassung des Freistaates Bayern, 4. Auflage Stuttgart u. a. 1992.

Mengel, Hans-Joachim: Gesetzgebung und Verfahren, Berlin 1997.

Merten, Detlef: Wahlrecht und Wahlpflicht, Festschrift für Johannes Broermann, Berlin 1982, S. 301.

– Handlungsrechte als Verhaltensgarantien – zugleich ein Beitrag zur Funktion der Grundrechte, VerwArch. Bd. 73 (1982), S. 103.

– Bürgerverantwortung im demokratischen Verfassungsstaat, VVDStRL Bd. 55 (1996), S. 7.

Meyer, Georg: Das parlamentarische Wahlrecht, Berlin 1901.

Meyer, Georg / *Anschütz,* Gerhard: Lehrbuch des Deutschen Staatsrechts, Zweiter Teil, 7. Auflage München u. a. 1917.

Meyer, Hans: Das parlamentarische Regierungssystem des Grundgesetzes, VVDStRL Bd. 33 (1975), S. 69.

– Die Stellung der Parlamente in der Verfassungsordnung des Grundgesetzes, in: Hans-Peter Schneider / Wolfgang Zeh (Hg.), Parlamentsrecht und Parlamentspraxis, Berlin u. a. 1989, § 4.

Meyer, Hans / *Borgs-Maciejewski,* Hermann: Verwaltungsverfahrensgesetz, 2. Auflage Frankfurt 1982.

Meyer-Ladewig, Jens: Sozialgerichtsgesetz, 7. Auflage München 2002.

Meyn, Karl-Ulrich: Aspekte zur Problematik von Beurteilungsspielraum und Ermessen, JA 1980, S. 327.

Mitteis, Heinrich: Die deutsche Königswahl, Baden bei Wien 1938.

Mommsen, Theodor: Römisches Strafrecht, Leipzig 1899.

Morlok, Martin: Die Folgen von Verfahrensfehlern am Beispiel von kommunalen Satzungen, Berlin 1988.

Morlok, Martin / *Heinig,* Michael: Parität im Leistungsstaat – Körperschaftsstatus nur bei Staatsloyalität ?, NVwZ 1999, S. 697.

Moser, Johann Jacob: Von denen Teutschen Reichs-Taegen, Erster Theil, Franckfurt und Leipzig 1774.

Muckel, Stefan: Bürgerbegehren und Bürgerentscheid – wirksame Instrumente unmittelbarer Demokratie in den Gemeinden ?, NVwZ 1997, S. 223.

von Münch, Ingo / *Kunig,* Philip: Grundgesetz, 3 Bde., 3. Auflage München 1985 ff.

– Grundgesetz, 2 Bde., 5. Auflage München 2000 f.

Münchener Kommentar zur Zivilprozeßordnung, hrsg. von Gerhard Lüke und Peter Wax, 3 Bde., 2. Auflage München 2000.

Münsterischer Kommentar zum Codex Iuris Canonici, hrsg. von Klaus Lüdicke, Band 1, Münster, Stand: 34. Erg.-Lfg. November 2000.

Mußgnug, Reinhard: Das Recht auf den gesetzlichen Verwaltungsbeamten ?, Göttingen 1970.

Nawiawsky, Hans: Die Verfassung des Freistaates Bayern, Loseblatt, München, Stand: 11. Erg.-Lfg. Juli 2000.

Nef, Hans: Die Fortbildung der schweizerischen Demokratie, FG Zaccaria Giacometti, Zürich 1953, S. 203.

Niehues, Norbert: Schul- und Prüfungsrecht, Band 2, 3. Auflage München 1994.

Neumann, Heinzgeorg: Die Verfassung der Freien Hansestadt Bremen, Stuttgart u. a. 1996.

Neumann, Peter: Die zunehmende Bedeutung der Volksgesetzgebung im Verfassungsrecht – das Beispiel Nordrhein-Westfalen, in: ders. / Stefan von Raumer (Hg.), Die verfassungsrechtliche Ausgestaltung der Volksgesetzgebung, S. 17.

Nomos-Kommentar zur Verwaltungsgerichtsordnung, hrsg. von Helge Sodan und Jan Ziekow, 3 Bde., Loseblatt, Baden-Baden, Stand: 4. Erg.-Lfg. Februar 2002.

Nowak, Manfred: Politische Grundrechte, Wien u. a. 1988.

Obermayer, Klaus: Kommentar zum Verwaltungsverfahrensgesetz, hrsg. von Roland Fritz, 3. Auflage Neuwied 1999.

Öhlinger, Theo: Verfassungsrecht, 3. Auflage Wien 1997.

Ossenbühl, Fritz: Zur Renaissance der administrativen Beurteilungsermächtigung, DÖV 1972, S. 401.

Ott, Yvonne: Der Parlamentscharakter der Gemeindevertretung, Baden-Baden 1994.

Pauly, Walter: Anfechtbarkeit und Verbindlichkeit von Weisungen in der Bundesauftragsverwaltung, Berlin 1989.

– Verfassung, in: Adalbert Erler / Ekkehard Kaufmann / Dietrich Werkmüller (Hg.), Handwörterbuch zur deutschen Rechtsgeschichte, Band V, Berlin 1993.

– Die Entwicklung des Staats- und Verwaltungsrechts in Sachsen im Spiegel der Jahrbücher des Sächsischen Oberverwaltungsgerichts, SächsVBl. 1996, S. 101.

– Josef Isensee. Das Volk als Grund der Verfassung, AöR Bd. 121 (1996), S. 465.

– Majorität und Minorität, in: Georg Jellinek, Das Recht der Minoritäten, Wien 1898, Nachdruck hrsg. von Walter Pauly, Goldbach 1996, S. VII*.

– Das Wahlrecht in der neueren Rechtsprechung des Bundesverfassungsgerichts, AöR Bd. 123 (1998), S. 232.

– Die neue Sachlichkeit der Staatsrechtslehre in der Demokratie, in: Gerhard Anschütz / Richard Thoma (Hg.), Handbuch des Deutschen Staatsrechts, Erster Band, Tübingen 1930, Nachdruck hrsg. von Walter Pauly, Tübingen 1998, S. 3*.

– Die Stellung der Weimarer Reichsverfassung in der deutschen Verfassungsgeschichte, in: Eberhard Eichenhofer (Hg.), 80 Jahre Weimarer Reichsverfassung – Was ist geblieben ?, Tübingen 1999, S. 1.

Perels, Kurt: Das autonome Reichstagsrecht, Berlin 1903.

Pertile, Antonio: Storia del Diritto Italiano, Volume II. – Parte I., 2. Auflage Turin 1897.

Pestalozza, Christian: Der Popularvorbehalt, Berlin u. a. 1981.

Peters, Karl: Strafprozeß, 4. Auflage Heidelberg 1985.

Pfennig, Gero / *Neumann,* Manfred J.: Verfassung von Berlin, 3. Auflage Berlin u. a. 2000.

Pieroth, Bodo / *Schlink,* Bernhard: Grundrechte Staatsrecht II, 17. Auflage Heidelberg 2001.

Pierre, Eugène: Traité de droit politique électoral et parlementaire, Paris 1893.

Pietzcker, Jost: Verfassungsrechtliche Anforderungen an die Ausgestaltung staatlicher Prüfungen, Berlin 1975.

Pietzner, Rainer: Petitionsausschuß und Plenum, Berlin 1974.

Plate, A.: Die Geschäftsordnung des Preußischen Abgeordnetenhauses, Berlin 1903.

Poetzsch-Heffter, Fritz: Handkommentar der Reichsverfassung, 3. Auflage Berlin 1928.

Pohl, Heinrich: Das Reichstagswahlrecht, in: Gerhard Anschütz / Richard Thoma (Hg.), Handbuch des Deutschen Staatsrechts, Erster Band, Tübingen 1930, Nachdruck hrsg. von Walter Pauly, Tübingen 1998, S. 386.

Popp, Walter: Soziale Mathematik der Mehrheitsentscheidung, in: Adalbert Podlech (Hg.), Rechnen und Entscheiden, Berlin 1977, S. 25.

Poscher, Ralf: Die Opposition als Rechtsbegriff, AöR Bd. 122 (1997), S. 444.

Posser, Dieter: Der Bundesrat und seine Bedeutung, in: Ernst Benda / Werner Maihofer / Hans-Jochen Vogel (Hg.), Handbuch des Verfassungsrechts, 2. Auflage Berlin u. a. 1994, § 24.

Przygode, Stefan: Die deutsche Rechtsprechung zur unmittelbaren Demokratie, Baden-Baden 1995.

Püttner, Günter: Verwaltungslehre, 3. Auflage München 2000.

Radbruch, Gustav: Die politischen Parteien im System des deutschen Verfassungsrechts, in: Gerhard Anschütz / Richard Thoma (Hg.), Handbuch des Deutschen Staatsrechts, Erster Band, Tübingen 1930, Nachdruck hrsg. von Walter Pauly, Tübingen 1998, S. 285.

Rauch, Karl (Hg.): Traktat über den Reichstag im 16. Jahrhundert, Weimar 1905.

Redeker, Konrad / *von Oertzen,* Hans-Joachim / *Redeker,* Martin / *Kothe,* Peter: Verwaltungsgerichtsordnung, 13. Auflage Stuttgart u. a. 2000.

Redlich, Josef: Recht und Technik des Englischen Parlamentarismus, Leipzig 1905.

Reich, Andreas: Verfassung des Landes Sachsen-Anhalt, Bad Honnef 1994.

Reuter, Konrad: Praxishandbuch Bundesrat, Heidelberg 1991.

Rinken, Alfred: Volksgesetzgebung und Verfassung, Festschrift für Alexander Hollerbach, Berlin 2001, S. 403.

Ritzel, Heinrich Georg / *Bücker,* Joseph / *Schreiner,* Hermann J.: Handbuch für die Parlamentarische Praxis, Neuwied u. a., Stand: 15. Erg.-Lfg. Januar 2002.

Röttger, Heinrich-Eckhart: Forum: Die parlamentarische Stimmrechtsbeschränkungsvereinbarung („Pairing"), JuS 1977, S. 7.

Roller, Machtolf: Weisungsfreie Ausschüsse in der Verwaltung und Ministerialverantwortlichkeit, Diss. Tübingen 1966.

Roth, Thomas: Das Grundrecht auf den gesetzlichen Richter, Berlin 2000.

Rousseau, Jean-Jacques: Du contrat social, 1762, Ausgabe hrsg. von Pierre Burgelin, Paris 1992.

Roxin, Claus: Strafverfahrensrecht, 25. Auflage München 1998.

Rühl, Ulli F. H.: Das „freie Mandat": Elemente einer Interpretations- und Problemgeschichte, Der Staat Bd. 39 (2000), S. 23.

Rüping, Hinrich: Das Strafverfahren, 3. Auflage München 1997.

Rupp, Hans Heinrich: Grundfragen der heutigen Verwaltungsrechtslehre, 2. Auflage Tübingen 1991.

Sachs, Michael: Bürgerverantwortung im Verfassungsstaat, DVBl. 1995, S. 873.

– (Hg.): Grundgesetz, 2. Auflage München 1999.

– Das parlamentarische Regierungssystem und der Bundesrat – Entwicklungsstand und Reformbedarf, VVDStRL Bd. 58 (1999), S. 39.

– Kann im Rahmen der Volksgesetzgebung in Nordrhein-Westfalen bei einem auf eine Verfassungsänderung gerichteten Volksentscheid auf qualifizierte Anforderungen verzichtet werden ?, in: Peter Neumann / Stefan von Raumer (Hg.), Die verfassungsrechtliche Ausgestaltung der Volksgesetzgebung, Baden-Baden 1999, S. 135.

– Verfassungsrecht II Grundrechte, Berlin u. a. 2000.

Sacksofsky, Ute: Landesverfassungen und Grundgesetz – am Beispiel der Verfassungen der neuen Bundesländer, NVwZ 1993, S. 235.

Saladin, Peter: Verantwortung als Rechtsprinzip, Bern u. a. 1984.

Sampels, Guido: Bürgerpartizipation in den neuen Länderverfassungen, Berlin 1998.

Scheuner, Ulrich: Das Mehrheitsprinzip in der Demokratie, Opladen 1973.

– Konsens und Pluralismus als verfassungsrechtliches Problem, in: ders. Staatstheorie und Staatsrecht, Berlin 1978, S. 135.

Schiffmann, Gerfried: Die Bedeutung der ehrenamtlichen Richter bei Gerichten der allgemeinen Verwaltungsgerichtsbarkeit, Berlin 1974.

Schilken, Eberhard: Gerichtsverfassungsrecht, 2. Auflage Köln u. a. 1993.

Schliesky, Utz: Die Weiterentwicklung von Bürgerbegehren und Bürgerentscheid, ZG Bd. 14 (1999), S. 91.

Schmidt, Eberhard: Lehrkommentar zur Strafprozeßordnung und zum Gerichtsverfassungsgesetz, 3 Bde., Göttingen 1952 ff.

Schmidt, Johann: Die Besetzung der Richterbank (II), in: Zehn Jahre Verwaltungsgerichtsordnung, Berlin 1970, S. 85.

Schmidt, Thorsten Ingo: Grundpflichten, Baden-Baden 1999.

Schmidt-Bleibtreu, Bruno / *Klein,* Franz: Kommentar zum Grundgesetz, 9. Auflage Neuwied 1999.

Schmidt-Räntsch, Günther / *Schmidt-Räntsch,* Jürgen: Deutsches Richtergesetz, 5. Auflage München 1995.

Schmitt, Carl: Verfassungslehre, 5. Auflage Berlin 1970.

– Legalität und Legitimität, 5. Auflage Berlin 1993.

Schmitt, Horst: Das legislative Votum, Diss. Bonn 1959.

Schmitt Glaeser, Walter: Die grundrechtliche Freiheit des Bürgers zur Mitwirkung an der Willensbildung, in: Josef Isensee / Paul Kirchhof (Hg.), Handbuch des Staatsrechts, Bd. II, 2. Auflage Heidelberg 1998, § 31.

– Grenzen des Plebiszits auf kommunaler Ebene, DÖV 1998, S. 824.

Schnapp, Friedrich E.: Amtsrecht und Beamtenrecht, Berlin 1977.

Schneider, Karl Georg: Die Abstimmung unter besonderer Berücksichtigung der verschiedenen Mehrheitsbegriffe, Diss. Heidelberg 1951.

Schnellenbach, Helmut: Das Spruchkörperprinzip in der Verwaltungsgerichtsbarkeit, Festschrift für Christian-Friedrich Menger, Köln u. a. 1985, S. 341.

Schoch, Friedrich / *Schmidt-Aßmann,* Eberhard / *Pietzner,* Rainer (Hg.): Verwaltungsgerichtsordnung, 2 Bde., Loseblatt, München, Stand: 7. Erg.-Lfg. Januar 2002.

Schönberger, Christoph: Vom repräsentativen Parlamentarismus zur plebiszitären Präsidialdemokratie: Raymond Carré de Malberg (1861 – 1935) und die Souveränität der französischen Nation, Der Staat Bd. 34 (1995), S. 359.

Schreiber, Wolfgang: Handbuch des Wahlrechts zum Deutschen Bundestag, 6. Auflage Köln u. a. 1998.

Schröder, Meinhard: Grundlagen und Anwendungsbereich des Parlamentsrechts, Baden-Baden 1979.

– Aufgaben der Bundesregierung, in: J. Isensee / P. Kirchhof (Hg.), Handbuch des Staatsrechts, Bd. II, 2. Auflage Heidelberg 1998, § 50.

Schubert, Jörg: Das „Prinzip Verantwortung" als verfassungsrechtliches Rechtsprinzip, Baden-Baden 1998.

Schuldei, Marcus: Die Pairing-Vereinbarung, Berlin 1997.

Schweiger, Karl: Verfassungsgerichtshof als Verfassungsgeber ?, BayVBl. 2000, S. 195.

– Verfassungsgericht und Plebiszit, BayVBl. 2002, S. 65.

Seifert, Karl-Heinz: Bundeswahlrecht, 3. Auflage München 1976.

von Seydel, Max: Commentar zur Verfassungsurkunde für das Deutsche Reich, 2. Auflage Freiburg i. Br. u. a. 1897.

Simma, Bruno (Hg.): Charta der Vereinten Nationen, München 1991.

Smend, Rudolf: Maßstäbe des parlamentarischen Wahlrechts in der deutschen Staatstheorie des 19. Jahrhunderts, in: ders., Staatsrechtliche Abhandlungen. 3. Auflage Berlin 1994, S. 19.

Sodan, Helge: Kollegiale Funktionsträger als Verfassungsproblem, Diss. Berlin 1986.

Spies, Ute: Bürgerversammlung – Bürgerbegehren – Bürgerentscheid, Stuttgart u. a. 1999.

Spitta, Theodor: Kommentar zur Bremischen Verfassung von 1947, Bremen 1960.

Starck, Christian: Die Verfassungen der neuen Länder, in: Josef Isensee / Paul Kirchhof (Hg.), Handbuch des Staatsrechts, Bd. IX, Heidelberg 1997, § 208.

Staveley, E. S.: Greek and Roman Voting and Elections, London 1972.

Steiger, Heinhard: Organisatorische Grundlagen des parlamentarischen Regierungssystems, Berlin 1973.

Steinberg, Rudolf: Organisation und Verfahren bei der Verfassungsgebung in den Neuen Bundesländern, ZParl. Bd. 23 (1992), S. 497.

Stelkens, Paul / *Bonk,* Heinz Joachim / *Sachs,* Michael (Hg.): Verwaltungsverfahrensgesetz, 6. Auflage München 2001.

Stern, Klaus: Das Staatsrecht der Bundesrepublik Deutschland, Bd. I, 2. Auflage München 1984, Bd. II, München 1980.

Stiens, Andrea: Chancen und Grenzen der Landesverfassungen im deutschen Bundesstaat der Gegenwart, Berlin 1997.

Stober, Rolf: Grundpflichten und Grundgesetz, Berlin 1979.

– Vom sozialen Rechtsstaat zum egoistischen Rechthaberschutzstaat ?, DÖV 1998, S. 775.

Storr, Stefan: Verfassunggebung in den Ländern, Stuttgart u. a. 1995.

Straßberger, Gudrun: Abstimmungspraxis und Abstimmungsrechtsgrundsätze in der Bundesrepublik Deutschland, Diss. Würzburg 1969.

Streinz, Rudolf: Bürgerbegehren und Bürgerentscheid, Die Verwaltung Bd. 16 (1983), S. 293.

Süsterhenn, Adolf / *Schäfer,* Hans: Kommentar der Verfassung für Rheinland-Pfalz, Koblenz 1950.

Tannert, Carl: Die Fehlgestalt des Volksentscheides, Breslau 1929.

Tatarin-Tarnheyden, Edgar: Die Rechtsstellung der Abgeordneten; ihre Pflichten und Rechte, in: Gerhard Anschütz / Richard Thoma (Hg.), Handbuch des Deutschen Staatsrechts, Erster Band, Tübingen 1930, Nachdruck hrsg. von Walter Pauly, Tübingen 1998, S. 413.

Thiele, Burkhard / *Pirsch,* Jürgen / *Wedemeyer,* Kai: Die Verfassung des Landes Mecklenburg-Vorpommern, Berlin 1995.

Thieme, Werner: Verwaltungslehre, 4. Auflage Köln u. a. 1984.

Thoma, Richard: Die juristische Bedeutung der grundrechtlichen Sätze der Deutschen Reichsverfassung im allgemeinen, in: Hans Carl Nipperdey (Hg.), Die Grundrechte und Grundpflichten der Reichsverfassung, Erster Band, Berlin u. a. 1929, S. 1.

– Das Reich als Demokratie, in: Gerhard Anschütz / Richard Thoma (Hg.), Handbuch des Deutschen Staatsrechts, Erster Band, Tübingen 1930, Nachdruck hrsg. von Walter Pauly, Tübingen 1998, S. 186.

Thum, Cornelius: Zur Ausgestaltung des Mehrheitsprinzips in der unmittelbaren Demokratie, BayVBl. S. 2000, S. 33 und 74.

Tillmanns, Reiner: Zum Mehrheitserfordernis bei Abstimmungen über verfassungsändernde Volksentscheide, NVwZ 2002, S. 54.

Tobler, Christof: Der Stimmzwang in den schweizerischen Kantonen, Diss. Zürich 1945.

Triepel, Heinrich: Wahlrecht und Wahlpflicht, Dresden 1900.

– Emil Spira. Die Wahlpflicht, ZfP Bd. 4 (1911), S. 597.

Troßmann, Hans: Parlamentsrecht des Deutschen Bundestages, München 1977.

Troßmann, Hans / *Roll,* Hans-Achim: Parlamentsrecht des Deutschen Bundestages, Ergänzungsband, München 1981.

Trute, Hans-Heinrich: Funktionen der Organisation und ihre Abbildung im Recht, in: Eberhard Schmidt-Aßmann / Wolfgang Hoffmann-Riem (Hg.), Verwaltungsorganisationsrecht als Steuerungsressource, Baden-Baden 1997, S. 249.

Uerpmann, Robert: Das öffentliche Interesse, Tübingen 1999.

Ule, Carl Hermann / *Laubinger,* Hans Werner: Verwaltungsverfahrensrecht, 4. Auflage Köln u. a. 1995.

Umbach, Dieter C. / *Clemens,* Thomas (Hg.): Bundesverfassungsgerichtsgesetz, Heidelberg 1992.

Völter, Michael: Aufgaben und Pflichten von Verwaltungsräten, 2. Auflage Stuttgart 1994.

Vogels, Aloys: Die staatsrechtliche Stellung der Bundesratsbevollmächtigten, Tübingen 1911.

Vonderbeck, Hans-Josef: Die parlamentarische Beschlußfähigkeit, Festgabe für Werner Blischke, Berlin 1982, S. 193.

Voßkuhle, Andreas: Rechtsschutz gegen den Richter, München 1993.

Vutkovich, Alexander: Wahlpflicht, Pressburg 1906.

Wacke, Andreas: „Schöffenstreik" – oder Schöffenmut gegenüber Berufsrichtern ?, NJW 1995, S. 1199.

Waechter, Kay: Kommunalrecht, 3. Auflage Köln u. a. 1997.

Wagner, Reinhard: Die Zulässigkeit des parlamentarischen Doppelmandats, Berlin 1984.

Wahl, Rainer: Der Vorrang der Verfassung, Der Staat Bd. 20 (1981), S. 485.

de Wall, Heinrich: Die Anwendbarkeit privatrechtlicher Vorschriften im Verwaltungsrecht, Tübingen 1999.

Walter, Robert / *Mayer,* Heinz: Grundriß des österreichischen Bundesverfassungsrechts, Wien 1996.

Weber, Albrecht: Direkte Demokratie im Landesverfassungsrecht, DÖV 1985, S. 178.

Weber, Werner: Die Verfassungsfrage in Niedersachsen, DVBl. 1950, S. 593.

Weigert, Oscar: Art. 163. Betätigungspflicht und Arbeitslosenhilfe, in: Hans Carl Nipperdey (Hg.), Die Grundrechte und Grundpflichten der Reichsverfassung, Dritter Band, Berlin 1930, S. 485.

Wengler, Wilhelm: Völkerrecht, Band II, Berlin u. a. 1964.

Widtmann, Julius / *Grasser,* Walter / *Glaser,* Erhard: Bayerische Gemeindeordnung, Loseblatt, München, 3. Auflage, Stand: 9. Erg.-Lfg. Juni 1999.

Wieczorek, Bernhard: Zivilprozeßordnung und Nebengesetze, Fünfter Band, Berlin 1957.

Wieczorek, Bernhard / *Schütze,* Rolf A.: Zivilprozeßordnung und Nebengesetze, Fünfter Band, 3. Auflage Berlin 1995.

Wiegand, Bernd / *Grimberg,* Michael: Gemeindeordnung für das Land Sachsen-Anhalt, 2. Auflage München 1997.

Wolf, Manfred: Gerichtsverfassungsrecht aller Gerichtszweige, 6. Auflage München 1987.

Wolff, Hans J. / *Bachof,* Otto: Verwaltungsrecht I, 9. Auflage München 1974.

– Verwaltungsrecht II, 4. Auflage München 1976.

Wolff, Hans J. / *Bachof,* Otto / *Stober,* Rolf: Verwaltungsrecht, Band 1, 11. Auflage München 1999.

Wurzel, Gabriele: Gemeinderat als Parlament ?, Würzburg 1975.

Zacke, A.: Über Beschlussfassung in Versammlungen und Collegien, Leipzig 1867.

Zimmermann, F. W. R.: Wahlzwang durch Geldstrafe für unentschuldigte Wahlenthaltung, AnnDR 1901, S. 81.

Zinn, Georg August / *Stein,* Erwin: Verfassung des Landes Hessen, 2 Bde., Loseblatt, Baden-Baden, Stand: 16. Erg.-Lfg. Januar 1999.

Zippelius, Reinhold: Zur Rechtfertigung des Mehrheitsprinzips in der Demokratie, Mainz u. a. 1987.

Zivier, Ernst R.: Verfassung und Verwaltung von Berlin, 3. Auflage Berlin 1998.

Zuck, Rüdiger: Politische Sekundärtugenden (III): Die Kunst, das Los zu werfen, NJW 1997, S. 297.

Sachwortverzeichnis

FSC
www.fsc.org
MIX
Papier | Fördert gute Waldnutzung
FSC® C083411

Kolibri 360 GmbH
Ferdinand-Jühlke-Straße 7
99095 Erfurt, Deutschland
produktsicherheit@kolibri360.de

Druck:
CPI Druckdienstleistungen GmbH
im Auftrag der
Kolibri 360 GmbH
Ferdinand-Jühlke-Str. 7
99095 Erfurt